Stefan Haas

Modell zur Bewertung wohnwirtschaftlicher Immobilien-Portfolios unter Beachtung des Risikos

GABLER RESEARCH

Stefan Haas

Modell zur Bewertung wohnwirtschaftlicher Immobilien-Portfolios unter Beachtung des Risikos

Entwicklung eines probabilistischen Bewertungsmodells mit quantitativer Risikomessung als integralem Bestandteil

Mit einem Geleitwort von Prof. Dr.-Ing. Stefanie Streck

GABLER

RESEARCH

Bibliografische Information der Deutschen Nationalbibliothek
Die Deutsche Nationalbibliothek verzeichnet diese Publikation in der Deutschen Nationalbibliografie; detaillierte bibliografische Daten sind im Internet über <http://dnb.d-nb.de> abrufbar.

Dissertation Bergische Universität Wuppertal, 2010

1. Auflage 2010

Lektorat: Ute Wrasmann | Nicole Schweitzer

Gabler Verlag ist eine Marke von Springer Fachmedien.
Springer Fachmedien ist Teil der Fachverlagsgruppe Springer Science+Business Media.
www.gabler.de

Umschlaggestaltung: KünkelLopka Medienentwicklung, Heidelberg
Gedruckt auf säurefreiem und chlorfrei gebleichtem Papier

ISBN 978-3-8349-2525-1

Geleitwort

Das Transaktionsvolumen von wohnungswirtschaftlichen Immobilienportfolios ist in den letzten Jahren erheblich gestiegen. Die Gründe dafür sind vielfältig und reichen von Umstrukturierungserfordernissen bei Wohnungsunternehmen zur Stärkung der Eigenkapitalrendite in den konjunkturschwachen letzten Jahren über eine Fokussierung auf das Kerngeschäft bei Immobilieneigentümern mit einem hohen Bestand an nicht betriebsnotwendigen Immobilien bis zu einem Strategiewandel bei den Eigentümern von Immobilienportfolios, die ihren Fokus von langfristigen Anlageobjekten hin zu einer stärkeren Performancebetrachtung verlagern. Hauptgrund für einen explosionsartigen Transaktionszuwachs war jedoch der Eintritt von opportunistischen Käufergruppen aus dem angloamerikanischen Raum, die den deutschen Immobilienmarkt in den letzten Jahren dominierten. Durch die Finanz- und Weltmarktkrise kamen die Transaktionen zwar abrupt zum Erliegen, derzeit werden jedoch mit steigender Tendenz bereits wieder größere Wohnungsbestände am Markt platziert. Es spricht viel dafür, dass das Transaktionsniveau auch in den nächsten Jahren relativ hoch sein wird, weil einerseits erwartet wird, dass die Gemeinden aufgrund einer weiter steigenden Überschuldung ihre Zurückhaltung bezüglich des Verkaufs kommunaler Wohnungsbestände aufgeben und sich andererseits zumindest ein Teil der opportunistischen Käufergruppen mittel- oder langfristig wieder von ihren Wohnungsbeständen trennen wird.

Die Bedeutung der Arbeit von Herrn Haas liegt in der steigenden Relevanz marktkonformer Immobilienpreise auch bei großen Portfolios. Dabei kommt es darauf an, mit den zur Verfügung stehenden (rudimentären) Daten mit einem relativ geringen Zeit- und Kostenaufwand realistische Werte zu erhalten und darüber hinaus das Risikopotenzial abzuschätzen. Die Finanzkrise hat gezeigt, welch große Gefahren schlecht recherchierte oder zu optimistisch angesetzte Immobilienwerte bergen. Die Risiken sind enorm, so dass neben einer verlässlichen Prognose auch ein geeignetes Risikomanagement unerlässlich ist. Das Spannungsdreieck Kosten-Zeit-Risiko wird sich nicht in allen drei Punkten gleich stark minimieren lassen, weil eine Risikominimierung fast immer mit Kosten und Zeit verbunden ist. Es geht deshalb darum, die verbleibenden Risiken transparent zu machen und bestehende Unsicherheiten in der Bewertung darzustellen. Herr Haas hat beide Bereiche in seiner Arbeit aufgenommen und in einem Modell umgesetzt.

Das Bewertungsmodell liefert mit wenig Zeit- und Kostenaufwand einen Erwartungswert für den Wert des Portfolios. Das Risiko minimiert er dadurch, dass er einerseits die Eingangsparameter und ihre Abhängigkeiten genauer spezifiziert und einem Simulationsverfahren unterwirft und andererseits Aussagen über die Bandbreite trifft, in der die tatsächlichen Bewertungsergebnisse schwanken können.

Herrn Haas gelingt es, sein umfangreiches Wissen aus der Praxis mit den aktuellen wirtschaftswissenschaftlichen Erkenntnissen zu verknüpfen und zielorientiert aufzuarbeiten. Dabei baut er auf vorhandenen Methoden auf, übernimmt deren Stärken und kompensiert die Schwächen. Dazu beschäftigt er sich nicht nur mit den einzelnen Bewertungsparametern, sondern insbesondere auch mit ihren Abhängigkeiten. Darüber hinaus schafft er eine umfangreiche Datenbasis, mit der die bei der Bewertung eingegebenen Parameter abgeglichen und über Simulationen Abweichungen erkannt werden, so dass bereits hier eine Risikomessung vorgenommen wird. In einem zweiten Schritt wird das Gesamtergebnis ebenfalls einer Simulationsanalyse unterworfen, so dass eine weitere Risikoquantifizierung vorgenommen wird.

Die Arbeit liefert einen guten Baustein, um künftige Transaktionen sicherer zu machen und weitere Einbrüche zu vermeiden.

Jun.-Prof. Dr.-Ing. Stefanie Streck

Vorwort

Mein besonderer Dank gilt zunächst Frau Professor Dr.-Ing. Stefanie Streck, wissenschaftliche Leiterin des Lehr- und Forschungsbereichs Immobilienwirtschaft der Bergischen Universität Wuppertal, die mir die Möglichkeit gegeben hat, an ihrem Institut zu promovieren und die wissenschaftliche Betreuung übernommen hat.

Sie hat die vorliegende Promotion von Anfang an begleitet und stand mir mit wertvollen Ratschlägen und kritischen Anmerkungen zur Seite. Trotz der großen räumlichen Entfernung zwischen München und Wuppertal habe ich mich immer optimal betreut gefühlt.

Herrn Professor Dr.-Ing. Guido Spars danke ich für die spontane Übernahme des Zweitgutachtens und die wertvollen Hinweise in der letzten Phase der Erstellung.

Herrn Professor Dr. rer. nat. Dr. med. Friedrich Hofmann , Herrn Professor Dr.-Ing. Andreas Schlenkhoff sowie Herrn Professor Dr.-Ing. Manfred Helmus danke ich für das Mitwirken am Promotionsverfahren.

Die vorliegende Arbeit entstand während meiner beruflichen Tätigkeit als Investment Analyst bei der UniCredit Group HypoVereinsbank AG und als Assetmanager bei der MEAG MUNICH ERGO Assetmanagement GmbH. Hier gilt mein Dank denjenigen Kollegen, an deren Erfahrung und Kompetenz ich in den vergangenen Jahren partizipieren durfte. Sie haben an dem Gelingen der Dissertation maßgeblich beigetragen, da für die Modellentwicklung das Einbringen von Experten-Know-how mangels empirischer Daten unabdingbar war.

Neben umfangreichen Rohdaten des Bundesamtes für Bauwesen und Raumordnung, Marktdaten der BulwienGesa AG und Umfrageergebnisse der McKinsey & Company Inc. haben diverse Sachverständige qualifizierte Gutachten für einen Validierungstest des Modells zur Verfügung gestellt und damit einen großen Beitrag für diese Dissertation geleistet, wofür ich mich herzlich bedanke.

Nicht zuletzt möchte ich mich bei meiner Familie bedanken – bei meinen Eltern, die mir das Studium als Voraussetzung dieser Arbeit ermöglicht haben und bei meiner Frau Jennifer, die mir bei der Erstellung der Arbeit den Rücken frei gehalten hat.

Ihr und meinem Sohn Tim möchte ich diese Arbeit widmen.

Stefan Haas

Inhaltsverzeichnis

Geleitwort V

Vorwort VII

Inhaltsverzeichnis IX

Abkürzungsverzeichnis XIII

Symbolverzeichnis XVII

Formelverzeichnis XIX

Abbildungsverzeichnis XXI

Tabellenverzeichnis XXV

1 Einleitung 1

1.1 Ausgangssituation – Problemstellung und Motivation 1

1.2 Wirtschaftswissenschaftliche Relevanz der Fragestellung 5

1.2.1 Strukturelle Kennzeichen des Wohnungsmarktes in Deutschland 5

1.2.2 Anlässe der Portfoliobewertung 10

1.2.3 Bisheriges Transaktionsvolumen von Wohnportfolios 10

1.2.4 Prognose Transaktionsvolumen 13

1.3 Stand der Forschung 19

1.3.1 Aggregierte Einzelbewertungen 20

1.3.2 Bewertung mittels Pareto-Prinzip 21

1.3.3 Desktopbewertung 21

1.3.4 Paket- und Massenbewertungen 22

1.3.5 Bewertung mittels Random-Verfahren 24

1.3.6 Hedonische Immobilienbewertung 24

1.3.7 Zwischenfazit 26

1.4 Einordnung in den immobilienwirtschaftlichen Kontext und Abgrenzung des Themengebietes 27

1.5 Vorgehensweise und Struktur der Arbeit 30

2 Grundlagen 33

2.1 Definition der Grundbegriffe 33

2.1.1 Flurstück und Grundstück 33

2.1.2 Grundstücksausnutzung 34

2.1.3 Flächendefinitionen 34

2.1.4 Mietbegrifflichkeiten 35

2.1.5 Bauzustand ... 36
2.2 Der Preis und der Wert einer Immobilie ... 38
2.3 Wohnwirtschaftliche Markt- und Objektfaktoren ... 42
2.3.1 Marktfaktoren ... 42
2.3.2 Objektfaktoren ... 45
2.4 Finanzmathematische Grundlagen ... 47
2.5 Grundlagen der Stochastik ... 49
2.5.1 Lage- und Streuungsparameter ... 49
2.5.2 Häufigkeitsverteilungen ... 50
2.5.3 Regressions- und Korrelationsanalyse ... 51
2.5.4 Wahrscheinlichkeitsrechnung ... 51
2.5.5 Simulationsansätze ... 53
2.5.6 Stochastische Simulation – das Monte-Carlo-Verfahren ... 54
2.5.7 Das Monte-Carlo-Verfahren in der Immobilienbewertung ... 56
2.6 Immobilienbewertung und deren Verfahren ... 58
2.6.1 Ertragswertverfahren ... 58
2.6.2 Modifizierte Ertragswertverfahren ... 62
2.7 Risikobetrachtung im Immobilienmanagement ... 64
2.8 Ablauf einer Risikoanalyse ... 69

3 Identifikation der Risiken (Bewertungsparameter) ... 73
3.1 Rohertrag ... 78
3.1.1 Darstellung des Parameters „Rohertrag“ ... 78
3.1.2 Interdependenzen des Parameters „Rohertrag“ ... 81
3.1.3 Fehlerübertragung auf den Parameter „Rohertrag“ ... 82
3.1.4 Varianzfortpflanzung des Parameters „Rohertrag“ ... 82
3.2 Liegenschaftszinssatz ... 83
3.2.1 Darstellung des Parameters „Liegenschaftszinssatz“ ... 83
3.2.2 Interdependenzen des Parameters „Liegenschaftszinssatz“ ... 89
3.2.3 Fehlerübertragung auf den Parameter „Liegenschaftszinssatz“ ... 90
3.2.4 Varianzfortpflanzung des Parameters „Liegenschaftszinssatz“ ... 90
3.3 Restnutzungsdauer ... 91
3.3.1 Darstellung des Parameters „Restnutzungsdauer“ ... 91
3.3.2 Interdependenzen des Parameters „Restnutzungsdauer“ ... 93
3.3.3 Fehlerübertragung auf den Parameter „Restnutzungsdauer“ ... 93
3.3.4 Varianzfortpflanzung des Parameters „Restnutzungsdauer“ ... 93
3.4 Bodenwert ... 94
3.4.1 Darstellung des Parameters „Bodenwert“ ... 94

3.4.2 Interdependenzen des Parameters „Bodenwert“ ... 99
3.4.3 Fehlerübertragung auf den Parameter „Bodenwert“ ... 100
3.4.4 Varianzfortpflanzung des Parameters „Bodenwert“ ... 100
3.5 Bewirtschaftungskosten ... 101
3.5.1 Darstellung des Parameters „Bewirtschaftungskosten“ ... 101
3.5.2 Interdependenzen des Parameters „Bewirtschaftungskosten“ ... 106
3.5.3 Fehlerübertragung auf den Parameter „Bewirtschaftungskosten“ ... 107
3.5.4 Varianzfortpflanzung des Parameters „Bewirtschaftungskosten“ ... 107
3.6 Sonderwert (sonstige wertbeeinflussende Umstände) ... 108
3.6.1 Darstellung des Parameters „Sonderwert“ ... 108
3.6.2 Interdependenzen des Parameters „Sonderwert“ ... 109
3.6.3 Fehlerübertragung auf den Parameter „Sonderwert“ ... 109
3.6.4 Varianzfortpflanzung des Parameters „Sonderwert“ ... 110

4 Modellbildung ... 111
4.1 Problemdefinition ... 116
4.2 Modellentwurf ... 117
4.2.1 Operationalisierung des Parameters „Rohertrag“ ... 118
4.2.2 Operationalisierung des Parameters „Liegenschaftszinssatz“ ... 119
4.2.3 Operationalisierung des Parameters „Restnutzungsdauer“ ... 122
4.2.4 Operationalisierung des Parameters „Bodenwert“ ... 123
4.2.5 Operationalisierung des Parameters „Bewirtschaftungskosten“ ... 125
4.2.6 Operationalisierung des Parameters „Sonderwert“ ... 126
4.3 Datenerhebung ... 127
4.3.1 Indikatoren der Marktfaktoren ... 128
4.3.2 Datensatz und deskriptive Statistik ... 129
4.3.3 Vorhandene Korrelationen ... 130
4.3.4 Ökonometrisches Modell ... 131
4.3.5 Wahrscheinlichkeitsverteilungen der unsicheren Parameter ... 134
4.4 Modellimplementierung ... 136
4.5 Modellbasierte Portfoliobewertung – Ein Praxistest ... 140
4.5.1 Zusammenstellung des Beispiel-Portfolios ... 140
4.5.2 Struktur des Beispiel-Portfolios ... 141
4.6 Simulation ... 143
4.6.1 Ermittlung des Portfolio-Erwartungswert ... 143
4.6.2 Szenarioanalyse (Stress-Test) ... 144
4.6.3 Simulationsanalyse zur Erstellung des Risikoprofils ... 145
4.6.4 Spezifikation des Risikomaßes ... 146

4.6.5 Weiterer Validierungsstest – Bildung von Teilportfolios ... 147
4.6.6 Abweichungsanalyse des Liegenschaftszinssatzes ... 151
4.7 Ergebnisinterpretation und Fazit ... 152

5 Zusammenfassung und Ausblick ... 155
5.1 Zusammenfassung der Ergebnisse ... 155
5.2 Kritische Würdigung ... 157
5.3 Ansatzpunkte für weiterführende Forschung ... 159

Literaturverzeichnis ... 161

Anhangsverzeichnis ... 173

Abkürzungsverzeichnis

II. BV.......... II Berechnungsverordnung
AfA............ Abschreibung der baulichen Anlagen
AGVG......... Arbeitsgemeinschaft der Vorsitzenden der Gutachterausschüsse
ALG........... Arbeitslosengeld
AVmG......... Altersvermögensgesetz
BaFin.......... Bundesanstalt für Finanzdienstleistungsaufsicht
BauGB........ Baugesetzbuch
BauNVO....... Baunutzungsverordnung
BauO.......... Bauordnung der Länder
BBR........... Bundesamt für Bauwesen und Raumordnung
BCG........... Boston Consulting Group
BelWertV..... Beleihungswertermittlungsverordnung
BetrKV....... Betriebskostenverordnung
BewG......... Bewertungsgesetz
BGB........... Bürgerliches Gesetzbuch
BGF........... Brutto-Grundfläche
BGH........... Bundesgerichtshof
Bill.............. Billionen
BIP............. Bruttoinlandsprodukt
BIS............. Bank für Internationalen Zahlungsausgleich
BMI............ Bundesministerium des Innern
BMVBS....... Bundesministerium für Verkehr, Bau und Stadtentwicklung
BW............ Bodenwert
BWK.......... Bewirtschaftungskosten
BZ............. Basisizinssatz
CVaR......... Conditional Value at Risk
DEIX.......... Deutscher Eigentums-Immobilien-Index
ddp............ Deutscher Depeschendienst
DDR.......... Deutsche Demokratische Republik
DIN............ Deutsches Institut für Normung
DIX............ Deutscher Immobilienindex
EDV............ Elektronische Datenverarbeitung
EF.............. Ertragsfaktor
EG............. Einflussgröße

EK............. Eigenkapital
ErbbauVO..... Erbbaurechtsverordnung
EU............. Europäische Union
EVS........... Einkommens- und Verbrauchsstichprobe
EW............ Ertragswert
FF.............. Funktionsfläche
FK............. Fremdkapital
G............... Gut
GAV........... Grundstücksausnutzungsverhältnis
GdW........... Bundesverband deutscher Wohnungs- und Immobilienunternehmen
GFZ............ Geschossflächenzahl
gif.............. Gesellschaft für immobilienwirtschaftliche Forschung
GND........... Gesamtnutzungsdauer
GRZ........... Grundflächenzahl
GWZ.......... Gebäude- und Wohnungszählung
IA.............. Investmentattraktivität
IAS............ International Accounting Standards
IFRS........... International Financial Reporting Standards
ifs.............. Institut für Städtebau, Wohnungswirtschaft und Bausparverein e.V.
IWF............ Internationale Währungsfonds
IPD............ Investment Property Databank
IVD............ Immobilienverband Deutschland
IZ.............. Immobilienzeitung
KF............. Korrekturfaktor
KGF........... Konstruktions-Grundfläche
KomWoB..... Kommunale Wohnungsmarktbeobachtung
KonTraG.... Gesetz zur Kontrolle und Transparenz im Unternehmensbereich
KKS........... Kaufpreisstandard
KP............. Kaufpreis
KWV.......... Kommunale Wohnungsverwaltung
LPM........... Lower Partial Moment
LWR.......... Laufende Wirtschaftsrechnung
LZ............. Liegenschaftszinssatz
M............... Mittel
MFH........... Mehrfamilienhaus
MG............ Mäßig

Mio...........	Millionen
Mrd............	Milliarden
MPT..........	Moderne Portfoliotheorie
MZ...........	Mikrozensus
NF............	Nutzfläche
NFF..........	Nutzflächenfaktor
NGF..........	Netto-Grundfläche
NHK.........	Normalherstellungskosten
NJ.............	Nutzungsjahre
NKM.........	Nettokaltmiete
NP............	Non Performing Loans
NRW.........	Nordrhein-Westfalen
OLG..........	Oberlandesgericht
PD............	Perspektive Deutschland
PfandBG......	Pfandbriefgesetz
RatSWD......	Rat für Sozial- und Wirtschaftsdaten
RE............	Reinertrag
REITS.........	Real Estate Investment Trusts
RICS.........	Royal Institution of Chartered Surveyors
RND..........	Restnutzungsdauer
RoE...........	Rohertrag
ROR..........	Raumordnungsregion
S..............	Schlecht
SG............	Sehr gut
SOEP.........	Sozio-oekonomische Panel
StGB.........	Strafgesetzbuch
UK...........	United Kingdom
VaR...........	Value at Risk
VDH..........	Verband deutscher Hypothekenbanken e. V.
VDI...........	Verein Deutscher Ingenieure
VDP...........	Verband deutscher Pfandbriefbanken e. V.
VF............	Verkehrsfläche
VOB..........	Vergabe- und Vertragsordnung für Bauleistungen
VVG..........	Gesetz über den Versicherungsvertrag
WE...........	Wohnungseinheit
WEG.........	Wohneigentumsgesetz

WertR......... Wertermittlungsrichtlinien
WertV......... Wertermittlungsverordnung
Wfl............ Wohnfläche
Whg........... Wohnung
Whgen......... Wohnungen
WiStG......... Wirtschaftsstrafgesetz
WoBa......... Wohnbaugesellschaft
WoFIV........ Verordnung zur Berechnung der Wohnfläche
ZG............. Zielgröße

Symbolverzeichnis

$\emptyset$.........	Durchschnitt (Arithmetische Mittel)
α..........	Konfidenzintervall
a..........	Regressionskoeffizient
A_i.........	Jeweilige Ausprägung der berücksichtigten Einflussfaktoren
β..........	Vektor der Koeffizienten
b..........	Regressionskoeffizient
c_E.........	Fehlerübertragungskoeffizient
ε..........	Vektor von Störtermen
€..........	EURO
δ_s.........	Einfluss der Objekteigenschaft auf den Preis
i..........	Merkmalswert der statistischen Einheit
k..........	Konstante
KP_0......	Kaufpreis
K_0.........	Kapitalwert
K_n.........	Kapitalendwert
m^2........	Quadratmeter
n..........	Anzahl (Jahre, Anzahl statistischer Einheiten)
$\mathbb{N}$..........	Menge der natürlichen Zahlen
ν..........	Korrelationskoeffizient
r..........	Jährliche Rentenzahlung
$\mathbb{R}$..........	Menge der reellen Zahlen
$\rho_{K,M}$......	Korrelationskoeffizient zwischen Rendite K und Rendite des Marktportfolios
R_{EK}.......	Eigenkapitalrentabilität
R_{GK}.......	Gesamtkapitalrentabilität
R^2........	Streuungsmaß (bei der darstellung eines funktionalen Zusammenhangs)
μ..........	Arithmetische Mittel der Grundgesamtheit
p_{FK}.......	Fremdkapitalzinssatz
p..........	Zinssatz
P..........	Wahrscheinlichkeit
q..........	Aufzinsungsfaktor $(p + 1)$
σ_K.........	Risiko der Einzelanlage K
σ..........	Standardabweichung der Grundgesamtheit
σ^2.........	Varianz der Grundgesamtheit
s..........	Standardabweichung der Stichprobe

s^2......... Varianz der Stichprobe

S.......... Schiefe

v .... Variationskoeffizient

V.......... Vervielfältiger

W.......... Wölbung

x.......... Variable

$\tilde{x}$.......... Median

$\bar{x}$.......... Arithmetische Mittel der Stichprobe

X.......... Matrix der Eigenschaften

Z......... Zinsbetrag

$\mathbb{Z}$......... Menge der ganzen Zahlen

Formelverzeichnis

Formel (1) : Allgemeine Form des Regressionsmodells 25
Formel (2) : Rentenbarwert (nachschüssige Zahlungsweise) 47
Formel (3) : Vervielfältiger nach WertV 48
Formel (4) : Vervielfältiger der ewigen Rente 48
Formel (5) : Fläche einer Dichtefunktion 52
Formel (6) : Ertragswertverfahren nach WertV 60
Formel (7) : Maklerformel 62
Formel (8) : „Verkürztes“ Ertragswertverfahren 63
Formel (9) : „Vereinfachtes“ Ertragswertverfahren 63
Formel (10) : Systematisches und unsystematisches Risiko 65
Formel (11) : Fehlerübertragungskoeffizient nach Ermert 74
Formel (12) : Ertragswertverfahren (umgestellt) für die Ermittlung von c_E 74
Formel (13) : Fehlerübertragungskoeffizient c_{RoE} 74
Formel (14) : Fehlerübertragungskoeffizient c_{BWK} 75
Formel (15) : Fehlerübertragungskoeffizient c_p 75
Formel (16) : Fehlerübertragungskoeffizient c_n 75
Formel (17) : Fehlerübertragungskoeffizient c_{BW} 75
Formel (18) : Fehlerübertragungskoeffizient c_S 75
Formel (19) : partielle Ableitung des Parameters RoE 76
Formel (20) : partielle Ableitung des Parameters BWK 76
Formel (21) : partielle Ableitung des Parameters p 76
Formel (22) : partielle Ableitung des Parameters n 76
Formel (23) : partielle Ableitung des Parameters BW 76
Formel (24) : partielle Ableitung des Parameters S 77
Formel (25) : Varianz des Ertragswertes 77
Formel (26) : Bestimmung des Liegenschaftszinssatzes 83
Formel (27) : Ertragswertformel mit isoliertem Bodenwert 95
Formel (28) : Bodenwert in Abhängigkeit der Netto-Kalt-Miete 98
Formel (29) : Modell-Zielfunktion 117
Formel (30) : Modellansatz des Rohertrags 118
Formel (31) : Modellansatz des Liegenschaftszinssatzes 120
Formel (32) : Modellansatz des Bodenwertes 122
Formel (33) : Modellansatz des Bodenwertes 124
Formel (34) : Wahrscheinlichkeit von Instandhaltungsstau 126
Formel (35) : Regression des ökonometrischen Modells 131

Formel (36) : Eigenkapitalrentabilität 175
Formel (37) : Zinsrechnung 194
Formel (38) : Zinseszinsformel 194
Formel (39) : Barwertformel 194
Formel (40) : Rentenendwertformel (nachschüssige Zahlungsweise) 195
Formel (41) : Rentenendwertformel (vorschüssige Zahlungsweise) 196
Formel (42) : arithmetische Mittel 198
Formel (43) : Median 199
Formel (44) : Varianz 200
Formel (45) : Standardabweichung 200
Formel (46) : Variationskoeffizient 200
Formel (47) : Regressionskoeffizient a 202
Formel (48) : Regressionskoeffizient b 202
Formel (49) : Regressionskoeffizient v 203
Formel (50) : Satz des Pythagoras 205
Formel (51) : relative Häufigkeit innerhalb des Viertelkreises 205
Formel (52) : Flächeninhalt eines Viertelkreises 205
Formel (53) : Flächenbeziehung des Teilkreises 205
Formel (54) : Approximation von π 206
Formel (55) : Berechnung der Schiefe 209
Formel (56) : Berechnung der Wölbung 209
Formel (57) : Konfidenzniveau des VaR für Verluste 210
Formel (58) : Definition des CVaR für den Verlustfall 210

Abbildungsverzeichnis

Abb. 1: Beziehungsgeflecht Kosten, Zeit und Risiko bei der Portfoliobewertung 3
Abb. 2: Wohlstandsniveau, Wohneigentumsquote und Größe des Mietwohnungsbestandes ... 6
Abb. 3: Bruttoanlagenvermögen 2008 und Bruttovermögen der privaten Haushalte 2008 7
Abb. 4: Wohnungsbestand in Deutschland 7
Abb. 5: Wohnungsverteilung nach Gebäudegröße und Baujahrsklassen 8
Abb. 6: Wohnportfoliotransaktionen > 1 Mrd. EUR 11
Abb. 7: Transaktionsvolumen in Deutschland 1999 bis 2008 12
Abb. 8: Vorhandene Informationen einer wohnwirtschaftlichen Portfoliotransaktion 20
Abb. 9: Ablauf einer Desktopbewertung 22
Abb. 10: Ablauf einer Paketbewertung 23
Abb. 11: Ablauf einer Massenbewertung 23
Abb. 12: Funktionsbereiche im Immobilien-Investmentmanagement 27
Abb. 13: Phasen einer probabilistischen Risikoanalyse 30
Abb. 14: Aufbau und Gliederung der Arbeit 32
Abb. 15: Un-weightet Direction Differences by Bands, Germany 2008 40
Abb. 16: Barwert einer nachschüssigen Rente 47
Abb. 17: Beispiel einer eindimensionalen Häufigkeitsverteilung 50
Abb. 18: Dichtefunktion *f(x)* und Verteilungsfunktion *F(x)* einer Normalverteilung 52
Abb. 19: Ablauf einer Monte-Carlo-Simulation 54
Abb. 20: Ablaufdiagramm zum Ertragswertverfahren 59
Abb. 21: Risikomanagementprozess 66
Abb. 22: Risikomaße 68
Abb. 23: Tornadodiagramm der Bewertungsparameter 73
Abb. 24: LZ in Abhängigkeit zur Lage und zur Nettomiete 86
Abb. 25: Liegenschaftszinssatz in Abhängigkeit von der Gesamtwohnfläche 86
Abb. 26: Kalkulationsschema für den Liegenschaftszinssatz 89
Abb. 27: Abhängigkeit des Vervielfältigers von der RND und dem LZ 92
Abb. 28: Bodenwertanteil am Ertragswert in Anhängigkeit der RND und des LZ 94
Abb. 29: Funktionale Abhängigkeit zwischen Netto-Kalt-Miete und Bodenwert 98
Abb. 30: Problemstufen wohnwirtschaftlicher Leerstände 106
Abb. 31: Sonstige Werteinflüsse einer Immobilienbewertung 108
Abb. 32: Die Phasen des Modellbildungsprozesses 112
Abb. 33: Einordnung der Simulationsmodelle 114
Abb. 34: Skalierung des ROR-Ratings zur Verwendung als LZ-Bestandteil 120
Abb. 35: Beispiel für die Ermittlung eines LZ-Erwartungswertes und dessen Grenze 122

Abb. 36: Beispiel für die Ermittlung eines Instandhaltungsstau-Erwartungswertes 127
Abb. 37: Abhängigkeit der Höhe des Korrekturfaktors 132
Abb. 38: Berücksichtigung des Prognosescores im ROR-Lagerating 133
Abb. 39: Beispiel einer Gleichverteilung 134
Abb. 40: Beispiel einer Dreiecksverteilung und einer BetaPERT-Verteilung 135
Abb. 41: Flussdiagramm des Grobmodells 136
Abb. 42: Visualisierung des Modells 138
Abb. 43: ROR-Verteilung des Beispiel-Portfolios 142
Abb. 44: Abweichungen der Erwartungswerte von den Marktwerten 143
Abb. 45: Histogramm der Abweichungen des Erwartungswertes von den Marktwerten 143
Abb. 46: Szenarioanalyse (Minimum / Maximum) 144
Abb. 47: Verteilungs- und Dichtefunktion des Gesamtportfolios 145
Abb. 48: 95%-Konfidenzintervall des Gesamtportfolios 146
Abb. 49: Regionalaufteilung des Beispiel-Portfolios 147
Abb. 50: Abweichungen der Erwartungswerte Teilportfolio „Nordwest" 148
Abb. 51: 95%-Konfidenzintervall des Teilportfolios „Nordwest 148
Abb. 52: Abweichungen der Erwartungswerte Teilportfolio „Ost" 149
Abb. 53: 95%-Konfidenzintervall des Teilportfolios „Ost" 149
Abb. 54: Abweichungen der Erwartungswerte Teilportfolio „Süd" 150
Abb. 55: 95%-Konfidenzintervall des Teilportfolios „Süd" 150
Abb. 56: Abweichungsanalyse des Liegenschaftszinssatzes 151
Abb. 57: Histogramm der Liegenschaftszinssatzanalyse 151
Abb. 58: Darstellung der Wahrscheinlichkeit bei vorgegebenen Portfoliowert 154
Abb. 59: Beziehungsgeflecht Kosten, Zeit und Risiko der Modellentwicklung 156
Abb. 60: Infomemorandum eines Wohnportfolios 176
Abb. 61: Grafische Darstellung des nachschüssigen Rentenendwertes 195
Abb. 62: Grafische Darstellung des vorschüssigen Rentenendwertes 196
Abb. 63: Gaußsche Normalverteilung 201
Abb. 64: Beispiel einer Regressionsgeraden 202
Abb. 65: Methodik zur Approximation der Kreiszahl π 205
Abb. 66: Monte-Carlo-Simulation zur Approximation der Kreiszahl π 206
Abb. 67: Musterertragswertberechnung 207
Abb. 68: Ertragswertberechnung der Musterimmobilie 213
Abb. 69: Berechnung eines Overrent 214
Abb. 70: Berechnung eines Underrent 214
Abb. 71: Aufbau immobilienwirtschaftlicher Standortanalysen 218
Abb. 72: Ermittlung des LZ nach Sommer/Kröll und Hausmann 221
Abb. 73: Ermittlung eines fiktiven Baujahrs 222

Abb. 74: Abschätzung der veränderten Restnutzungsdauer ... 223
Abb. 75: Übersicht der Raumordnungsregionen ... 231
Abb. 76: Zufriedenheit am Wohnort ... 235
Abb. 77: Haushaltseinkommen innerhalb der Raumordnungsregion ... 237
Abb. 78: Arbeitslosenquote innerhalb der Raumordnungsregion ... 238
Abb. 79: Prognose der Haushalte innerhalb der Raumordnungsregion ... 239
Abb. 80: Darstellung der Indikatoren „Ökonomische Basis und Flächennachfrage ... 243
Abb. 81: Miete bei Neubau- und Wiedervermietung innerhalb der Raumordnungsregion ... 244
Abb. 82: Bautätigkeit von Wohnungen in Mehrfamilienhäusern ... 245
Abb. 83: Prognose der Nachfrage an Neubau von Mehrfamilienhäusern ... 246
Abb. 84: Prognose des Wohnungsleerstandsrisikos ... 247
Abb. 85: Darstellung der Indikatoren „Investitions- und Flächenmarkt ... 251
Abb. 86: Korrelationen der einzelnen Indikatoren ... 252

Tabellenverzeichnis

Tab. 1: Anlässe einer Portfoliobewertung 10
Tab. 2: Kennzahlen wohnwirtschaftlicher Portfoliotransaktionen 8/2006 bis 8/2007 11
Tab. 3: Wohnungsportfoliotransaktionen Q1 bis Q3/2009 18
Tab. 4: Portfoliobewertungsverfahren mit qualitativem „Risiko-Zeit-Kosten"-Profil 19
Tab. 5: Schwächen und Stärken des Verfahrens „Aggregierte Einzelbewertung" 21
Tab. 6: Schwächen und Stärken des Verfahrens „Pareto-Prinzip" 21
Tab. 7: Schwächen und Stärken des Verfahrens „Desktopbewertung" 22
Tab. 8: Schwächen und Stärken des Verfahrens „Paket- und Massenbewertungen 23
Tab. 9: Schwächen und Stärken des Verfahrens „Random" 24
Tab. 10: Schwächen und Stärken des Verfahrens „Hedonische Bewertung" 25
Tab. 11: Mietertragsdefinitionen 36
Tab. 12: Bauzustandsdefinitionen 37
Tab. 13: Wert versus Preis 38
Tab. 14: Erläuterungen der modellrelevanten Marktfaktoren 44
Tab. 15: Erläuterungen der modellrelevanten Objektfaktoren 46
Tab. 16: Stärken und Schwächen der Monte-Carlo-Methode 55
Tab. 17: Grundlegende Verfahren zur Immobilienbewertung 58
Tab. 18: Instrumente zur quantitativen Risikomessung 67
Tab. 19: Grundsätzliche Methoden zur Wertberechnung der Risikofaktoren 70
Tab. 20: Varianzanteile der Bewertungsparameter 77
Tab. 21: Preisbildende Faktoren auf dem Wohnungsmarkt 79
Tab. 22: Amtliche und nichtamtliche Daten für Mieten in Deutschland 81
Tab. 23: Interdependenzen des Parameters „Rohertrag" 81
Tab. 24: Fehlerübertragungskoeffizient für den Rohertrag c_{RoE} 82
Tab. 25: Fehleranteil Rohertrag A_{RoE} 82
Tab. 26: Einflussfaktoren des Liegenschaftszinssatzes 85
Tab. 27: Qualitativer Zusammenhang von Einflussfaktoren auf den LZ 85
Tab. 28: LZ-Fachliteraturangaben für Mehrfamilienhäuser 87
Tab. 29: Vor- und Nachteile verschiedener LZ-Quellen 88
Tab. 30: Interdependenzen des Parameters „Liegenschaftszinssatz" 89
Tab. 31: Fehlerübertragungskoeffizient für den Liegenschaftszinssatz c_p 90
Tab. 32: Fehleranteil Liegenschaftszinssatz A_p 90
Tab. 33: Technische versus wirtschaftliche Restnutzungsdauer 91
Tab. 34: Interdependenzen des Parameters „Restnutzungsdauer" 93
Tab. 35: Fehlerübertragungskoeffizient für die Restnutzungsdauer c_n 93

Tab. 36: Fehleranteil Rohertrag A_n ... 93
Tab. 37: Einflussfaktoren auf den Bodenwert ... 97
Tab. 38: Bodenwertanteile Mietwohngrundstücke ... 99
Tab. 39: Interdependenzen des Parameters „Bodenwert“ ... 99
Tab. 40: Fehlerübertragungskoeffizient für den Bodenwert c_{BW} ... 100
Tab. 41: Fehleranteil Rohertrag A_{BW} ... 100
Tab. 42: Bewirtschaftungskostenarten ... 101
Tab. 43: Einflussfaktoren auf die Verwaltungskosten ... 103
Tab. 44: Einflussfaktoren auf das Mietausfallwagnis ... 103
Tab. 45: Einflussfaktoren auf die Instandhaltungskosten ... 104
Tab. 46: Kostenpauschalen der II. Berechnungsverordnung ... 104
Tab. 47: Interdependenzen des Parameters „Bewirtschaftungskosten“ ... 106
Tab. 48: Fehlerübertragungskoeffizient für die Bewirtschaftungskosten c_{BWK} ... 107
Tab. 49: Fehleranteil Rohertrag A_{BWK} ... 107
Tab. 50: Interdependenzen des Parameters „Liegenschaftszinssatz“ ... 109
Tab. 51: Fehlerübertragungskoeffizient für den Sonderwert c_S ... 109
Tab. 52: Fehleranteil Rohertrag A_S ... 110
Tab. 53: Einflussfaktoren des LZ und deren Ausprägung ... 121
Tab. 54: Definition der Modellgrenzen des LZ ... 121
Tab. 55: Korrektur der RND und Modellgrenzen ... 123
Tab. 56: Nutzflächenfaktoren, Bodenwertanteile und Modellgrenzen ... 124
Tab. 57: Bewirtschaftungskostenansätze und Modellgrenzen ... 126
Tab. 58: Instandhaltungsstau und Modellgrenzen ... 127
Tab. 59: Marktfaktoren mit Bezugsgröße, Datenquelle und Einflussindikation ... 128
Tab. 60: Statistische Auswertung der Marktindikatoren der 97 Raumordnungsregionen ... 129
Tab. 61: Korrelationsanalyse der Marktindikatoren ... 130
Tab. 62: Standardgewichtung der Indikatoren ... 132
Tab. 63: Beispiel für die Systematik des Lageratings ... 133
Tab. 64: Übersicht der Bewertungsparameter-Verteilungsfunktionen ... 135
Tab. 65: Standardisierte Darstellung des Beispiel-Portfolios ... 141
Tab. 66: Struktur des fiktiven Portfolios ... 141
Tab. 67: Statistische Daten der Simulationsanalyse des Gesamtportfolios ... 145
Tab. 68: Statistische Daten der Simulationsanalyse des Teilportfolios „Nordwest ... 148
Tab. 69: Statistische Daten der Simulationsanalyse des Teilportfolios „Ost“ ... 149
Tab. 70: Statistische Daten der Simulationsanalyse des Teilportfolios „Süd“ ... 150
Tab. 71: Wohnportfoliotransaktionen > 1 Mrd. EUR ... 177
Tab. 72: Wohnungsportfolio-Verkäufe ab 1997 ... 186
Tab. 73: Gesetzliche Regelungen und Erläuterungen im Mietwohnungsbau ... 188

Tab. 74: Wertbegriffsdefinitionen ... 191
Tab. 75: Kriterien und Faktoren der Marktattraktivität und der Wettbewerbsstärke ... 193
Tab. 76: Nomenklatur in der Statistik ... 197
Tab. 77: Lageparameter ... 198
Tab. 78: Streuungsparameter ... 199
Tab. 79: Wichtige diskrete Verteilungen ... 204
Tab. 80: Wichtige stetige Verteilungen ... 204
Tab. 81: Spezifische Eigenschaften des Wirtschaftsgutes „Immobilie" ... 208
Tab. 82: Risikomaße ... 210
Tab. 83: Methoden zur Berücksichtigung von Unsicherheiten ... 212
Tab. 84: Werttreiber des Ertragswertverfahrens nach WertV ... 213
Tab. 85: Miethöhe in Abhängigkeit der Wohnungsgröße ... 215
Tab. 86: Abhängigkeit der Wohnraummiete von der Wohnfläche in Bonn ... 215
Tab. 87: Merkmale für die Beurteilung der baulichen Ausstattung bei Gebäuden ... 216
Tab. 88: Lagekriterien für Wohnimmobilien ... 217
Tab. 89: Starttabelle „Verfahren Sommer/Kroll" ... 219
Tab. 90: Marktsituation und/oder Miet- und Kaufpreisrelation ... 219
Tab. 91: Starttabelle „Verfahren Hausmann" ... 219
Tab. 92: Spezieller Einfluss „Größe der Wohnung" ... 220
Tab. 93: Spezieller Einfluss „Anzahl der Wohneinheiten im Gebäude" ... 220
Tab. 94: Genereller Einfluss „Einfluss hinsichtlich Alters" ... 220
Tab. 95: Genereller Einfluss „Miet- und Kaufpreisrelation" ... 220
Tab. 96: Genereller Einfluss „Markteinschätzung" ... 221
Tab. 97: (Wert-) Vorteile und (Wert-) Nachteile aus Denkmalschutz ... 227
Tab. 98: Lasten und Beschränkungen in Abteilung II des Grundbuchs ... 229
Tab. 99: Rohdaten-Matching ... 234
Tab. 100: Rangliste und deskriptive Statistik der Zufriedenheit am Wohnort ... 236
Tab. 101: Ökonomische Basis und Flächennachfrage ... 242
Tab. 102: Investitions- und Flächenmarkt ... 250
Tab. 103: Korrelationsmatrix ... 252
Tab. 104: ROR-Ratingergebnisse ... 253
Tab. 105: Daten des Praxisbeispiels zur Risikoanalyse ... 259
Tab. 106: Abweichungsanalyse Erwartungswert / Marktwert ... 265

1 Einleitung

Im Einleitungskapitel werden die Problematik und die Motivation des Themengebietes dargestellt. Die wirtschaftswissenschaftliche Relevanz der Fragestellung wird anhand der strukturellen Kennzeichen des Wohnungsmarktes in Deutschland, der vielschichtigen Anlässe einer Portfoliobewertung und anhand des bisherigen Transaktionsvolumens einschließlich einer Prognose hergeleitet.

Der Stand der Forschung bzw. die bisherige Praxis bei Portfoliobewertungen wird ausführlich erläutert, bevor eine Einordnung des Themas in den immobilienwirtschaftlichen Kontext erfolgt und eine Abgrenzung des Themengebietes stattfindet.

Das Kapitel schließt mit der Erläuterung der Vorgehensweise zur Bearbeitung der Aufgabenstellung und einer Darstellung der Struktur der Arbeit.

1.1 Ausgangssituation – Problemstellung und Motivation

Das Transaktionsvolumen von Immobilienportfolios[1] hat insbesondere in Deutschland in den letzten 10 Jahren erheblich zugenommen. Die Gründe hierfür sind vielfältig.

Die letzten konjunkturschwachen Jahre haben zu einer Umstrukturierung bzw. Auflösung von Firmeneigentum zur Stärkung der Eigenkapitalrendite[2] geführt. Stille Reserven mussten gehoben werden, bzw. es stand eine Fokussierung auf das Kerngeschäft in Konflikt mit dem Besitz und der Unterhaltung eines größeren Immobilienbestandes. Dies gilt insbesondere für die betriebsentbehrlichen Immobilien ehemaliger Staatsmonopolisten.[3] Hinzu kommt, dass sich bei Eigentümern von Immobilienportfolios in den letzten Jahren ein Strategiewandel vollzogen hat. Früher wurden diese stärker unter Gesichtspunkten der Bestandshaltung, Standortsicherung und betrieblichen Sozialpolitik erworben, errichtet und unterhalten. Immobilien wurden als langfristige Investitionen gesehen und eine verhältnismäßig niedrige Rendi-

[1] „Unter einem Immobilien-Portfolio ist eine Anzahl von Immobilienobjekten und Grundstücken zu verstehen, die über verschiedene Merkmale in einem Verbund stehen. Dies kann z.B. der gemeinsame Eigentümer sein oder aber sie unterstehen einem einheitlichen Management oder zumindest einer einheitlichen Verwaltung.“ [Wel05], S. 33. Das allgemeine Branchenverständnis eines Immobilienportfolios: ca. 20 – 30 Einzelimmobilien je nach Größe, Standort und Objektart.

[2] Die Eigenkapitalrendite (auch Eigenkapitalrentabilität oder Return on Equity) ist für Aktionäre und Analysten ein wichtiges Rentabilitätsmaß. Sie gibt Aufschluss darüber, wie hoch sich das von Aktionären im Unternehmen investierte Kapital innerhalb einer Periode verzinst hat. Durch den Verkauf von Immobilieneigentum wird weniger Eigenkapital gebunden und dadurch bei gleich hohem Gewinn eine höhere Eigenkapitalrendite ausgewiesen.

Diese Sichtweise reflektiert den Shareholder Value-Ansatz, welcher auf das im Jahr 1986 veröffentlichte Buch von Alfred Rappaport zurück geht. Demnach hat der Vorstand im Sinne der Anteilseigner zu handeln, nämlich die Maximierung des langfristigen Unternehmenswertes durch Gewinnmaximierung und Erhöhung der Eigenkapitalrendite. Andere Unternehmensbelange müssen zu Gunsten der geforderten Eigenkapitalmindestverzinsung zurückstehen. Da der Begriff nicht zuletzt wegen der Finanzkrise massiv in die Kritik geraten ist, wurde er sowohl in der Fachliteratur als auch in den Unternehmen durch den Begriff "Value Based View“ ersetzt.

[3] Zum Beispiel Portfolioverkäufe der Telekom AG, Deutschen Post AG oder der Verkauf der „Eisenbahnerwohnungen“ der Deutschen Bahn.

te in Kauf genommen. Heute wird der Fokus auf die Performance ausgerichtet. Die Kapitalanlage Immobilie muss mit anderen Anlageformen hinsichtlich einer risikoadäquaten Verzinsung konkurrieren. Die Konsequenzen: Selektion, professionelles Management, Neustrukturierungen, Verkauf und selektiver Neuerwerb.

Der explosionsartige Transaktionszuwachs wurde jedoch zuletzt durch grenzüberschreitende Immobilieninvestitionen opportunistischer Käufergruppen aus dem angloamerikanischen Raum ausgelöst. In den vergangenen Jahren wurde der deutsche Immobilienmarkt regelrecht durch sie dominiert. Ein wesentlicher Anreiz hierfür war die hohe Spanne zwischen Immobilienrenditen und Fremdkapitalzinsen, dem sog. „Leverage-Effekt“[4].

Ein anderer Aspekt ist die lange Stagnationsphase bei deutschen Wohnimmobilien[5], auf einem zudem international sehr niedrigen Niveau. So kosten z.B. in Berlin Eigentumswohnungen in guten Lagen zwischen 1.500 bis 3.000 €/m², in Paris z.B. 6.500 bis 7.500 €/m² Wohnfläche. Aus dieser These wurde abgeleitet, dass Deutschland im internationalen Vergleich unterbewertet ist. In Verbindung mit zu diesem Zeitpunkt sehr guten wirtschaftlichen Prognosen wurde ein hohes Wertsteigerungspotential deutscher Wohnimmobilien unterstellt.

Deutschland hat zudem im internationalen Vergleich eine sehr niedrige Eigentumsquote von 43%[6] – hieraus wurde ein hohes Absorptionspotential für Mieterprivatisierungen abgeleitet.

Erst mit Beginn der Finanzkrise[7] Mitte 2007 und anschließendem massiven Abschwung der Weltwirtschaft wurden vorübergehend keine größeren Portfoliodeals mehr abgewickelt. Insbesondere Investmentbanken konnten als Folge ihrer Bilanzpolitik nicht mehr am Markt agieren.

Bei jeder Portfoliotransaktion ist eine Bewertung zum Stichtag notwendig. Diese Bewertung wird sowohl vom Verkäufer, Käufer als auch der finanzierenden Bank mit unterschiedlicher Interessenlage vorgenommen. Für Verkäufer und Käufer ist die Bewertung elementar, um bei den Kaufpreisverhandlungen eine Wertvorstellung des Portfolios zu entwickeln – das finanzierende Institut, welches die Transaktion begleitet, benötigt für die Kreditentscheidung eine Wertaussage über die Immobiliensicherheit.

---

4 Der Leverage-Effekt beschreibt die Korrelation zwischen der Eigenkapitalrentabilität und dem Anteil der Fremdfinanzierung – siehe hierzu Anhang 01.

5 Stagnationsphase von ca. 12 Jahren am deutschen Wohnungsmarkt. Quelle: Institut für Städtebau, Wohnungswirtschaft und Bausparverein e.V. (ifs): Deutscher Eigentums-Immobilien-Index (DEIX) entwickelte sich von 1994 bis 2006 von 102 auf lediglich 106.

6 Siehe S. 6 für eine Einordnung im internationalen Kontext und Quellenangaben.

7 Auch als Subprime-Krise (Etymologie: subprime – aus dem Englischen übersetzt: unter erster Klasse/zweitklassig) oder US-Hypothekenbankenkrise bekannt, welche 2007 zu massiven Liquiditätsengpässen an den Geldmärkten führte. Bonitätsschwache Darlehensnehmer finanzierten ihre Häuser mit hohen Hypotheken zu einem variablen Zinssatz. Mit steigenden Zinsen und nachgebenden Immobilienpreisen konnten die Darlehen nicht mehr bedient werden und führte dadurch allein in den USA zum Zusammenbruch von rd. 250 Hypothekenbanken. Aber auch nahezu alle Investment- und Geschäftsbanken mussten Milliardenabschreibungen vornehmen.

Die Subprime-Krise führte im ersten Schritt zu einer Finanzkrise, welche in vielen Ländern aufgrund von kontraktiven Multiplikatorprozessen zu einer globalen Rezessionsphase führte.

Der weltweite Abschreibungsbedarf infolge der Finanzkrise wird vom Internationalen Währungsfonds (IWF) bis Ende 2010 auf rd. 4 Bill. US-$ prognostiziert. (Stand August 2009)

Auch nach dem Transaktionsabschluss wird im Rahmen einer Kreditverbriefung das Immobilienportfolio hinsichtlich seines Marktwertes als auch seines Sustainable Net Asset Value[8] erneut bewertet.

Die Bewertung einer einzelnen Immobilie erfolgt in der Regel durch einen Sachverständigen, der auf Basis einer ausführlichen Objektbesichtigung, umfänglichen Unterlagen und unter Nutzung seiner Regional- und Marktkenntnisse die bewertungsrelevanten Parameter entsprechend ansetzt. Dies ist jedoch bei einem umfangreichen Portfolio, insbesondere einem wohnwirtschaftlichen Großportfolio, aus Zeit- und Kostengründen nicht machbar. Kompromisse müssen folglich bei der Bewertung gemacht werden. Eine Bewertung des Bestandes unter worst-case-Gesichtspunkten wird zwar einem risikoaversen Investor gerecht, jedoch ist die Wahrscheinlichkeit sehr hoch, nicht in den ausgewählten Investorenkreis zu kommen. Ein Investor mit Investitionsdruck bzw. eine finanzierende Bank mit Vorgaben hinsichtlich Finanzierungsvolumen kalkuliert mit sehr viel optimistischeren Ansätzen und unterschätzt oder übersieht die Risiken des Portfolios.

Demnach stehen Kosten, Zeit und Risiko bei der Portfoliobewertung in einem engen Beziehungsgeflecht und müssen gegeneinander abgewogen werden:

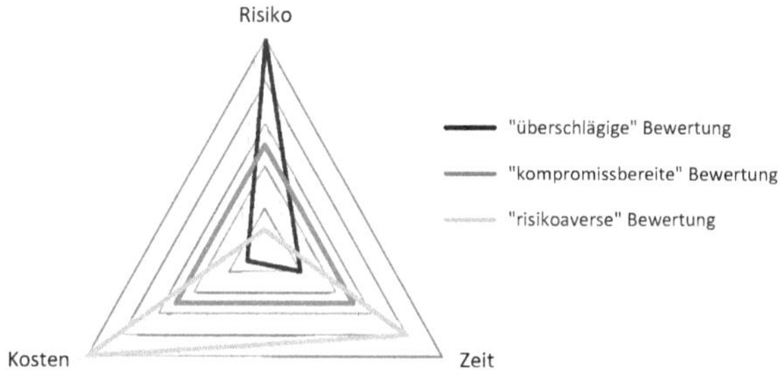

Abb. 1: Beziehungsgeflecht Kosten, Zeit und Risiko bei der Portfoliobewertung[9]

Erschwerend kommt hinzu, dass im Vorfeld von Immobilienportfolio-Transaktionen häufig wenige Angaben zu den Immobilien bekannt werden. In der Regel sind bei wohnwirtschaftlichen Portfolios lediglich die Objektadresse, die Gesamtwohnfläche, Soll- und Istmiete und das Baujahr pro Objekt bekannt. Diese werden im Rahmen eines Informationsmemorandums[10] am Markt platziert und Interessenten aufgefordert, ein erstes Gebot abzugeben. Auf

[8] Nachhaltig erzielbarer Netto-Vermögenswert, den ein Objekt voraussichtlich langfristig erreichen bzw. behalten wird. In Deutschland entspricht dies dem Beleihungswert nach §16 (2) des Pfandbriefgesetztes: „Der Beleihungswert darf den Wert nicht überschreiten, der sich im Rahmen einer vorsichtigen Bewertung der zukünftigen Verkäuflichkeit einer Immobilie unter Berücksichtigung der langfristigen, nachhaltigen Merkmale des Objektes, der normalen regionalen Marktgegebenheiten sowie der derzeitigen und möglichen anderweitigen Nutzungen ergibt. Spekulative Elemente dürfen dabei nicht berücksichtigt werden. Der Beleihungswert darf einen auf transparente Weise und nach einem anerkannten Bewertungsverfahren ermittelten Marktwert nicht übersteigen."

[9] Eigene Darstellung

[10] Auszug eines Informationsmemorandums siehe Anhang 02.

Basis dieser rudimentären Angaben wird anhand von Kennzahlen, wie z.B. das Vielfache der Jahresnettomiete, eine Wertindikation ermittelt. Im nächsten Schritt wird versucht, diese Indikation auf Basis verschiedener Bewertungsmethoden[11] zu verifizieren. Eine Aussage bezüglich der Validität dieser Indikation und dem damit verbunden Risiko einer Fehleinschätzung ist jedoch mit diesen Methoden nicht möglich.

Daraus resultierende Fragestellung

Gibt es ein Bewertungsverfahren für Immobilienportfolios, welches das Beziehungsgeflecht aus Kosten, Zeit und Risiko entsprechend modelliert, um in der Konsequenz neben einer Wertaussage des Portfolios auch eine Risikoabschätzung bezüglich der angesetzten Bewertungsparameter zu erhalten?

Nur dann wäre es möglich, bereits im Vorfeld zu entscheiden, ob eine vertiefende, kostenintensive Due Diligence des Bestandes sinnvoll ist.

Neben der dargestellten Problematik bei der Bewertung von Verkaufsportfolios gibt es noch weiteren Weiterentwicklungsbedarf der vorhandenen Verfahren, insbesondere im Hinblick der Möglichkeit einer nachvollziehbaren Risikoquantifizierung.

So schreibt zum Beispiel Basel II[12] den Banken im Bereich Sicherheitsüberwachung ein permanentes „Monitoring" sowie eine Neubewertung der Sicherheiten in regelmäßigen Zeitabständen vor. Für die Immobilien als Kreditsicherheit bedeutet dies in der Konsequenz, dass das Immobilienportfolio und dessen Wertermittlung in wiederkehrendem Turnus erfolgen muss. Basel II ermöglicht Einsparungen bei der Eigenkapitalunterlegung, je fortschrittlicher und damit risikosensitiver die von der Bank verwendeten Bewertungsmethoden sind.

Durch Solvency II[13], das Pendant von Basel II im Versicherungswesen, zeichnen sich Veränderungen mit weit reichenden Konsequenzen hinsichtlich des Risikomanagements der Versicherungsunternehmen ab.

---

11 Siehe Kapitel 1.3 – Stand der Forschung.

12 Basel II (gültig seit 2007, löst Basel I ab) regelt die bisherige Eigenkapitalanforderung der Banken neu und schreibt zusätzlich vor, die Risikostruktur eingegangener Kredit- und Marktrisiken offenzulegen. Zur Umsetzung der Vorgaben gliedert sich die Baseler Rahmenvereinbarung in drei Säulen:

Säule 1 – Mindesteigenkapitalanforderungen: Analog Basel I, jedoch mit dem Unterschied, dass die Eigenkapitalunterlegung individuell dem Risiko entsprechend festgelegt wird und nicht mehr pauschal erfolgt.

Säule 2- Bankenaufsichtlicher Überprüfungsprozess: Identifikation der wesentlichen Einflussfaktoren der eingegangenen Risiken eines Institutes auf Basis transparenter Risikomanagementsysteme und deren bankenaufsichtlichen Würdigung.

Säule 3 – Marktdisziplin: Regelung der Offenlegungspflichten eines Instituts.

13 Solvency II ist ein Reformprojekt der EU-Kommission. Ziel des Projektes ist die Weiterentwicklung der heutigen Solvabilitätsvorschriften (Eigenmittelanforderungen nach Solvency I, gültig seit 1.1.2004) für Versicherungsunternehmen. Solveny II orientiert sich bei der Solvenzbeurteilung einer Versicherungsgesellschaft an den tatsächlich eingegangenen Risiken sowohl auf der Aktiv- als auch auf der Passivseite. Ziel hierbei ist, eine auf Prinzipien des Risikomanagements beruhende Mindestkapitalausstattung zur Sicherstellung der dauerhaften Erfüllbarkeit von Versicherungsverträgen.

Im Gegensatz zu Basel II stehen weniger die Einzelrisiken im Fokus, sondern vielmehr ein ganzheitliches System zur Gesamtvolatilität. Der Quantifizierung von finanziellen Risiken durch adäquate Modellierung wird eine steigende Bedeutung zugemessen.

Ein Portfoliobewertungsverfahren mit Fokus auf eine Risikoquantifizierung wäre somit ein wichtiger Beitrag für die Umsetzung von Basel II und Solvency II, bezogen auf den finanzierten bzw. als Direktanlage gehaltenen Immobilienbestand.

Abschließend sei das Gesetz zur Kontrolle und Transparenz im Unternehmensbereich (KonTraG)[14] genannt, aus welchem sich die rechtliche Verpflichtung zur Einführung eines Risikomanagements auch in immobilienwirtschaftlichen Unternehmen ableiten lässt. Auch hier kann die vorliegende Arbeit einen Beitrag zur Risikoidentifikation und Risikobewertung einer wirksamen internen Unternehmensrevision leisten.

1.2 Wirtschaftswissenschaftliche Relevanz der Fragestellung

1.2.1 Strukturelle Kennzeichen des Wohnungsmarktes in Deutschland

Deutschland verfügt mit rd. 40 Millionen Wohneinheiten (rd. 32 Mio. in den alten und rd. 8 Mio. in den neuen Bundesländern) über den mit Abstand größten Markt für Wohnimmobilien in Europa.[15] Nachfolgende Abb. 2 verdeutlicht die im europäischen Vergleich niedrige Wohneigentumsquote von 43%. Diese begründet sich zum einen in den Zerstörungen des zweiten Weltkrieges – schneller Wiederaufbau von Mehrfamilienhäusern auch zur Integration von Millionen Vertriebener und Gastarbeitern, zum anderen in zahlreichen staatlichen Mietwohnungsbausubventionen.[16]

---

[14] Gesetz ist am 01. Mai 1998 für Aktiengesellschaften in Kraft getreten. Durch die Ausstrahlungswirkung sind jedoch auch andere Gesellschaftsformen von dieser Vorschrift erfasst.

Die Einführung soll unter anderem die Transparenz sowie die Korrektur von Verhaltensfehlsteuerungen und Schwächen im deutschen Kontrollsystem erhöhen und das Risikobewusstsein der Unternehmen verstärken.

Kern des KonTraG ist eine Vorschrift zur Etablierung eines Risiko-Frühwarnsystems, Risiken und Risikostruktur des Unternehmens im Jahresabschlusses der Gesellschaft offen zulegen.

[15] Genaue Wohnungsanzahl und deren Besitzverteilung siehe Abb. 4.

[16] Vgl. [HSH06], S. 4

Generell gilt, dass die Eigentumsquote umso niedriger ausfällt, je höher der Lebensstandard ist. Darüber hinaus weist Deutschland mit 2,2 Personen pro Haushalt die kleinste Haushaltsgröße im europäischen Vergleich auf, woraus sich zwangsläufig eine geringe Eigentumsquote ergibt. Quelle: [Kle07], S. 118.

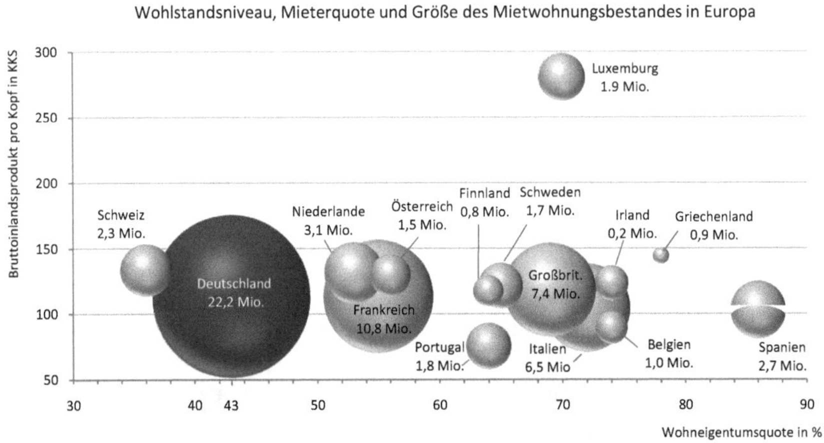

Abb. 2: Wohlstandsniveau[17], Wohneigentumsquote und Größe des Mietwohnungsbestandes[18]

Die bundesweite Mietbelastung liegt bei 25,5% des Einkommens, d.h. es muss durchschnittlich rund ein Viertel des Einkommens in Deutschland für die Zahlung der Bruttomiete aufgebracht werden (alten Bundesländern 25,8%, neue Länder 24,3%).[19]
Dieser hohe Stellenwert der Wohnimmobilien in Deutschland kommt sowohl in der Verteilung des Anlagenvermögens als auch in der Verteilung des Vermögens der privaten Haushalte zum Ausdruck: Das Bruttoanlagenvermögen[20] Wohnbauten macht mit rd. EUR 6 Bill.[21] fast die Hälfte des gesamten Bruttoanalgenvermögens aus, in den Vermögenspositionen der privaten Haushalte machen direkt gehaltene Wohnimmobilien 46%[22] des Gesamtvermögens aus.

Nachfolgende Darstellung verdeutlicht diesen Zusammenhang:

---

17 Angabe in Kaufpreisstandard (KKS). Der KKS ist eine von der Landeswährung unabhängige, fiktive Geldeinheit, welche das Preisniveau verschiedener Länder ausgleicht.

Bei der Angabe des Bruttoinlandsprodukts (BIP) in KKS stellt 100 den EU-Durchschnitt dar. Ist der Wert größer als 100, so hat das Land (gemessen nach inländischer Kaufkraft) ein BIP pro Kopf über dem EU-Durchschnitt (und umgekehrt).

18 Eigene Darstellung; Quellen: Eurostat, statistische Ämter der dargestellten Länder, ifs, Stand 2007

19 Quelle: Wohngeld- und Mietenbericht 2006 des Bundesministerium für Verkehr, Bau und Stadtentwicklung (BMVBS), S. 11

Aufgrund der überproportional gestiegenen Betriebskosten seit 2006 gegenüber der Einkommensentwicklung, kann eine mittlerweile deutlich höhere Mietbelastung 2009 unterstellt werden. Der Immobilienverband Deutschland (IVD) hat 2008 auf Basis von Daten aus 100 Städten eine Belastung der Warmmiete bezogen auf das Haushaltsnettoeinkommen von 35% ermittelt. Spitzenwerte von 43,8% erreichen Städte mit hohem Anteil an Niedrigverdienern, darunter Bezieher von Transferleistungen und Studenten. Quelle: Newsletter der Immobilien Zeitung (IZ) vom 02.12.2008.

20 Das Bruttoanlagenvermögen entspricht dem Nettovermögen zuzüglich der kumulierten Abschreibungen

21 Quelle: Statistisches Bundesamt, Stand August 2009.

22 Quelle: Statistisches Bundesamt, Stand August 2009 und Bundesbank (Geldvermögen), Stand Mai 2009.

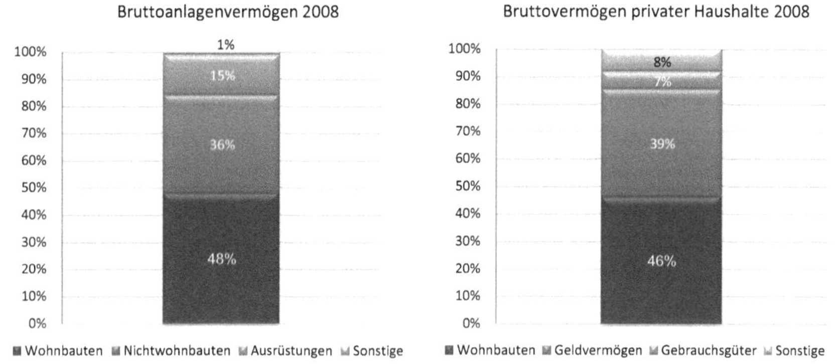

Abb. 3: Bruttoanlagenvermögen 2008 und Bruttovermögen der privaten Haushalte 2008[23]

Über die Hälfte der Wohnbauten sind Mietwohnungen[24] – auf Basis der Angaben in Abb. 2 lässt sich somit ableiten, dass in Deutschland mehr Menschen zur Miete wohnen als in jedem anderen Land der Europäischen Union.

Ein hoher Anteil der Wohnungen ist im Besitz der Öffentlichen Hand und von Wohnungsgesellschaften, wie nachfolgende Abbildung verdeutlicht:

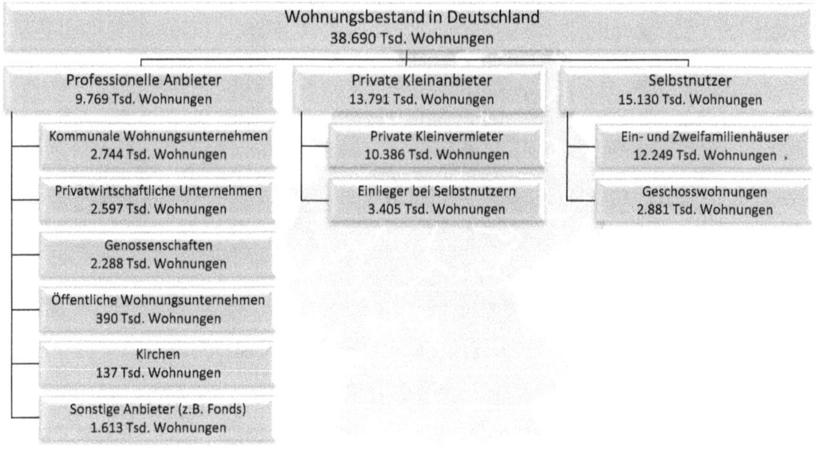

Abb. 4: Wohnungsbestand in Deutschland[25]

23 Eigene Darstellung; Quelle: Statistisches Bundesamt, Stand August 2009 und Bundesbank (Geldvermögen), Stand Mai 2009.

24 Quelle: Statistisches Bundesamt Mikrozensus 2002, Bundesverband deutscher Wohnungs- und Immobilienunternehmen (GdW) Jahresstatistik sowie GdW-Schätzungen auf Grundlage 1% Wohnungsstichprobe 1993 und Gebäude- und Wohnungszählung 1995.

25 Eigene Darstellung in Anlehnung an [HSH06], S. 8; Quelle: Statistisches Bundesamt Mikrozensus 2002, GdW Jahresstatistik sowie GdW-Schätzungen auf Grundlage 1% Wohnungsstichprobe 1993 und Gebäude- und Wohnungszählung 1995.

Regional betrachtet, verfügt Berlin als größte Stadt Deutschlands und Nordrhein-Westfalen (vor allem das Ruhrgebiet) als bevölkerungsreichstes Bundesland über einen sehr großen Wohnungsbestand.

Die Mehrzahl der Wohnungen befindet sich in Mehrfamilienhäusern, überwiegend in Häusern mit bis zu 12 Wohneinheiten in der Baujahrklasse 1949 bis 1990.[26] Es besteht jedoch ein großer Unterschied zwischen West- und Ostdeutschland – im Westen liegt fast jede zweite Wohnung in einem Ein- oder Zweifamilienhaus, im Osten sind Mehrfamilienhäuser dominierend. Dies lässt sich vor allem auf die Wohnungsbaupolitik der Deutschen Demokratischen Republik (DDR) zurückführen, die sich auf große Mietwohnungskomplexe konzentrierte. Auch unterscheidet sich die Altersstruktur der Gebäude im Westen und Osten. Hier resultiert der Unterschied vor allem aus der Zuwanderung in den Westen nach dem zweiten Weltkrieg und der rückläufigen Bevölkerungszahl in Ostdeutschland. In Westdeutschland wurden folglich viele Gebäude neu gebaut, während im Osten vergleichsweise mehr Menschen in Vorkriegsbauten wohnen konnten. Nach der Wiedervereinigung erfolgte durch den stark subventionierten Wohnungsneubau eine Annäherung zwischen früheren und neuen Bundesländern.[27]

Abb. 5 verdeutlicht die Wohnungsverteilung nach Gebäudegrößen:

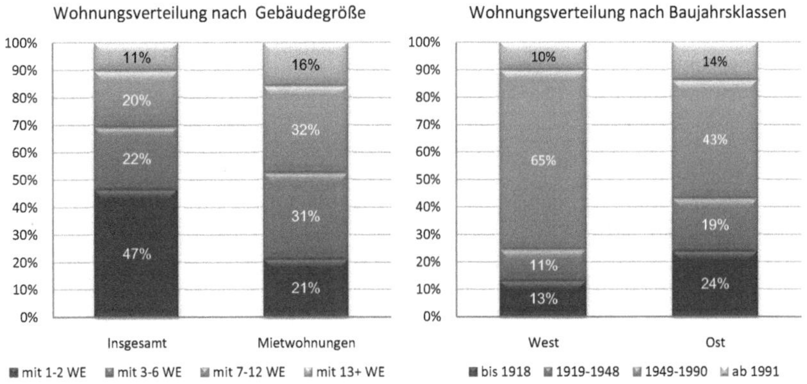

Abb. 5: Wohnungsverteilung nach Gebäudegröße und Baujahrsklassen[28]

Ebenfalls ist aus dieser Darstellung ersichtlich, dass in Deutschland ein vergleichsweise „junger" Wohnungsbestand vorherrschend ist. Rd. 70% der Wohnungen sind nach dem zweiten Weltkrieg erbaut, lediglich rd. 15% stammen noch aus der Zeit vor der Weimarer Republik (vor 1918).

26 Quelle: Statistisches Bundesamt, Stand 2002.

27 Vgl. [HSH06], S. 3-4

28 Eigene Darstellung in Anlehnung an [HSH06], S. 3-4; Quelle: Statistisches Bundesamt, Stand 2002.

In Deutschland gibt es derzeit knapp 40 Mio. Haushalte[29], was ungefähr der Gesamtanzahl der Wohnungen entspricht. Daraus kann abgeleitet werden, dass zumindest auf gesamtdeutscher Ebene ein ausgeglichener Wohnungsmarkt vorherrscht.

Die Anzahl privater Haushalte steigt seit Jahren wesentlich schneller als die Einwohnerzahl. Zwischen 1960 und 1990 stieg die Zahl der westdeutschen Haushalte um rd. 45%, die Einwohnerzahl jedoch lediglich um 13%. Nach der Wiedervereinigung ist die Bevölkerungszahl um 3% gewachsen, bereits 2003 ist die Zahl der privaten Haushalte seit der Wiedervereinigung erneut um 10% angewachsen.[30] Schätzungen gehen davon aus, dass bis 2020 die Zahl der Haushalte um 1 Million ansteigen wird, bei gleichzeitigem Bevölkerungsrückgang von 0,5%.[31] In der Konsequenz bedeutet dies, dass die durchschnittliche Haushaltsgröße kontinuierlich sinkt – statistisch 2,1 im Vergleich zu 2,9 Personen 1960.

Begründen lässt sich dieser Trend damit, dass junge Menschen verstärkt unabhängig leben möchten, der späteren Gründung von Familien, einer steigenden Scheidungsrate und einem wachsenden Anteil von Seniorenhaushalten.

In den neuen Bundesländern verläuft die Entwicklung schneller als in den alten Bundesländern, da viele junge Menschen arbeitsplatzbedingt nach Westdeutschland ziehen.

Bei den genannten Durchschnittswerten ist zu beachten, dass es erhebliche regionale Unterschiede gibt (Haushalte München: 1,7 Personen, Kreis Clopppenburg rd. 3 Personen). Grundsätzlich weisen Stadtkreise kleinere Haushalte aus als Landkreise. Außerdem ist ein Zusammenhang zwischen dem Anteil der Senioren und der durchschnittlichen Haushaltsgröße erkennbar – hier kommt der sog. Remanenzeffekt[32] zum Tragen.

Das Fertigstellungsvolumen im deutschen Mehrfamilienhausbau ist in den letzten Jahren deutlich zurückgegangen. Im Jahr 2008 wurden in Deutschland rd. 176.000 Wohnungen fertiggestellt. Das entspricht einem Rückgang gegenüber dem Vorjahr von 16,5% und markiert den niedrigsten Nachkriegsstand[33]. Seit 1995, in dem mit rd. 603.000 Wohnungseinheiten ein Höchststand markiert wurde[34], ging die Zahl der jährlich fertiggestellten Wohnungen um mehr als 70% zurück. Eine Trendwende ist in den nächsten Jahren nicht zu erwarten.

Die weitläufige Auffassung, dass aufgrund des Bevölkerungsrückgangs auch ein Nachfragerückgang auf dem Wohnungsmarkt einhergeht, scheint unbegründet. Gestützt auf statistische

29 Quelle: Statistisches Bundesamt, Stand 2008.

30 Vgl. [Deu05], S. 5; Quelle: Statistisches Bundesamt, Stand 2005.

31 Quelle: Raumordnungsprognose des Bundesamtes für Bauwesen und Raumordnung (BBR) beim 41. Königsteiner Gespräch des ifs, Bonn 28.04.2006

32 Remanenz (Etymologie: lat. Remanere = zurückbleiben). Ältere Menschen ziehen sehr oft auch dann nicht aus der Familienwohnung aus, wenn die Kinder das Haus verlassen haben. Das vertraute Umfeld und soziale Kontakte werden nicht zugunsten einer kleineren, bedarfsgerechten Wohnung aufgeben. Der Flächenverbrauch pro Kopf nimmt deshalb in einer alternden Gesellschaft permanent zu.

33 Quelle: Statistisches Bundesamt, Stand August 2009

34 Diese hohe Zahl ist durch die Binnenwanderung nach der Wiedervereinigung (Zuzug in die alten Bundesländern aus den neuen Bundesländern mit einhergehender Wohnungsnachfrage) sowie Zuzüge aus Osteuropa erklärbar und als Maßstab deshalb nur bedingt geeignet.

Prognosen wird der Bevölkerungsrückgang eher durch die steigende Zahl der Haushalte und das rückläufige Fertigstellungsvolumen überkompensiert werden.[35]

1.2.2 Anlässe der Portfoliobewertung

Die Notwendigkeit der Bewertung von Immobilienportfolios ist vielschichtig – die wichtigsten Anlässen gibt nachfolgende Tabelle wieder:

Bewertungsanlass	Erläuterung
Transaktionen	Bei einer Portfoliotransaktion müssen sowohl Verkäufer als auch Käufer für die Kaufpreisverhandlung eine Wertvorstellung des Portfolios entwickeln.
Finanzierungen	Das finanzierende Institut benötigt für die Finanzierungszusage eine Beurteilung der Immobiliensicherheit hinsichtlich der Nachhaltigkeit des Wertes und der Entwicklungspotentiale. Darauf basierend erfolgt die Refinanzierung durch Pfandbriefe und die Kalkulation der Zinsmarge bzw. Abgabe eines sog. Term Sheets[36].
Liquiditätsbeschaffung	Hebung stiller Reserven, Verlustkompensation oder Steigerung der Eigenkapitalrendite.
Portfolioanalyse	Im Rahmen einer Portfolioanalyse stellt die Bewertung einen elementaren Bestandteil dar. Ohne sie sind keine strategischen Entscheidungen bezüglich Verkauf oder Sanierung möglich.
Bilanzierungsvorschriften nach IAS / IFRS	Kapitalmarktorientierte Unternehmen sind seit dem 01.01.2005 dazu verpflichtet, ihre Konzernabschlüsse gemäß International Accounting Standards (IAS) bzw. International Financial Reporting Standards (IFRS) zu erstellen. Der hierbei zu ermittelnde Marktwert muss jährlich überprüft werden. Dies gilt insbesondere auch für die Bewertung von Immobilien eines Real Estate Investment Trusts (REITS).
Verbriefung / Non Performing Loans (NPL)	Im Rahmen der Securitisation[37] ist gemäß den Europäischen Bewertungsstandards das Portfolio hinsichtlich seines Marktwertes und seines Sustainable Net Asset Value zu bewerten.
Performancemessung	Für den Benchmark eines Immobilienbestandes bzw. verwalteten Fonds an einem Immobilienindex, beispielsweise dem Deutschen Immobilien Index (DIX), sind Bewertungen zur Ermittlung des Total Returns erforderlich.

Tab. 1: Anlässe einer Portfoliobewertung[38]

1.2.3 Bisheriges Transaktionsvolumen von Wohnportfolios

Wohnungsportfolioverkäufe in größerem Umfang begannen im Jahr 1997 mit dem Verkauf von 39.000 Wohnungen der Deutschen Post. Dies markierte den Start von wohnwirtschaftli-

---

[35] Der jährliche Bedarf wird zwischen 330.000 Whgen (Quelle: empirica) bis 400.000 Whgen (Quelle: Eduard-Pestel-Institut) geschätzt.

[36] Das Term Sheet fixiert in einer frühen Finanzierungsanfrage/-verhandlung die wesentlichen Konditionen und Bedingungen eines Finanzierungsplans, hat jedoch keinen bindenden Charakter und trifft keine Aussagen zu juristisch orientierten Fragestellungen.

[37] Unterlegung oder Verbriefung von Kredit- und Einlagepositionen durch handelbare Wertpapiere.

[38] Eigene Darstellung; Vgl. [VDH04], S. 31 und [Cri08], S. 15

chen „Milliardendeals", derer bis Ende 2008 weitere 17 folgen sollten. Nachfolgende Abbildung 6 stellt diese Transaktionen dar.

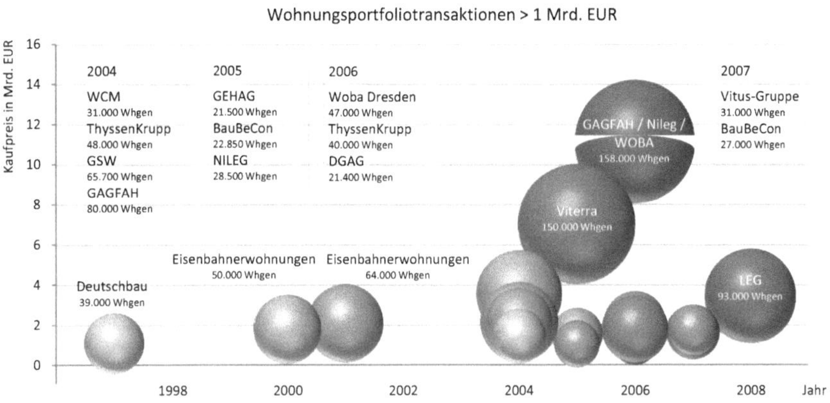

Abb. 6: Wohnportfoliotransaktionen > 1 Mrd. EUR[39]

Im Anhang 04 sind Wohnungsportfolio-Verkaufe ab 1997 mit Detailangaben zu Käufer, Verkäufer, Anzahl der Wohnungseinheiten und Kaufpreisen dargestellt.

Für den Zeitraum 08/2006 bis 08/2007 wurden exemplarisch 31 Portfoliotransaktionen mit einem wohnwirtschaftlichen Anteil von > 90% hinsichtlich ihrer portfoliospezifischen Kennzahlen wie folgt ausgewertet:[40]

Portfoliogröße		Kaufpreis		Preis [m² Mietfläche]		Preis [Wohnung]		Vielfache [Rohertrag / Kaufpreis]	
Ø 283 Tsd. m²		Ø 254 Mio. €		Ø 987 €/m²		Ø 64 Tsd. €		Ø 14,23-fach	
Spanne		Spanne		Spanne		Spanne		Spanne	
min.	max.	min.	max.	min.	max.	min.	max.	min.	max.
0,0144 Mio. m²	1,97 Mio. m²	18,4 Mio. €	1700 Mio. €	683 €/m²	1.323 €/m²	43,2 Tsd. €	100,5 Tsd. €	12,03-fach	17,36-fach

Tab. 2: Kennzahlen wohnwirtschaftlicher Portfoliotransaktionen 8/2006 bis 8/2007[41]

[39] Quelle: [HSH06], S. 37-40; [Cor07], S. 7; Eigene Recherchen. Detailangaben zu den Daten in der Grafik siehe Anhang 03.

[40] Bereinigt wurden diese Transaktionen um typische kommunale Bestände in den neuen Bundesländern (Typischer kommunaler Bestand in den neuen Bundesländern als Verkaufsportfolio: Konzentration innerhalb einer Stadt, überwiegend Plattenbauten mit hohem Leerstand etc.), Portfolios mit einem Gesamtleerstand > 15% sowie zwei signifikante Ausreißer deutlich über dem Preisniveau der Vergleichsportfolios und einem Insolvenznotverkauf. Das Auswertungsergebnis reduzierte sich so auf 15 Portfolios.

[41] Quelle: [Wer08], S. 182-183

Hierbei ist jedoch zu berücksichtigen, dass im Rahmen von Publikationen transagierter Portfolios keine Detailinformationen bekannt werden. Dem Verkauf liegt in der Regel ein komplexes Vertragswerk zugrunde, welches unter anderem auch vertragliche Vereinbarungen bezüglich sozialer Verpflichtungen oder Investitionsverpflichtungen beinhaltet. Diese können sich nicht unerheblich auf die Preisfindung niederschlagen und so die Kennzahlen verfälschen.

Ab 2003/2004 erhielten fast ausnahmslos ausländische Finanzinvestoren den Zuschlag (aus Abbildung 7 ist ersichtlich, dass der Ausschlag des Gesamtmarktes aus dem Einstieg der Opportunity Funds[42] resultiert), was zu einem sprunghaften Transaktionsvolumen führte und auch die Verkaufspreise zum Teil aus Immobilienbewertungssicht in nicht nachvollziehbare Größendimensionen ansteigen ließ.

Gründe hierfür liegen vor allem in deren höherer Risikobereitschaft und Marktphantasie, hohem Anlagendruck und insbesondere dem sog. Leverage-Effekt, dem Spread zwischen der Mietrendite und den niedrigen Refinanzierungszinsen[43].

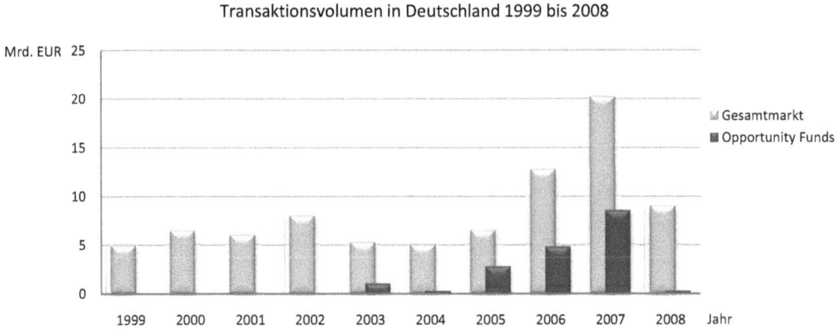

Abb. 7: Transaktionsvolumen in Deutschland 1999 bis 2008[44]

Allein im Zeitraum 2004 bis 2006 investierten ausländische Investoren über 25 Milliarden EUR in deutsche Wohnimmobilien[45]. Insgesamt gab es allein in den Jahren 2005, 2006 und im 1. Halbjahr 2007 rund 400 Portfoliodeals in Deutschland, wovon 126 auf reine Wohnportfolios entfielen.[46] Das Gesamttransaktionsvolumen rein wohnwirtschatlicher Portfolios dürfte somit in den letzten 10 Jahren weit über 50 Milliarden EUR betragen haben.[47]

[42] Opportunity Funds sind bereit große Risiken einzugehen, um hohe Renditen erreichen zu können.

[43] Bei Wohnungsportfolios waren in der Anfangsphase Spreads von größer 3% möglich; Quelle: Der Immobilienbrief Nr. 171 vom 25.07.2008 S. 8 und eigene Recherchen.

[44] Eigene Darstellung; Quelle: Der Immobilienbrief Nr. 171 vom 25.07.2008, S. 8

[45] Quelle: [HSH06], S. 8

[46] Quelle: [Cor07], S. 4

[47] Eigene Auswertung aus diversen Research-Berichten und Marktveröffentlichungen der letzten Jahre.

1.2.4 Prognose Transaktionsvolumen

„Die Krise ist ein produktiver Zustand.
Man muss ihr nur den Beigeschmack der Katastrophe nehmen.“[48]

Seit Beginn der Hypothekenkrise in den USA hat sich das Klima an den Immobilien-Investmentmärkten deutlich verändert. Die hohe Nachfrage nach investmentfähigen Immobilienportfolios, begleitet von immer weiter steigenden Preisen und sinkenden Anfangsrenditen, ist Ende 2007 abgeflaut und kam nach den ersten spektakulären Investmentbankschließungen 2008 ganz zum Erliegen.

Trotzdem spricht viel dafür, dass auch in den nächsten Jahren ein hohes Transaktionsniveau von Wohnportfolios zu verzeichnen sein wird.

Zum einen wird erwartet, dass die Gemeinden ihre Zurückhaltung hinsichtlich des Verkaufs von Wohnungsbeständen aufgeben und zum anderen, dass sich zumindest ein Teil der Opportunity / Private Equity Funds von ihren Engagements in Deutschland mittel- oder langfristig wieder trennen werden.

Kommunen verfügen nach wie vor mit rd. 2,7 Millionen Wohnungen über den größten Immobilienbestand unter den gewerblichen Vermietern.[49] Diese Tatsache lässt sich mit der besonderen Eigenschaft von Wohnimmobilien erklären – sie sind allenfalls in der Qualität, aber nicht grundsätzlich substituierbar, da Wohnen zu den Grundbedürfnissen einer Gesellschaft gehört. Veränderungen am Wohnungsmarkt, insbesondere beim Wohnungsangebot, werden sofort sichtbar, was den Wohnungsmarkt für die Politik sehr interessant macht. Zum einen lassen sich Wählerstimmen von den Profiteuren der direkten oder indirekten Wohnungsförderung gewinnen, zum anderen profitiert die Baubranche von öffentlichen Investitionen.[50]

In der Vergangenheit zeigten sich deshalb die Kommunen sehr zögerlich bei der Privatisierung ihres Bestandes. Häufig ist die kommunalpolitische Zustimmung nicht vorhanden, da Bedenken gegen einen Verkauf bei teilweise angespanntem Wohnungsmarkt bestehen. Der Sicherheit der Mieter wird gegenüber der Haushaltkonsolidierung Vorrang eingeräumt.[51] Der Verkauf der WoBa in Dresden[52] war so gesehen eine Zäsur – Die Kommune hat sich trotz Kritik für eine Transaktion und damit zugunsten Haushaltskonsolidierung entschieden.[53] Die politische Sensibilität ist jedoch durch diese Maßnahme erheblich angestiegen. Dies führte

[48] Max Frisch (Schweizer Schriftsteller *1911, †1991)

[49] Vgl. Abb. 4

[50] Der Bausektor mit rd. 2 Millionen Erwerbstätigen gilt als Schlüsselbranche für Wachstum und Beschäftigung in Deutschland. Pro Milliarde Euro Bauinvestition lassen sich rd. 25.000 Arbeitsplätze sichern bzw. schaffen. Quelle: BMVBS, Stand 2008.

[51] Quelle: Wohnungsmarkt-Studie des BBR 2007.

[52] Die Wohnbaugesellschaft Woba Dresden ist aus der Kommunalen Wohnungsverwaltung (KWV) der Stadt Dresden hervorgegangen.

[53] Verkauf 2006 aller Anteile der WOBA Dresden GmbH an die Investmentgesellschaft Fortress. Durch diesen Verkauf wurde Dresden zur ersten schuldenfreien Großstadt Deutschlands. Seit dem Verkauf ist die Woba Dresden ein Tochterunternehmen der Gagfah Group.

z.B. zum Scheitern des Verkaufs in Freiburg durch einen Bürgerentscheid sowie zu einem Kompromiss bei der Gesetzgebung des German Real Estate Investment Trust (G-REIT)[54].

Insbesondere vor Wahlen bleiben derartige Verkaufsabsichten ein Politikum[55]. Entschärft wurde das Thema ab 2007 vorübergehend durch die verbesserte Finanzsituation des Bundes, der Länder und vieler Städte. Die Einnahmenrückgänge der Kommunen infolge der Unternehmenssteuerreform und insbesondere die Folgen der Wirtschaftskrise und damit verbundenen Rezessionsphase führen zu geringeren Steuereinnahmen und einen Einbruch der Gewerbesteuer.[56] Somit ist davon auszugehen, dass der Verkauf von kommunalen Wohnungseinheiten lediglich einen Aufschub erfahren hat.

Zu den Hauptgründen, weshalb sich kommunale Träger von ihrem Wohnungsbestand trennen wollen, gehören:[57]

- Finanzierungsprobleme der notwendigen Sanierungsmaßnahmen bzw. steigender Verschuldungsgrad;[58]
- Generierung von Erträgen die zur Finanzierung anderer notwendiger Ausgaben bzw. zur Entschuldung benötigt werden;[59]
- Private Investoren können durch effizientere Bewirtschaftung, kompromissloses Mieterhöhungsverlangen und zusätzliches Privatisierungspotential Kaufpreise darstellen, welche deutlich über dem nachhaltigen Wert der Gebäude eines kommunalen Trägers liegen;
- Erkenntnis, dass die in der Öffentlichkeit oft umstrittene Privatisierung von Wohneigentum der Kommunen bei näherer Betrachtung nicht im Widerspruch zur sozialen Wohnungspolitik des Bundes und der Länder steht.[60]

---

54 Ein REIT ist eine Kapitalgesellschaft, deren Geschäftszweck darin besteht, Immobilien zu besitzen und/oder zu verwalten. Die Kapitalgesellschaft muss einen Großteil ihres Gewinns als Dividende ausschütten. Seit dem 1. Januar 2007 sind in Deutschland die steuerbegünstigten Immobilien-Aktiengesellschaften zugelassen und werden als sog. G-REITs bezeichnet.

Investitionen in sog. „Bestandsmietwohnimmobilien“ (Definition: Wohnungen wurden vor 2007 erbaut) sind im G-REIT ausgeschlossen. „Andernfalls wären negative Auswirkungen auf den Mietwohnungsmarkt zum Nachteil der Mieter und der öffentlichen Hand und Probleme für eine nachhaltige Stadtentwicklung und soziale Wohnungspolitik zu befürchten“ (Ziffer A.2.8 des Begründungsteils).

55 Zum Beispiel der Verkauf der Nassauischen Heimstätte (Gesellschafter überwiegend Städte, z.B. Frankfurt a.M. 31%), welche seit 2007 ein Wahlkampfthema darstellt – ein Verkauf steht in 2009/2010 erneut zur Disposition. Quelle: IZ 02/09 vom 15.01.2009.

56 Die Einnahmen aus der Gewerbesteuer, Haupteinnahmequelle der Städte und Gemeinden, gehen als Folge der Finanz- und Wirtschaftskrise trotz verschiedener Konjunkturpaketen in deutschen Großstädten in 2009 um bis zu 40% zurück. Beispiel München: prognostizierte Gewerbesteuerausfälle 2009 von rd. 400 Millionen Euro. Quelle: Süddeutsche Zeitung vom 03.04.2009

57 Vgl. [Mün06], S. 145

58 Geplanter Verkauf der Immobiliengesellschaft GBW mit rd. 33.900 Wohnungen in 2009/2010, da das Berichtsjahr 2008 mit einem Fehlbetrag von 13 Millionen abgeschlossen wurde. Ein erster Versuch in 2008 ist aufgrund des Marktumfeldes gescheitert.

Die Stadt Suhl muss 2009 ihre kommunale Wohnungsgesellschaft GeWo mit 21,4 Mio. Euro stützen, um eine Insolvenz zu vermeiden.

59 Die Stadt Halle (Saale) beabsichtigt ab 2010 je 25% der Geschäftsanteile an ihren beiden Wohnungsunternehmen, der HWG und GWG zu verkaufen. Zudem soll ein Teil der insgesamt rd. 33.000 Wohneinheiten von HWG und GWG veräußert werden. Mit dem Erlös sollen 300 Mill. € Schulden getilgt werden. Quelle: Beschluss des Stadtrats Halle vom 21.11.2007.

Aus gleichen Gründen beabsichtigt das Land Berlin den Verkauf der landeseigenen Berliner Holding (BHI) mit rd. 39.000 Wohnungen in 2009 bzw. 2010.

60 Vgl. [Gut07], S. 30-31; Die Autorin kommt zu dem Ergebnis, dass es nicht notwendig ist, dass der Staat eigene Wohnungen hält oder den sozialen Wohnungsbau fördert. Diese Maßnahmen werden sogar als ineffizient, verteilungspolitisch ungenau und letztendlich als unsozial bewertet. Als ökonomisch sinnvollere Instrumente werden das Wohngeld und Belegungsrechte gesehen, welche am Wohnungsmarkt eingesetzt werden können. Die Herleitung dieser Schlussfolgerung basiert auf den Ausführungen von [Eek02].

Schätzungen gehen davon aus, dass sich allein die Öffentliche Hand und nicht immobilienwirtschaftliche Unternehmen bis 2015 von rund 1,5 Millionen Wohnungen trennen werden[61] – allein dieses Volumen ist größer als die rund 1 Millionen verkauften Wohnungen im Rahmen von Portfoliotransaktionen der letzten 10 Jahre. Gestützt wird diese Einschätzung durch eine PricewaterhouseCoopers-Studie, der zufolge 40% der Kommunen ihre Wohnungsbestände oder zumindest Teile davon verkaufen wollen.[62] Das hieraus abgeleitete Privatisierungsvolumen beläuft sich auf 820.000 Wohnungen.

Auch die Kirche ist Eigentümer eines nicht unerheblichen Immobilienbestandes[63] – sie gilt neben der Deutschen Bahn als Deutschlands größter Immobilienbesitzer. Aufgrund der zunehmenden Finanzknappheit durch zurückgehende Kirchensteuer-Einnahmen bei einhergehenden hohen Instandhaltungsstau- bzw. Denkmalschutzverpflichtungen werden verstärkt Möglichkeiten zur Liquiditätsschaffung gesucht.[64] Der Immobilienbestand setzt sich zwar überwiegend aus Kirchen und Gemeindezentren zusammen, welche nur eingeschränkt veräußerbar sind, jedoch stellt der vorhandene Wohnungsbestand eine geeignete Möglichkeit zur Liquiditätsschaffung dar.

Opportunity / Private Equity Funds sind ausschließlich an einer hohen Eigenkapitalverzinsung interessiert. Lässt sich dies nicht mehr bewerkstelligen und lässt sich mittelfristig durch andere Maßnahmen kein Mehrwert generieren, wird der Exit aus dem Investment angestrebt. Das bisher große Interesse an deutschen Immobilien begründete sich in dem Leverage-Effekt. Dieser sorgt bei sinkendem Eigenkapitalanteil für eine steigende Eigenkapitalrendite, wenn die Fremdkapitalzinsen unterhalb der Gesamtrendite einer Immobilie liegen. Bei niedrigen Fremdkapitalzinsen und einem Eigenkapitalanteil von rd. 10% lassen sich Renditen größer 25% darstellen.[65]

Nicht zuletzt durch die Subprime-Krise sind Banken restriktiver bei der Kreditvergabe und fordern einen deutlich höheren Eigenkapitaleinsatz, da die Risiken nicht mehr über Verbriefungen auf Kapitalanleger verlagert werden können.

Mittlerweile bekennen einige der Investoren offen, dass die Umsetzung der Mietsteigerungen aufgrund der starken Regulierung durch das deutsche Mietrecht[66] fraglich bleibt, zumal die Bestände mit Sozialklauseln und Mieterschutzvereinbarungen erworben wurden.

---

61 Quelle: [HSH06], S. 12

62 Quelle: [Pri06], S.5. PriceWaterhouseCoopers ist eine weltweit führende Prüfungsgesellschaft mit Sitz in New York.

63 Zum Beispiel stehen hinter der Fondsgesellschaft Aachener Grundvermögen sechs katholische Bistümer.

64 Vgl. Der Immobilienbrief Nr. 102/5 vom 22.12.2005, S. 17 „Gar nicht vorweihnachtlich: Kirchen trennen sich von Gotteshäusern".

65 Beispiel: Beim Portfolioverkauf ThyssenKrupp-Portfolio betrug die Fremdfinanzierungsquote 90%. Quelle: Platow-Immobilien Nr. 22 vom 23.02.2005, S. 5; derzeit stellen jedoch 20-30% Eigenkapitalanforderungen die Regel dar. Siehe hierzu auch Anhang 01.

66 Zum Beispiel 20% Kappungsgrenze innerhalb von 3 Jahren, Sperrfrist bei Mieterhöhungsverlangen, Orientierung an der ortsüblichen Vergleichsmiete, Beschränkung der Modernisierungsumlage auf 11% p.a. etc.

Zu den weiteren Gründen, weshalb eine Vielzahl der Finanzinvestoren nicht ihre Renditeprognose erreichen werden, zählen:[67]

- Erworbene Portfolios wurden kurzfristig refinanziert unter Ausnutzung einer Sondersituation extrem niedriger Zinsen. Bei einer Prolongation[68] ergibt sich eine deutlich geringere Eigenkapitalrendite bzw. sogar ein negativer Leverage-Effekt. Somit ist das Anlagenprodukt „Wohnportfolio" nicht mehr geeignet, hohe Eigenkapitalrenditen darstellen zu können;
- die Anzahl der Baufertigstellungen ist in den letzten Jahren gesunken. Eine Fortsetzung dieses Trends führt bei konstanter Bevölkerungszahl zu einer Verknappung des Wohnungsangebotes und somit regional zu steigenden Mieten und Preisen. Bei einer rückläufigen Bevölkerungsentwicklung kann dies jedoch kompensiert werden, und die steigende Mietpreisentwicklung bleibt aus;
- demographische Entwicklungen (Binnenmigration) lassen bereits Tendenzen regionaler „Gewinner" und „Verlierer" erkennen[69]. Entscheidend für die zukünftig erzielbare Wertsteigerung eines Portfolios wird die regionale Portfolioallokation sein. Die Mehrzahl der erworbenen Wohnungsbestände befindet sich an Standorten mit geringerem Wirtschaftswachstum und eher negativer demographischer Perspektive;
- zu optimistisch erstellte Businesspläne mit durchgängigem Leerstandsabbau, überdurchschnittlichen Mietpreissteigerungen und hohen Privatisierungserlösen[70] erweisen sich als nicht realistisch. Diese wurden aufgrund des wachsenden Wohlstandes in Deutschland zum Zeitpunkt des Erwerbs in einer wachsenden Wirtschaftsphase unterstellt. Die Mietpreisentwicklung und der Leerstandsabbau blieben jedoch aus bzw. eine Neuvermietung war mit nicht kalkulierten Instandhaltungsausgaben verbunden. Vielen Investoren droht jetzt die Gefahr eines Liquiditätsengpasses, da die Mieteinnahmen abzüglich der Aufwendungen geringer sind als die Zinsforderungen der Bank.

Neben einem potentiellen Verkauf kommunaler Wohnungsbestände und möglichen Weiterverkäufen opportunistischer Käufergruppen gibt es verschiedene Motive, weshalb deutsche Wohnungsbestände weiterhin auf großes Interesse stoßen werden:

- Der Cashflow aus Wohnungseinheiten weist im Vergleich zum Cashflow aus gewerblich genutzten Einheiten eine erheblich geringere Volatilität aus. Zumindest in weiten Teilen der alten Bundesländer kann ein moderates Ausfallrisiko der Mieter und Leerstandquoten

[67] Vgl. [o.V.08b], S. 31; [DEG06], S. 2 und Der Immobilienbrief Nr. 173, 34. KW vom 22.08.2008 S. 3

[68] Anpassung von Darlehenskonditionen bei Verlängerung einer Finanzierung.

[69] In Ballungsgebieten wird die Wohnsituation angespannt bleiben, wohingegen in strukturschwachen Regionen die Kaufpreise und Mieten fallen und sich die Leerstandsquoten erhöhen werden.

[70] Beispiele: Fortress privatisierte im 1. Halbjahr 2007 lediglich 528 Wohnungen – Forecast sah für das Gesamtjahr 2.500 Wohnungen vor. Quelle: DIE WELT, 06.10.2007; Patrizia AG privatisierte im 1. Quartal 2008 lediglich 144 Wohnungen – geplant waren nach einer herabgesetzten Absatzquote von 2.000 Wohnungen noch 1.400 Wohnungen für 2008. Quelle: Börsenkommentar zum Quartalsergebnis 01/08 der Patrizia AG vom 7.5.2008.

deutlich kleiner 10% unterstellt werden. Dieser stabile Cashflow gewährleistet einer sichere Planungsgrundlage;

- Nutzung von Synergieeffekten und Effizienzgewinne durch den Zukauf weiterer Portfolios zum vorhandenen Wohnungsbestand;
- kommunale und bisher nicht professionell gemanagte Wohnungsbestände bieten Wertschöpfungspotentiale durch aktives Sanierungs- und Mietmanagement;
- die Wertentwicklung deutscher Wohnungsbestände korreliert negativ mit denen vieler anderer Länder. Dies ermöglicht bei einem international strukturierten Portfolio eine Risikodiversifizierung;[71]
- die hohe Nachfrage an deutschen Wohnimmobilien hat selbst in den Boomjahren nicht zu extremen Preisübertreibungen geführt, wie dies in anderen Ländern der Fall war. Deshalb finden keine drastischen Preiskorrekturen statt, wie sie z.B. in Irland oder Spanien derzeit der Fall sind;[72]
- bedingt durch die hohe Inflationssorge in den nächsten Jahren erfahren Sachanlagen mit konstantem Cashflow und Perspektive auf Wertentwicklung einer steigenden Nachfrage;
- eigenkapitalstarke Kaufinteressenten[73], welche in den letzten Jahren in den Bieterrunden nicht mithalten konnten, können die veränderte Marktsituation für sich nutzen.

Perspektivisch ist zu vermuten, dass sich die Finanzinvestoren am deutschen Wohnungsmarkt zurückziehen werden. Sei es durch einen schnellen Exit über die Börse, wie dies beispielsweise Fortress mit dem Gagfah-Portfolio getan hat, oder aber durch den sukzessiven Abverkauf von Teilportfolios.[74]

Langfristig wird sich so der Übergang von Zwischen- zu Endinvestoren vollziehen. Der Transaktionsmarkt Wohnimmobilien wird demnach von Weiterverkäufen bereits bekannter Portfolios geprägt sein, aber auch zunehmend von Verkäufen aus kommunalem Wohnungsbestand.[75]

Die zum Abschluss der Arbeit aktuellste Transaktionsauswertung von Wohnportfolios untermauert die Prognose einer steigenden Verkaufsanzahl, nach dem beinahe Erliegen von derartigen Transaktionen in 2008. Aus der in Tab. 3 dargestellten Erhebung geht hervor, dass sich die bereits im Frühjahr begonnene Belebung, wenn auch auf niedrigem Niveau, fortgesetzt hat.

---

71 Siehe hierzu Kapitel 2.7

72 In Spanien sind die Immobilienpreise seit 2007 im Schnitt um 15% gefallen, bis mindestens 2010 wird ein weiterer Rückgang um 15% prognostiziert. Quelle: Handelsblatt Online vom 09.05.2009 und Der Immobilien Brief Nr. 192 vom 22.05.2009, S. 19.

73 Zum Beispiel kommunale Wohnungsgesellschaften, sehr vermögende Privatpersonen, Versicherer und Altersversorger.

74 Gagfah plant in 2009 Wohnungsverkäufe (Blockverkauf) im Wert von 500 Mio. EUR zum Abbau von Fremdfinanzierungen.

75 Hiermit ist jedoch erst nach Abklingen der Finanzkrise zu rechnen. So ist z.B. der geplante Verkauf der kommunalen Wohnungsgesellschaft HaWoGe in Halberstadt in Sachsen-Anhalt mit insgesamt 4.400 Wohnungen im November 2008 gescheitert, da aufgrund der Finanzkrise keine Investoren den Mindestpreis von 30 Mio. Euro bieten wollten. Der Verkauf soll auf das Jahr 2009 oder 2010 verschoben werden. Quelle: IZ Newsletter vom 07.11.2008

Wohnungsportfoliotransaktionen Q1 bis Q3/2009			
	Q1/2009	Q2/2009	Q3/2009
Anzahl Transaktionen	18	15	23
Gehandelte Wohnungseinheiten	7.900	16.100	16.900
Wohnungseinheiten je Transaktion	440	1.070	680
Transaktionsvolumen	431	783	675

Tab. 3: Wohnungsportfoliotransaktionen Q1 bis Q3/2009[76]

Dem Marktforschungsinstitut BulwienGesa zufolge wurden im Jahr 2009 95 Transaktionen mit 53.890 Wohnungen gehandelt[77], Savills Immobilienberatung hat 107 Portfoliodeals mit rd. 56.000 Einheiten gezählt.[78] Beide beziffern das Transaktionsvolumen auf 3,2 Mrd. Euro.

Auf der Verkäuferseite traten unter Druck geratene private Bestandshalter[79] auf, vor allem aber die öffentliche Hand. Finanzinvestoren haben sich der Auswertung zufolge vollständig vom Markt zurückgezogen.

---

76 Eigene Darstellung; Quelle: Savills Immobilien Beratungs-GmbH, veröffentlicht im „Der Immobilienbrief" Nr. 204, 43. KW, 23.10.2009, S. 16

77 Quelle: Newsletter IZ vom 4.1.2010

78 Quelle: Newsletter IZ vom 6.1.2010

79 Dazu gehören der Verkauf von Einheiten des Bauvereins Hamburg, IMW Immobilien, die Vivacon AG und Pirelli Real Estate.

Am 01.10.2009 war der Presse zu entnehmen, dass der Wohnungsbestand mit rd. 24.000 Wohnungen der Landesbank Baden-Württemberg, verwaltet von der Unternehmenstochter LBBW Immobilien, zum Ausgleich für drohende Milliardenverluste zur Disposition steht. Zumindest ein Teilverkauf ist in 2010 zu erwarten.

1.3 Stand der Forschung

Es gibt mehrere mögliche Bewertungsansätze im Rahmen der Portfoliowertermittlung (siehe nachfolgende Tab. 4), welche unterschiedliche Zielsetzungen verfolgen und über ein spezifisches „Risiko-Zeit-Kosten"-Profil verfügen.

Bewertungsverfahren	Qualitatives Profil „Risiko-Zeit-Kosten"
Aggregierte Einzelbewertungen	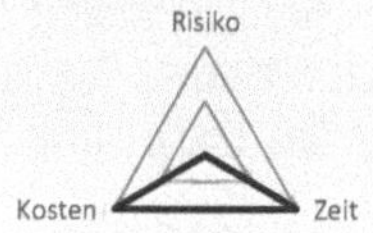
Bewertung mittels Pareto-Prinzip	
Desktopbewertung	
Paket- und Massenbewertungen	
Bewertung mittels Random-Verfahren	
Hedonische Immobilienbewertung	

Tab. 4: Portfoliobewertungsverfahren mit qualitativem „Risiko-Zeit-Kosten"-Profil[80]

Die einzelnen Verfahren und ihre verfahrensimmanenten Stärken und Schwächen werden nachfolgend ausführlich erläutert.

In der Praxis erfolgt die Bewertung selten trennscharf zu den dargestellten Verfahren, die Übergänge gestalten sich vielmehr fließend.

[80] Eigene Darstellung

Dies gilt insbesondere für die am Markt angebotenen automatisierten (webbasierten) Immobilienbewertungsprogramme[81], die nicht auf einem weiteren, eigenständigen Verfahren beruhen, sondern letztlich eine EDV-gestützte Kombination der Grundverfahren darstellt. Auf eine detaillierte Darstellung der Bewertungsprogramme und der darin jeweils verwendeten Grundverfahren wird an dieser Stelle verzichtet.

Die Verfahrenswahl ist entscheidend von der Datengrundlage abhängig. Insbesondere bei großen Wohnungsportfolios beschränken sich die Informationen in einer frühen Phase eines wohnwirtschaftlichen Portfolioverkaufs auf die in nachfolgender Darstellung rot markierten Informationen auf Einzelobjektebene:

Abb. 8: Vorhandene Informationen einer wohnwirtschaftlichen Portfoliotransaktion[82]

Die weiteren Informationen werden i.d.R. erst bei Zugang zu dem Data Room[83] bekannt. Auch hier gestaltet sich der Übergang fließend und ist von dem jeweiligen Bieterverfahren abhängig.

1.3.1 Aggregierte Einzelbewertungen

Die Bewertung erfolgt in der Regel durch einen Sachverständigen, der auf Basis einer ausführlichen Objektbesichtigung, umfänglichen Unterlagen und unter Nutzung seiner Regional- und Marktkenntnisse die bewertungsrelevanten Parameter entsprechend ansetzt. Die Einzelbewertungen werden nach landestypischen, anerkannten Verfahren ermittelt. Der Portfoliowert setzt sich aus der Summe der ermittelten Einzelwerte zusammen.

---

[81] Zu den derzeit bekanntesten automatisierten Portfoliobewertungsprogrammen gehören „Wertweiser" der HVB Expertise GmbH & MacDonald, Dettwiler and Associates Ltd. (MDA) und „LORA Portfolio" der on-geo GmbH. „Wertweiser" beschränkt sich auf die Portfoliobewertung von Ein- und Zweifamilienhäusern sowie Eigentumswohnungen.

[82] Eigene Darstellung

[83] Elektronische Plattform, die im Rahmen der Due Diligence potentiellen Käufern einen Onlinezugriff auf Dokumente ermöglicht.

Schwächen und Stärken des Verfahrens „Aggregierte Einzelbewertung"	
⊖	Aufwand bei einem größeren Portfolio sowohl zeitlich als auch wirtschaftlich nicht darstellbar. Höchster Zeit- und Ressourceneinsatz aller Portfoliobewertungsverfahren.
⊕	Höchste Ergebnissicherheit aller Verfahren. Formvorschriften, z.B. des Wirtschaftsprüfers, der Bundesanstalt für Finanzdienstleistungsaufsicht[84] (BaFin) etc., können eingehalten werden, und es greift eine umfangreiche Sachverständigenhaftung. Einzig sinnvolles Verfahren für die Bewertung eines Portfolios bestehend aus gewerblich genutzten Objekten.

Tab. 5: Schwächen und Stärken des Verfahrens „Aggregierte Einzelbewertung"[85]

1.3.2 Bewertung mittels Pareto-Prinzip

Bei der Wertermittlung mittels Pareto-Prinzip[86] wird unterstellt, dass in Abhängigkeit vom Heterogenitätsgrad ca. 20% der Immobilien eines Portfolios ca. 80% seines Wertes abbilden[87]. Daraus abgeleitet werden lediglich ca. 20% des Portfolios detailliert betrachtet und bewertet.

Schwächen und Stärken des Verfahrens „Pareto-Prinzip"	
⊖	Nicht geeignet für homogene Wohnportfolios, da hier das Pareto-Prinzip nicht greift.
⊕	Inhomogene Portfolios mit großvolumigen (gewerblich genutzten) Einzelobjekten lassen einen aussagekräftigen Schluss auf den Gesamtwert des Portfolios zu.

Tab. 6: Schwächen und Stärken des Verfahrens „Pareto-Prinzip"[88]

1.3.3 Desktopbewertung

Bei der Desktopbewertung erfolgt die Wertermittlung ohne eine Orts- und Objektbesichtigung. Im ersten Schritt werden Einzelobjekte homogenen Teilportfolios zugeschlüsselt, beispielsweise bezüglich Lagequalität oder Baualter. Die eigentliche Bewertung erfolgt mit Hilfe einer Tabellenkalkulationssoftware anhand von vereinfachten Ertragswertfunktionen, beispielsweise Roh-/Reinertragsfaktoren oder Wohnflächenfaktoren.

84 Die BAFin hat in Deutschland die Aufsicht über Kreditinstitute, Finanzholdinggesellschaften und Finanzunternehmen.

85 Eigene Darstellung

86 Das von Vilfredo Pareto (italienischer Ökonom (*1848, †1923)) definierte Prinzip stellt eine erhebliche Unausgewogenheit zwischen Ursache und Wirkung, Aufwand und Ertrag, Anstrengung und Ergebnis fest. Das Verteilungsmuster besagt z.B., dass ca. 20% des Arbeitsaufwandes für 80% der Gesamtleistung verantwortlich sind, bzw. 80% des Geschehens entfallen auf 20% der Beteiligten.

87 Vgl. [Brü07], S. 24

88 Eigene Darstellung

Nachfolgende Grafik soll diese Vorgehensweise verdeutlichen:

Objekt	Reinertrag	Schlüssel	Faktor	vereinfachter Ertragswert
Objekt I	310.000	AA2	17,75	5.502.500
Objekt II	460.000	AB2	17,00	7.820.000
Objekt III	630.000	BC3	13,75	8.662.500
...	...	...	...	...
∑ *Portfolio*	82.530.000		Ø 14,5	1.196.685.000

Makrolage	Mikrolage	Baujahrsklasse	Faktor
A	A	1	18,00
A	A	2	17,75
A	A	3	17,50
A	B	1	17,25
A	B	2	17,00
A	B	3	16,75
...	...	...	...
C	C	3	11,50

Abb. 9: Ablauf einer Desktopbewertung[89]

Schwächen und Stärken des Verfahrens „Desktopbewertung"	
–	Hohe Ergebnisunsicherheit – Ergebnis hängt ausschließlich von der Qualität und Quantität der zur Verfügung gestellten Daten ab. Keine Sachverständigenhaftung möglich.
+	Verursacht einen geringen Zeit- und Kostenaufwand. Geeignetes Verfahren für die indikative Erstaussage sehr großer Portfolios (z.B. Verkaufsportfolio „Viterra" mit rd. 150.000 Wohnungen).

Tab. 7: Schwächen und Stärken des Verfahrens „Desktopbewertung"[90]

1.3.4 Paket- und Massenbewertungen

Sowohl bei der Paket- als auch bei der Massenbewertung wird das Portfolio zunächst auf Basis einer Portfolioanalyse in homogene Subportfolios[91] aufgeteilt. Hierbei handelt es sich um statische Objektkategorien wie z.B. Makrolage, Mikrolage, Baualtersklassen, Gebäudegröße, Zustand etc. Analog der Desktopbewertung stammen die Lage- und Zustandseinschätzungen vom Verkäufer. Zur Meinungsbildung der Gesamtbewertung werden allenfalls unterstützend sog. „Drive-by-Besichtigungen" vorgenommen, in dessen Rahmen nicht fachkundige Personen kostenoptimiert eine Außenbesichtigung mit Bilddokumentation vornehmen.[92]

---

[89] Eigene Darstellung

[90] Eigene Darstellung

[91] Auch als Untergruppen, Cluster oder Pakete bezeichnet.

[92] Es sei an dieser Stelle angemerkt, dass diese Vorgehensweise bei der Verkehrswertermittlung großer Immobilienbestände sich mit dem Grundsatz des § 7 Abs. 2 WertV, nachdem „die Verfahren ... nach der Art des Gegenstands der Wert-Gepflogenheiten und den sonstigen Umständen des Einzelfalls zu wählen" sind, vereinbaren lässt.

Der „gewöhnliche Geschäftsverkehr" bei Portfolioverkäufen kann mit dem der Veräußerung einzelner Grundstücke nicht gleichgesetzt werden. Auch die sog. „wertbeeinflussenden Umstände" sind bei einem Immobilienportfolio anders zu betrachten als bei einem Einzelobjekt. Werden bei einer Einzelbewertung im „gewöhnlichen Geschäftsverkehr" die wertbeeinflussenden Umstände dezidiert betrachtet und entsprechend bei der Wertfindung berücksichtigt, finden diese bei der Portfoliobewertung keine Beachtung – sowohl bei werterhöhenden als auch bei wertmindernden Besonderheiten. Dies begründet sich in der Sichtweise, dass sich derartige Besonderheiten in der Summe wieder ausgleichen.

Somit stellt die Paket- und Massenbewertung keine verfälschende Bewertungsmethodik im Sinne der Verkehrswertdefinition dar, vielmehr sind die Vereinfachungen und Pauschalierungen verkehrswertimmanent bei der Portfoliobewertung.

Bei der Paketbewertung werden die Bewertungsansätze der dynamischen Faktoren (Bewirtschaftungskosten (BWK) und des Liegenschaftszinssatzes (LZ)) mit den statischen Objektkategorien (z.B. LZ nach Lagequalität, BWK nach Zustand etc.) verlinkt. Der Gesamtwert des Portfolios ergibt sich aus der rechnerischen Aggregation der Subportfolios.

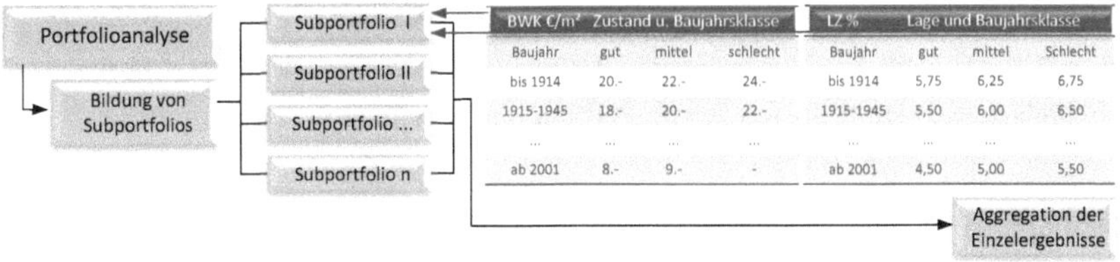

Abb. 10: Ablauf einer Paketbewertung[93]

Bei der Massenbewertung werden aus den gebildeten Subportfolios repräsentative Objekte ausgewählt und diese bewertet. Diese Stichproben bilden die Grundlage für die Bewertung der gesamten Objektkategorien. Aus den Einzelansätzen der Objektkategorien wird schließlich der Wert des Gesamtportfolios durch Extrapolation abgeleitet.

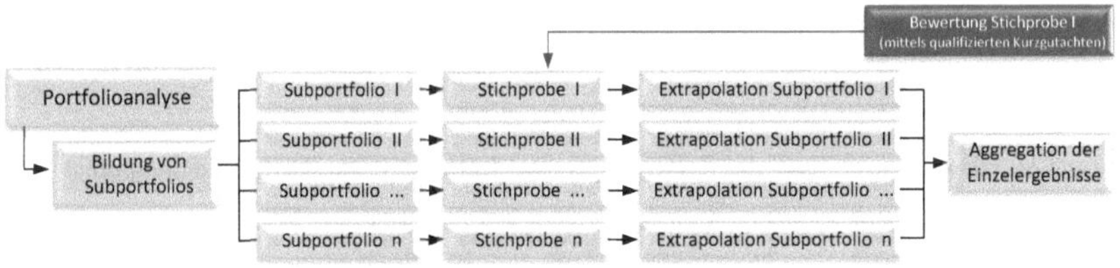

Abb. 11: Ablauf einer Massenbewertung[94]

Schwächen und Stärken des Verfahrens „Paket- und Massenbewertungen"
Höhere Ergebnissicherheit als bei der Desktopbewertung, jedoch bestehen durch die Ableitung des Gesamtwertes aus Ergebnissen aus den Stichproben ebenfalls unkalkulierbare Fehlerpotentiale. Datenlage für eine qualifizierte Stichprobe zur Extrapolation meist unzureichend. Sachverständigenhaftung nur eingeschränkt möglich.
Geeignet für die Bewertung großer, breit gestreuter Immobilienbestände. Durch die Ableitung des Gesamtwertes aus homogenisierten Bewertungsansätzen bzw. aus Stichprobenergebnissen besteht zwar ein höheres Risiko hinsichtlich der Ergebnissicherheit, jedoch steht dem ein moderater Ressourceneinsatz gegenüber.

Tab. 8: Schwächen und Stärken des Verfahrens „Paket- und Massenbewertungen[95]

[93] Eigene Darstellung
[94] Eigene Darstellung
[95] Eigene Darstellung

1.3.5 Bewertung mittels Random-Verfahren

Das Random-Verfahren in der Immobilienbewertung wird primär zur Sensivitätsanalyse eingesetzt – kann aber auch eine Wertmittlung in Form eines Erwartungswertes liefern.

Die anzusetzenden Wertparameter werden mit Bandbreiten versehen und Wahrscheinlichkeiten für deren Eintritt zugeordnet. Per Zufallsgenerator wird aus den gegebenen Wahrscheinlichkeiten eine Verteilungsfunktion der Ergebniswerte ermittelt. Hieraus lässt sich ein Durchschnittswert ermitteln, welcher als Portfoliowert herangezogen werden kann.

Schwächen und Stärken des Verfahrens „Random"
Es werden bei diesem Verfahren keine Abhängigkeiten der Variablen berücksichtigt. Beispielsweise den Zusammenhang zwischen Liegenschaftszins und Miethöhe, Bodenwert und Leerstandsrisiko oder Instandhaltungskosten und Baujahr. Auch werden die Ober- und Untergrenzen pauschal mit einem Prozentsatz gewählt (gängig +/- 20%) und eine Normalverteilung unterstellt.
Alternative zur Desktopbewertung. Ein prognostizierter Erwartungswert kann als erste Verkehrswertnäherung herangezogen werden. Wenig immobilienspezifisches Know-how erforderlich.

Tab. 9: Schwächen und Stärken des Verfahrens „Random"[96]

1.3.6 Hedonische Immobilienbewertung

Dieses Verfahren beruht auf der Theorie der „Hedonischen[97] Preise", eine mathematische, statistische Bewertungsmethode. Das Modell unterstellt, dass der Wert einer Immobilie in verschiedene Eigenschaften (Attribute) zerlegt und einzeln bepreist werden kann. Hierbei wird zwischen Strukturattributen (Objektgröße, Zustand, Ausstattung etc.) und Lageattributen (Makrolage, Mikrolage) unterschieden.[98]

Die Eigenschaftspreise lassen sich durch eine multiple Regressionsgleichung darstellen, in der die ermittelten Regressionskoeffizienten die implizite Zahlungsbereitschaft der Marktteilnehmer für diese Eigenschaft zu einem bestimmten Zeitpunkt repräsentiert.[99]

96 Eigene Darstellung

97 Etymologie: hedonisch leitet sich aus dem englischen Wort hedonic ("Lust-") ab. Begriffsmäßige Interpretation: die hedonische Preisbestimmung wird der „steigende Lustgewinn" gemessen, der mit Qualitätsverbesserungen einhergeht. Der Term „hedonic" geht auf A.T. Court zurück, der 1939 die Preisbildung im Automobilsektor untersuchte. Hedonische Bewertungsmethoden wurden in den 50er Jahren in den USA entwickelt.

98 Das zu bewertende Portfolio wird bezüglich dieser Attribute in auswertbarer Form erfasst. Dies erfolgt im Rahmen einer Besichtigung und/oder durch die Analyse der Objektunterlagen.

99 Vgl. [Mau01], S. 3

Allgemein hat das Regressionsmodell folgende Form:

$$P = f(X, \beta) + \varepsilon \qquad (1)$$

Formel (1) : Allgemeine Form des Regressionsmodells[100]

mit

P	=	*Vektor Preis*
X	=	*Matrix der Eigenschaften*
β	=	*Vektor der Koeffizienten*
ε	=	*Vektor von Störtermen*

Schwächen und Stärken des Verfahrens „Hedonische Bewertung"
Die hedonische Methode kann ausschließlich für standardisierte Objekte angewendet werden, z.B. für Ein- und Zweifamilienhäuser und Eigentumswohnungen. Bei Banken findet das Verfahren ausschließlich innerhalb der Kleindarlehensgrenze[101] seine Anwendung. Für Renditeobjekte ist das Verfahren ungeeignet, da Kriterien, wie z.B. die nachhaltige Miete, mietrechtliche Aspekte etc. nicht mit den Referenzobjekten der Datenbank verglichen werden können.
Durch das automatisierte Verfahren resultiert eine Ergebnisunsicherheit in unbekannter Größenordnung. Die Qualität der hedonischen Preisfunktionen können nicht beurteilt werden.[102]
Mangel einer zentralen, umfänglichen Transaktionsdatenbank - zwar werden in Deutschland alle Grundstücksverkäufe einschließlich wesentlicher Objektangaben von den Gutachterausschüssen erfasst und ausgewertet, allerdings sind die Daten nicht frei verfügbar und wurden bisher auch nicht zu einer empirisch auswertbaren Datenbank zusammengefasst.
Insbesondere für die Grundproblematik der vorliegenden Arbeit ist das Verfahren gänzlich ungeeignet, da gerade in der frühen Phase einer Portfoliobewertung wenig detaillierte Angaben auf Objektebene vorliegen.
Schnelligkeit, meistens onlinegestützte EDV-Produkte. Verfahren ist für den Einsatz im Massengeschäft bei Banken und Versicherungen geeignet, da hier gemäß dem Gesetz großer Zahlen[103] das Risiko als überschaubar erachtet wird.

Tab. 10: Schwächen und Stärken des Verfahrens „Hedonische Bewertung"[104]

[100] Vgl. [Mau01], S. 4

[101] Nach Inkrafttreten der neuen Beleihungswertermittlungsverordnung (BelWertV) gilt für Pfandbriefbanken eine Kleindarlehensgrenze von € 400.000,-. Bis zu dieser Grenze können Banken anstelle eines umfangreichen Gutachtens nach §5 BelWertV eine vereinfachte Wertermittlung für im Inland gelegene und wohnwirtschaftlich genutzte Immobilien durchführen.

[102] Eine von dem Steueramt Zürich 1996 in Auftrag gegebenen Studie kommt zu dem Ergebnis, dass für die Verkehrswerte von Einfamilienhäuser in ¾ der Fälle eine Streuung von +/- 15% in Kauf genommen werden muss, bei ¼ der Fälle ist die Abweichung noch deutlich größer.

Die Immobilien Zeitung (Ausgabe 4 vom 31.1.2008, S.10) kommt in einem Vergleich verschiedener automatisierter Bewertungsprogramme zu dem Ergebnis, dass die Abweichungen zu einem qualifizierten Referenzgutachten bis zu 32% betragen.

[103] Das Gesetz der großen Zahlen geht auf den Physiker Marian von Smoluchowski (*1872, †1917) zurück und besagt, dass sich die relative Häufigkeit eines Zufallsergebnisses immer weiter an die theoretische Wahrscheinlichkeit des Erwartungswertes annähert, je öfter das Zufallsexperiment durchgeführt wird.

Der existentielle Beweis erfolgt über die Tschebyscheff-Ungleichung.

1.3.7 Zwischenfazit

In Kapitel 1.1 wurde die Frage aufgeworfen, ob es ein Bewertungsverfahren für Immobilienportfolios gibt, welche das Beziehungsgeflecht aus Kosten, Zeit und Risiko entsprechend modelliert, um in der Konsequenz neben einer Wertaussage des Portfolios auch eine Risikoabschätzung bezüglich der angesetzten Bewertungsparameter zu erhalten.

Die Darstellung der gängigen Portfoliobewertungsverfahren hat gezeigt, dass sie dieser Anforderung gar nicht oder nur eingeschränkt gerecht werden können, da

- die vorhandenen Objektinformationen in einer frühen Bewertungsphase nicht ausreichen, um das Verfahren sinnvoll anwenden zu können,
- das Verfahren zu zeit- und/oder kostenintensiv ist,
- vorhandene Abhängigkeiten der Bewertungsparameter nicht oder nur unzureichend berücksichtigt werden
- und vor allem keine direkte Ableitung einer Risikoquantifizierung möglich ist.

Allerdings verfügt jedes Bewertungsverfahren über verfahrensimmanente Stärken, welche für die Modellentwicklung einer neuen Methodik verwandt werden sollte. Beispielsweise berücksichtigt die Paket- und Massenbewertung vorhandene Abhängigkeiten beim Ansatz der Bewertungsparameter (Bewirtschaftungskosten in Abhängigkeit der Baujahrsklasse), das Random-Verfahren leitet unbekannte Parameterausprägungen aus Wahrscheinlichkeitsverteilungen ab und der hedonische Ansatz berücksichtigt makroökonomische Daten[105] bei der Zuordnung von Eigenschaftspreisen.

Daraus abgeleitet die Zielsetzung der Arbeit

Entwicklung einer Bewertungsmethodik, basierend auf rudimentären Objektangaben, welche standardisiert einen Portfoliowert ermittelt und darüber hinaus eine quantitative Risikomessung ermöglicht.

Hierbei sollen die bereits in der Praxis erprobten Verfahren als Basis fungieren, ihre verfahrensimmanenten Stärken Eingang finden und die aufgezeigte Schwachstellen kompensiert werden.

Zum Abschluss von Kapitel 1 erfolgt eine Einordnung in den immobilienwirtschaftlichen Kontext, eine Abgrenzung des Themengebietes und eine strukturierte Darstellung der beabsichtigten methodischen Vorgehensweise zur Umsetzung der oben genannten Zielsetzung.

[104] Eigene Darstellung

[105] Die Makroökonomie ist ein Teilgebiet der Volkswirtschaftslehre. Makroökonomische Daten werden z.B. vom Statistischen Bundesamt, der Bundesbank oder der Agentur für Arbeit veröffentlicht.

1.4 Einordnung in den immobilienwirtschaftlichen Kontext und Abgrenzung des Themengebietes

Die zentrale Aufgabe von Immobilieninvestoren umfasst das professionelle Investmentmanagement. Die Abb. 12 stellt die Funktionsbereiche des Immobilien-Investmentmanagements nach Definition der Gesellschaft für immobilienwirtschaftliche Forschung (gif) dar.[106] Demnach umfasst das Immobilien-Investmentmanagement die Investoren-Ebene, die Porfolio-Ebene und die Objekt-Ebene.

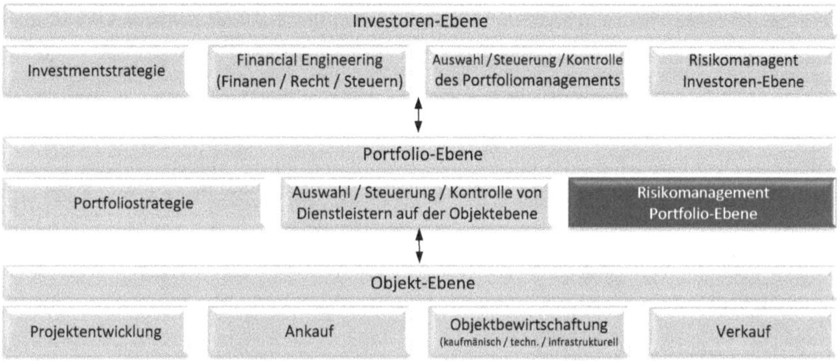

Abb. 12: Funktionsbereiche im Immobilien-Investmentmanagement[107]

Der Fokus der vorliegenden Arbeit liegt demnach innerhalb der drei Ebenen des Immobilien-Investmentmanagements auf dem Risikomanagement der Portfolio-Ebene.

Um der im Zwischenfazit abgeleiteten Frage und somit Ziel der Arbeit formulierten Anspruch gerecht werden zu können, ist es erforderlich, einige wichtige Abgrenzungen des Themengebietes vorzunehmen.

Nicht Gegenstand des zu entwickelnden Modells sind die im Rahmen einer Portfoliotransaktion häufig vorhandenen sog. Paketabschläge[108] bzw. -aufschläge. Hierunter wird die Differenz verstanden, welche sich aus den aggregierten Einzelobjektwerten zum letztlich vereinbarten Gesamtkaufpreis ergibt.

[106] Die gif-Richtlinie gebraucht den Begriff „Real Estate Investment Management" (REIM).

[107] Eigene Darstellung, in Anlehnung an [gif02], S. 3

[108] Ein Massenangebot von Immobilien auf einem regional und sektoral begrenzten Markt führt schnell zu einer Übersättigung des entsprechenden Teilmarktes mit entsprechendem Preisrückgang. Umgangssprachlich kann ein Paketabschlag auch als ein Mengenrabatt bezeichnet werden.

Für den Verkäufer ist ein Portfoliodeal auch mit einem Paketabschlag i.d.R. lohnenswert, da es den schnellen Liquiditätszugang ermöglicht, erheblich geringere Transaktionskosten gegenüber einem Einzelverkauf anfallen und sich vor allem eine gute Gelegenheit bietet, sehr schwer verkäufliche Einzelobjekte dem Portfolio beizumischen und so noch akzeptable Preise hierfür zu erzielen.

Portfolioabschläge sind insbesondere abhängig von der Anzahl der Objekte und der (Mono-) Struktur des Portfolios, deren Qualität, dem Zinsniveau und der Nachfragesituation.

Portfolioaufschläge resultieren maßgeblich aus dem bereits erklärten Leverage-Effekt bzw. aus vorhandenem Anlagendruck der Investoren, die mit verhältnismäßig geringem Aufwand großvolumige Immobilieninvestitionen tätigen wollen.

Diese Ab- und Zuschläge müssen separat aus dem momentanen Marktgeschehen abgeleitet werden und sind nicht durch bewertungsrelevante Objekteigenschaften erklärbar.[109]

Als Beispiel sei hier der Markteintritt der ausländischen Finanzinvestoren genannt. Innerhalb von wenigen Jahren haben sich Mietmultiplikatoren bei Portfoliotransaktionen vom bis dato 10- bis 12-fachen einer Jahresmiete auf das 13- bis 19-fache erhöht[110]. Nach der Subprime-Krise lag das Kaufpreisvielfache für den größten Deal 2008 (Verkauf der Landesentwicklungsanstalt NRW) wieder beim 9-fachen der Jahresmiete.[111]

Lasten und Beschränkungen, die in Abteilung II des Grundbuches eingetragen sind (Dienstbarkeiten, Verfügungs- und Erwerbsrechte[112] und Reallasten), werden, wie in den ersten Bieterrunden üblich, nicht berücksichtigt („clean title"-Annahme). Diese werden in aller Regel erst bei Transaktionsabschluss hinsichtlich deren Wertrelevanz beurteilt und von einem bereits erfolgten bindenden Angebot in Abzug gebracht.

Das Modell kann nur auf rein wohnwirtschaftliche Portfolios angewendet werden. Büro- und Einzelhandelsimmobilien müssen grundsätzlich in Form von aggregierten Einzelbewertungen ermittelt werden. Beispielweise sind in guten Geschäftslagen die Mieten für Ladenflächen im Erdgeschoss ein Vielfaches höher als die Mietzahlungen für derartige Flächen im Untergeschoss oder im ersten Obergeschoss – ein schlechter Zuschnitt der Ladeneinheit oder 50m Entfernung von der 1a-Lage kann das Mietniveau zudem auf einen Bruchteil reduzieren. Im Bürobereich haben die Ausstattung, der Zustand und das unmittelbare Umfeld einen wesentlich höheren Durchschlag auf das Mietniveau als am Wohnungsmarkt. Risikoquantifizierungen in diesem Segment sind bei standardisierten Verfahren nicht sinnvoll, da die Spannen der Wertermittlungsparameter so weit gefasst werden müssen, dass keine aussagekräftigen Ergebnisse erwartet werden können.

Bei der Portfoliobewertung werden keine besonderen Wechselwirkungen einzelner Portfoliobestandteile zueinander berücksichtigt. Eine beispielsweise abgeleitete Portfoliostrategie nach

109 Beispielhafte Paketzuschläge von Großportfolios: Eisenbahnerwohnungen 2001: +10%; Gagfah 2004: +25%; Viterra 2005: +18% - jeweils auf Basis der Summe der Einzelmarktwerte. Quelle: Eigene Recherchen/Berechnungen

110 Quelle: Untersuchung von Morgan Stanley und Sal Oppenheim 2006

111 Quelle: Der Immobilienbrief Nr. 170, 28. KW, 11.07.2008, S. 5

Das Kaufpreisvielfache ist allerdings auch entscheidend von der Lage- und Objektqualität des Portfolios abhängig und erklärt sich nicht ausschließlich durch Portfoliozuschläge.

112 Bei der Privatisierung von (gefördertem) öffentlichem Wohnraum sind häufig Belegungsrechte vorhanden. Dies führt zu einem Abschlag im Verkaufspreis. Belegungsrechte haben nämlich einen Wert und folglich auch einen Preis.

Markowitz[113] kann zu einer strategischen Kaufentscheidung mit entsprechender Kaufpreisbeeinflussung führen, welche ähnlich den oben dargestellten Portfolioaufschlägen nicht objektimmanent erklärbar ist. Hierbei hat für institutionelle Anleger die Assetklasse Immobilie eine besondere Bedeutung, da diese mit festverzinslichen Wertpapieren nicht bzw. negativ und mit Aktien nur wenig korreliert.[114] Ähnliche Entscheidungen können auch aus einer strategischen Geschäftseinheitenbewertung[115] resultieren, was ebenfalls unberücksichtigt bleibt.

Nicht Gegenstand der Betrachtung sind weiterhin soziale Bindungen oder Investitionsverpflichtungen, wie sie insbesondere bei Share Deal-Transaktionen[116] bzw. Kauf eines Bestandes von einem kommunalen Träger häufig der Fall sind.

Zielgruppen der Dissertation sind Investoren, Sachverständige, Berater und Finanzierer im Immobilienbereich sowie die Forschungsgemeinschaft der Immobilien- und der Finanzökonomie, insbesondere in den Bereichen Immobilien-Investmentmanagement und Immobilienbewertung.

---

113 Harry Max Markowitz, US-amerikanischer Ökonom und Nobelpreisträger, gilt als Mitbegründer der modernen Portfoliotheorie (MPT), welche seitdem beständig weiterentwickelt wurde. Die MPT basiert auf der erwarteten Rendite und dem Investitionsrisiko, gemessen anhand des Mittelwerts und der Standardabweichung der Renditen. Kern der Portfoliotheorie ist die Unterscheidung in systematisches und unsystematisches Risiko. Im Gegensatz zum systematischen Risiko lässt sich das unsystematische Risiko durch Diversifikation je noch Korrelation einzelner Risiken deutlich verringern.

114 Bedingt durch die unterschiedliche Preisentwicklung von Wohnimmobilien in Europa (insbesondere Frankreich, Spanien und Großbritannien) der letzten Jahre ist sogar innerhalb der Assetklasse „Wohnimmobilien" eine Risikodiversifizierung möglich.

Die Wohnimmobilienpreise in Deutschland stagnieren seit den 90er Jahren, während in anderen europäischen Ländern zum Teil zweistellige jährliche Steigerungsraten zu verzeichnen waren. Insbesondere nach der Subprime-Krise fanden Preiskorrekturen der überhitzen Märkte statt, während in Deutschland ein Preisrückgang aufgrund des langfristig stabilen Kauf- und Mietpreisniveaus ausblieb.

Somit besteht keine oder sogar eine negative Korrelation zum europäischen Wohnimmobilienmarkt.

115 Strategische Geschäftseinheiten stellen in der Immobilienwirtschaft unabhängige Immobilien-Markt-Kombinationen dar, die eigene Chancen und Risiken und damit spezifische Wettbewerbspositionen aufweisen. Hierbei wird eine Einschätzung getroffen, ob sich die Geschäftseinheit in der Markteinführungs-, Marktwachstums-, Marktsättigungs- oder Rezessionsphase befindet. Zwei Modelle werden in der Praxis verwendet, das McKinsey und das Boston Consulting Group (BCG) Modell. Bei der Portfoliomatrix von McKinsey werden die Geschäftseinheiten nach Marktattraktivität und relativer Wettbewerbssituation eingeschätzt, während die BCG ihre Vier-Felder-Matrix nach Marktwachstum und relativem Marktanteil abgrenzt. Vgl. [Well05], Slide 51, 55 u. 56.

116 Abgrenzung Asset versus Share Deal im Immobilienkontext: Asset Deal: Erwerb einzelner Immobilien, rechtlich gesehen liegt ein sog. Sachkauf vor, bei dem mit Grundbucheintrag die Mietverträge auf den Käufer übergehen; Share Deal: (Teil-) Erwerb einer Objektgesellschaft mit Immobilienbesitz, rechtlich betrachtet ein sog. Rechtskauf ohne direktem Eigentum an den Immobilien. Hieraus ergeben sich steuerliche Vorteile (z.B. keine Grunderwerbssteuer), jedoch werden auch latente Risiken, sämtliche Lasten und Verpflichtungen (z.B. Personal und Pensionsverpflichtungen) und das Management der Objektgesellschaft übernommen.

1.5 Vorgehensweise und Struktur der Arbeit

Die Dissertation ist auf eine praxisnahe Anwendung im Bereich der nationalen Immobilienbewertung ausgerichtet. Dementsprechend stellt die gängige Praxis der Immobilienbewertung den Ausgangspunkt der Modellentwicklung dar.

Die gängigen Methoden von Portfoliobewertungen und auch die wirtschaftswissenschaftliche Relevanz wurden in *Kapitel 1* aufgezeigt.

Um die Zielsetzung eines theoretisch fundierten, ziel- und praxisorientierten Ansatzes angemessen verfolgen zu können, wird es als erforderlich gesehen, im anschließenden *Kapitel 2* zunächst einige Grundlagen zu legen. Den Ausgangspunkt dazu bildet die Darstellung und Erläuterung der mit der Wertermittlung von Immobilien und einer Risikoanalyse im Zusammenhang stehenden Grundbegriffe zur Schaffung einer einheitlichen begrifflichen Basis.

Im Hinblick auf die mathematisch-statistischen Berechnungsverfahren gehören hierzu auch betriebs- und finanzwirtschaftliche Elemente.

Kapitel 3 und 4 stellen den Kernbereich der Arbeit dar. Sie behandeln letztlich die grundlegenden Phasen einer Risikoanalyse, wie sie sich in nachfolgender Darstellung verdeutlichen lassen:

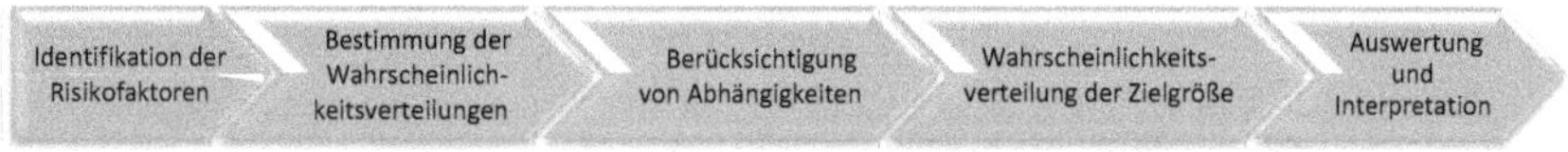

Abb. 13: Phasen einer probabilistischen Risikoanalyse[117]

Die Modellausgangsbasis, auf welchem die Risikoanalyse aufsetzt, wird das Ertragswertverfahren nach der Wertermittlungsverordnung (WertV) sein[118]. Dieses Verfahren ist in Deutschland für die Bewertung eines Renditeobjektes gebräuchlich und durch die Verankerung im Baugesetzbuch (BauGB) § 194 allgemein anerkannt.[119]

---

[117] Eigene Darstellung. Eine ausführliche Phasendefinition ist in Kapitel 2.8 dargestellt.

[118] Im § 194 BauGB ist der Verkehrswert definiert. Die Interpretation dieser Definition und die allgemeinen Grundsätze für die Ermittlung des Verkehrswertes führt die sog. Wertermittlungsverordnung (WertV) vom 06. Dezember 1988. Diese ist zwar lediglich für die Gutachterausschüsse, bestimmte Behörden und Institutionen verbindlich, jedoch stellen i.d.R. alle qualifizierten Immobiliensachverständige ihre Gutachten auf dieses Regelwerk ab.

Zwischenzeitlich hat der Bundesrat dem Verordnungsentwurf über die Grundsätze für die Ermittlung der Verkehrswerte von Grundstücken (Immobilienwertermittlungsverordnung – ImmoWertV) in seiner 869. Plenarsitzung am 7. Mai 2010 zugestimmt, am 27. Mai 2010 im Bundesgesetzblatt verkündet und tritt somit zum 1. Juli 2010 in Kraft. Änderungen gegenüber der WertV von 1988 beschränken sich im Wesentlichen auf die Überarbeitung der bestehenden Vorschriften hinsichtlich der in der Praxis heute üblichen Wertermittlungsmethodik, sprachlicher und grammatischer Glättung sowie der Straffung des Verordnungstextes.

Das Ertragswertverfahren wird vorzugsweise angewendet, wenn der aus dem Grundstück nachhaltig erzielbare Ertrag von vorrangiger Bedeutung ist. Dies ist in der Regel bei Mietwohnhäusern, gemischt genutzten Grundstücken oder gewerblichen Objekten der Fall.

[119] Durch die Normierung des Verfahrens und Anwendung empirisch begründeter Eingangsparameter sind die Grundlagen für eine verlässliche und untereinander vergleichbare Anwendung sichergestellt. Zudem hat der Bundegerichtshof (BGH) anerkannt, dass die Wertermittlungsverordnung allgemein anerkannte Regeln der Wertermittlungslehre enthält.

Ein weiterer Vorteil ist, dass die Fehleranfälligkeit des Verfahrens nachweislich sehr günstig ist.[120]

Für alle wertbeeinflussenden Variablen dieser Ertragswertformel müssen die Einflussfaktoren identifiziert (parametrische Bestimmung) und deren Abhängigkeiten untereinander untersucht werden.

Im nächsten Schritt werden die einzelnen Risikoparameter mit Bandbreiten der möglichen Ausprägung versehen und Eintrittswahrscheinlichkeiten unterlegt (Annahme von Wahrscheinlichkeitsverteilungen). Die Bandbreitendefinitionen erfolgen neben den zu berücksichtigenden Abhängigkeiten anhand von makroökonomischen Daten[121]. Die hierzu notwendigen Marktdaten der relevanten Indikatoren sind in Deutschland zwar flächendeckend verfügbar, jedoch ist die Abgrenzung der räumlichen Regionen verschieden bzw. die Daten liegen nur in unterschiedlicher Ausprägung vor.

Da in der Arbeit überwiegend auf Marktdaten des Bundesamtes für Bauwesen und Raumordnung (BBR)[122] zurückgegriffen wird, wird auch dessen funktionale Gliederung der Bundesrepublik Deutschland, die sog. 97 Raumordnungsregionen (ROR)[123], als Basisabgrenzung gewählt.

Die weichen Standortfaktoren[124] werden in Form einer Rangliste hinsichtlich der Zufriedenheit am Wohnort aus PERSPEKTIVE-DEUTSCHLAND (PD) 2005/06[125] entnommen. Die räumliche Gliederung orientiert sich an den ROR, gliedert sich jedoch in 117 Teilregionen.[126]

---

120 Die Fehlerübertragung beim Ertragswertverfahren wurde von Ermert bereits 1967 mathematisch untersucht und auch von Hildebrandt sind diesbezüglich Abhandlungen veröffentlicht worden, z.B. [Erm67], S. 213-218 und [Hil99], S. 320 bis 328.

121 Zum Beispiel demographische Tendenzen, Kaufkraftniveau, Mietpreise, Leerstandsquoten etc.

122 Das BBR führt umfangreiche empirisch basierte und regional gegliederte immobilienwirtschaftliche Analysen durch.

123 Die ROR wurden nach funktionalräumlichen Kriterien (ökonomisches Zentrum und sein Umland, unter Berücksichtigung der Pendlerverflechtungen) auf Basis empirischer Auswertungen und der Planungsregionen der Länder entstanden. Die ROR finden insbesondere in der empirischen Regionalforschung eine breite Anwendung.

Die Abgrenzung ist abgesehen von folgenden Ausnahmen länderscharf: ROR 13 (Bremerhaven) beinhaltet neben der Stadt Bremerhaven auch die niedersächsischen Landkreise Cuxhafen und Wesermarsch; ROR Donau-Iller wurde getrennt in ROR 74 (Baden-Württemberg) und ROR 94 (Bayern); ROR 68 (Metropolregion Rhein-Neckar) liegt in Baden-Württemberg, Rheinland-Pfalz und Hessen.

Seit 01.08.2008 wurden die Verbände Südwestsachsen und Chemnitz-Erzgebirge aufgelöst und der Verband Südsachsen neu gebildet.

124 Weiche Standortfaktoren sind im Gegensatz zu den harten Standortfaktoren (eindeutig definier- und bezifferbar) eher qualitativ und regelmäßig nicht quantifizierbar.

125 Eine Initiative von McKinsey, Stern, ZDF und WEB.DE – Größte gesellschaftspolitische Online-Umfrage, in der die Teilnehmer ihre Einschätzung zur Lage und Zukunft Deutschlands abgeben. Bestandteil dieser Studie ist eine Rangliste der Zufriedenheit am Wohnort.

Für die Auswertung wurden wissenschaftlich anerkannte statistische Methoden angewandt (z.B. eine multivariate Regressionsanalyse), um die Repräsentativität der Studie zu gewährleisten.

Die Studie wurde mit unabhängigen Wissenschaftlern aus den Gebieten der Ökonometrie und der empirischen Sozialforschung umgesetzt, unter anderem mit dem Nobelpreisträger Prof. Daniel McFadden von der University of California Berkeley. Der Wissenschaftler war maßgeblich an der Entwicklung der Theorie der verhaltensabhängigen Umfrageteilnahme („Choice-based Sampling") beteiligt und erhielt unter anderem dafür den Nobelpreis.

126 Die sog. regionalen Erfolgsfaktoren sind in 117 Regionen unterteilt. Sie basieren auf den ROR des BBR. Die Unterschiede erklären sich im Wesentlichen dadurch, dass die Top-15-Städte beim BBR nicht solitär betrachtet, sondern den Agglomerationsräumen zugeordnet werden.

Mittels einem Matching-Verfahren werden die 117 Teilregionen den 97 ROR-Regionen zugeschlüsselt.

Eine Modellvalidierung[127] erfolgt mittels einer Simulationsanalyse auf Basis eines fiktiven Portfolios bestehend aus Mehrfamilienhäusern mit einem Gesamtvolumen von rd. 1,85 Mrd. EUR[128]. Hierbei werden mittels Simulationstechnik (Monte-Carlo-Simulationen[129]) Szenarien von Veränderungen der Risikofaktoren simuliert, die mit den vorgegebenen Wahrscheinlichkeiten eintreten können. Bezüglich aller so erhaltenen Szenarien wird jeweils der Portfoliowert berechnet („full valuation"). Das Risikomaß ergibt sich aus der statistischen Auswertung der so simulierten Portfoliowerte.

Im letzten Schritt wird das Risikomodell mittels Backtesting[130] bezüglich der Güte seiner Risikoprognose validiert.

In *Kapitel 5* erfolgt eine Zusammenfassung der wesentlichen Ergebnisse und Erkenntnisse, welche im Rahmen dieser Dissertation gewonnen wurden.

Neben einer Modellkritik schließt die Arbeit mit interessanten Ansatzpunkten für weitere wissenschaftliche Fragestellungen.

Zum Abschluss des Einleitungskapitels zeigt nachfolgende Darstellung die Gliederung der Dissertation in grafischer Form:

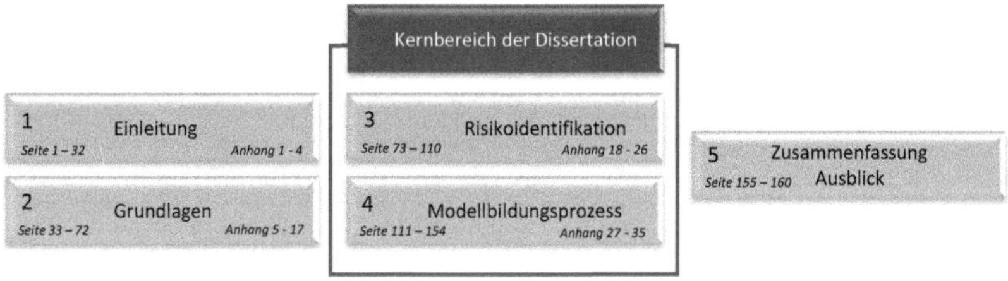

Abb. 14: Aufbau und Gliederung der Arbeit[131]

[127] Mit Modellvalidierung ist hierbei die potentielle Abweichung des ermittelten Portfoliowertes auf Basis weniger Objektinformationen im Abgleich zu aggregierten Einzelbewertungen mit umfänglichen Objektkenntnissen gemeint.

[128] Das fiktive Portfolio wird aus 280 Einzelbewertungen gebildet, wobei eine Einzelbewertung mehrere Mehrfamilienhäuser beinhalten kann. Die Einzelbewertungen wurden von fachkundigen Sachverständigen unter Vorlage aller relevanten Bewertungsinformationen erstellt.

[129] Mathematisches Verfahren zur Risikoermittlung. Anhand geschätzter Verteilungen der Risikofaktoren werden Zufallsszenarien generiert. Für jedes Zufallsszenario wird die zugehörige Wertänderung ermittelt. Der Risikoanteil wird aus der so ermittelten Verteilung der Wertänderungen entsprechend dem gewünschten Konfidenzniveau bestimmt. Das Verfahren wird in Kapitel 2.5.6 ausführlich erläutert.

[130] Verfahren zur Validierung eines Risikomodells.

[131] Eigene Darstellung

2 Grundlagen

In diesem Kapitel werden die relevanten Grundlagen dieser Arbeit dargestellt. Im Mittelpunkt stehen hierbei das Ertragswertverfahren nach WertV und der Ablauf einer Risikoanalyse.

Das Ertragswertverfahren wird gegen andere mögliche Wertermittlungsverfahren abgegrenzt und die verfahrensimmanente Wertfindung methodisch im Marktkontext erläutert.

Die Risikoanalyse als Teilbereich des Risikomanagements wird in der Darstellung um stochastische Grundlagen ergänzt, da die im Modell verwendeten Rohdaten vorher analysiert und interpretiert werden müssen und die Quantifizierung des Risikos auf Basis von Wahrscheinlichkeitsverteilungen erfolgen wird.

2.1 Definition der Grundbegriffe

Im Folgenden werden immobilienwirtschaftliche Grundbegriffe erläutert. Ziel hierbei ist jedoch nicht, ein Kompendium des gesamten Spektrums der Wertermittlungsbegriffe zu erstellen, sondern vielmehr die für die Arbeit relevanten und später im Modell verwendeten Begrifflichkeiten bzw. Zusammenhänge im Sinne eines einheitlichen Verständnisses darzustellen.

2.1.1 Flurstück und Grundstück

Eine gesetzliche Definition für den Begriff „Grundstück" ist nicht existent. Im Rechtssinn gilt ein räumlich abgegrenzter Teil der Erdoberfläche, der auf einem Grundbuchblatt[132] verzeichnet ist.[133] Ein Grundstück kann aus einem oder aus mehreren Flurstücken bestehen, welche in einem unmittelbaren räumlichen Zusammenhang stehen.

Flurstücke sind amtlich vermessene und markierte Bodenflächen, die mit einer Flurstücksnummer gekennzeichnet und in einer Flurkarte des Liegenschaftskatasters ausgewiesen sind.

Zu einem Grundstück gehören gemäß §§ 93 bis 94 Bürgerliches Gesetzbuch (BGB) fest mit dem Grund und Boden verbundene Gebäude und sonstige baulichen Anlagen als wesentliche Bestandteile und bilden somit eine sachliche und rechtliche Einheit.

[132] Ein Grundbuch besitzt öffentlichen Glauben, eingetragene Rechte gelten somit als bestehend, nicht eingetragene oder gelöschte als nichtbestehend. Ein Regelgrundbuchinhalt setzt sich aus der Grundbuchbezeichnung, dem Bestandsverzeichnis und 3 Abteilungen (Eigentümer (I), Lasten und Beschränkungen und Grundschulden (II), Hypotheken, Rentenschulden (III)) zusammen. Ergänzend zum Grundbuch wird eine Grundakte geführt, in der sämtliche Urkunden archiviert werden. Die Grundakte ist aufgrund der notwendigen Bezugnahme auf die Eintragsbewilligung im Grundbuch genauso bedeutend wie das Grundbuch selbst

[133] Vgl. [Pie07], S. 8

Die Rahmenbedingungen einer möglichen Grundstücksbebauung[134] regeln das BauGB im Zusammenhang mit der Baunutzungsverordnung (BauNVO) und den Bauordnungen der Länder (BauO).[135]

2.1.2 Grundstücksausnutzung

Die zulässige Bebauungsmöglichkeit bestimmt maßgeblich den Wert eines Grundstückes. Die wichtigsten Bestimmungsinstrumente für das Maß der baulichen Nutzung stellen die Grundflächenzahl (GRZ) und die Geschossflächenzahl (GFZ) dar.

Die GRZ gibt das maximal zulässige Verhältnis der Grundflächen der baulichen Anlagen[136] zur Grundstücksfläche vor. Die GFZ legt das maximal zulässige Verhältnis der Geschossfläche aller Vollgeschosse[137] zur Grundstücksfläche fest.[138] Ein Grundstück gilt als umso wertvoller, je mehr nutzbare Geschossfläche vorhanden ist. Im Rahmen der Bodenwertermittlung muss deshalb aus Vergleichspreisen oder Bodenrichtwerten von Gutachterausschüssen[139], welche sich auf eine bestimmte GFZ als lagetypisches Nutzungsmaß beziehen, der vorhandene Bodenwert entsprechend der tatsächlichen Bebauung des Grundstücks angepasst werden.

Zu den weiteren Bestimmungsinstrumenten für das Maß der baulichen Nutzung gemäß BauNVO gehören die Baumassenzahl (für Gewerbe- und Industriegebiete relevant), Zahl der Vollgeschosse, offene/geschlossene Bauweise und die Festsetzung von Baulinien, Baugrenzen und Bebauungstiefen.

2.1.3 Flächendefinitionen

Für die Gebäudequantifizierung werden unterschiedliche Messgrößen verwendet, in der Regel sind dies Angaben zur Fläche und zum Volumen (Kubatur). Die Bedeutung von Volumenangaben besitzt jedoch für die Immobilienbewertung keine nennenswerte Relevanz. Wurde die-

134 Aus Bewertungssicht spielt das „gesicherte Bebauungsrecht" die zentrale Rolle. Der § 196 Abs. 1 BauGB und § 4 Abs. 4 WertV definieren Bauland als baureifes Land, wenn es baulich nach den öffentlich-rechtlichen Vorschriften nutzbar ist. Hierzu gehört ein rechtskräftiger Bebauungsplan bzw. eine Zulässigkeit der Bebauung nach § 34 BauGB und eine gesicherte Erschließung des zu bebauenden Grundstücks.

135 Das BauGB regelt über die Bauleitplanung (Flächennutzungsplan und Bebauungsplan), ob, wann und wie ein Grundstück bebaut werden kann.

136 Zu den Grundflächen der baulichen Anlagen gehören neben der eigentlichen Gebäudegrundfläche auch befestigte Flächen für Zufahrten, Stellplätze und Garagen.

137 Hierbei zählen die Gebäudeaußenmaße ohne Balkone, Loggien und Terrassen. Der Vollgeschossbegriff definiert die jeweilige Länderbauordnung. Im Allgemeinen gehören Kellergeschosse und Satteldach-Dachgeschosse nicht zu den Vollgeschossen.

138 Eine ausgewiesene GFZ von 2,0 bedeutet demnach beispielsweise, dass die Geschossfläche aller Vollgeschosse maximal das Doppelte der Grundstücksfläche betragen darf.

139 Notare stellen dem jeweiligen Gutachterausschuss Kopien aller in der Gebietskörperschaft abgeschlossenen Immobilienkaufverträge zur Verfügung. Die gesetzliche Grundlage ist der § 192 BauGB. Die Kaufverträge werden mathematisch-statistisch analysiert und in zusammengefasster, anonymisierter Form publiziert.

se früher noch für die Herstellungskosten verwendet, wird heute fast ausnahmslos auf die Bruttogrundfläche Bezug genommen.[140]

Im Baubereich stellt die DIN 277[141] vereinheitlichte Flächendefinitionen zur Verfügung, unterschieden wird nach Brutto-Grundfläche (BGF)[142], Konstruktions-Grundfläche (KGF)[143], Netto-Grundfläche (NGF)[144], Nutzfläche (NF)[145], Funktionsfläche (FF)[146] und Verkehrsfläche (VF)[147].

Da die DIN 277 jedoch nicht die vermietungsbezogenen Flächenbegriffe abdeckt, sind hierzu weitere Flächendefinitionen erforderlich. Im gewerblichen Bereich hat die Mietflächendefinition der Gesellschaft für immobilienwirtschaftlichen Forschung (gif), deren Flächenbezeichnungen mit der DIN 277 korrespondieren, Normcharakter erreicht.

Im wohnwirtschaftlichen Bereich war die II. Berechnungsverordnung (II. BV)[148] lange Zeit die relevante Mietflächendefinition, die zwar nur für steuerbegünstigten und öffentlich geförderten Wohnungsbau verbindlich war, sich aber marktverbindlich etablierte.[149] Diese wurde jedoch am 01.01.2004 durch die Verordnung zur Berechnung der Wohnfläche (WoFIV) abgelöst, welche im Rahmen der Reform des Wohnungsbaurechts von der Bundesregierung erlassen wurde.

Wohnfläche wird gemäß der WoFIV wie folgt definiert: „Die Wohnfläche einer Wohnung umfasst die Grundfläche der Räume, die ausschließlich zu dieser Wohnung gehören".[150]

2.1.4 Mietbegrifflichkeiten

Die Wirtschaftlichkeit einer Immobilie bemisst sich maßgeblich an deren Ertragskraft – den erzielbaren Mieten und Erträgen. In der Praxis werden verschiedene Mietdefinitionen verwendet und unterschiedlich interpretiert. Für ein einheitliches Verständnis werden nachfolgend die wesentlichen Begriffe definiert.

---

[140] Die Normalherstellungskosten (NHK) 2000 als Anlage 7 der Wertermittlungsrichtlinien (WertR) 2006 beziehen ihre Herstellungskosten auf m² BGF. Auch ist nach der neuen BelWertV die Berechnung des Bauwertes nicht mehr über den umbauten Raum notwendig, sondern es kann der Herstellungswert auch über Flächeneinheiten ermittelt werden.

[141] Berechnung von Grundflächen und Rauminhalten im Hochbau.

[142] Summe der Grundflächen aller Grundrissebenen eines Bauwerkes. Sie gliedert sich in die Konstruktions-Grundfläche und die Netto-Grundfläche.

[143] Summe der Grundflächen der aufstehenden Bauteile aller Grundrissebenen.

[144] Vereinfacht als BGF abzüglich KGF. Sie gliedert sich in Nutzfläche, Technische Funktionsfläche und Verkehrsfläche.

[145] Derjenige Teil der NGF, der der Nutzung entsprechend der Zweckbestimmung dient. Unterschieden wird hier zwischen Hauptnutzfläche und Nebennutzfläche.

[146] Teil der NGF, der der Unterbringung zentraler betrieblicher Anlagen dient.

[147] Teil der NGF, der dem Zugang zu den Räumen, dem Verkehr innerhalb des Gebäudes und zum Verlassen im Notfall dient.

[148] §§ 42 bis 44

[149] Ersatzweise wurde auch die DIN 283 verwendet, welche zwischenzeitlich jedoch zurückgezogen wurde.

[150] Hierzu gehören nach § 2 Abs. 2 WoFIV auch die Grundflächen von Wintergärten, Schwimmbädern und ähnlichen nach allen Seiten geschlossenen Räumen sowie Balkonen, Loggien, Dachgärten und Terrassen, wenn sie ausschließlich zu der Wohnung gehören.

Auf eine detaillierte Darstellung mit anrechenbaren und nichtanrechenbaren Flächen wird verzichtet, da dies für das zu entwickelnde Modell nicht relevant ist.

Mietertragsbegriff	Definition
Netto-Kaltmiete	Umlagefreie Kaltmiete, ohne mieterseitige Nebenleistungen aus umlagefähigen Bewirtschaftungskosten, ohne Mehrwertsteuer. Sie entspricht der reinen Mietzahlung unter der Voraussetzung, dass laufende Betriebs- und Energiekosten zusätzlich vom Mieter geleistet werden.
Brutto-Kaltmiete	Kaltmiete einschließlich auf Mieter umlagefähigen Bewirtschaftungsaufwands (ohne Heizung), ohne Mehrwertsteuer. (Miete + Betriebskosten)
Brutto-Warmmiete	Brutto-Kaltmiete einschließlich auf Mieter umlagefähigen Bewirtschaftungskostenaufwands (inklusive Heizung), ohne Mehrwertsteuer. (Miete + Betriebskosten + Heizung etc.)
Rohertrag	entspricht der Jahres-Netto-Kaltmiete
Reinertrag	Verbleibender Mietanteil nach Abzug aller Bewirtschaftungskosten, ohne Mehrwertsteuer, auch als Nettoimmobilienertrag bezeichnet.

Tab. 11: Mietertragsdefinitionen[151]

Während für die Vermietung gewerblicher Räume weitgehende Vertragsfreiheit besteht, gelten in Deutschland, wie in Kapital 1 bereits ausgeführt, umfangreiche rechtliche Regelungen für die Vermietung von Wohnungen.[152]

2.1.5 Bauzustand

Bei der baulichen Zustandsbeschreibung gibt es ähnlich den Mietbegrifflichkeiten zahlreiche Interpretationsmöglichkeiten bzw. werden die verwendeten Begriffe nicht den tatsächlichen Gegebenheiten entsprechend benutzt.

151 Eigene Darstellung. Die Definitionen erfolgen in Anlehnung an [VDH98], S. 4 u. 5 und an [Pie07], S. 97

152 Das aktuelle Mietrecht trat mit der letzten Mietrechtsreform zum 01.09.2001 in Kraft.

Das Mietrecht als solches ist in seiner Funktion ein Mieterschutzrecht. Der Staat greift hier in seiner Funktion als Hüter der Ordnungspolitik mit verschiedenen Instrumenten in die Mietpreisbildung ein und beschränkt somit massiv die Handlungsfreiheit der Vermieter hinsichtlich der Vertragsgestaltung. Unter Ökonomen und Juristen ist dies sehr umstritten. (Vgl. [o.V.07], S. 14)

Das BGB regelt die allgemeinen Vorschriften für Mietverhältnisse im §§ 535 bis 548, ausschließlich für Wohnraummietverhältnisse sind weitere Regelungen im §§ 549 bis 577a vorhanden.

Im Anhang 05 ist eine Übersicht von verschiedenen Mietbegriffen im Kontext von rechtlichen Regelungen für die Vermietung von Wohnraum und deren Definition bzw. Erläuterung wiedergegeben.

Nachfolgende Darstellungen grenzt die Begrifflichkeiten untereinander ab.

Begrifflichkeit	Definition
Baumangel	Aus einer mangelhaften Ausführungsplanung (verantwortlich der Architekt) oder Bauausführung (verantwortlich das Bauunternehmen) resultierendes bauliches und funktionales Defizit.[153] Ein Baumangel ist in der Regel von Anfang an vorhanden.[154] Baumängel werden hinsichtlich behebbaren und nicht behebbaren Mängel differenziert.[155]
Mangelfolgeschaden	Mangelfolgeschäden entstehen ursächlich aus Baumängeln, wobei aus deren nicht beseitigter oder zu beseitigender Ursache respektive Wirkung heraus als Folge ein Schaden entsteht.[156]
Bauschaden	Bauschäden treten im Allgemeinen nach der Fertigstellung während der Nutzung eines Gebäudes aufgrund äußerer Einwirkungen oder vernachlässigter Instandhaltung auf.[157]
Instandhaltungsstau (Reparaturanstau)	Resultiert aus einer vernachlässigten ordnungsgemäßen Instandhaltung. Sichtbar durch Häufung von Bauschäden auf Grund des sich progressiv entwickelnden Bauteilverschleißes. Eine Instandhaltungsstaubeseitigung stellt den ursprünglichen Zustand der Funktion des Bauwerks wieder her und trägt zur Erreichung der üblichen Gesamtnutzungsdauer bei.
Modernisierung	Veränderungen am Bauwerk, die gegenüber dem Ausgangszustand zu einer höhere Funktionsqualität führen und somit den Gebrauchswert des Wohnraumes nachhaltig erhöhen.[158] Modernisierungen verlängern in der Regel die wirtschaftliche Restnutzungsdauer.
Modernisierungsstau	Defizit zwischen dem vorhandenen funktionellen Standard und dem heute marktüblichen bzw. gesetzlich verlangten Standard, welches durch bauliche Maßnahmen beseitigt werden kann.
Sanierung	Durchgreifende Modernisierungsmaßnahme zur Schaffung zeitgemäßer Gebäudefunktionen. Eine Gebäudesanierung verbindet in der Regel die Kompensierung eines Instandhaltungs- und Modernisierungsstaus, was wiederum zu einer Verlängerung der wirtschaftlichen Restnutzungsdauer führt.

Tab. 12: Bauzustandsdefinitionen[159]

Insbesondere die Berücksichtigung von Instandhaltungsstau ist bei der Wertermittlung eine häufig diskutierte Thematik und wird in der Praxis unterschiedlich gehandhabt.[160]

153 Haftung für mangelnde Ausführungsplanung bis zu 30 Jahren, für Bauausführung bei Verträgen nach der Vergabe- und Vertragsordnung für Bauleistungen (VOB) 2 Jahre, bei BGB-Verträgen 5 Jahre.

154 Beispiele für Baumängel: Zu geringe Dimensionierung der Gründung, Statikfehler, mangelhafte Drainage, fehlerhafte Wärme- oder Schallisolierung.

155 Behebbare Mängel können beseitigt werden (Abschlag in Höhe der erforderlichen Kosten), nicht behebbare Mängel müssen durch eine (erhebliche) Reduzierung der Restnutzungsdauer berücksichtigt werden.

156 Beispielsweise kann eine mangelhaft ausgeführte Dachentwässerung mittelfristig zu einem Schaden am Gebäude (Mauerwerksdurchfeuchtung) in unterliegenden Geschossen führen.

157 Zur weiteren Differenzierung der Bergriffe Baumängel und Bauschaden sowie deren Berücksichtigung bei der Wertermittlung siehe WertR 06 Teilziffer 3.6.1.1.8.

158 Beispiele für Modernisierungsmaßnahmen: Bessere Wärmedämmung, Grundrissänderungen, modernes Heizungssystem, verbesserte Badausstattung, hochwertigere Fenster oder Heizkörper.

Häufig erfolgen die Instandsetzung und die Modernisierung gleichzeitig. Werden beispielsweise schadhafte Heizkörper instand gesetzt, werden diese durch Geräte ersetzt, welche dem heutigen Niveau entsprechen. Grund hierfür ist, dass die entstehenden Kosten (zumindest teilweise) auf die Miete umgelegt werden können.

159 Eigene Darstellung, Definitionen und Ausführungen in Anlehnung an [Pie07], S. 103 u. S. 104, [Til06], S. 121

160 Diese Problematik wird in Kapitel 3.6 ausführlich dargestellt.

2.2 Der Preis und der Wert einer Immobilie

„There seems to be a cultural gap between people who understand real estate and the stock and bond people."[161]

Für viele Güter und Dienstleistungen existiert ein völlig transparenter Markt mit allgemein anerkannten Preisen, z.B. für Wertpapiere, Aktien und Rohstoffe. Anhand solcher Preise kann der eigene Besitz durch einfache Vergleiche bewertet werden. Bewerten bedeutet in diesem Zusammenhang ein einfacher und direkter Vergleich mit dem durchschnittlichen Preis, welcher an einem funktionierenden Markt erzielt wird.

Direkte Preisvergleiche sind jedoch nur für weitgehend homogene Güter möglich, für die ein ausreichend großer Markt existiert. Die trifft jedoch auf Immobilien nicht zu, da es sich um individuelle Güter handelt, die sich insbesondere bezüglich Lagequalität, Größe, Bauausführung, Einteilung, Nutzung und Ertragskraft unterscheiden.

Der Wert und der Preis einer Sache lassen sich wie folgt definieren:

Begrifflichkeit	Definition
Preis	Der Preis einer Sache liegt in jedem konkreten Einzelfall zwischen den subjektiven Wertschätzungen von Käufer und Verkäufer, wobei die endgültige Festlegung des Preises durch unterschiedliche Verhandlungspositionen und andere subjektive Faktoren beeinflusst werden kann.
Wert	Der Wert ist ein objektivierter, intersubjektiv nachprüfbarer Begriff, der sich aus dem funktionalen Zusammenhang zwischen Angebot und Nachfrage am Markt ergibt.

Tab. 13: Wert versus Preis[162]

Der Wert gilt demnach als objektivierter Preis. Zwischen Preis und Wert sind Abweichungen möglich und üblich.[163] Der Bundesgerichtshof (BGH) hat hierzu festgestellt: „Der Preis einer Sache muss ihrem Wert nicht entsprechen. Er richtet sich gerade bei Grundstücken (...) nach Angebot und Nachfrage und wird jeweils zwischen Käufer und Verkäufer ausgehandelt. Marktpreis und objektiver Verkehrswert spielen keine entscheidende Rolle, vielmehr sind oft spekulative Momente (...) von erheblicher Bedeutung, häufig auch die persönliche Vorstellungen und Wünsche der Kaufinteressenten."[164]

Ziel einer Wertermittlung kann folglich keine Preisfindung darstellen, sondern die Ermittlung eines Grundstückswertes, welcher nicht nur für einen Sachverständigen bzw. seinen Auftrag-

[161] [Webb97], S. 10

[162] Eigene Darstellung in Anlehnung an die Definition von [Rope06], Folie 164 u. [Tho07], S. 11

[163] So wirken sich z.B. regelmäßig Abteilung III-Lasten (Hypotheken und Grundschulden) des Grundbuchs lediglich auf den Preis aus, jedoch nicht auf den Objektwert.

[164] BGH, Urteil vom 25. Oktober 1967 – VIII ZR 215/66

geber Gültigkeit hat. Mittels normierten Wertermittlungsverfahren sollen subjektive Einflüsse ausgeschlossen werden, um so eine Objektivierung des Grundstückswertes zu gewährleisten.

Eine Immobilie hat unterschiedliche Werte mit verschiedenen Definitionen[165], besitzt jedoch auf die jeweilige Zweckbestimmung bezogen nur einen Wert. So hat sie z.B. nur einen Marktwert zum Stichtag, nur einen Einheitswert zur Bemessung der Erbschaftssteuer und nur einen Beleihungswert als nachhaltigen Wert.

Die verschiedenen Wertbegriffe basieren auf unterschiedlichen Normen mit zugrundeliegenden, bindenden Verfahrensvorschriften. Es muss deshalb auf eine hohe Transparenz bei der Wertermittlung geachtet werden, um Abweichungen der Bewertungsmethodik und den angesetzten einzelnen Wertparameter verdeutlichen zu können.

Auch wenn es für jede Zweckbestimmung nur einen Wert gibt, ergeben sich regelmäßig zwischen den ermittelten Verkehrswerten und den am Markt tatsächlich erzielten Verkaufspreisen große Abweichungen. Es muss demnach zwischen dem ermittelten Wert einer Liegenschaft und dem beim Verkauf tatsächlich erzielten Preis unterschieden werden.

Gründe für die Ergebnisabweichung bzw. empirisch dokumentierte Abweichungen:

- Gemäß der Verkehrswertdefinition § 194 BauGB wird bei der Ermittlung von einer Fiktion ausgegangen – es ist der Preis zu ermitteln, der im gewöhnlichen Geschäftsverkehr zu erzielen wäre. In den tatsächlich erzielten Preisen kommen mehr oder weniger Momente zum Ausdruck, die mit dem inneren Wert des Grundstücks nichts zu tun haben.[166] Der Preis ist folglich von individuellen, subjektiven Vorstellungen geprägt;
- Zeitwertermittlungen von Bestandsobjekten erfolgen nach dem Prinzip der Nachhaltigkeit – temporäre Marktausschläge werden nicht „nachmodelliert";
- nicht immobilienspezifische Hebel und sonstige spekulative Momente bei der Kaufpreisfindung werden gemäß § 194 BauGB in der Wertermittlung nicht eingepreist. Hierzu gehören insbesondere Geldmarkteffekte[167];
- Privatisierungserlöse bei Aufteilung von Mehrfamilienhäusern werden bei der Kaufpreisfindung berücksichtigt – jedoch nicht explizit bei der Verkehrswertermittlung;
- mit strukturierten Verkaufsprozessen/Bieterverfahren lassen sich bei Portfolioverkäufen aufgrund der großen Wettbewerbssituation Verkaufspreise erzielen, welche im Einzelverkauf nicht erzielbar wären.

---

165 Eine Zusammenstellung verschiedener Wertdefinitionen siehe Anhang 06

166 Vgl. [Rös05], S. 18

167 Im Rahmen einer Portfoliotransaktion reduzierten unmittelbar nach Bekanntwerden der US-Hypothekenbankenkrise und die daraus resultierenden restriktiveren Kreditzusagen 4 Höchstbieter ihre Gebote um bis zu 10%. Quelle: Eigene Recherche

Die Schwankungsbreite zwischen Verkaufspreis und Bewertung verdeutlicht die jährliche Studie „Valuation and Sale Price Report“ der Royal Institution of Chartered Surveyors (RICS)[168], welche jährlich in Zusammenarbeit mit der Investment Property Databank (IPD)[169] erstellt wird.

Nachfolgende Abb. 15 zeigt den diese Diskrepanz für Deutschland in 2008:

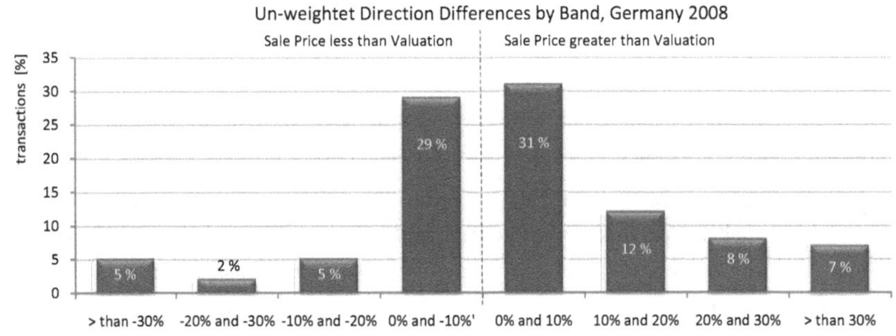

Abb. 15: Un-weightet Direction Differences by Bands, Germany 2008[170]

Demnach liegen lediglich 60% innerhalb der Spanne von ± 10%.

Zu der Studie ist jedoch anzumerken, dass IPD maßgeblich von institutionellen Anlegern mit Daten beliefert wird. Die fachliche Korrektheit der ermittelten Verkehrswerte steht nicht in Frage, schließlich müssen die Werte i.d.R. von einem Wirtschaftsprüfer testiert werden. Es werden jedoch gutachterlich argumentierbare Bandbreiten ausgenutzt, um auch rechnungslegungsgetriebene Aspekte abbilden zu können. Mittels Smoothing[171] werden in schwächeren Marktphasen Wertberichtigungen vermieden und in starken Marktphasen stille Reserven aufgebaut. Ein anderer Aspekt ist, dass institutionelle Anleger volatile Wertermittlungen scheuen, da diese hinsichtlich der geforderten Risikokapitalunterlegung und Renditeanspruch Konsequenzen haben. So werden Verkehrswerte nicht immer zwangsläufig dem aktuellen Markt-

[168] Die Royal Institution of Chartered Surveyors (RICS) ist der weltweit größte Berufsverband von Immobilienfachleuten (gegründet 1868). Zielsetzung der RICS ist, den Immobilienberuf auf internationaler Ebene zu fördern und hohe ethische Maßstäbe für die Marktteilnehmer zu implementieren. Die sog. Valuation Standards der RICS werden „Red Book“ genannt und genießen aufgrund der dort fixierten ethischen Standards eine international sehr hohe Reputation. Das kontinentaleuropäische Dach der Organisation bildet die RICS Europe mit Sitz in Brüssel. Ihr gehören derzeit 17 Nationalverbände an.

[169] Die IPD Investment Property Databank liefert Indices für Investoren, veröffentlicht jährlich den Deutschen Immobilien Index (DIX) auf Basis des Total Return und erbringt diverse immobilienwirtschaftliche Dienstleistungen.

[170] Eigene Darstellung, Quelle: [RIC09], S. 18

[171] Unter Smoothing wird finanzwirtschaftlich ein Glättungsverfahren verstanden, welches zum Ausgleichen von kurzfristigen Kursschwankungen bei spekulativen Kapitalanlagen dient. Bei guter Wertentwicklung erfolgt nur eine Teilausschüttung der Rendite, der Rest wird als Schwankungsreserve einbehalten. Diese Reserve wird bei negativer Wertentwicklung genutzt, um den Wertverlust auszugleichen. Ein so geglätteter Wert liegt folglich in einem guten Marktumfeld grundsätzlich unter dem Marktwert, in einem schlechten Umfeld jedoch darüber.

Neben einem bewussten Smoothing lässt sich ein ohnehin vorhandenes Glättungsphänomen durch die Vorgehensweise der Sachverständigen bei der Bewertung erklären: Immobilien verfügen über relativ stabile Werte, weshalb sich Sachverständige häufig an vorangegangenen Bewertungen orientieren bzw. ziehen Renditen aus der Vergangenheit zur Bestimmung aktueller Renditen heran. Hiermit lässt sich erklären, weshalb sich vorhandene Ausschläge von Transaktionspreisen in den Bewertungen lediglich ansatzweise widerspiegeln.

geschehen angepasst. Hinzu kommen politisch motivierte Abschreibungen bzw. Zuschreibungen, welche das Gesamtbild verzerren können.[172]

Da eine mathematisch exakte Angabe von Verkehrswerten eine Scheingenauigkeit suggerieren würde, werden die ermittelten Beträge grundsätzlich auf- bzw. abgerundet. So hat auch der BGH festgestellt, dass eine mathematisch exakte Ermittlung des Verkehrswertes von Grundstücken erfahrungsgemäß in aller Regel nicht möglich ist. Der Verkehrswert könne nur geschätzt werden.[173]

Abweichungen bei Bewertungsergebnissen sind – selbst beim Ansatz gleicher Bewertungsverfahren – üblich. Auch heute noch prägen unterschiedliche Auffassungen und Interpretationen im Rahmen der Bewertung von Grundstücken die Diskussion in der Fachliteratur.[174] Eine Differenz von ±20 bis ±30% bei Bewertungsergebnissen durch geltende Bewertungsverfahren gilt als übliche Bandbreite[175], die durch höchstrichterliche Rechtsprechung anerkannt worden ist.[176] Bestätigt werden die zuvor genannten Ausführungen sowie die zu tolerierende Abweichungsgrenze von bis zu 20% zwischen Bewertungsergebnissen durch den Vermerk des Landesrechnungshofes Nordrhein-Westfalen vom 15.04.1997.[177] Allerdings ist hier keine Differenzierung zwischen den einzelnen Nutzungsarten getroffen worden. Die gutachterliche Mieteinschätzung eines eigengenutzten Industriegebäudes ist sicherlich wesentlich volatiler als die Mieteinschätzung einer vermieteten Wohnimmobilie. Im Allgemeinen kann jedoch von einem Genauigkeitsgrad von ±10% ausgegangen werden.[178]

Im weiteren Verlauf der Arbeit wird ausschließlich der Begriff „Marktwert" verwendet.[179]

---

172 Zum Beispiel hat das deutsche Index-Schwergewicht IVG ihren Immobilienbestand Ende 2008 um 20% abgewertet. Hintergrund hierfür war eher der CEO-Wechsel („unbelastet in die nächsten Berichtsjahre gehen") als dies dem Markt geschuldet war. Das Zeitfenster unmittelbar nach der Lehman-Pleite und dem Schock der Märkte war hierzu sehr gut geeignet.

173 BGH vom 22.1.59, BGHZ Bd. 29 S. 217; vom 23.11.1962 V ZR 148/60, MDR 1963 S. 396; vom 25.6. 1964 III ZR 111/61, BB 1994 S. 1197; vom 2.7. 1968 V Blw 10/68, BGHZ Bd. 50 S. 297

174 Vgl. [Rös05], S. 30

175 Als mögliche Streuungsbreite für die Abweichung von Verkehrswert zu Marktpreisen werden zum Teil sogar Abweichungen von bis zu +/- 35% genannt; Quelle: Ernst-Zinkhahn-Bielenberg, BauGB-Kommentar, § 194 Rdnr. 38 m. w. N.

176 Quelle: Süddeutsche Zeitung vom 20. Dez. 2001 und [Kle07], S. 233

177 Vermerk Landesrechnungshof Nordrhein-Westfalen: IC – 20 630 – 30 – 1/95

178 Quelle: Landesgericht Hamburg, Urt. Vom 31.10.1960-10 o 30/60

179 Der Begriff „Marktwert" scheint den Begriff „Verkehrswert" zunehmend abzulösen, um der Internationalisierung des Immobilienmarktes gerecht zu werden. Sowohl bei der Neufassung der WertR 2002 als auch bei der BauGB-Novelle wurde der Verkehrswertbegriff um den in Klammern gesetzten Begriff Marktwert ergänzt. Die anstehende WertV-Novelle wird ebenfalls verstärkt auf den Marktwert abheben.

Vgl. hierzu insbesondere die im Anhang 06 vorhandenen Wertbegriffsdefinitionen.

2.3 Wohnwirtschaftliche Markt- und Objektfaktoren

Für die langfristige Preisentwicklung sind an den Immobilienmärkten insbesondere demographische und ökonomische Rahmenbedingungen ausschlaggebend.

Folgende grundlegende Zusammenhänge der Preisbildung sind für den deutschen Wohnimmobilienmarkt bekannt:[180]

1. Je höher der Wohlstand einer Region, desto höher sind die Preise pro m²-Wohnfläche.
2. Für die 16 deutschen Bundesländer gilt: Der m²-Preis für Wohnfläche ist in Ostdeutschland am niedrigsten und steigt gegen den Uhrzeigersinn über den Norden und Westen bis in den Süden der Republik.
3. Die Wohnungsmietpreise steigen in Bayern und Baden-Württemberg deutlich mehr als in anderen Bundesländern.
4. Die Wohnungsmietpreise steigen in den 5 Ballungsräumen Deutschlands[181] mehr als im jeweiligen Bundesland.[182]
5. In Großstädten bzw. Metropolregionen sind die Wohnungsmieten höher als in strukturschwächeren Gebieten.
6. Je höher der Wohnwert einer Stadt, umso größer sind die Preisunterschiede am Mietwohnungsmarkt.[183]

Die Einflussfaktoren auf diese Preisbildung lassen sich in Markt- und Objektfaktoren unterteilen, welche in den folgenden Unterkapiteln erläutert werden.[184] Hierbei wird jedoch auf eine umfängliche Darstellung verzichtet – es wird lediglich auf die Faktoren eingegangen, welche später in dem ökonometrischen Teilmodell bzw. der Operationalisierung der Bewertungsparameter Eingang finden.

2.3.1 Marktfaktoren

Ökonomische Faktoren sind wichtige Bestimmungsgrößen für die Marktattraktivität eines Makrostandorts, da die regionale Wirtschaftskraft die Flächennachfrage entscheidend beein-

---

[180] Abgesehen von 3., 4. und 6. lassen sich diese Aussagen unmittelbar aus der Auswertung der BBR-Daten ableiten. Im Anhang 30 und 31 sind diese Auswertungsergebnisse auf ROR-Ebene detailliert dargestellt.

[181] Berlin, München, Düsseldorf, Frankfurt am Main und Hamburg.

[182] Empirisch von Jones Lang LaSalle 2008 anhand 130.000 Datensätzen nachgewiesen. Quelle: IZ Newsletter vom 02.09.2008.

[183] Beispiele für Preisspannen: München: 9,22 – 15,00 €/m², Mittelwert 11,36 €/m²; Hamburg: 6,18 – 12,50 €/m², Mittelwert 8,12 €/m²; Magdeburg: 3,84 – 5,65 €/m², Mittelwert 4,67 €/m². Quelle: Empirica/IDN ImmoDaten GmbH 2008.

[184] Auf dieser Art der Differenzierung sind die gängigen Immobilienscoring-Modelle aufgebaut. Anstatt Markt- und Objektfaktoren wird auch von der sog. Marktattraktivität und der Wettbewerbsstärke gesprochen. Auf eine detaillierte Darstellung wird an dieser Stelle verzichtet und beispielhaft auf die Arbeiten von [Well2003] und [Tro04] verwiesen.

In Anhang 07 sind die Faktoren der Marktattraktivität und der Wettbewerbsstärke nach Wellner in einer Gesamtübersicht dargestellt.

flusst. Neben den rein wirtschaftlichen Aspekten sind auch die politischen und weichen Standortfaktoren für die Nachfrage an Wohnraum entscheidend. Diese wiederum prägen den Investitions- und Flächenmarkt.

Die Marktfaktoren werden nachfolgend differenziert in[185]

- *Ökonomische Basis und Flächennachfrage*

  Diese werden auch als sog. soziodemographische Faktoren bezeichnet.

- *Politische Rahmenbedingungen und weiche Standortfaktoren*

  Eine grundlegende Bedeutung kommt der Immobilienpolitik zu. Das juristische und steuerliche Umfeld lässt einen breiten Gestaltungsspielraum, angefangen bei der Grunderwerbssteuer bis hin zum Zwangsversteigerungsgesetz. Dazwischen steuern staatliche Regularien das Investitionsklima und Zielgruppen. Unmittelbar durchschlagende Relevanz auf den Immobilienmarkt zeigen insbesondere öffentliche Förderungen[186], Mieterschutzbestimmungen[187] und die Immobilienbesteuerung[188].

  Desweiteren sind die Leistung der kommunalen Verwaltung[189], Grundsteuerhebesatz[190], Verkehrssystem/Anbindung[191], Freizeitwert der Natur[192] und die Lebensqualität[193] am Wohnort zu nennen.

- *Investitions- und Flächenmarkt*

  Hierunter werden die Struktur und Entwicklung von Immobilienangebot, Immobiliennachfrage sowie Miet- und Wertniveau[194] subsumiert.

Nachfolgende Tabelle erläutert diejenigen Marktfaktoren, die in das zu entwickelnde Modell Eingang finden sollen:

---

185 In Anlehnung an [Wel03], S.198-199 und [Kur07)], S. 75-92

186 Zum Beispiel sind für den Mietwohnungsbau öffentliche Mittel über Sonderkredite, Zuschüsse oder Zulagen möglich.

187 Die wesentlichen Gesetze zum Mieterschutz finden sich im BGB. Diese gesetzlichen Bestimmungen beschränken die Verfügungsbefugnis des Grundstückseigentümers merkbar. Siehe hierzu auch die Ausführungen in Anhang 05.

188 Der steuerliche Zugriff ist sehr umfangreich – z.B. Grunderwerbssteuer, Erbschaftssteuer, Besteuerung von Verkaufserlösen, laufende Grundsteuer sowie die steuerliche Behandlung von Einnahmen und Aufwendungen.

189 Eine gute Leistung der Verwaltung trägt i.A. zur Zufriedenheit der Unternehmen und der Haushalte bei. Die PD-Studie zeigt, dass bei einem positiven Votum bezüglich der kommunalen Verwaltung keine größeren Probleme in der Region bestehen.

190 Die Grundsteuer wird i.d.R. von Wohnungsmietern als Teil der umgelegten Bewirtschaftungskosten getragen und erhöht entsprechend die Bruttomiete. Dies kann sich negativ auf die erzielbare Miete auswirken.

191 Die Verkehrsanbindung und räumliche Anbindung des Makrostandorts sind entscheidend für die Ansiedlung von Unternehmen und im nächsten Schritt von Haushalten.

192 Der Freizeitwert steht als Maßstab für die Umgebungsqualität. Im Gegensatz zum kulturellen Angebot oder dem Nachtleben ist dieser Faktor von der Stadtgröße, dem Einzugsgebiet oder Leistung der kommunalen Verwaltung unabhängig und nahezu unbeeinflussbar.

193 Die Einschätzung der Lebensqualität hängt von der Einwohnerzufriedenheit ab, welche durch die Arbeitsmarktsituation geprägt wird. Eine gute Arbeitsmarktsituation wiederum lässt die Ansiedlung von Haushalten und somit eine Nachfrage nach Wohnraum erwarten.

194 Das Wertniveau auf dem Immobilien-Investmentmarkt wird beispielsweise durch die Netto-Anfangsrendite definiert. Diese reflektiert die Investorenerwartung bezüglich der zukünftigen Rendite.

Indikator	Erläuterung
	Ökonomische Basis und Flächennachfrage
Anzahl der Haushalte[195]	Bezogen auf den Wohnungsmarkt ist die Anzahl der Haushalte als Entscheidungsträger eine präzisere Bezugsgröße als die Bevölkerung mit ihren Einzelpersonen.
Prognose der Haushalte	Für eine Abschätzung der Wohnungsnachfrage ist die Entwicklung der Haushalte entscheidender als die Bevölkerungsentwicklung, da die Haushalte als nachfragende Einheiten auf dem Wohnungsmarkt auftreten.[196] Die Zahl der Haushalte ist in den letzten Jahren wesentlich stärker gestiegen als die Einwohnerzahl.[197]
Haushaltseinkommen	Das Haushaltseinkommen steuert die Art der Flächennachfrage auf dem Wohnungsmarkt. Im Vergleich der Regionen lässt sich ein Wohlstandsgefälle und somit die Attraktivität der Region ermitteln.
Arbeitslosenquote	Die Arbeitslosenquote kann als ein Wohlstandsindikator angesehen werden, der die Marktattraktivität reflektiert. Vor allem im Zeitverlauf erzeugt die Arbeitslosenquote ein Bild der örtlichen Wirtschaftskraft, die immer wesentlichen Einfluss auf den Immobilienmarkt hat.
	Politische Rahmenbedingungen und weiche Standortfaktoren
Zufriedenheit am Wohnort	Die genannten Faktoren zur Beurteilung der politischen Rahmenbedingungen und weiche Standortfaktoren lassen sich übergeordnet in der Zufriedenheit am Wohnort zusammenfassen.
	Investitions- und Flächenmarkt
Mietpreisniveau	Hohe Mietpreise sind i.d.R. Ausdruck einer hohen Marktattraktivität und reflektieren das Nachfrage/Angebotsverhältnis am Wohnungsmarkt. Eine Korrelation zu den Leerstandsraten kann unterstellt werden.
Bautätigkeit Mehrfamilienhäuser	Die Bautätigkeit kann als Indikator für die Nachfrage an Wohnraum gesehen werden.
Prognose Nachfrage Mehrfamilienhäuser	Sie gilt als Indikator für die zukünftige Nachfrage an Wohnraum.
Prognose Leerstandsrisiko Mehrfamilienhäuser	Die Leerstandsentwicklung ist Ausdruck des Wandels der Wohnungsmärkte und damit verbunden der Attraktivität eines Investments.

Tab. 14: Erläuterungen der modellrelevanten Marktfaktoren[198]

[195] „Ein Haushalt setzt sich zusammen aus einer Gruppe von verwandten oder persönlich verbundenen (auch familienfremden) Personen, die sowohl einkommens- als auch verbrauchsmäßig zusammengehören. Sie müssen in der Regel zusammen wohnen und über ein oder mehrere Einkommen oder über Einkommensteile gemeinsam verfügen sowie voll oder überwiegend im Rahmen einer gemeinsamen Hauswirtschaft versorgt werden. Als Haushalt gilt auch eine Einzelperson mit eigenem Einkommen, die für sich allein wirtschaftet."

Quelle: Statistisches Bundesamt Wiesbaden

[196] Vgl. [Bul08], S. 48

[197] Die Zahl der Haushalte ist im Zeitraum von 1990 bis 2006 um rd. 15% angestiegen, während die Einwohnerzahl im entsprechenden Zeitraum lediglich rd. 3% angestiegen ist. Bei einer detaillierten Betrachtung ist auffällig, dass kleine Haushaltstypen (Ein- und Zweipersonenhaushalte) mehr als 2/3 der Gesamtzahl ausmachen. Quelle: [Bul08], S. 49

[198] Eigene Darstellung

In Anhang 31 sind zu den einzelnen Indikatoren Karten des Bundesamtes für Bau-, Stadt- und Raumforschung (BBSR) abgebildet, welche einen guten nationalen Überblick bezüglich der jeweiligen Ausprägung geben. Die funktionale Gliederung entspricht den ROR.

2.3.2 Objektfaktoren

Die Objektfaktoren spielen beim Rating bzw. der Ermittlung der Wettbewerbsstärke bei Scoring-Modellen eine große Rolle und werden dezidiert ermittelt.[199]

Die hierzu notwendige Objektkenntnis liegt jedoch gerade nicht bei einer Portfoliobewertung vor, so dass sich eine Operationalisierung schwierig gestaltet. Weder ist beispielsweise die genaue Mikrolage mit daraus resultierender Verkehrsanbindung und technischer Infrastruktur bekannt, noch liegen Erkenntnisse bezüglich des Zuschnitts, der Bauqualität oder der architektonischen Gestaltung eines Gebäudes vor.

Im Rahmen des Modells kann deshalb lediglich anhand von gutachterlichen Erfahrungswerten auf voraussichtlich vorhandene Objekteigenschaften geschlossen werden, beispielsweise anhand des Baujahres auf die Flächeneffizienz des Grundrisses oder anhand der Differenz zwischen Mietniveau Objekt zu Mietniveau ROR auf möglichen Instandhaltungsstau oder einer unterdurchschnittlichen Ausstattung.

In Kapitel 3 wird detailliert dargestellt, welche gegenseitigen Wechselwirkungen die einzelnen Objektfaktoren haben und was sich hieraus ableiten lässt. Nachfolgend werden deshalb die Objektfaktoren lediglich analog den Lagefaktoren strukturiert und kurz erläutert:

- *Standort*

  Die Eignung des Mikrostandorts spiegelt sich letztlich in der Nachfragesituation wider und wird für die Nutzungsart „Wohnen" entscheidend über die Einwohnerzahl gesteuert.

- *Gebäudeeigenschaften*

  Bei vergleichbarer Lagequalität kann unterstellt werden, dass mit steigender Gebäudeattraktivität auch eine steigende Nachfrage einhergeht.

- *Objekt-Cashflow*

  Der Cashflow drückt die Ertragskraft eines Objektes aus. Neben der Höhe des Cashflows ist aber auch dessen Nachhaltigkeit entscheidend.

Analog den Marktfaktoren werden in nachfolgender Tabelle geeignete Indikatoren für Wohnimmobilien dargestellt, welche in das zu entwickelnde Modell Eingang finden sollen:

---

199 [Wel03] differenziert in Mikrostandort/Lage, Grundstückseigenschaften, Rechtliche Beschränkungen, Gebäudeeigenschaften, Nutzungskonzept, Mietermix, Bewirtschaftungsergebnis, Wertentwicklungspotential und Management. Diese übergeordnete Einteilung wiederum wird in 40 verschiedene Faktoren unterteilt.

Indikator	Erläuterung
	Makrostandort
Lagequalität	Die Eignung eines Mikrostandorts für die Nutzungsart „Wohnen" lässt sich übergeordnet mit dem Kriterium „Nachfrage" beantworten. Diese wiederum wird maßgeblich über die Einwohnerzahl und das Image einer Stadt gesteuert.
	Gebäudeeigenschaften
Größe	Die Größe eines Mehrfamilienhauses hat einen Einfluss auf das erzielbare Mietniveau. Je größer die Wohnungsanzahl, desto geringer i.d.R. der Mietzins pro m^2 Wohnfläche bei gleicher Lagequalität.
Baualter	Die entsprechende Baualtersklasse gibt in der Regel Aufschluss über die Bausubstanz und lässt einen baujahrstypischen Ausstattungsstandard unterstellen. Die Differenz zwischen der Marktmiete und dem vorhandenen Mietniveau des Objektes lässt Schlüsse auf bereits erfolgte Sanierungen zu.
Zustand	Der Zustand eines Gebäudes ist in der Regel vom Gebäudealter abhängig. Erfolgte Sanierungen führen zu einem fiktiven, neueren Baujahr.[200] Häufig kann anhand der Differenz zwischen Marktmiete und vorhandenem Mietniveau auf den Unterhaltungszustand geschlossen werden.[201]
	Objekt-Cashflow
Mietsteigerungspotential	Das Mietsteigerungspotential ergibt sich aus der nachhaltigen, objektspezifischen Miete und der Vertragsmiete.
Leerstandssituation	Der Wohnungsleerstand ist ein geeigneter Indikator für die regionale Wohnungsmarktlage zwischen Entspannung und Anspannung. Der objektspezifische Leerstand im Verhältnis zur regionalen Wohnungsmarktlage ist ein Indikator für die Attraktivität der Wohnfläche. Wie aus Darstellung des BBR ersichtlich ist, verfügen nicht nur die Neuen Bundesländer über eine hohe Leerstandsquote.

Tab. 15: Erläuterungen der modellrelevanten Objektfaktoren[202]

[200] Siehe hierzu Kapitel 3.3

[201] Dies kann jedoch auch darin begründet sein, dass die Miete aufgrund eines schlechten Managements nicht regelmäßig an das Marktniveau herangeführt bzw. nach einer Sanierung die Miete nicht adäquat erhöht wurde.

[202] Eigene Darstellung

2.4 Finanzmathematische Grundlagen

Bei der Darstellung der finanzmathematischen Grundlagen für die Grundstückswertermittlung erfolgt eine Beschränkung auf die Erläuterung und Berechnung des Rentenbarwertes K_0.[203] Die Ermittlung dieses Barwertes entspricht letztlich dem mathematischen Grundmodell des Ertragswertverfahrens – es werden monatlichen Mietzahlungen zu einer jährlichen Summe addiert, daraus in Abhängigkeit vom Zinssatz und der Laufzeit der nachschüssige Rentenendwert K_n ermittelt und anschließend auf den Wertermittlungsstichtag abdiskontiert.[204]

Anschaulich lässt sich dies wie folgt darstellen:

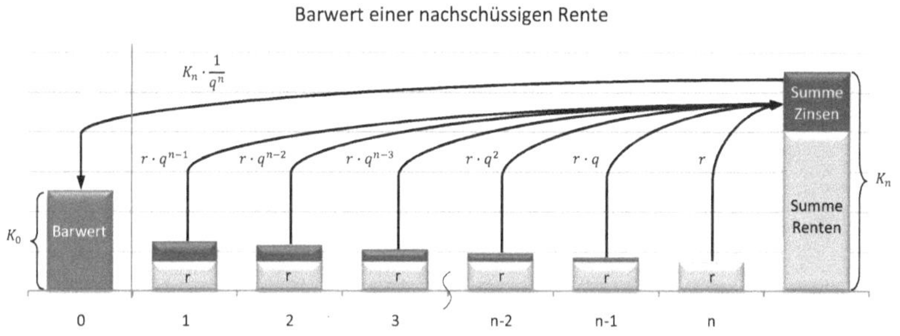

Abb. 16: Barwert einer nachschüssigen Rente[205]

Durch Diskontierung des Rentenendwertes K_n auf den Zeitpunkt 0 ergibt sich der Rentenbarwert K_0. Die Formel zur Berechnung des Rentenbarwertes K_0 lautet demnach:

$$K_0 = \frac{1}{q^n} \cdot K_n = \frac{1}{q^n} \cdot r \cdot \frac{q^n - 1}{q - 1} = r \cdot \frac{q^n - 1}{q^n \cdot (q - 1)} \qquad (2)$$

Formel (2) : Rentenbarwert (nachschüssige Zahlungsweise)

mit

K_0	=	*Rentenbarwertfaktor*
K_n	=	*Rentenendwert*
n	=	*Jahre (wirtschaftliche Restnutzungsdauer)*
p	=	*(Liegenschafts-)Zinssatz*
q	=	*Aufzinsungsfaktor ((Liegenschafts-) Zinssatz + 1)*
r	=	*jährliche Rentenzahlung*

[203] Grundlagen der Zins- und Rentenrechnung können bei Bedarf zum besseren Verständnis Anhang 8 entnommen werden.

[204] Mieten werden gewöhnlich monatlich im Voraus bezahlt, so dass sich die Frage aufdrängt, weshalb nicht der Barwert einer monatlich vorschüssigen Zeitrente zu berechnen ist. Hierbei muss jedoch beachtet werden, dass nicht der monatliche Rohertrag identisch mit einer Rentenrate ist, sondern der sich ergebende Reinertrag einer Jahresabschlussrechnung zum Ansatz gebracht wird. Folgerichtig ist der jährliche Reinertrag mit einer jährlich nachschüssigen Zeitrente gleichzusetzen.

[205] Eigene Darstellung

Der Faktor, welcher zur Ermittlung des Rentenbarwertes mit der jährlichen Rente multipliziert wird, entspricht dem sog. Vervielfältiger im Ertragswertverfahren nach WertV:

$$V = \frac{q^n - 1}{q^n \cdot (q-1)} = \frac{1-(1+p)^{-n}}{p} \tag{3}$$

Formel (3) : Vervielfältiger nach WertV

mit

V	=	*Vervielfältiger*
n	=	*Jahre (wirtschaftliche Restnutzungsdauer)*
p	=	*(Liegenschafts-) Zinssatz*
q	=	*Aufzinsungsfaktor ((Liegenschafts-) Zinssatz + 1)*

Beispiel: Berechnung des Vervielfältigers eines Mehrfamilienhauses mit 60 Jahren wirtschaftlicher Restnutzungsdauer bei einem LZ von 4,5%

$$V = \frac{q^n - 1}{q^n \cdot (q-1)} = \frac{(1+0{,}045)^{60} - 1}{(1+0{,}045)^{60} \cdot (1+0{,}045-1)} = 20{,}64$$

Für sehr lange Restnutzungsdauern nähert sich der Vervielfältiger der sog. ewigen Rente an. Die ewige Rente stellt eine Rentenzahlung dar, welche aus einem Kapitalbetrag als Zins abfließen kann, ohne dass sich der Kapitalbetrag verringert.

Die Formel für die ewige Rente lässt sich Herleiten, indem für die Restnutzungsdauer $n \rightarrow \infty$ eingesetzt wird:

$$\lim_{n\to\infty} \frac{q^n - 1}{q^n \cdot (q-1)} = \lim_{n\to\infty} \frac{q^n}{q^n \cdot (q-1)} - \frac{1}{q^n \cdot (q-1)} = \frac{1}{\mathrm{q}-1} = \frac{1}{1+\frac{\mathrm{p}}{100}-1} = \frac{100}{\mathrm{p}}$$

Somit lautet der Vervielfältiger der ewigen Rente:

$$V = \frac{100}{p} \tag{4}$$

Formel (4) : Vervielfältiger der ewigen Rente

2.5 Grundlagen der Stochastik

Die Stochastik[206] ist ein Teilgebiet der Mathematik, ein Sammelbegriff für die Themengebiete Statistik[207] und Wahrscheinlichkeitsrechnung. Eine zentrale Aufgabe der Statistik stellt die Entwicklung wahrscheinlichkeitstheoretisch fundierter Methoden dar, mit denen aus Beobachtungen („Daten"), die zufallsbehafteten Vorgängen der realen Welt entstammen, auf die ihnen zugrunde liegenden Gesetzmäßigkeiten geschlossen werden kann.[208]

Nachfolgend werden Teilbereiche der Stochastik dargestellt, welche für die Risikoanalyse relevant sind. Individuelle Ansätze können hier mit Hilfe der Statistik abgesichert bzw. transparent gemacht werden.

2.5.1 Lage- und Streuungsparameter

In der deskriptiven[209] Statistik dienen Parameter der Beschreibung von Eigenschaften einer Häufigkeits- oder Wahrscheinlichkeitsverteilung. Es wird hierbei zwischen Lageparameter und Streuungsparameter unterschieden – während die Lageparameter den Mittelpunkt selbst beschreiben und definieren, geben die Streuungsparameter Auskunft über den Verlauf der Daten (oder der Verteilungsfunktion[210]) rechts und links des Mittelpunkts. Bei der Verwendung von Zufallszahlen wird anstatt des Mittelwertes auch vom sog. Erwartungswert einer Verteilung gesprochen.

Als Lageparameter einer Verteilung sind in der Statistik das arithmetische Mittel, der Median, der Modus, das geometrische Mittel und das harmonische Mittel gebräuchlich.

Der Mittelwert wird durch einen Streuungsparameter (auch Streuungsmaß oder Dispersionsmaß) ergänzt, um die Streuung der Merkmalswerte um diesen Mittelwert aufzuzeigen. Häufige Streuungsparameter sind die Varianz, die Standardabweichung, die Variationsbreite, die mittlere absolute Abweichung und Quantile. Eine Übersicht mit Erläuterungen der Lage- und Streuungsparameter ist in Anhang 09 dargestellt.

206 Etymologie: griechisch sinngemäß: „Kunst des geschickten Vermutens".

207 Etymologie: Das Wort Statistik stammt vom lateinischen „statisticum" („den Staat betreffend") und dem italienischen „statista" („Staatsmann" oder „Politiker"). Die deutsche Statistik, eingeführt von Gottfried Achenwall, bezeichnete ursprünglich die Lehre von den Daten über den Staat. Im 19. Jahrhundert wurde das Wort erstmals in seiner heutigen Bedeutung von dem Engländer Sir John Sinclair benutzt. Der Begriff Statistik lässt sich unterteilen in „beschreibende (deskriptiven) Statistik" und der „schließenden (analytischen) Statistik. Unter beschreibender Statistik wird das Sammeln von Daten, deren Charakterisierung und Präsentation (tabellarisch oder grafisch) verstanden. Die analytische Statistik stellt die Methodenlehre dar, d.h. die Methoden und Verfahren, um Informationen und Daten zu schätzen, zu verarbeiten, Hypothesen zu testen und interpretieren zu können und der Ermittlung von Vertrauensbereichen.

208 Vgl. [Pfe07], S. 180

209 Etymologie: lateinisch describere „beschreiben"

210 Eine Verteilungsfunktion ordnet jedem Wert einer Zufallsvariable die Wahrscheinlichkeit zu, dass dieser Wert von den Zufallsvariablen angenommen wird.

2.5.2 Häufigkeitsverteilungen

Bei Häufigkeitsverteilungen wird zwischen einer eindimensionalen und einer zweidimensionalen Häufigkeitsverteilung unterschieden.

Bei einer eindimensionalen Häufigkeitsverteilung wird nur ein Merkmal einer statistischen Einheit berücksichtigt. Die Datensätze werden in i.d.R. in Klassen eingeteilt, um die Struktur der statistischen Masse zu verdeutlichen und die grafische Darstellung[211] zu erleichtern. Nachfolgend ein Beispiel, welches die Häufigkeitsverteilung der Wohnungsgrößen einer Wohnanlage darstellt:

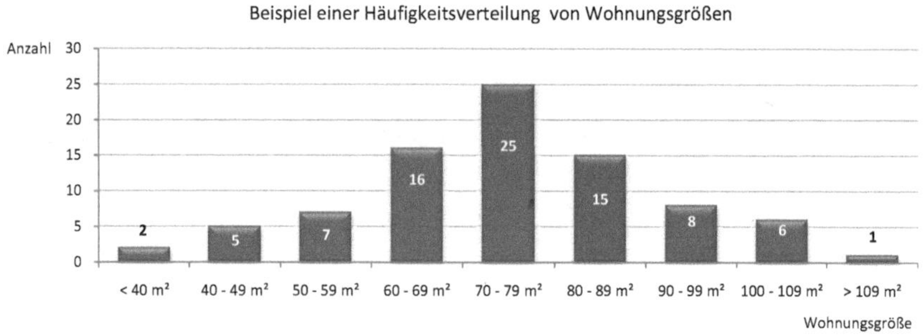

Abb. 17: Beispiel einer eindimensionalen Häufigkeitsverteilung[212]

Die Optik der Säulengrafik ist unabhängig von der Anzahl der Datensätze, jedoch stark von der Säulenbreite (Merkmalsintervall) abhängig.

Der typische Verlauf der Säulen ähnelt einer Glocke. Der Mathematiker Carl-Friedrich Gauß (*1777, †1855) stellte fest, dass viele statistische Verteilungen durch eine Glockenkurve beschrieben werden können – nach ihm ist deshalb diese Form der Häufigkeitsverteilung benannt, die sog. Gaußsche Normalverteilung[213]. Sie stellt eine prototypische Verteilung dar, da sich viele natur-, wirtschafts- und ingenieurwissenschaftliche Vorgänge approximativ in dieser Form beschreiben lassen.[214] In Anhang 10 ist die Dichtefunktion einer Normalverteilung und deren Besonderheiten dargestellt.

Die symmetrische Häufigkeitsverteilung entspricht jedoch nicht immer der Praxis – hier ist eine links-/rechtsschiefe bzw. flachgipflige-/steilgipflige Verteilung üblich. Diese charakteristischen Kennzahlen der Verteilung werden als Momente oder Maßzahlen bezeichnet. Der

[211] Grafiken mit in Klassen eingeteilten Häufigkeitsverteilungen werden auch als Histogramme bezeichnet.

[212] Eigene Darstellung

[213] Auch Gauß-Verteilung, Gauß-Glocke, Glockenkurve, Gaußsche Dichtefunktion oder Gaußsche Fehlerfunktion genannt.

[214] Zum Beispiel folgt der Intelligenzquotient der Bevölkerung einer nahezu exakten Normalverteilung: Ausgehend von dem Mittelwert 100 verfügen rd. 68% einen Quotienten zwischen 85 und 115, rd. 95% zwischen 70 und 130 und lediglich jeweils rd. 2% liegen unter 70 bzw. über 130. Quelle: Handbuch Hochbegabtenförderung in Kindertagesstätten, Bonn 2008.

Mittelwert wird als erstes Moment bezeichnet, die Varianz als zweites Moment und die Schiefe und Wölbung als drittes und viertes Moment.

Unter einer zweidimensionalen Häufigkeitsverteilung wird eine Verteilung verstanden, welche zwei Merkmale einer statistischen Einheit berücksichtigt. Die grafische Darstellung erfolgt in einem kartesischen Koordinatensystem[215], dem sog. Streuungsdiagramm. Bei einem direkten Zusammenhang der beiden betrachteten Merkmale lässt sich aus der Punktwolke eine ausgleichende Gerade einzeichnen. Je nach Streuungsgrad ist es jedoch nur mittels einer Regressionsanalyse möglich, diesen Zusammenhang zuverlässig darzustellen.

2.5.3 Regressions- und Korrelationsanalyse

Statistische Zusammenhangsuntersuchungen werden in Form einer Regressionsanalyse[216] und einer Korrelationsanalyse[217] durchgeführt.

Ziel einer Regressionsanalyse ist, die Ausprägung einer abhängigen Variablen y aufgrund der Ausprägungen einer unabhängigen Variablen x zu erkennen und zu beschreiben. Sie ermöglicht über die reine Beschreibung hinaus eine Prädiktion.

Ziel einer Korrelationsanalyse ist, Beziehungen oder Zusammenhänge zwischen zwei unterschiedlichen Variablen (x, y) aufzuzeigen.

Vereinfacht ausgedrückt, errechnet die Regressionsanalyse die Art des (gerichteten) Zusammenhangs (Je-Desto-Beziehung) und die Korrelationsanalyse quantifiziert die Stärke des (ungerichteten) Zusammenhangs zweier gleichberechtigter Merkmale.

2.5.4 Wahrscheinlichkeitsrechnung

Die Wahrscheinlichkeitsrechnung trifft in Form einer Wahrscheinlichkeitsverteilung eine Aussage über die Eintrittswahrscheinlichkeit von Zufallsvariablen[218]. Die Wahrscheinlichkeitsverteilung quantifiziert den Zufall in einem stochastischen Vorgang und stellt somit das theoretische Pendant einer empirischen Häufigkeitsverteilung dar, welche sich aus einer Datenanalyse ergibt.

Wahrscheinlichkeitsverteilungen lassen sich in diskrete[219] und stetige[220] Verteilungen differenzieren. Bei diskreten Verteilungen ist die Menge der möglichen Merkmalsausprägungen

---

215 Etymologie: abgeleitet aus dem latinisierten Namen Cartesius seines Erfinders René Descartes. Ein kartesisches Koordinatensystem ist ein orthogonales Koordinatensystem, dessen Koordinatenlinien Geraden in konstantem Abstand sind.

216 Etymologie: lat. regressio – langsamer Rückgang, rückläufige Tendenz, Entwicklung. Die Regressionsanalyse wird häufig auch als sog. Gauß-Markoff-Modell bezeichnet.

217 Etymologie: mlat. correlatio – Wechselbeziehung, zu lat. con – mit und relatio – Relation.

218 Eine Zufallsvariable ist eine Funktion, die jedem Ereignis eines Zufallsexperiments eine reelle Zahl zuordnet.

219 Synonym wird auch qualitative, nicht-quantitative oder attributive Verteilung verwendet.

220 Synonym wird auch quantitative oder variable Verteilung verwendet.

endlich oder abzählbar. Bei stetigen Verteilungen sind die Merkmalsausprägungen unendlich, können gruppiert und in Klassen eingeteilt werden.[221]

Die Wahrscheinlichkeitsverteilung lässt sich in einer sog. Dichtefunktion $f(x)$ darstellen, welche sich wiederum in eine (kumulative) Verteilungsfunktion $F(x)$ überführen lässt. Anhand der Verteilungsfunktion kann abgeleitet werden, mit welcher Wahrscheinlichkeit die Zufallsvariable einen Wert kleiner oder gleich x annimmt. Nachfolgendes Beispiel zeigt die Interpretationsmöglichkeit der Verteilungsfunktion $F(x)$:

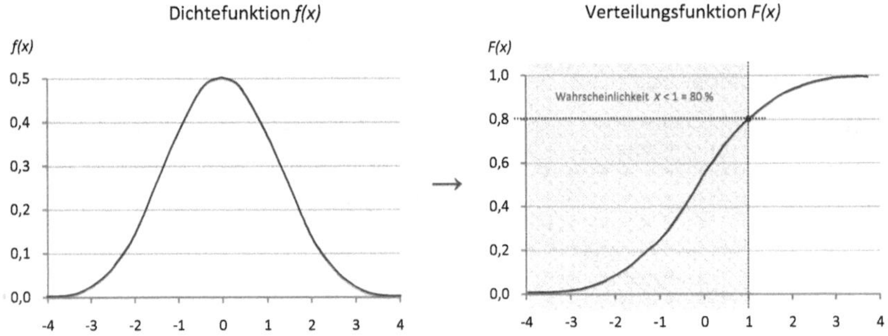

Abb. 18: Dichtefunktion *f(x)* und Verteilungsfunktion *F(x)* einer Normalverteilung[222]

Die Fläche, die der Graph der Dichtefunktion $f(x)$ mit der x-Achse insgesamt einschließt, ist stets = 1[223], d.h.

$$\int_{-\infty}^{\infty} f(x)dx = 1 \qquad (5)$$

Formel (5) : Fläche einer Dichtefunktion

Auf weitere mathematische Zusammenhänge zwischen der Dichte- und Verteilungsfunktion wird an dieser Stelle verzichtet.

Anhang 12 zeigt die wichtigsten diskreten und stetigen Verteilungen.

[221] Beispiel Schokolade: Die Schokoladensorte ist ein diskretes Merkmal, der Kakaoanteil ein stetiges Merkmal.

[222] Eigene Darstellung

[223] Dieser Sachverhalt (Gesamtfläche unter der Kurve = 1) wird auch als zweites Kolmogoroff'sches Axiom bezeichnet.

2.5.5 Simulationsansätze

„Simulation ist das Nachbilden eines dynamischen Prozesses in einem System mit Hilfe eines experimentierfähigen Modells, um zu Erkenntnissen zu gelangen, die auf die Wirklichkeit übertragbar sind."[224]

Die Simulation[225] ist seit den fünfziger Jahren zu einer immer wichtigeren Methode zur Analyse bzw. Vorhersage von Verhalten in der Wissenschaft geworden. Sie wird immer dann eingesetzt, wenn am realen Objekt Problemstellungen nicht oder nur unter großem Aufwand gelöst werden können. Häufig leisten Computersimulationen die Nachahmung realer Prozesse auf der Grundlage vorab definierter mathematischer Modelle.

Simulationsansätze lassen sich in zwei grundsätzliche Kategorien einteilen, in die historische Simulation und in die stochastische Simulation. Die historische Simulation bedient sich dabei vergangenheitsorientierter Daten und unterstellt hierbei, dass alle Risikofaktoren aus der Vergangenheit auch zukünftig den Wert der Risikopositionen in gleicher Weise beeinflussen werden. Im Gegensatz hierzu basieren stochastische Simulationen nicht auf Vergangenheitswerten.[226]

Nachfolgend wird die Monte-Carlo-Simulation[227] aufgrund der hohen Modellrelevanz ausführlich erläutert, ihre Stärken und Schwächen dargestellt und ihre Eignung für den Einsatz im Bereich der Immobilienbewertung kritisch hinterfragt.

---

224 Definition gemäß VDI Richtlinie 3633.

225 Etymologie: Simulation stammt von den lateinischen Worten simulatio und simulator ab – übersetzt werden kann dies mit Vorstellung oder Vorwand bzw. Nachahmer oder Heuchler.

226 Ein häufiges Problem stochastischer Modelle ist, dass für eine ausreichende Approximation der Realität Strukturen enormer Komplexität benötigt werden, sodass analytische Lösungen nur unter sehr großem Aufwand oder auch gar nicht ableitbar sind.

227 Etymologie: Der Name Monte Carlo wird mit dem Fürstentum Monaco an der französischen Mittelmeerküste assoziiert. Monte Carlo ist heute ein Stadtteil von Monaco, vor allem durch sein Spielkasino berühmt. Das Land um das heutige Spielcasino herum wurde früher „Les Spelugues" genannt, wurde jedoch 1866 in „Monte Carlo" umbenannt. Der Name „Carlo" kommt vom damals herrschenden Fürsten Prinz Charles III.

Der Roulettetisch im Casino entspricht einem einfachen mechanischen Zufallszahlen-Generator. Monte Carlo hat sich schon zu Beginn des letzten Jahrhunderts als fester Begriff für Glücksspiel etabliert und hat der Methode vermutlich Pate bei der Namensgebung gestanden. Die genaue Herkunft der Bezeichnung ist letztlich nicht bekannt.

Der eigentliche Ursprung der Monte-Carlo-Methode beruht in den Anwendungsbereichen der praktischen Physik. Die Bezeichnung der „Monte Carlo Simulation" wurde durch die geheime Arbeit der Wissenschaftler von Neumann und Ulam bei der Entwicklung der Atombombe im 2. Weltkrieg in Los Alamos, USA, geprägt. Das Codewort für diese Arbeiten war „Monte Carlo". Von Neumann und Ulam nutzten die Simulationstechnik, um mathematische Funktionen, die nicht explizit programmiert werden konnten, abzubilden. Diese Forschungsarbeiten beinhalteten auch die direkte Simulation von Wahrscheinlichkeiten, wie sich radioaktive Teilchen in der Umwelt zufällig verbreiten.

Die mathematischen Grundlagen der Monte-Carlo-Methode waren zwar schon viel früher bekannt (Mitte des 19. Jahrhunderts, beispielsweise zur näherungsweisen Berechnung der Kreiszahl π), allerdings erlangte sie erst mit den Möglichkeiten der elektronischen Datenverarbeitung (EDV) an Bedeutung, da Güte und Wirtschaftlichkeit der Methode von der Anzahl der generierten Zufallsgrößen abhängen (siehe hierzu Anhang 13). Als eigentlicher Begründer gilt der Mathematiker John von Neumann.

Während in Amerika bereits an allen bekannten Wirtschafts-Universitäten die Monte Carlo Simulation als Management Instrument gelehrt wird, bieten in Europa nur wenige Wirtschafts-Universitäten spezielle Lehrgänge in diesem Bereich an.

2.5.6 Stochastische Simulation – das Monte-Carlo-Verfahren

Die Generierung von Zufallszahlen[228] erfolgt in der Praxis fast ausschließlich mittels einer Monte-Carlo-Simulation oder mittels Latin-Hypercupe-Sampling[229]. Diese Simulationstechniken kommen dann zum Einsatz, wenn eine genaue Verteilung nicht analytisch bestimmt werden kann. Die erzeugten Zufallszahlen sind grundsätzlich stochastisch unabhängig.[230]

Das Grundprinzip der Monte-Carlo-Methode im Finanzwesen lässt sich gemäß folgender Darstellung in 3 Schritte unterteilen:

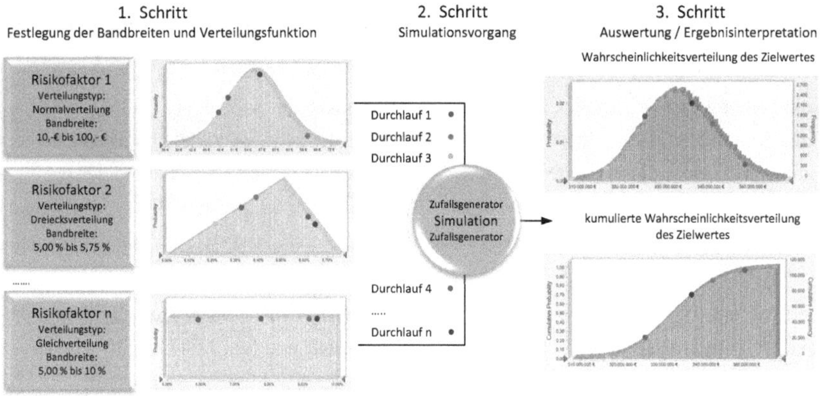

Abb. 19: Ablauf einer Monte-Carlo-Simulation[231]

Die Schritte lassen sich wie folgt erläutern:[232]

1. *Identifikation der Risikofaktoren*

   Im Rahmen einer Modellbildung werden die relevanten Risikofaktoren identifiziert und die jeweiligen Bandbreiten festgelegt. Diese Bandbreiten werden mit subjektiven Eintrittswahrscheinlichkeiten versehen. Allen einzelnen Risikofaktoren müssen (geschätzte) Wahrscheinlichkeitsverteilungstypen und deren Verteilungsparameter unter Berücksichtigung von Korrelationen zugeordnet werden.

[228] Wird in der Literatur auch als Random-Verfahren bezeichnet. „Echte" Zufallszahlen werden mit Hilfe von Ziehungen aus einer Urne oder mit Würfeln gewonnen. Die Anzahl der so gewonnenen Zufallszahlen ist jedoch sehr klein.

[229] Das Latin-Hypercube-Sampling ist eine Weiterentwicklung der „klassischen" Monte-Carlo-Methode. Die Versuchspunkte werden nicht mehr unsystematisch über die Verteilungsfunktionen der Einflussgrößen gestreut. Die Stichproben werden zwar immer noch zufällig erzeugt, jedoch so, dass ein möglichst großer Versuchsraum entsteht (die Variationsbreiten der Einflussgrößen werden optimal ausgenutzt). Außerdem werden die Versuchspunkte möglichst gleichmäßig im Versuchsraum verteilt.

[230] Unter einer stochastischen Unabhängigkeit wird in wahrscheinlichkeitstheoretischer Hinsicht verstanden, dass Ereignisse sich quantitativ, also in Bezug auf ihre Eintrittswahrscheinlichkeit, nicht beeinflussen. So sind z.B. zwei Würfe einer Münze voneinander unabhängig, weil das Ergebnis des zweiten Wurfs nicht vom Ergebnis des ersten Wurfs abhängt.

[231] Eigene Darstellung

[232] Vgl. [Jan02], S. 37- 38 und [Gro06a], S. 14.

2. *Simulation*

Per Zufallsgenerator wird auf dieser Grundlage eine Verteilung der einzelnen Risikofaktoren erzeugt.[233] Bei jedem Simulationsdurchgang wird ein möglicher Wert für jeden Risikofaktor bestimmt. In Verbindung mit dem jeweiligen Bewertungsmodell ergibt sich der entsprechende Portfoliowert. Der Simulationsvorgang wird solang wiederholt, bis sich für den Portfoliowert eine stabilisierte Verteilung ergibt.[234]

3. *Ergebnisinterpretation*

Der letzte Schritt stellt die Auswertung und Ergebnisinterpretation dar. Hierzu werden Verteilungsklassen gebildet oder Referenzintervalle festgelegt.

Die grundsätzliche Frage, weshalb der Schluss von der Stichprobe auf die Grundgesamtheit und somit die Monte-Carlo-Simulation überhaupt sinnvolle Ergebnisse liefern kann, wird mit dem sog. Gesetz der großen Zahlen erklärbar. Dieses besagt, dass sich das Ergebnis der Simulation mit steigender Simulationsanzahl dem „richtigen"[235] Ergebnis annähert.[236]

Abschließend zur Erläuterung der Monte-Carlo-Methode werden in nachfolgende Tabelle die Stärken und Schwächen dargestellt:

Stärken	Schwächen
Die Methode eignet sich für beliebige (auch stetige) Wahrscheinlichkeitsverteilungen.	Methode bringt einen hohen Rechenaufwand mit sich.
Es besteht die Möglichkeit, eine große Anzahl von Zufallsvariablen mit unterschiedlichen Verteilungen zu integrieren und mehrere, beliebig von den Zufallsvariablen abhängige Zielgrößen, zu betrachten.	Die Gültigkeit der Annahmen des Zufallsexperiment und die unterstellte Verteilung (i.d.R. subjektiv, in den seltensten Fällen kann auf statistische Werte zurückgegriffen werden) der Risikofaktoren sind schwer nachzuweisen.
Es werden keine Wertausprägungen der Einflussfaktoren aus der Vergangenheit zur Prognose benötigt (z.B. im Vergleich zur historischen Simulation).	Approximationsfehler der Simulation sinken nur langsam.

Tab. 16: Stärken und Schwächen der Monte-Carlo-Methode[237]

233 Da die generierten Zufallszahlen zwischen 0 und 1 liegen und jede der Zahlen die gleiche Wahrscheinlichkeit aufweist, sind diese somit rechteckverteilt. Deshalb müssen die Zufallszahlen erst in die Verteilungsform des jeweiligen Risikofaktors transformiert werden. Hierzu bietet sich eine kumulierte Wahrscheinlichkeitsverteilung an, bei der die Zufallszahlen zwischen 0 und 1 unmittelbar zugeordnet werden können.

234 Für ein statistisch gesichertes Ergebnis werden i.d.R. mindestens 10.000 Simulationsläufe gefordert.
In Anhang 13 wird die Verbesserung der Ergebnisqualität mit Anzahl der Simulationsläufe anhand der Berechnung der Kreiszahl π verdeutlicht.

235 Als „richtig" ist das Ergebnis gemeint, welches sich durch eine analytische Herleitung (auf rein mathematischer Basis durch Anwendung einer Formel) als Lösung ergeben würde.

236 Vgl. [Fre01], S. 100

237 Eigene Darstellung

2.5.7 Das Monte-Carlo-Verfahren in der Immobilienbewertung

Die Eignung der Monte-Carlo-Methode bei normierten Wertermittlungsverfahren ist in der Fachliteratur bereits mehrfach diskutiert worden.[238] Hinsichtlich dem Sach- und Vergleichswertverfahren wird die Eignung kontrovers diskutiert, für das Ertragswertverfahren jedoch wird aufgrund dessen zukunftsorientierten Betrachtungsweise[239] eine grundsätzliche Eignung konstatiert.

Die hierbei vorhandenen Vor- und Nachteile der Monte-Carlo-Methode zur Ableitung des Verkehrswertes wurden in den letzten Jahren insbesondere von SOMMER[240], JANSSEN[241], STROTKAMP und SAUERBORN[242], KIERIG[243] sowie SIMON[244] argumentiert.[245]

SOMMER betrachtet die Anwendung der Monte-Carlo-Methode als Bereicherung der Grundstücksbewertung, da die Integration zu genaueren Ergebnissen führt. Er argumentiert dies anhand von zwei Aspekten – zum einen, dass das deterministische Bewertungsmodell zwingend eine punktuelle Größe liefert, wohl in dem Bewusstsein, dass der Wert allenfalls geschätzt und nicht berechnet werden kann, zum anderen stützt er sich auf die Ausführungen von KRONENBITTER[246], der argumentiert, dass es durchaus richtig sein kann, den Grad der Wahrscheinlichkeit oder Gewissheit einer Wertermittlungseingangsgröße in einem Prozentsatz oder in einem Prozentrahmen anzugeben.

JANSSEN interpretiert ebenfalls wie SOMMER die Monte-Carlo-Methode als einen neuen Ansatz, der sich gerade bei größeren Objekten oder in strittigen Fällen als gute Alternative zum traditionellen Ertragswertverfahren anbietet.

Desweiteren stimmt JANSSEN mit SOMMER überein, dass sich ein Vorteil der Monte-Carlo-Methode darin begründet, dass sich den einzelnen Bewertungsparametern Wahrscheinlichkeitsverteilungen innerhalb bestimmter Bandbreiten individuell zuordnen lassen. JANSSEN schlägt vor, abweichend von der gängigen Gleichverteilung eine Konzentration auf einige wahrscheinliche Klassen innerhalb der definierten Bandbreite vorzunehmen.

STROTKAMP und SAUERBORN gehen in ihrem Beitrag von normalverteilten Eingangsgrößen aus, so dass die Monte-Carlo-Methode annähernd die gleichen Ergebnisse erzielt, wie sie sich mit der mathematisch-analytischen Vorgehensweise des Varianzfortpflanzungsgesetzes[247]

[238] Zum Beispiel [Sch96], S. 16-17; [Kie03], S. 5; [Haa06], S. 226-228

[239] Vgl. Kapitel 2.6

[240] [Som00], S. 27-31.

[241] [Jan02], S. 37-43.

[242] [Str02], S. 157-163.

[243] [Kie03], S. 51-61.

[244] [Sim04], S. 93-101.

[245] Vgl. [Haa06], S. 228-234.

[246] [Kro91], S. 9.2.1/3.

[247] Vgl. hierzu Einleitung Kapitel 3

ergeben. Entgegen der Meinung von JANSSEN und SOMMER ist demnach die Monte-Carlo-Methode kein neues und genaueres Wertermittlungsverfahren.

KIERIG verweist auf den zentralen Grenzwertsatz[248] da sich die Feststellung der Normalverteilung einer Zufallsvariable an dem Grenzwerttheorem orientiert. Diese Überlegungen werden anhand von Wertparametern des Ertragswertverfahrens beispielhaft verifiziert, mit dem Ergebnis, dass die Monte-Carlo-Methode bei hinreichender Anzahl von Wiederholungskalkulationen in der Regel eine Normalverteilung liefert.

SIMON widerspricht in seinen Ausführungen dem häufig geäußerten Vorwurf, der „traditionell“ arbeitende Sachverständige würde sich trotz Marktkenntnis ohnehin nur auf den wahrscheinlichsten Wert einer Eingangsgröße zurückgreifen. Seiner Meinung nach zeugt die Verwendung eines geschätzten Mittel unter den wahrscheinlichsten Möglichkeiten und die Unterstellung einer Normalverteilung eher von sachverständiger Einschätzung der Besonderheiten eines Grundstücksmarktes, als mögliche Lösungen mit „scharfen“ numerischen Wahrscheinlichkeiten zu belegen.

Darüber hinaus wird auf Transformationsmöglichkeiten zur Überführung in eine Normalverteilung sowie Möglichkeiten des Ausschlusses von Ausreißern verwiesen.

Zusammengefasst kann festgehalten werden, dass die Meinungen in der Fachliteratur bezüglich der Sinnhaftigkeit des Simulationseinsatzes wesentlich durch die notwendige Interpretation der Eingangsdaten im Hinblick auf ihre individuellen Verteilungen geprägt zu sein scheint.

Nicht zuletzt deshalb muss in vorliegender Arbeit besonderer Wert auf die Wahl der Wahrscheinlichkeitsverteilungen gelegt werden. Eine individuelle Festlegung begegnet dem wesentlichen Kritikpunkt einer pauschalen Verwendung der Normalverteilung. Auch wenn eine exakte empirische Ableitung nicht möglich bzw. eine konstruierte, schief-symmetrische Verteilung nicht beweisbar ist, sondern vielmehr Experten-Know-how reflektiert, ist dies einer Akzeptanz der Methodik in der Immobilienbewertung sicher zuträglich.

248 Alle zentralen Grenzwertsätze besagen vereinfacht, dass die Summe einer großen Zahl von unabhängigen, identisch verteilten Zufallsvariablen annähernd (standard)normalverteilt ist. Dies erklärt auch die zentrale Bedeutung der Normalverteilung.

2.6 Immobilienbewertung und deren Verfahren

Zur Ermittlung von Immobilienwerten gibt es generell drei Verfahren, unabhängig von landesspezifischen Besonderheiten und geltenden Rechtsnormen. Diese drei Verfahren können anhand ihrer Orientierung und ihres Zeitbezugs wie folgt differenziert werden:

Verfahren	Orientierung an	Zeitbezug
Verfahren 1 *Beispiel WertV*	Renditeerwartungen	Zukunft (ex ante) *Ertragswertverfahren (§§ 15 - 20)*
Verfahren 2 *Beispiel WertV*	Historischen (Bau-)Kosten	Vergangenheit (ex post) *Sachwertverfahren (§§ 21 - 25)*
Verfahren 3 *Beispiel WertV*	vollzogenen Preisen	Gegenwart *Vergleichswertverfahren (§§ 13 - 14)*

Tab. 17: Grundlegende Verfahren zur Immobilienbewertung[249]

Die Grundlage des zu entwickelnden Modells soll, wie bereits ausgeführt, das deutsche Ertragswertverfahren nach WertV darstellen. Dieses und dessen Derivate werden nachfolgend detailliert dargestellt.

2.6.1 Ertragswertverfahren

Das Ertragswertverfahren wird angewendet, wenn die erzielbare Rendite (Mieteinnahmen, Wertsteigerung, steuerliche Abschreibung) im Vordergrund steht. Dies ist generell für gewerblich genutzte Objekte und im Geschosswohnungsbau der Fall. Es wird demnach rein auf den ökonomischen Wert einer Immobilie abgestellt und nicht auf den Wert der technischen Substanz.

Die Bewertungsmethodik des Ertragswertverfahrens nach WertV beruht auf einer Abzinsung der erzielbaren Erträge über die Gebäudenutzungsdauer auf den Bewertungsstichtag. Die Besonderheit liegt darin, dass beim Boden eine unbegrenzte Nutzungsdauer unterstellt wird, während die aufstehenden Gebäude nur eine begrenzte Restnutzungsdauer besitzen. Wegen dieser zeitlichen Trennung von Boden und Gebäude wird es auch als „gesplittetes Verfahren" bezeichnet.[250]

Auch wird das Verfahren als „statisch" bezeichnet, da über die Gebäudenutzungsdauer von konstanten Erträgen[251] ausgegangen wird. Auch für den Fall, dass die tatsächlichen Mietver-

[249] Eigene Darstellung in Anlehnung an [Som05], S. 5

[250] Die getrennte Berücksichtigung des Bodenwertes im Ertragswertverfahren stellt eine deutsche Besonderheit dar, welche in dieser Form sonst lediglich von Japan und einigen wenigen weiteren Ländern angewandt wird.

[251] Bei konstanten Erträgen kann die Summe der Barwerte mittels Reihenformel als Vielfaches der Jahres-Reinerträge ermittelt werden – vgl. hierzu Kapitel 2.4

träge von den nachhaltigen erzielbaren Erträgen[252] abweichen und die Abweichung auf einer nicht kurzfristig lösbaren rechtlichen Bindung beruht, wird die Berechnung auf nachhaltige Mieterträge abgestellt und die Abweichung in Form eines Zu- oder Abschlages (Over- und Underrent)[253] wegen sonstiger wertbeeinflussender Umstände berücksichtigt.

Nachfolgende Abbildung verdeutlicht den Ablauf des Ertragswertverfahrens nach WertV:

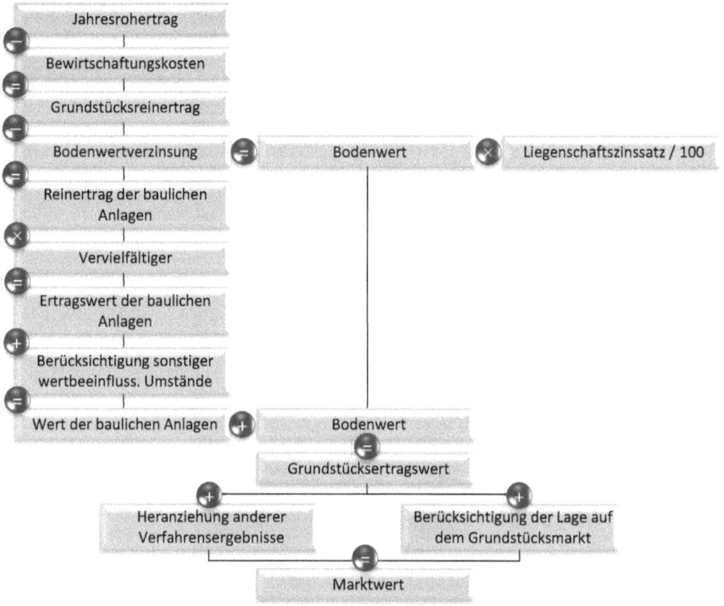

Abb. 20: Ablaufdiagramm zum Ertragswertverfahren[254]

Demnach wird zuerst der Jahresreinertrages anhand des Rohertrages abzüglich der Bewirtschaftungskosten ermittelt. Danach erfolgt die bereits erwähnte Aufteilung des Jahresreinertrages in einen Gebäudeanteil und einen Bodenanteil. Verfahrenstechnisch wird deshalb die Verzinsung des Bodenwertes[255] vom Gesamtertrag des Grundstücks abgezogen. Der so er-

252 In der einschlägigen Wertermittlungsliteratur findet sich keine exakte Definition bezüglich „nachhaltiger Mieten". In der Praxis werden Miethöhen angesetzt, welche über einen überschaubaren Zeitraum ohne Spekulationen geschätzt werden können. Insbesondere bei Wohnungen gelten 3 Jahre als relativ sicher vorhersehbar, die darauf folgenden 5 Jahre können als Trend abgeleitet werden und gelten nicht als spekulative Ansätze. Siehe zur Definition der nachhaltigen Miete auch Anhang 05.

253 Siehe hierzu Kapitel 3.1.1

254 Eigene Darstellung, in Anlehnung [Soh08], S. 52

In Anhang 14 wird das Ablaufdiagramm anhand einer Musterertragswertberechnung durchgeführt.

255 Es wird davon ausgegangen, dass der Boden keinen Ertrag erwirtschaftet, sondern lediglich Kapitalbindungskosten verursacht. Der Bodenwert wird unter Anwendung des Liegenschaftszinssatzes auf ewig kapitalisiert, was der Definition einer ewigen Rente entspricht.

Der Bodenwert wird i.d.R. durch das Vergleichswertverfahren ermittelt. Zu beachten ist gemäß § 16 Abs. 2 der WertV, dass nur der Teil des Bodens berücksichtigt werden darf, der unmittelbar mit der Verursachung des Ertrags im Zusammenhang steht (rentierlicher Boden).

Bei übergroßen Grundstücken ist eine separate Grundstücksreserve zu bilden.

rechnete Reinertrag der baulichen Anlage wird mit dem Vervielfältiger (Rentenbarwertfaktor)[256] multipliziert und erhält den sog. Ertragswert der baulichen Anlage. Die Summe aus diesem Gebäudeertragswert und dem Bodenwert ergibt den Grundstücksertragswert.

Der Reinertrag der baulichen Anlagen[257] wird mit dem Vervielfältiger auf Basis einer geschätzten wirtschaftlichen Restnutzungsdauer und angemessenem Liegenschaftszinssatz multipliziert und führt unter Berücksichtigung evtl. Korrekturen zum Wert der baulichen Anlagen. Dieser wird zum Bodenwert addiert und ergibt den Grundstücksertragswert.

Der abschließende Marktwert wird auf Basis dieses Grundstücksertragswertes unter Berücksichtigung weiterer evtl. notwendiger Wertkorrekturen festgelegt.[258]

Mathematisch lässt sich dies wie folgt formulieren:

$$EW = (RoE - BWK - p \cdot BW) \cdot \frac{q^n - 1}{q^n \cdot (q-1)} + BW + S \qquad (6)$$

Formel (6) : Ertragswertverfahren nach WertV

mit

EW	=	*Ertragswert*
RoE	=	*Rohertrag*
BWK	=	*Bewirtschaftungskosten*
p	=	*Liegenschaftszinssatz*
q	=	*Aufzinsungsfaktor ((Liegenschafts)zinssatz p + 1)*
n	=	*Jahre (Restnutzungsdauer)*
BW	=	*Bodenwert*
S	=	*Sonderwert*

Das deutsche Ertragswertverfahren ist in den letzten Jahren insbesondere von internationalen Investoren und Immobiliensachverständigen verstärkt kritisiert worden. Unter anderem wird bemängelt, dass das Ertragswertverfahren unflexibel sei, Wertsteigerungen nicht angemessen eingepreist werden könnten und die stichtagsbezogene Betrachtungsweise zu nicht marktkonformen Preisen führe. International etablierte Verfahren, insbesondere das Discounted-Cash-Flow-Verfahren (DCF), seien dem deutschen Ertragswertverfahren überlegen.[259]

256 Vgl. Kapitel 2.4

257 Der „Wert der baulichen Anlagen“ ist begrifflich identisch mit dem ebenfalls häufig verwendeten Begriff „Gebäudeertragswert“, welcher in der Wert 72 gebraucht wurde.

258 Zum Beispiel Addition von Grundstücksreserven, Abzug von unterlassenen Instandhaltungsmaßnahmen etc.

In der Praxis wird häufig die Auffassung vertreten, dass die Berücksichtigung der Lage auf dem Grundstücksmarkt bereits durch einen marktkonformen Ansatz des Liegenschaftszinssatzes zu berücksichtigen ist.

259 So schreibt beispielsweise [Wik04]: „angelsächische Experten halten die Berechnungen ihrer deutschen Kollegen für theorielastig und marktfern“ und „Das Ertragswertverfahren, das in Deutschland angewendet wird, findet international keine Anwendung“. Weiterhin wird ausgeführt, dass es kompliziert und aufwendig sei und anders als das in Großbritannien gängigere Vergleichswert- oder DCF-Verfahren nicht unbedingt den Marktwert zum Stichtag abbilden würde.

Zwischenzeitlich wurde jedoch von verschiedenen Seiten nachgewiesen, dass die sachverständige Anwendung des deutschen Ertragswert- und DCF-Verfahren zu gleichen Ergebnissen führen muss[260] und dass sich das DCF-Verfahren ohne weiteres in die Systematik des deutschen Ertragswertmodells überleiten lässt. Hierdurch konnte die angeführte Kritik relativiert werden.

Ein anderer Kritikpunkt ist, dass die nach deutschen Verfahren erstellten Gutachten nicht nachvollziehbar wären.[261] Grund hierfür ist, dass die im angelsächsischen Raum angewandten Bewertungsmethoden sehr investorenorientiert sind und sich von der Herleitung der Ansätze der deutschen Verfahren unterscheiden.

Die in Deutschland ermittelten Marktwerte werden über das direkte und indirekte Vergleichswertverfahren ermittelt. Das Ertragswertverfahren kann deshalb als indirektes Vergleichswertverfahren bezeichnet werden, da der Liegenschaftszinssatz (damit indirekt auch der Vervielfältiger) und die Mietansätze aus dem Markt abgeleitet werden. Der Marktwert errechnet sich (vereinfacht dargestellt) aus der Multiplikation des nachhaltigen Reinertrags mit dem Marktfaktor „Vervielfältiger". Die kritisierte mangelnde Interpretation des Vervielfältigers ist aber gerade deshalb obsolet, da dieser aus dem Markt mittelbar abgeleitet wurde.

Unsachgemäß wird auch die angesetzte Gesamt- und Restnutzungsdauer kritisiert.[262] Es wird als nicht zutreffend erachtet, beispielsweise eine Restnutzungsdauer einer 20 Jahre alten Wohnimmobilie mit 60 Jahren anzusetzen und über diese lange Zeitspanne mit einem konstanten Mietertrag zu rechnen. Hierbei wird jedoch verkannt, dass es sich auch beim deutschen Ertragswertverfahren um eine klassische Kapitalwertmethode handelt und nicht jährliche Reinerträge lediglich aufsummiert werden. Der Vervielfältiger stellt mathematisch betrachtet einen Rentenbarwertfaktor dar, der auf den Bewertungsstichtag abgezinste Jahresreinerträge errechnet. Bei einem Zinssatz von 5% entfallen rd. 40% des gesamten Gebäudeertragswertes auf die ersten 10 Jahre, rd. 80% auf die ersten 30 Jahre und somit lediglich rd. 20% auf die Jahre 31 bis 60.

Verkannt wird außerdem, dass gerade die internationale Ertragswertmethode „ewige" Nutzungsdauern unterlegt. Demnach wären die im deutschen Wertermittlungsverfahren angewendeten Nutzungsdauern zu kurz. Dieser Sachverhalt verdeutlicht die polemisierende Kritik

---

260 Vgl. [Dru95], S. 329-334 u. [Eng03], S. 350-355

261 Vgl. [o.V.05], S. 1 u. 5

262 Büroimmobilien unterliegen zum Teil bereits nach 30 Jahren einer Komplettsanierung oder werden vollständig abgerissen. Dies ist zwar zutreffend, jedoch nicht unbedingt darauf zurückzuführen, dass dies dem Lebenszyklus entspricht und somit die angenommenen Restnutzungsdauern zu lang sind. Vielmehr lässt sich dies bei innerstädtischen Büroimmobilien auf die Ausweisung deutlich höherer Geschossflächenzahlen zurückführen, sodass ein Abriss einer Immobilie aus den 60er 70er Jahren wirtschaftlich sinnvoll ist. Umfangreiche Sanierungsmaßnahmen in Folge periodisch wiederkehrender Revitalisierungsinvestitionen sind nicht mit der Gesamtnutzungsdauer einer Immobilie gleichzusetzen. Kaufpreise wären nicht erklärbar, wenn die Erträge nur über 20 bis 30 Jahre kapitalisiert werden könnten. Viele innerstädtische Bürogebäude von I b-Standorten stellen Nachkriegsbauten aus den 50er Jahren dar, welche aufgrund des geringen Mietdrucks keine signifikanten Modernisierungen erfahren haben. Kaufpreise dieser Immobilien unterstellen indirekt eine Kapitalrückführung von rd. 40 Jahren – dies entspricht einer Gesamtnutzungsperiode von heute schon rd. 90 bis 100 Jahren.

und lässt darauf schließen, dass die Diskussion eher interessengesteuert ist als der konstruktiven Kritik dient.

Bemerkenswert bei der Auseinandersetzung der Kritik ist auch, dass von deutschen Wirtschaftsprüfern die Verwendung von Liegenschaftszinssätzen und Nettoanfangsrenditen anstelle von Kapitalmarktzinssätzen befürwortet wird.[263] Außerdem ermöglicht gerade das deutsche Verfahren die aus steuerlichen und bilanziellen Gründen nach IAS/IFRS sowie für die Zwecke der turnusmäßigen Wertfortschreibungen bei Kapitalanlagengesellschaften, Pensionskassen und Versicherungen notwendigen periodengerechte Erfassung, um den jährlichen Wertverzehr adäquat zu ermitteln. Die auf „ewig" rechnenden internationalen Verfahren können dies nicht leisten, da die Zeitkomponente fehlt.[264]

Abschließend ist zu konstatieren, dass das deutsche Ertragswertverfahren hinsichtlich der Marktkonformität der ermittelten Werte und deren Transparenz den angelsächsischen Pendants in nichts nach steht und somit durchaus geeignet ist, es als Grundlage für das zu entwickelnde Modell zu verwenden.

2.6.2 Modifizierte Ertragswertverfahren

Das einfachste, aber auch unsicherste Verfahren, den Ertragswert zu ermitteln, stellt die Multiplikation des geschätzten Jahresrohertrags mit einem Faktor[265] dar. Hierbei werden Ertragsfaktoren[266] aus realen Verkaufsfällen[267] ermittelt und auf ein vergleichbares Objekt übertragen. Da insbesondere Makler dieses Verfahren verwenden, ist es auch unter dem Namen „Maklermethode" bekannt.

$$EW_{Makler} = RoE \cdot EF \qquad (7)$$

Formel (7) : Maklerformel

mit

EW_{Makler}	=	*Ertragswert*
EF	=	*Ertragsfaktor*

[263] [Web05] „Die am Markt verfügbaren Nettoanfangsrenditen oder Liegenschaftszinssätze repräsentieren wesentlich genauer das mit dem immobilienbezogenen Cashflows verbundene Risiko und sollten deshalb zur Diskontierung herangezogen werden."

[264] Vgl. [Eng05], S. 16

[265] Der Faktor gibt hierbei an, wie viele Jahresnettomieten der Kaufpreis einer Immobilie entspricht. Er wird berechnet, in dem der Kaufpreis zzgl. Erwerbsnebenkosten durch die anfängliche Netto-Jahresmiete geteilt wird. Ein niedriger Einkaufsfaktor deutet auf eine vergleichsweise preisgünstige Immobilie hin.

Der Vergleich mehrerer Objekte allein anhand des Einkaufsfaktors ist jedoch wenig aussagekräftig, sofern nicht wesentliche Einflussfaktoren für den Wert von Immobilien wie Lage oder Gebäudequalität und das Verhältnis der Mieten zur aktuellen Marktmiete mit berücksichtigt werden. So liegen in besonders gefragten Lagen die Einkaufsfaktoren generell höher, während sie in einfacheren Lagen niedriger sind.

[266] Auch Mietvielfache oder Einkaufsfaktor bezeichnet. Veröffentlicht werden diese Faktoren z.B. vom RDM und VDM.

[267] Zum Beispiel aus Berichten der Gutachterausschüsse oder RDM-Immobilienpreisspiegeln entnommen

Dieses Verfahren kann keine qualifizierte Wertermittlung ersetzen, bietet jedoch die Möglichkeit einer schnellen Plausibilitätskontrolle vorhandener Wertermittlungsergebnisse.

Eine weitere Vereinfachung stellt die Nichtberücksichtigung des Bodenwertes (BW) bei einer langen Restnutzungsdauer (RND), i.d.R. > 50 Jahre, dar. Dieses Verfahren wird in der Fachliteratur als „verkürztes" Ertragswertverfahren bezeichnet. Hierbei wird der Jahresrohertrag abzüglich der nicht umlagefähigen Bewirtschaftungskosten mit dem Vervielfältiger multipliziert. In diesen Fall reduziert sich die Ertragswertformel auf:[268]

$$EW_{BW\ unberücksichtigt} = (RoE - BWK) \cdot V \tag{8}$$

Formel (8) : „Verkürztes" Ertragswertverfahren

mit

$EW_{BW\ unberücksichtigt}$	=	*Ertragswert*
V	=	*Vervielfältiger*

Wird neben dem Bodenwert zudem die Restnutzungsdauer (und somit die Abschreibung des Gebäudewertes) nicht berücksichtigt, lässt sich die Formel des „verkürzten" Ertragswertverfahrens weiter vereinfachen:

$$EW^{n\to\infty}_{BW\ und\ RND\ unberücksichtigt} = (RoE - BWK\ (einschl.AfA)) \cdot \frac{1}{LZ} \tag{9}$$

Formel (9) : „Vereinfachtes" Ertragswertverfahren

mit

$EW^{n\to\infty}_{BW\ und\ RND\ unberücksichtigt}$	=	*Ertragswert*
LZ	=	*Liegenschaftszinssatz*
AfA	=	*Abschreibung der baulichen Anlage*

Diese Vereinfachung lässt sich treffen, da bei langen Restnutzungsdauern die Rentenbarwertfaktoren für die Zeitrente und die ewige Rente dicht zusammen liegen.

Bei Anwendung der Formel (9) wird in der Literatur vom „vereinfachten" Ertragswert oder „ewigen Rentenmodell" gesprochen. Die Anwendung der Formel (8) wird in der WertR ausdrücklich zugelassen.[269]

Bei kurzen Restnutzungsdauern (z.B. aufgrund wirtschaftlicher Überalterung) führen die Formeln (8) und (9) zwangsläufig zu nicht korrekten Werten. Ab einer Restnutzungsdauer

[268] Auf die mathematische Herleitung dieser Formel wird an dieser Stelle verzichtet – in Kapitel 3.4 wird detailliert auf die Bedeutung des Bodenwertes bei langen Restnutzungsdauern eingegangen.

[269] Bei einer Restnutzungsdauer der baulichen Anlagen von mindestens 50 Jahren kann der diskontierte Bodenwert vernachlässigt werden.

von 50 Jahren liefern sie jedoch brauchbare Ergebnisse, die häufig innerhalb der Rundungstoleranz des gesplitteten Ertragswertverfahrens liegen.[270]

2.7 Risikobetrachtung im Immobilienmanagement

„To take no risks is the biggest risk of all." [271]

„What you don't measure, you don't manage!"[272]

Eine einheitliche Definition für Risiko[273] existiert in der Betriebswirtschaftlehre nicht, Theorie und Praxis definieren und verstehen den Risikobegriff sehr unterschiedlich. Indes ist jedoch allgemein anerkannt, dass das Risiko über zwei grundsätzliche Betrachtungsweisen verfügt. Es kann zum einen als generelle Unsicherheit (Risiko im weiteren Sinne)[274] und zum anderen als messbare Abweichung des Soll- vom Ist-Zustandes (Risiko im engeren Sinne) interpretiert werden.

Eine weitere Differenzierung ist hinsichtlich eindimensionaler und zweidimensionaler Risiken möglich. Während eindimensionale Risiken entweder positive[275] oder negative[276] Zielabweichungen vom Erwartungswert messen, betrachten zweidimensionale Risiken die Abweichungen beidseitig von einem Zielwert.[277] Stehen die negativen und positiven Abweichungen im gleichen Verhältnis, wird das Risikoprofil als symmetrisch bezeichnet, überwiegt ein Risikoelement, wird von einem asymmetrischen Profil gesprochen.

Eine andere Klassifizierung stellt die Quantifizierung dar. Lassen sich für eine Zielabweichung objektive oder subjektive Wahrscheinlichkeiten angeben, ist das Risiko quantifizierbar, ist es nur qualitativ messbar, gilt das Risiko als nichtquantifizierbar.[278]

Die Portfoliotheorie spricht dann von Risiko, wenn aufgrund einer unsicheren Zukunft die Rendite einer Anlage nicht mit Sicherheit im Voraus bekannt ist.[279]

---

270 Dies gilt umso mehr, je höher der angesetzte Liegenschaftszinssatz ist – siehe Kapitel 3.3

271 [Mai07], S. 3

272 Unbekannter Autor. Das Zitat wird häufig William Edwards Deming (*1900, †1993) zugeordnet, was jedoch nicht belegt ist. Deming, ein amerikanischer Professor und Berater, hat das industrielle Qualitätsgeschehen weltweit stark beeinflusst.

273 Etymologie: Das Wort Risiko leitet sich aus dem frühitalienischen Wortstamm „Rysigo, Risigo" sowie „risico, risco (heute rischio)" ab. Seine ursprüngliche Bedeutung wird mit Klippe oder gefährlichem Felsen übersetzt, die es in der Seefahrt zu umschiffen gilt.

274 Lassen sich für die Unsicherheit bezüglich zukünftiger Ereignisse oder Entwicklungen keine Wahrscheinlichkeiten zuordnen, wird häufig auch von „Ungewissheit" gesprochen.

275 Positive Abweichungen werden bei der Risikodefinition auch als „Chancen" bezeichnet. Unsicherheiten werden i.d.R. mit Risikozuschlägen versehen, um mögliche Schäden abzufangen. Tritt der Schaden jedoch nicht ein, entspricht der Risikozuschlag einem Gewinn. Somit sind Chancen grundsätzlich in jedem wirtschaftlich orientierten Risikomodell integriert, auch wenn sie zu Null gesetzt werden.

276 Eindimensionale, negative Abweichungen werden auch als Down-Side-Risk bezeichnet.

277 Eine Naturkatastrophe ist ein Beispiel für ein eindimensionales Risiko, da diese ausschließlich mit Verlusten verbunden ist. Ein risikoloser Gewinn wäre demnach eine „eindimensionale Chance".

278 Siehe Risikomaße zur Quantifizierung in Anhang 16

Bei der Darstellung des Gesamtrisikos müssen auch mögliche Wechselwirkungen (Korrelationen bzw. Kovarianz) einzelner Risikopositionen betrachtet werden.

In Anlehnung an die Portfolio-Theorie nach Markowitz lässt sich das Gesamtrisiko von Immobilieninvestments in zwei weitere Risikoarten unterteilen – in das systematische und das unsystematische Risiko.[280]

Das systematische Risiko, welches auch als Marktrisiko[281] bezeichnet wird, befasst sich mit sämtlichen Unwägbarkeiten, welche auf dem Gesamtmarkt bzw. auf den jeweiligen Immobilienteilmärkten einwirken.[282] Diese können nur dann vermieden bzw. reduziert werden, wenn der Ausstieg aus dem jeweiligen Markt in Betracht gezogen wird. Folglich lassen sich systematischen Risiken nicht diversifizieren, d. h. der Investor ist gezwungen, diese zu übernehmen.

Demgegenüber steht das unsystematische Risiko, welches sich auf die mikroökonomischen sowie objektspezifischen Risiken bezieht und nicht in Zusammenhang mit übergeordneten Ereignissen steht.[283] Im Vergleich zu den systematischen Risiken lassen sich die unsystematischen Risiken nur schwer prognostizieren respektive quantifizieren, da sie weitgehend unabhängig voneinander auftreten und als spezifisches Risiko auf eine bestimmte Immobilie begrenzt sind. Jedoch sind sie diversifizierbar und sinken mit zunehmender Anzahl an Immobilien in einem Portfolio.

$$\sigma_k = \underbrace{\sigma_k \cdot \rho_{k,m}}_{systematisches\ Risiko} + \underbrace{\sigma_k \cdot (1 - \rho_{k,m})}_{unsystematisches\ Risiko} \quad mit\ k = 1,2,\dots n \qquad (10)$$

Formel (10) : Systematisches und unsystematisches Risiko

mit

σ_k	=	*Risiko der Einzelanlage*
$\rho_{k,m}$	=	*Korrelationskoeffizient zwischen der Rendite der Einzelanlage und der Rendite des Marktportfolios M, welches aus den Einzelanlagen k = 1,2, ... n gebildet wurde.*

Allerdings lässt sich die Portfolio-Theorie nach Markowitz nur sehr eingeschränkt auf die Assetklasse Immobilie anwenden. Das Wirtschaftsgut „Immobilie“ weist im Vergleich zu

---

279 Vgl. [Auc94], S. 122

280 Vgl. [Reh05], S. 21

281 Allgemein werden unter der Kategorie der Marktrisiken einer bestimmten Finanzposition alle Risiken subsumiert, welche aus der Veränderung des Marktpreises dieser Position über eine bestimmte Zeitperiode resultieren.

282 Bezug zur allgemeinen Marktentwicklung, z.B. Umweltrisiken (rechtliche Änderungen, ökologische und gesellschaftliche Änderungen, politische Rikiken), Volkswirtschaftliche Risiken (Konjunkturverlauf der Gesamtwirtschaft, Einkommensentwicklung, Preisniveauentwicklung, Arbeitslosenquote), Entwicklung von Zinsniveau und Wechselkursen etc.

283 Konkreter Bezug zum Einzelobjekt, z.B. Bewertungsrisiko, Verwertungsrisiko, unerwartete Instandhaltungsaufwendungen, außerordentliche Mietvertragskündigung, Altlasten, Mieterbonitätsrisiken, Wirtschaftskraft der Gemeinde, Nachbarbebauung/ -entwicklung, Veränderungen der Infrastruktur am Standort etc.

anderen Wirtschaftsgütern Besonderheiten und Risikopotentiale auf, welche sich mit den Forderungen der Portfoliotheorie nicht vereinbaren lassen[284].

Unter Risikomanagement wird eine systematische Erfassung und Bewertung von Risiken sowie die Steuerung von Reaktionen auf festgestellte Risiken verstanden. Risikomanagement versteht sich nicht als einmalige, zeitpunktbezogene Maßnahme, sondern ist vielmehr als ein fortlaufender Prozess zu verstehen.

Der Prozess lässt sich in drei Phasen unterteilen – in die Risikoanalyse, die Risikosteuerung und die Risikokontrolle. Die Resultate der Risikokontrolle fließen in die erneute Risikoanalyse ein, so dass ein rollierender Prozess entsteht.

Nachfolgende Abbildung verdeutlicht den Risikomanagementprozess und gliedert die Hauptphase in Unterphasen.

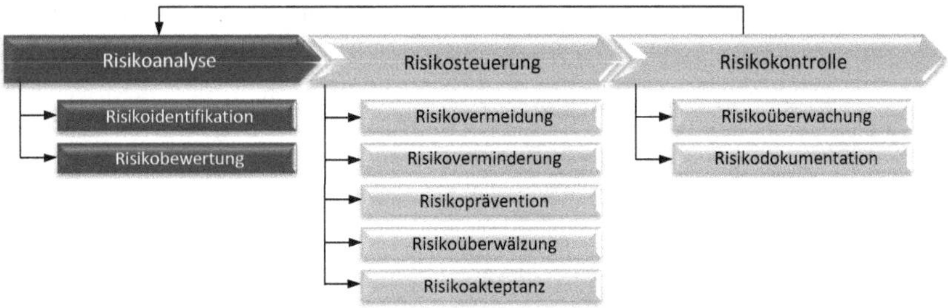

Abb. 21: Risikomanagementprozess[285]

Im Rahmen der Arbeit wird jedoch ausschließlich die erste Prozessphase betrachtet – die Risikoanalyse bestehend aus den Unterphasen Risikoidentifikation und Risikobewertung. Der Ablauf einer Risikoanalyse wird im nächsten Kapitel ausführlich dargestellt.

Zur Bewertung immobilienspezifischer Risiken stehen verschiedene Instrumente zur Verfügung, welche sich in die Instrumente zur quantitativen Risikomessung und jene zur qualitativen Risikobewertung[286] einteilen lassen.

Eine Quantifizierung des Risikos ist zwingend erforderlich, da sonst keine mathematische Beziehung zu den Renditegrößen, respektive den hierzu notwendigen Marktwert, herstellbar ist.

---

284 Auf die genauen Definitionen der Forderungen durch die „Modern Portfolio Theory" wird an dieser Stelle verzichtet.

Zu der Charakteristik von Immobilien zählen insbesondere die Immobilität, die Heterogenität, die variable Ertragskraft, die hohen Transaktions- und Managementkosten, die geringe Markttransparenz, die lange Produktionsdauer und der hohe Kapitalbedarf.

In Anhang 15 werden diese Charakteristika detailliert erläutert.

285 Eigene Darstellung, in Anlehnung an [Lud07], S. 7.

286 Eine qualitative Risikobewertung findet häufig statt, wenn das Risikomaß einer unsicheren immobilienspezifischen Größe nicht messbar ist oder vergangenheitsbezogene Daten nicht ausreichen, um das Risikomaß zu quantifizieren. Diese Form der Risikobewertung basiert primär auf erfahrungsbezogenen und subjektiven Einschätzungen. Hierzu zählen die ABC-Analyse, die Scoring-Analyse, das Rating und die Expertenbefragung.

Ohne eine Risikoquantifizierung[287] stellt die Rendite keine Basis für eine Investitionsentscheidung dar.

Nachfolgend werden ausgewählte Instrumente zur quantitativen Risikomessung[288] dargestellt, welche sich zur Bewertung der Risiken von direkten Immobilienanlagen eignen:

Instrumente zur quantitativen Risikomessung			
Statistische Risikomessung		Modellbasierte Risikomessung	
Zweidimensionale Risikomaße[289]	Eindimensionale Risikomaße[290]	Szenariomodelle	Simulationsmodelle
▪ Statistische Streuungsmaße[291] ▪ Höhere Momente der Wahrscheinlichkeitsverteilung ▪ Residualvolatilität ▪ Tracking Error ▪ Mean Gini Koeffizient ▪ Beta-Faktor ▪ Duration	▪ Shortfall-Maße ▪ Ausfallschiefe ▪ Ausfallwölbung ▪ Value at Risk (VaR) ▪ Conditional Value at Risk (CVaR)	▪ Sensivitätsanalyse ▪ Drei-Werte-Verfahren ▪ Verfahren der kritischen Wert ▪ What-If-Analyse ▪ Stress-Testing ▪ Vollenumeration	▪ Monte Carlo Methode ▪ Latin Hypercube Methode ▪ Simulation von Expertenschätzungen ▪ Historische Simulation ▪ Neuronale Netze

Tab. 18: Instrumente zur quantitativen Risikomessung[292]

Bei der modellbasierten Risikomessung wird die Entwicklung der zukünftigen Einflussfaktoren prognostiziert. Die Risikoquantifizierung erfolgt anhand der Zielgrößenänderung, welche sich durch die Variation der einzelnen Einflussfaktoren ergibt.[293]

---

287 Für eine aussagekräftige Risikoquantifizierung sollten in Anlehnung an [Hol00], S. 815 bis 820 nachfolgende neun Anforderungen erfüllt sein:

1. Leichte Interpretier- und damit Kommunizierbarkeit der ermittelten Risikokennzahl.
2. Risikokennzahl sollte Aussagen bezüglich der Eintrittswahrscheinlichkeit eines möglichen Verlustes treffen.
3. Risikoquantifizierung sollte eine Risikokompensation durch Diversifikation berücksichtigen, da die Messung und Summierung von Einzelrisiken zur Überschätzung des Gesamtrisikos führt.
4. Risikoquantifizierung sollte möglichst viele Interdependenzen zwischen Risikoarten berücksichtigen.
5. Risikoquantifizierung sollte sich an unternehmensexternen Daten orientieren.
6. Gleiche Risikoarten sollten mit gleichen Messverfahren und gleichen Kennzahlen beurteilt werden.
7. Vorgabe von Toleranzgrenzen auf Basis der Risikomesszahl zur Risikosteuerung und -kontrolle.
8. Verwendungsmöglichkeit der Risikomesszahl zur rechtzeitigen Erkennung von Unternehmensgefährdungen und damit für ein Frühwarnsystem.

288 In der einschlägigen Fachliteratur wird bei der Beurteilung einzelner Investitionsprojekte anstatt einer quantitativen Risikomessung auch von der Berücksichtigung „unsicherer Erwartungen" gesprochen.

289 Zweidimensionale Risikomaße quantifizieren sowohl positive als auch negative Abweichungen vom Erwartungswert. Grundvoraussetzung ist die Annahme einer Normalverteilung.

290 Eindimensionale Risikomaße messen nur die negativen Abweichungen von einem Bezugswert.

291 Unter den statistischen Streuungsmaßen werden in erster Linie die Risikomaße Varianz, Standardabweichung und Volatilität verstanden.

292 Eigene Darstellung, in Anlehnung an [Lud07], S. 51.

293 Ein Immobilieninvestor kann aufgrund der langen Nutzungsdauer einer Immobilie nicht mit einem konstanten Zahlungsstrom rechnen. Er kann deshalb nicht nur eine einzige Datenkonstellation für möglich erachten, sondern muss von mehrwertigen Erwartungen ausgehen.

In Abhängigkeit des Komplexitätsgrades und des Prognoseumfangs können die Methoden in Szenario- und Simulationsmodelle unterschieden werden. Im Gegensatz zu den Simulationsmodellen beruhen die Szenariomodelle nicht auf Wahrscheinlichkeitsverteilungen.

Bei der statistischen Risikomessung erfolgt die eigentliche Quantifizierung durch die Berechnung von sog. Risikomaßen. Hierfür wird das Risiko durch eine geeignete Dichte- oder Verteilungsfunktion (bzw. historischen Daten) beschrieben und die Differenz zum Mittelwert (Niveaugröße) betrachtet. Das Risiko wird somit operational und vor allem vergleichbar.

In Anhang 16 werden die verschiedenen Risikomaße aufgeführt und erläutert. Anhang 17 stellt die Methoden der Berücksichtigung von Unsicherheiten dar und grenzt die Verfahren untereinander ab.

Anhand einer Dichteverteilung werden die wichtigsten Risikomaße graphisch veranschaulicht:

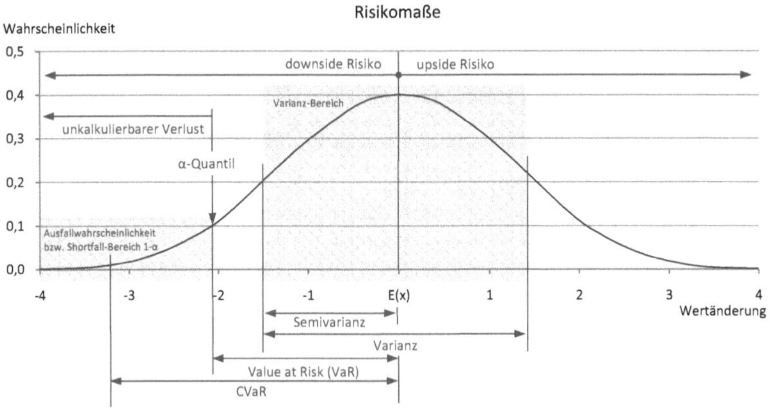

Abb. 22: Risikomaße[294]

294 Eigene Darstellung

2.8 Ablauf einer Risikoanalyse

„Das Risiko ist die Bugwelle des Erfolgs.“[295]

Unter dem Begriff Risikoanalyse werden Verfahren verstanden, welche die Entscheidungskriterien auf Basis von Wahrscheinlichkeitsverteilungen festlegen.

Ziel einer Risikoanalyse ist, die Risikosituation transparent, verständlich und fassbar zu machen.[296] Dies erfolgt durch die Ermittlung der maßgebenden Risikoursachen und der zu erwartenden Risikowirkungen. Hierzu müssen unter Berücksichtigung von Abhängigkeiten und Wirkungszusammenhängen die Messgrößen der Einflussfaktoren und Risiken systematisch formalisiert werden.

Die in die Berechnung eingehenden Variablen werden als zufallsabhängig angesehen und deren Wahrscheinlichkeitsverteilungen ermittelt oder geschätzt. Über die Kumulation der Wahrscheinlichkeiten der einzelnen Ergebnisse wird abschließend das Risikoprofil des betrachteten Investitionsvorhabens generiert.

Die Durchführung kann in folgende Schritte unterteilt werden:[297]

1. *Identifikation der Risikofaktoren und Formulierung eines Bewertungs- bzw. Entscheidungsmodells.*

   Neben dem eigentlichen Bewertungs- bzw. Entscheidungsmodell (z.B. Kapitalwert) werden die relevanten, mit Unsicherheiten belegten Inputparameter (Risikofaktoren) ausgewählt.

2. *Bestimmung von Wahrscheinlichkeitsverteilungen für die als unsicher anzusehenden Inputparameter (Risikofaktoren).*

   Bei den Wahrscheinlichkeitsverteilungen handelt es sich entweder um diskrete Verteilungen oder kontinuierliche Verteilungen (z.B. Normal-, Dreiecks- oder Trapezverteilung etc.). Die Bestimmung kontinuierlicher Verteilungen erfolgt i.d.R. durch Vorgabe eines Verteilungstyps und Schätzung der Verteilungsparameter[298]. Die Wahl der Wahrscheinlichkeitsverteilung erfolgt in der Praxis jedoch häufig auf Basis subjektiver Schätzungen, da diese selten empirisch abgeleitet werden kann.

---

295 Jean Améry (österreichischer Schriftsteller (*1912, †1978))

296 Vgl. [Mai07], S. 16

297 Vgl. [Göt05], S. 376; [Alb00], S. 1 bis 6; [Büh99], S. 266, [Mai07], S. 16 u. S. 17

298 Verteilungsparameter sind beispielsweise Erwartungswert und Standardabweichung bei der Normalverteilung sowie häufigster Wert, unterer und oberer Grenzwert bei der Dreiecksverteilung.

3. *Einbeziehung stochastischer Abhängigkeiten zwischen den unsicheren Inputparametern.*

   Stochastische Abhängigkeiten können mit Hilfe von Korrelationskoeffizienten für die Entwicklungen jeweils zweier Inputgrößen berücksichtigt werden.[299] Eine andere Möglichkeit ist, mehrere Wahrscheinlichkeitsverteilungen für Inputparameter zu definieren, deren Werteverlauf von dem eines anderen Inputparameters abhängig ist.

   Können die stochastischen Abhängigkeiten nicht ermittelt werden, wird die Risikoanalyse auf die Extremfälle „vollkommene Korrelation“ und „stochastische Unabhängigkeit“ beschränkt. Die Aussagekraft der Risikoanalyse ist dann jedoch eingeschränkt, da es zu verzerrten Ergebnisverteilung kommen kann.[300]

4. *Berechnung einer Wahrscheinlichkeitsverteilung der Zielgröße.*

   Dieser Schritt kann sowohl analytisch als auch simulativ erfolgen – nachfolgende Tabelle stellt diese Möglichkeiten dar:

Grundsätzliche Methoden zur Wertberechnung der Risikofaktoren		
Analytischer Ansatz (parametrische Verfahren)	*Simulationsansatz* (numerische Verfahren)	
Varianz-Kovarianz-Methode *(Delta-Normal-Methode bzw. Delta-Gamma-Methode)*[301]	*Historische Simulation*	*Stochastische-Simulation* *(z.B. Monte-Carlo-Simulation)*
Verteilungstyp der Risikofaktoren: *Normalverteilung*	Verteilungstyp der Risikofaktoren: *Empirische Verteilung*	Verteilungstyp der Risikofaktoren: *Beliebige Verteilung*

Tab. 19: Grundsätzliche Methoden zur Wertberechnung der Risikofaktoren[302]

Beim analytischen Ansatz wird die Zielfunktionswertverteilung rechnerisch aus den Verteilungen der Inputparameter abgeleitet. Es wird zwischen der Wertänderung des Portfolios und der Risikofaktoren von einer linearen Beziehung ausgegangen, d.h. Wertveränderungen des Portfolios lassen sich linear aus den Änderungen der Risikofaktoren berechnen.[303]

Der Simulationsansatz lässt sich in die Historische Simulation und in die Stochastische Simulation unterteilen:

Die Historische Simulation verwendet Daten aus der Vergangenheit und verzichtet auf eine analytische Untersuchung einzelner Risikofaktoren. Stehen nicht genügend viele (unab-

299 In der Praxis kann eine Korrelationsanalyse nur im Idealfall mathematische, funktionale Zusammenhänge zwischen Einflussfaktoren und Risiken (Instrumentalrelationen) sowie Interdependenzrelationen angeben. Im Regelfall sind diesem Verfahren durch die komplexen Ursachenstrukturen enge Grenzen gesetzt.

300 Vgl. [Blo06], S. 262

301 Der Unterschied zwischen der Delta-Normal und Delta-Gamma-Methode besteht darin, dass letztere nichtlineare Verteilungseffekte berücksichtigen.

302 Eigene Darstellung

303 Vgl. [Mor04], S.25

hängige) Realisationen zur Verfügung, kann mittels Bootstrapping-Verfahren[304] der Stichprobenumfang erhöht werden. Entsprechend hoch ist der Aufwand der Datenbeschaffung und -pflege. Problematisch ist neben der Datenbeschaffung auch die grundsätzliche Annahme, dass alle Risikofaktoren aus der Vergangenheit auch in der Zukunft den Wert der Risikopositionen in gleicher Weise beeinflussen werden.

Auch gestaltet sich die Auswahl eines optimalen Zeitfensters schwierig: Liegen die betrachteten Werte weit in der Vergangenheit, sind diese evtl. für die aktuelle Risikomessung nicht mehr relevant – wird die Historie jedoch zu kurz gewählt, ist zweifelhaft ob die Anzahl der betrachteten Werte repräsentativ ist.

Vorteil des Verfahrens ist, dass keine Modellannahmen getroffen werden müssen und keine Abhängigkeiten der Risikofaktoren untereinander benötigt werden.

In Abgrenzung der Historischen Simulation werden bei einer Stochastischen Simulation Zufallszahlen generiert.[305] Statt historischer Wertänderungen wird der Unsicherheit über das zukünftige Verhalten der Risikofaktoren mit Zufallszahlen begegnet.

Die Auswahl der Werte erfolgt entsprechend ihrer Eintrittswahrscheinlichkeit. Unter Berücksichtigung stochastischer Abhängigkeiten[306] der unsicheren und fest vorgegebenen Inputparameter wird ein Zielfunktionswert berechnet. Durch die Vielzahl der Rechenläufe ergibt sich die Verteilung der Zielfunktionswerte.

Die bei einer historischen Simulation abgeleiteten Wahrscheinlichkeitsmaßzahlen werden als „objektive Wahrscheinlichkeiten" bezeichnet, im Gegensatz zu den „subjektiven Wahrscheinlichkeiten", welche einer stochastischen Simulation zugrunde liegen.[307]

5. *Auswertung und Interpretation des Ergebnisses.*

Aus der Wahrscheinlichkeitsverteilung der Zielgröße lässt sich die charakteristische Dichtefunktion darstellen und somit eine Aussage bezüglich des Risikoprofils treffen. Die Dichtefunktion erlaubt im weiteren Verlauf Aussagen bezüglich der Volatilität oder anderer Risikomaße, Konfidenzintervalle und Verlustwahrscheinlichkeiten.

---

304 Bootstrapping-Verfahren oder auch Münchhausen-Methode: In der Statistik ist das Bootstrapping eine Methode des Resampling, dabei werden wiederholt Statistiken auf der Grundlage lediglich einer Stichprobe berechnet. Ein Nachteil dieses Verfahrens ist die Fehlerfortpflanzung, da sich die Menge aus sich selbst heraus generiert.

305 Vgl. Kapitel 2.5.6

306 Korrelationen werden häufig über die Cholesky-Faktorisierung erfasst. Korrelierte Zufallszahlen entstehen durch die Multiplikation der beobachteten Korrelation und den Zufallszahlen.

307 Vgl. [Blo06], S. 227

Anmerkung zur dargestellten Risikoanalyse

Die Darstellung der Risikoanalyse wiederholt zum Teil Ablaufschritte des bereits in Kapitel 2.5.6 erläuterten Monte-Carlo-Verfahrens.

Eine in sich abgeschlossene Darstellung wird jedoch zum weiteren Verständnis der Arbeit als sinnvoll erachtet, da sich die Modellbildung in Kapitel 4 stringent an diesen Ablaufschritten orientieren wird.

Zusammen mit dem Modellbildungsprozess (als Flussdiagramm in Kapitel 4 dargestellt) ergibt sich das Grundgerüst der Vorgehensweise für die Umsetzung der Aufgabenstellung - Modellentwicklung einer Risikoanalyse.

Im nächsten Kapitel werden die Bewertungsparameter des Ertragswertverfahrens (Entscheidungsmodell) detailliert dargestellt – Dies entspricht dem Ablaufschritt 1 der Risikoanalyse: Identifikation der Risikofaktoren.

3 Identifikation der Risiken (Bewertungsparameter)

"The way we manage risks is ultimately going to depend on how we define those risks."[308]

Dieses Kapitel beinhaltet die theoretische Grundlagen der Risikofaktoren, letztlich der Bewertungsparameter im Ertragswertverfahren, und wie sich Fehler im Ansatz dieser Parameter auf den Ertragswert auswirken.

Einleitend werden die Werttreiber des Ertragswertverfahrens identifiziert. Hierzu wird der Ertragswert eines fiktiven Wohngebäudes ermittelt, anschließend jeweils ein Bewertungsparameter prozentual verändert und die jeweilige Varianz des sich neu ergebenden Marktwertes ermittelt.[309]

Die Ergebnisse lassen sich in einem Tornado-Diagramm[310] anschaulich darstellen:

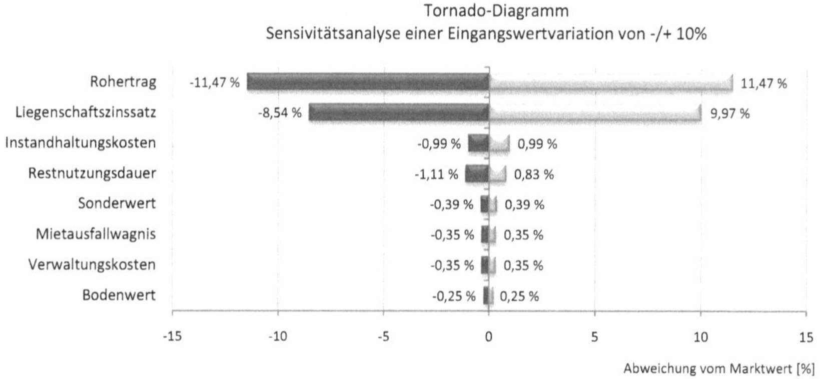

Abb. 23: Tornadodiagramm der Bewertungsparameter[311]

Hieraus ist ersichtlich, dass die Bewertungsparameter „Miete" und „Liegenschaftszinssatz" die signifikanten Werttreiber des Ertragswertverfahrens nach WertV darstellen[312].

---

308 [Arn90], S. 33

309 In Anhang 18 sind die Ertragswertberechnungen und die statistischen Auswertungen abgebildet.

310 Tornado-Diagramme werden im Rahmen von Risikobeurteilungen erstellt. Hierbei werden unsichere Variablen eines Investitionsvorhabens um einen festgelegten Prozentsatz variiert und die daraus resultierende Ergebnisänderung der Größe nach sortiert und in einem Balkendiagram abgebildet.

311 Eigene Darstellung

312 Eine veränderte Konstellation der Parameter führt zu anderen Ergebnissen (z.B. beeinflusst die Restnutzungsdauer den Bodenwerteinfluss auf den Ertragswert), jedoch stellt dieses Ergebnis den Regelfall dar.

Für den LZ gilt als Faustformel: Eine Veränderung von 50 Basispunkten bewirkt eine Ertragswertabweichung von 10%. Deshalb wird bei der Verkehrswertermittlung eine Genauigkeit des zum Ansatz zu bringenden LZ von 0,5% gefordert.

Dieser pragmatischen Erkenntnis folgt eine eingehende fehlertheoretische Untersuchung, um die individuellen Durchschlagskräfte einzelner Parameter mathematisch vergleichen zu können.

Die Fehler beim Ansatz der Bewertungsparameter übertragen sich modellimmanent auf verschiedene Art und Weise auf den Ertragswert. Im einfachen Fall wird der Fehler mit einem konstanten Faktor übertragen, kann aber auch in Form einer komplexen Übertragungsfunktion erfolgen. Diese Übertragungsfunktionen wurden von ERMERT[313] als sog. Fehlerübertragungskoeffizienten c_E bezeichnet. Seinen Ausführungen basieren auf folgendem Modell:

$$\frac{\partial ZG}{ZG} = c_E \cdot \frac{\partial EG}{EG} \qquad (11)$$

Formel (11) : Fehlerübertragungskoeffizient nach Ermert

mit

ZG	=	*zu bestimmende Zielgröße*
EG	=	*zu untersuchende Einflussgröße*
c_E	=	*Fehlerübertragungskoeffizienten*

Der Fehlerübertragungskoeffizient c_E gibt demnach an, wie sich eine prozentuale Unsicherheit in der Eingangsgröße auf die Zielgröße überträgt.

Die Ertragswertformel nach WertV lässt sich durch Umstellung einzelner Komponenten wie folgt darstellen:[314]

$$EW = RoE \cdot \left(\frac{1}{p} - \frac{1}{p \cdot (1+p)^n}\right) - BWK \cdot \left(\frac{1}{p} - \frac{1}{p \cdot (1+p)^n}\right) + \frac{BW}{(1+p)^n} + S \qquad (12)$$

Formel (12) : Ertragswertverfahren (umgestellt) für die Ermittlung von c_E

Für die jeweiligen Bewertungsparameter lassen sich die Fehlerübertragungskoeffizienten c_E wie folgt darstellen:[315]

Fehlerübertragungskoeffizient c_{RoE}

$$c_{RoE} = \left(\frac{1}{p} - \frac{1}{p \cdot (1+p)^n}\right) \cdot \frac{RoE}{EW} = \frac{V \cdot RoE}{EW} \qquad (13)$$

Formel (13) : Fehlerübertragungskoeffizient c_{RoE}

313 [Erm67], S. 213-218

314 Variablendefinition siehe Formel (6) auf Seite 60.
Die Umformung hat den Vorteil, dass sich der Bodenwert in einem separierten Term befindet..

315 In Anlehnung an [Haa06], S. 144

Fehlerübertragungskoeffizient c_{BWK}

$$c_{BWK} = \left(\frac{1}{p} - \frac{1}{p \cdot (1+p)^n}\right) \cdot \frac{BWK}{EW} = \frac{V \cdot BWK}{EW} \qquad (14)$$

Formel (14) : Fehlerübertragungskoeffizient c_{BWK}

Fehlerübertragungskoeffizient c_p[316]

$$c_p = -p \cdot \left(\frac{1}{p} - \frac{1}{p \cdot (1+p)^n}\right) = -p \cdot V \qquad (15)$$

Formel (15) : Fehlerübertragungskoeffizient c_p

Fehlerübertragungskoeffizient c_n

$$c_n = \frac{(RoE - BWK - BW \cdot p) \cdot n}{EW} \cdot \frac{ln(1+p)}{p \cdot (1+p)^n} \qquad (16)$$

Formel (16) : Fehlerübertragungskoeffizient c_n

Fehlerübertragungskoeffizient c_{BW}

$$c_{BW} = \frac{BW}{EW} \cdot \frac{1}{(1+p)^n} \qquad (17)$$

Formel (17) : Fehlerübertragungskoeffizient c_{BW}

Fehlerübertragungskoeffizient c_S

$$c_S = \frac{S}{EW} \qquad (18)$$

Formel (18) : Fehlerübertragungskoeffizient c_S

Die Fehlerübertragungskoeffizienten c_E werden innerhalb der jeweiligen Darstellung des Bewertungsparameters hinsichtlich der Merkmale „Art der Übertragung", „Abhängigkeiten", „Grenzverhalten" und „Intervall" entsprechend diskutiert.

Für das zu entwickelnde Modell ist ebenfalls von Interesse, welche Auswirkung es auf die jeweilige Zielgröße hat, wenn alle wertrelevanten Daten gleichzeitig fehlerbehaftet sind und somit eine Streuung um den Erwartungswert der Zielgröße verursachen. Möglich ist dies mit Hilfe des Instrumentes des Varianzfortpflanzungsgesetzes[317], welches die Varianzen der zu

---

[316] Die Vorgehensweise bei der Ermittlung des Fehlerübertragungskoeffizienten für den Parameter Liegenschaftszinssatz ist problembehaftet. Es wird nachfolgend vorausgesetzt, dass sich die Modellfunktion des Ertragswertverfahrens bei Änderung des Liegenschaftszinssatzes im Bereich seiner Standardabweichung hinreichend linear verhält.

[317] Folgende Ausführungen basieren auf dem sog. Gauß'schen Varianzfortpflanungsgesetzes, welches jedoch eventuell vorhandene Korrelationen zwischen den Eingangsdaten außer Acht lässt.

bestimmenden Größen schätzt. Außerdem ermöglicht es den Übergang von dem relativen Niveau (Fehlerübertragungskoeffizienten) auf ein absolutes Niveau.[318]

Die partiellen Ableitungen nach den fehlerbehafteten Größen ergeben sich auf Basis der Formel (12) zu:

Partielle Ableitung des Parameters RoE

$$\frac{\partial EW}{\partial RoE} = \frac{1}{p} - \frac{1}{p \cdot (1+p)^n} = V \tag{19}$$

Formel (19) : partielle Ableitung des Parameters *RoE*

Partielle Ableitung des Parameters BWK

$$\frac{\partial EW}{\partial BWK} = -\left(\frac{1}{p} - \frac{1}{p \cdot (1+p)^n}\right) = -V \tag{20}$$

Formel (20) : partielle Ableitung des Parameters *BWK*

Partielle Ableitung des Parameters p

$$\begin{aligned} \frac{\partial EW}{\partial p} &= RoE \cdot \frac{\partial V}{\partial p} - BWK \cdot \frac{\partial V}{\partial p} - BW \cdot \frac{n}{(1+p)^{n+1}} \\ &= (RoE - BWK) \cdot \frac{(-(1+p)^{n+1}) + p \cdot (n+1) + 1}{p^2 \cdot (1+p)^{n+1}} - BW \cdot \frac{n}{(1+p)^{n+1}} \end{aligned} \tag{21}$$

Formel (21) : partielle Ableitung des Parameters *p*

Partielle Ableitung des Parameters n

$$\begin{aligned} \frac{\partial EW}{\partial n} &= RoE \cdot \frac{\partial V}{\partial n} - BWK \cdot \frac{\partial V}{\partial n} - BW \cdot \frac{ln(1+p)}{(1+p)^{n+1}} = \\ &= (RoE - BWK) \cdot \frac{ln(1+p)}{p \cdot (1+p)^n} - BW \cdot \frac{ln(1+p)}{(1+p)^n} \\ &= (RoE - BWK - BW \cdot p) \cdot \frac{ln(1+p)}{p \cdot (1+p)^n} \end{aligned} \tag{22}$$

Formel (22) : partielle Ableitung des Parameters *n*

Partielle Ableitung des Parameters BW

$$\frac{\partial EW}{\partial BW} = \frac{1}{(1+p)^n} \tag{23}$$

Formel (23) : partielle Ableitung des Parameters *BW*

318 Vgl. [Haa06], S. 169

Partielle Ableitung des Parameters S

$$\frac{\partial EW}{\partial S} = 1 \qquad (24)$$

Formel (24) : partielle Ableitung des Parameters *S*

Die Anteile der jeweiligen Parameter an der Standardabweichung des Ertragswertes ergeben sich demnach wie folgt:

Anteil	Beitrag
Rohertrag	$A_{RoE} = (V \cdot \sigma_{RoE})^2$
Bewirtschaftungskosten	$A_{BWK} = (-V \cdot \sigma_{BWK})^2 = (V \cdot \sigma_{BWK})^2$
Zinssatz	$A_p = \left(\left((RoE - BWK) \cdot \frac{(-(1+p)^{n+1}) + p \cdot (n+1) + 1}{p^2 \cdot (1+p)^{n+1}} - BW \cdot \frac{n}{(1+p)^{n+1}}\right) \cdot \sigma_p\right)^2$
Restnutzungsdauer	$A_n = \left(\left((RoE - BWK - BW \cdot p) \cdot \frac{ln(1+p)}{p \cdot (1+p)^n}\right) \cdot \sigma_n\right)^2$
Bodenwert	$A_{BW} = \left(\frac{1}{(1+p)^n} \cdot \sigma_{BW}\right)^2$
Sonderwert	$A_S = (\sigma_S)^2$

Tab. 20: Varianzanteile der Bewertungsparameter[319]

Die Varianz des Ertragswertes lässt sich somit wie folgt darstellen:

$$\sigma_{EW}^2 = A_{RoE} + A_{BWK} + A_p + A_n + A_{BW} + A_S \qquad (25)$$

Formel (25) : Varianz des Ertragswertes

Die aus dieser Betrachtung resultierenden Ergebnisse werden entsprechend den Fehlerübertragungskoeffizienten hinsichtlich ihrer „Abhängigkeiten“ und ihres „Grenzverhaltens“ innerhalb der jeweiligen Darstellung des Bewertungsparameters diskutiert.

[319] Eigene Darstellung in Anlehnung an [Haa06], S. 193

3.1 Rohertrag

3.1.1 Darstellung des Parameters „Rohertrag"

Die WertV legt in § 16 fest, dass „bei der Ermittlung des Ertragswertes der baulichen Anlagen von dem nachhaltig erzielbaren jährlichem Reinertrag des Grundstücks" auszugehen ist. Ergänzend hierzu wird in der WertR ausgeführt, dass die tatsächlich erzielten als auch die nachhaltig erzielbaren Erträge festgestellt werden müssen. Weicht die nachhaltig erzielbare, ortsübliche Miete von der tatsächlichen Miete ab, wird der (vorläufige) Ertragswert auf Basis von nachhaltigen Erträgen berechnet und die vorhandenen Abweichungen separat errechnet und bei der Bemessung des Ertragswertes berücksichtigt.

Im Wohnungsbau orientiert sich die nachhaltige Miete maßgeblich an der ortsüblichen Vergleichsmiete[320], Abweichungen zur tatsächlich gezahlten Miete resultieren i.d.R. aus folgenden Gründen:

- Über Jahre vernachlässigtes Mietmanagement – aufgrund verschiedener gesetzlicher Regularien (z.B. Kappungsgrenze[321]) dauert es viele Jahre, bis die Miete wieder an das Marktniveau herangeführt werden kann;
- Vorübergehender Vermietermarkt führt zu Vertragsabschlüssen auf einem Niveau, welches langfristig nicht gehalten werden kann;
- Hohe Konkurrenzsituation führt zu Vertragsabschlüssen auf niedrigerem Niveau. Der Leerstand steigt so nicht signifikant und verursacht lediglich einen moderaten Performancerückgang - ein Liquiditätsengpass kann so insbesondere bei finanzierten Objekten vermieden werden;
- Vermieter nutzen Mieterhöhungspotentiale nicht, um die Fluktuation im Gebäude möglichst gering zu halten und somit den Verwaltungs- und Instandsetzungsaufwand durch Mieterwechsel gering zu halten.

Im Gegensatz zu gewerblichen Mieten sind Wohnungsmieten deutlich weniger volatil, d.h. die Marktmiete oszilliert mit geringen Ausschlägen um die nachhaltig erzielbare Miete. Regelmäßig liegt die beim Investor eingehende Miete aus oben genannten Gründen jedoch tendenziell unterhalb der nachhaltigen Miete, Abweichungen nach oben sind im wohnwirtschaftlichen Bereich in der Praxis nur selten anzutreffen.

Die vorhandenen, vertraglichen Abweichungen vom nachhaltigen Rohertrag werden in Form eines Zu- oder Abschlages wegen sonstiger wertbeeinflussender Umstände bei der Werter-

[320] Definition und Erläuterung siehe Anhang 05

[321] Siehe hierzu Anhang 05

mittlung berücksichtigt.[322] Dabei wird üblicherweise der Barwert der Differenz zwischen der Vertragsmiete und dem nachhaltigen Rohertrag über die Restlaufzeit des Mietvertrags bzw. der Mietbindung ermittelt und entsprechend als Mehrwert oder Minderwert eingepreist. Es wird hierbei von einem sog. Overrent bzw. Underrent gesprochen.[323]

Der nachhaltig erzielbare Jahresrohertrag wird im Wohnungsbau von verschiedenen Wohnwertmerkmalen beeinflusst, welche nachfolgend in der Übersicht dargestellt sind:

Preisbildender Faktor	Erläuterung
Gebäudeart	Ein-, Zwei- oder Mehrfamilienhaus, Großwohnanlage und die Art der Gebäudenutzung (reine Wohnnutzung, gemischte Nutzung).
Größe	Anzahl und Größe der Zimmer und Anteil der Nebenflächen (Abstell- und Kellerräume), anteilige Gartenfläche. Die Größe der Wohnung entscheidet auch über die Nachfragesituation. In Ballungszentren sind wegen der hohen Miete und hohem Singleanteil kleine Wohnungen gefragt, in ländlich geprägten Regionen sind kleine Wohnungen nur sehr eingeschränkt vermietbar. Große Wohnungen sind auf den m²-Preis bezogen günstiger als kleinere Wohnungen.[324]
Ausstattung	Qualität der technischen Ausrüstung und Ausstattung sowie die Oberflächenqualitäten von Nutz- und Sichtflächen der Wohnung.[325] Zur Ausstattung zählen auch Balkon/Loggien und verfügbare Kfz-Stellplätze.
Attraktivität / Zustand	Gesamterscheinungsbild der Immobilie – insbesondere Architektur und Unterhaltungszustand[326], Grundriss, Mieterstruktur (Sozialstatus, Ausländeranteil).
Lage	Bezüglich der Lage ist zwischen großräumiger (strukturstarke/strukturschwache Räume) und kleinräumiger Lage (Stadtrand/Stadtkern) zu unterscheiden. Die Umgebungsqualität des näheren Umfeldes und die Entfernungen zu wohnwertbestimmenden Eigenschaften sind entscheidend. Aber auch die Orientierung innerhalb der Immobilie beeinflusst die Miete, wie z.B. Etagenlage, Orientierung nach Himmelsrichtungen, Garten- oder Straßenlage.

Tab. 21: Preisbildende Faktoren auf dem Wohnungsmarkt[327]

Die Lagequalität hat den entscheidenden Einfluss auf die Vermietungsfähigkeit und Wertsteigerung einer Immobilie – Die Wahl des richtigen Standortes kann als eine der wichtigsten Entscheidungen im Zusammenhang eines Immobilieninvestments angesehen werden.[328] Eine architektonisch attraktive, gut ausgestatte und neuwertige Immobilie in einer strukturschwa-

[322] In der Fachliteratur wird diese Thematik als „Anomalie der Ertragswertermittlung" bezeichnet.

[323] Bei einem Overrent ist das momentane Mietniveau höher als die nachhaltige Miete, bei einem Underrent ist das momentane Mietniveau niedriger als die nachhaltige Miete. Anhang 19 verdeutlicht grafisch die Ermittlung eines entsprechenden Barwertes.

[324] Umrechnungskoeffizienten bzw. übliche Abschläge/Zuschläge in Abhängigkeit der Wohnungsgröße sind in Anhang 20 wiedergegeben.

[325] Eine detaillierte Darstellung zur Beurteilung der baulichen Ausstattung bei Gebäuden findet sich im Anhang 21.

[326] Der Zustand der Wohnfläche ist neben der Ausstattung maßgebend, ob die ortsübliche Vergleichsmiete erwirtschaftbar ist, da Mängel zu einer Mietminderung berechtigen. Auch hat der Zustand Auswirkungen auf den Leerstand und längerfristig gesehen auf die soziale Struktur einer Immobilie.

[327] Eigene Darstellung

[328] Vgl. [Wüs00], S. 110

chen Region wird dennoch keinen hohen Mietertrag erwirtschaften, während eine vermeintlich weniger attraktive Immobilie mit Instandhaltungsstau in einer Ballungsregion einen hohen, stabilen Cash-Flow liefern kann.

Häufig werden Wohnlagen (Stadtbezirke oder Straßen) im Rahmen von Marktmietangaben in Maklerberichten oder Mietspiegeln einer Lagekategorie zugeschlüsselt. Die Kriterien für diese Klassifizierung sind im Wesentlichen die Struktur der Bebauung, verkehrsmäßige Erschließung, Versorgungseinrichtungen, Emissionen, Naherholungsmöglichkeiten und Image des Wohngebietes.[329]

Gute Lagen verfügen über hohe Grundstückspreise und zeichnen sich durch eine permanent hohe Käufernachfrage aus – das geringe Wertrisiko führt zu einer höheren Kaufpreisbereitschaft. Objekte in guten Lagen haben deshalb auch eine höhere Wertsteigerung im Vergleich zu schlechteren Lagen. So sind z.B. häufig bei Einfamilienhäusern in ländlichen Regionen Preisabschläge bis zu 50% des Sachwertes üblich, während sie in Großstädten häufig über dem rechnerischen Sachwert gehandelt werden.

Eine Standortanalyse gibt i.d.R. Aufschluss über die Lagequalität. Sie lässt sich in eine Untersuchung des Makrostandortes[330] und des Mikrostandortes[331] differenzieren. In Anhang 23 ist der Aufbau einer Standortanalyse in Form eines Ablaufdiagramms dargestellt.

Grundsätzlich kann dem deutschen Immobilienmarkt konstatiert werden, dass dieser durch polyzentrische Strukturen geprägt ist, d.h. die einzelnen Makrostandorte (insbesondere Ballungsräume) entwickeln sich in der Regel nicht einheitlich.[332] Tendenziell gilt jedoch, dass mit zunehmender Objektgröße die Bedeutung der Makrolage im Vergleich zur Mikrolage steigt.[333]

Die Lagequalität und die Wohnungsausstattung werden häufig mit dem Terminus „Wohnwert“ zusammengefasst. Bei Bestandsobjekten kommt zusätzlich der Einflussfaktor Bauzustand als dritte Komponente hinzu.

Es gibt verschiedene Datenquellen, die Aufschluss über das regional vorhandene Mietniveau geben bzw. als Orientierung der nachhaltigen Miete dienen. Diese lassen sich in amtliche und nicht amtliche Datenquellen differenzieren. Nachfolgende Tabelle gibt eine Übersicht über die wesentlichen amtlichen und nichtamtlichen Datenquellen für Wohnungsmieten wieder:

---

329 Ein Beispiel für wohnwirtschaftliche Lagekriterien ist in Anhang 22 wiedergegeben.

330 Eine regionale Einordnung (geographische Großraum in dem sich die Immobilie befindet).

331 Unmittelbare Umgebung, in der sich die Immobilie befindet. Berührungspunkte bzw. Überschneidungen zum Makrostandort sind bei der Abgrenzung unvermeidlich.

332 Vgl. [Vät98], S. 83-91.

333 Vgl. [Lac02], S. 5

Kategorie	Datenquelle
amtlich	▪ Vierteljährliche Mietstatistik (Erhebung durch Statistische Landesämter) im Rahmen der Verbraucherpreisstatistik. Ergänzend: Mikrozensus (MZ), Einkommens- und Verbrauchsstichprobe/Laufende Wirtschaftsrechnung (EVS/LWR), Gebäude- und Wohnungszählung (GWZ), Wohngeldstatistik.
Nicht amtlich	▪ Mietspiegel (für einen Teil der Städte und des Mietwohnungsmarktes), ▪ Sozio-oekonomische Panel (SOEP) und spezielle, wenige Städte umfassende Erhebungen für internationale Vergleiche, ▪ BulwienGesa AG und Immobilienindex der Dt. Bundesbank (wiederum auf Basis BulwienGesa-Daten), ▪ Diverse „Wohnimmobilienpreisspiegel" : Immobilienverbandes Deutschland (IVD), Empirica und IDN ImmoDaten GmbH (Anzeigenstatistik) und Marktberichte von Banken und Maklerunternehmen[334], ▪ Geokodierte Mietvertragsdatenbank der Investment Property Databank (IPD).

Tab. 22: Amtliche und nichtamtliche Daten für Mieten in Deutschland[335]

Darüber hinaus gibt es diverse Institutionen, die diese Primärquellen analysieren und aufbereiten.[336] Allen voran das BBR, dessen aufbereitete Daten in der Modellentwicklung Eingang finden.[337]

3.1.2 Interdependenzen des Parameters „Rohertrag"

Interdependenzen des Parameters „Rohertrag" bei Wohnimmobilien	
f (Rohertrag) =	*(Makrolage, Mikrolage, Orientierung innerhalb der Immobilie, Gebäudeattraktivität, Gebäudezustand, Mieterstruktur, Ausstattung, Größe der Immobilie, Wohnungsgröße, Zuschnitt, Gebäudeart, Grundriss)*

Tab. 23: Interdependenzen des Parameters „Rohertrag"[338]

334 Zum Beispiel DEGI, Deutsche Bank Research, Engel & Völkers, HSH Nordbank und die Landesbausparkassen. Den mit Abstand größten Detailierungsgrad bietet die HVB Expertise GmbH mit Marktberichten zum Wohnimmobilienmarkt für 1.300 Gemeinden und Kommunen.

335 Eigene Darstellung, Quelle: [Lip09], S. 14 und [Voi09], S. 85-93

336 Zum Beispiel Deutsche Bundesbank (BBk), Landesbanken (LB), Kommunale Wohnungsmarktbeobachtung (KomWoB), GEWOS GmbH Institut für Stadt-, Regional- und Wohnforschung, Institut für Städtebau, Wohnungswirtschaft und Bausparwesen (IfS), F+B Forschung und Beratung für Wohnen, Immobilien und Umwelt GmbH (Mietspiegeldatenbank).

337 Datengrundlage: Einkommens- und Verbrauchsstichprobe (EVS), Mikrozensus-Zusatzerhebung „Wohnsituation in Deutschland, Einzeldatensätze der Forschungsdatenzentren der Statistischen Landesämter und des Statistischen Bundesamtes, das Soziooekonomische Panel, wohnungsmarktrelevante Informationen über die Empfänger von Arbeitslosengels (ALG) II, Inserate von Kauf- und Mietanzeigen, eine eigene bundesweite BBR-Umfrage sowie eine Befragung der Mitgliedsunternehmen des Bundesverbandes Deutscher Wohnungs- und Immobilienunternehmen e.V.

Quelle: [Lip09], S. 16

338 Eigene Darstellung

3.1.3 Fehlerübertragung auf den Parameter „Rohertrag“

Fehlerübertragungskoeffizient für den Rohertrag c_{RoE}	
Art der Übertragung	Positiv
Abhängigkeiten	▪ Die Höhe des Einflusses wird durch das Verhältnis des Rohertrages RoE zum Ertragswert EW bestimmt. ▪ Zusätzlicher Einfluss wird durch den Vervielfältiger V und somit durch die Größen Liegenschaftszinssatz p und Restnutzungsdauer n ausgeübt. ▪ Je nach Höhe der Restnutzungsdauer n ist eine Abhängigkeit vom Bodenwert BW möglich.
Grenzverhalten	Für $p \rightarrow min.$ und $n \rightarrow max.$ gilt gleichermaßen $V \rightarrow max.$ und umgekehrt.
Intervall	$0 \leq c_{RoE} \leq 1$

Tab. 24: Fehlerübertragungskoeffizient für den Rohertrag c_{RoE}[339]

Ein Fehler bei der Ermittlung bzw. dem Ansatz des nachhaltigen Rohertrags wird positiv, maßgeblich in Abhängigkeit von der Höhe des Liegenschaftszinssatzes und der Restnutzungsdauer im Verhältnis zum Ertragswert, übertragen.

Je kleiner der Liegenschaftszinssatz und je größer die Restnutzungsdauer angesetzt werden, desto größer auch die Auswirkung auf den Ertragswert.

3.1.4 Varianzfortpflanzung des Parameters „Rohertrag“

Fehleranteil Rohertrag A_{RoE}	
Abhängigkeiten	$A_{RoE} = f(\sigma_{RoE}, V) = f(\sigma_{RoE}, p, n)$
Grenzverhalten	Für $p \rightarrow min., n \rightarrow max.$ und $\sigma_{RoE} \rightarrow max.$ gilt $A_{RoE} \rightarrow max.$ und umgekehrt.

Tab. 25: Fehleranteil Rohertrag A_{RoE}[340]

Hieraus wird ersichtlich, dass der Varianzanteil eines Fehlers im Rohertrag A_{RoE} am größten ausfällt, wenn die Restnutzungsdauer maximal und der Liegenschaftszinssatz minimal wird.

339 Eigene Darstellung in Anlehnung an [Haa06], S. 145.

340 Eigene Darstellung in Anlehnung an [Haa06], S. 193

3.2 Liegenschaftszinssatz

3.2.1 Darstellung des Parameters „Liegenschaftszinssatz“

Der Liegenschaftszinssatz (LZ) ist ein wichtiger Bestandteil bei der Bewertung von Grundstücken nach dem Ertragswertverfahren. Er ist, mathematisch vereinfacht, die Umkehrung des Ertragswertverfahrens und gemäß § 11 WertV wie folgt definiert:[341]

„(1) Der Liegenschaftszinssatz ist der Zinssatz, mit dem der Verkehrswert von Liegenschaften im Durchschnitt marktüblich verzinst wird.

„(2) Der Liegenschaftszinssatz ist auf der Grundlage geeigneter Kaufpreise und der ihnen entsprechenden Reinerträge für gleichartig bebaute und genutzte Grundstücke unter Berücksichtigung der Restnutzungsdauer der Gebäude nach den Grundsätzen des Ertragswertverfahrens (§§ 15-20) zu ermitteln.“

Der korrekte LZ lässt sich gemäß dieser Definition erst nach Verkauf der Liegenschaft durch eine Rückwärtsrechnung ermitteln. Die Berechnung erfolgt durch den Gutachterausschuss im Rahmen einer iterativen Ermittlung[342] anhand der Ertragswertgleichung nach WertV:

$$p = \left(\frac{RE}{KP} - \frac{q-1}{q^n-1} \cdot \frac{KP - BW}{KP}\right) \cdot 100 \qquad (26)$$

Formel (26) : Bestimmung des Liegenschaftszinssatzes

mit

p	=	*Liegenschaftszinssatz*
RE	=	*Reinertrag*
KP	=	*Kaufpreis*
q	=	*Aufzinsungsfaktor*
n	=	*Restnutzungsjahre*
BW	=	*Bodenwert*

Vereinfacht gesprochen, ist der LZ Ausdruck für das Ertragsrisiko einer Immobilie. Er spiegelt demnach die gegenwärtige Einschätzung der Marktteilnehmer im Hinblick auf die zukünftige Entwicklung wider, denn die in die Ableitung eingehenden Kaufpreise stellen die Einschätzung des Marktes bezüglich erwarteter Wert- und Ertragsentwicklungen dar. Hierbei muss jedoch berücksichtigt werden, dass die Ableitung aus historischen Kaufpreisen erfolgt

[341] Gemäß dieser Definition wird suggeriert, dass der LZ eine eindeutig bestimmbare Größe ist. Durch die Art der Berechnung ergeben sich jedoch große Unterschiede, dass abgesehen von der Erhebung des Datenmaterials und der Abgrenzung der Gebäudearten und Zeiträume eine eindeutige Ermittlung nicht möglich ist.

[342] Da $q = p + 1$ ist, handelt es sich um eine iterativ zu lösende Gleichung. Für den Startwert als erste Näherung wird sinnvollerweise $p_0 = (RE/KP) \cdot 100$ angesetzt.

ist und deshalb nicht ohne kritische Würdigung fortgeschrieben werden kann.[343] Dies gilt insbesondere in Zeiten tiefgreifender wirtschaftlicher Veränderungen (Beispiel Rezession als Folge der Finanzmarktkrise mit vorangegangenen Marktübertreibungen am Immobilienmarkt).

Ein zweiter, wesentlicher Kritikpunkt liegt in der praktischen Ermittlung des LZ durch den Gutachterausschuss. Aus einer Studie geht hervor, dass 70% der befragten Gutachterausschüsse den oben dargestellten Weg der eigenen Berechnung umgehen und sich stattdessen auf andere Quellen verlassen bzw. den LZ der Fachliteratur entnehmen.[344]

Die Höhe des LZ wird wesentlich durch das jeweilige objektbezogene Risiko beeinflusst. Je positiver die Marktteilnehmer eine Immobilie einschätzen, umso niedriger ist der LZ. Auch für langfristige Werttrends gilt dieser Zusammenhang. Langfristig steigende LZ bedeuten ceteris paribus Wertverlust der Immobilien.

Neben der Objektrisikokomponente lässt sich die relative Höhe des LZ auch kapitalmarktorientiert interpretieren. Liegt der LZ oberhalb der Umlaufrendite festverzinslicher Wertpapiere, rechnen die Immobilienmarktteilnehmer eher mit zukünftigen Wertrückgängen bzw. mit stabilen Wertverhältnissen, während mit Wertzuwächsen gerechnet wird, wenn der LZ unterhalb der Umlaufrendite festverzinslicher Wertpapiere liegt.

Insbesondere aus den Ausführungen der Ermittlung des LZ wird ersichtlich, dass der LZ keine Rendite einer Immobilieninvestition darstellt oder anders ausgedrückt, dass der LZ nicht dem internen Zinsfuß entspricht.[345] Liegenschaftszinssätze stellen vielmehr Vergleichsfaktoren dar, die Zukunftserwartungen der Marktteilnehmer implizieren. Aufgrund ihrer unmittelbaren Ableitung aus dem realen Marktgeschehen besitzen sie jedoch eine hohe Aussagekraft.

Die wesentlichen Einflussfaktoren, welche bei der Wahl des Liegenschaftszinssatzes berücksichtigt werden müssen, sind:

---

343 Bedingt durch den Zeitverzug zwischen Abschluss der Transaktion, Auswertung der Kaufpreissammlung, Veröffentlichung der Liegenschaftszinssätze und dem Ansatz im Gutachten werden Marktprognosen und Meinungen der Vergangenheit auf die Gegenwart und zukünftige Entwicklung übertragen. Hinzu kommt, dass der LZ häufig innerhalb großer Bandbreiten ausgewiesen wird und somit hieraus kein wesentlicher Erkenntnisgewinn aus der empirischen Erhebung resultiert.

344 Vgl. [Wal00], S. 6

In einer Studie wurden 600 Gutachterausschüsse in ganz Deutschland schriftlich befragt, ob und wie sie LZ berechnen. Das Ergebnis war, dass lediglich 30% der Gutachterausschüsse den LZ selbst berechnen, die anderen verlassen sich auf andere Quellen (z.B. Daten regionaler Banken), entnehmen ihn der Fachliteratur (Zinsangaben der Wertermittlungsrichtlinien) oder Erfahrungswerten (z.B. Werte aus nahegelegenen Städten und Kreisen).

Somit ist zu konstatieren, dass die Gutachterausschüsse die ihnen in § 193 BauGB zugewiesenen Aufgaben nur zum Teil erfüllen.

345 Da beim Ertragswertverfahren auf nachhaltige Roherträge und nachhaltige Bewirtschaftungskosten abgestellt wird, können die Reinerträge vom tatsächlichen Zahlungsstrom abweichen. So werden z.B. leerstehende, aber grundsätzlich vermietungsfähige Flächen im Rohertrag berücksichtigt, obwohl diese keine Mietzahlungen erzeugen. Stattdessen werden die Leerstandsflächen in Form eines erhöhten Liegenschaftszinses oder Mietausfallwagnisses berücksichtigt. Die genaue Betrachtung des unterschiedlichen Zeitpunktes von anfallenden Zahlungen, wie sie bei der Ermittlung des internen Zinsfußes erforderlich ist, wird beim Ertragswertverfahren zu Gunsten von Durchschnittsbetrachtungen aufgegeben. Somit ist die Interpretation des Liegenschaftszinssatzes als interner Zins sowie der Performance alternativer Kapitalanlagen fehlerhaft.

Einflussfaktor	Kriterien
Lage	Mikro- und Makrolage, Umfeldsituation, Entwicklungsperspektiven.
Nutzungsart	Wohnen, Gewerbe, industrielle Nutzung.
Miete	Ortsüblichkeit, Nachhaltigkeit, Mietanpassungsmöglichkeiten, Erhöhungspotential, Restlaufzeit der Mietverträge, Mieterbonität, Umlagefähigkeit von Bewirtschaftungskosten laut Mietverträgen, Leerstandsquote.
Gebäudeattraktivität	Erscheinungsbild, Konzeption (Größe der Wohnungsanlage), Wirtschaftlichkeit, Bauqualität, Zustand der Anlagen, Restnutzungsdauer, Privatisierungspotential.
Marktsituation	Angebot und Nachfrage, Entwicklungsperspektiven.
Drittverwendungsfähigkeit	Konzeption des Gebäudes, technische Einrichtungen, Nachfragepotential. Die Drittverwendungsfähigkeit ist auch für die Beleihungsfähigkeit eines Objektes von zentraler Bedeutung.
Wirtschaftslage/ Stabilität	Ist-Situation, Prognoseerwartung, allgemeine Stimmung, Steuergesetzgebung.
Zinsniveau am Geld- und Kapitalmarkt	Die Höhe der Kapitalzinsen wirken sich in Deutschland jedoch eher gering auf die Verzinsung von Liegenschaften aus (nicht so in einigen EU-Staaten), Konditionen des Fremdkapitals.

Tab. 26: Einflussfaktoren des Liegenschaftszinssatzes[346]

Nachfolgend werden wichtige Zusammenhänge zwischen den genannten Einflussfaktoren auf die Höhe des LZ qualitativ aufgeführt:

Einflussfaktor	Qualitativer Zusammenhang	Einfluss LZ
Lage	Je besser die Wohnlage, umso niedriger der LZ. Abb. 24 verdeutlicht diesen Zusammenhang am Beispiel des Münchner Mehrfamilienhausmarktes. Als Maßstab der Lagequalität wurde hier der Bodenrichtwert gewählt.	
Mietniveau	Je höher das Mietniveau, umso niedriger der LZ. Abb. 24 verdeutlicht diesen Zusammenhang	
Wohnfläche	Je größer die Anzahl der Wohnungseinheiten im Gebäude bzw. Gesamtwohnfläche, desto höher der LZ. Abb. 25 verdeutlicht diesen Zusammenhang.	
Ausstattung	Je besser die Ausstattung, umso niedriger der LZ.	
Zustand	Je besser der Gebäude- bzw. Wohnungszustand, umso niedriger der LZ.	

Tab. 27: Qualitativer Zusammenhang von Einflussfaktoren auf den LZ[347]

346 Eigene Darstellung
347 Eigene Darstellung

Abb. 24 zeigt eine Auswertung des Gutachterausschusses der Stadt München. Anhand der beiden Regressionsgeraden lässt sich der Zusammenhang zwischen der Lagequalität und dem LZ bzw. der Nettokaltmiete und dem LZ aufzeigen.

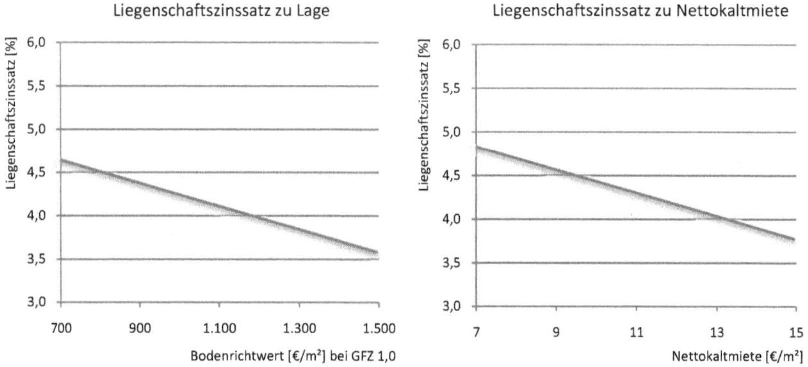

Abb. 24: LZ in Abhängigkeit zur Lage und zur Nettomiete[348]

Abb. 25 stellt eine Auswertung des Oberen Gutachterausschusses für Niedersachsen dar – hier wird der Zusammenhang zwischen der Gesamtwohnfläche einer Anlage und dem LZ dargestellt.

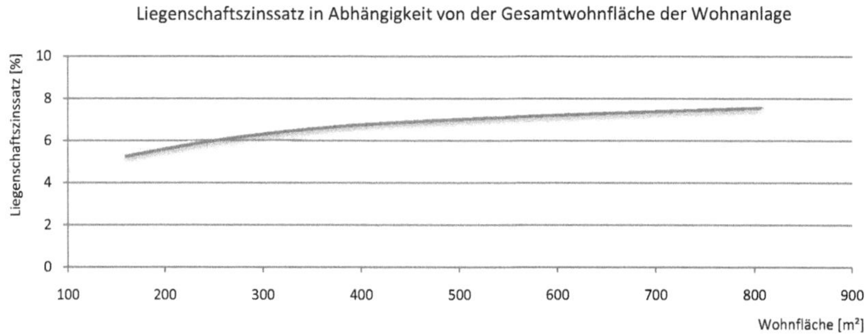

Abb. 25: Liegenschaftszinssatz in Abhängigkeit von der Gesamtwohnfläche[349]

In der Fachliteratur finden sich diverse Fundstellen für die Höhe des anzusetzenden LZ. Diese Werte müssen jedoch kritisch hinterfragt werden, da i.d.R. die Form der Datenerhebung und deren Zeitpunkt nicht daraus hervorgehen. Sie eignen sich jedoch als Plausibilitätskon-

[348] Eigene Darstellung. Quelle: [Gut08], S. 31

[349] Eigene Darstellung. Quelle: [Kle07], S. 1091

trolle – hierfür ist die Kenntnis über das Alter der Angaben unerheblich, da die Liegenschaftszinssätze in Deutschland über eine langfristige Konstanz verfügen.

Nachfolgende Tab. 28 zeigt eine Übersicht verschiedener LZ-Quellen in der Fachliteratur :

Quelle	Differenzierung	Spanne Liegenschaftszinssatz
Kleiber/Simon[350]	Mietwohngrundstücke	4,0 % - 6,0 %
VDH[351]		5,0 % - 6,0 %
Holzner[352]	Mietwohngrundstücke	3,5 % - 4,5 %
	Miethäuser sozialer Wohnungsbau	2,5 % - 4,0 %
	Miethäuser Großstadtlage	4,5 % - 5,0 %
Sommer[353]	Baujahr bis 1930	4,0 % - 5,0 %[354]
	Baujahr ab 1931	4,5 % - 5,5 %[355]
Vogels[356]	Baujahr vor 1945	3,5 % - 4,0 %
	Baujahr nach 1948	4,0 % - 4,5 %
Gottschalk[357]		3,0 % - 4,5 %

Tab. 28: LZ-Fachliteraturangaben für Mehrfamilienhäuser[358]

Weiterhin finden sich in der Literatur zwei Verfahren, das Verfahren nach SOMMER/KROLL[359] und das Verfahren nach HAUSMANN[360], welche neben einer Spanne auch eine Möglichkeit der Eingrenzung innerhalb dieser definierten Bandbreite bieten.

Das idealisierte Verfahren von SOMMER/KROLL basiert auf einer empirischen Untersuchung[361] und konkretisiert überregional gebäudeartspezifische Bandbreiten anhand von Einflussfaktoren. Durch die angegebenen LZ-Bandbreiten sind jedoch nur 95 Prozent der ausgewerteten LZ erfasst, d.h. die Auswertung wurde um Ausreißer deutlich höhere und niedrigerer Zinssätze bereinigt. In der Praxis kommt es aber durchaus vor, dass extreme Märkte bzw. Objekte außerhalb dieser Bandbreite liegen.

350 Quelle: [Kle07], S. 1084

351 Quelle: [VDH98], S. 19

352 Quelle: [Ros97], S. 317

353 Quelle: [Som93], S.59

354 Anwendungsanleitung: Objekte mit risikobehafteter Kosten- und Erlössituation, Orientierung an der oberen Grenze der Bandbreite, bei einer risikoloser Kosten- und Erlössituation erfolgt die Orientierung an der unteren Grenze.
Ist die Restnutzungsdauer kleiner als 30 Jahre, sind die Ansätze um 0,5% zu mindern.

355 Anwendungsanleitung: Objekte mit risikobehafteter Kosten- und Erlössituation, Orientierung an der oberen Grenze der Bandbreite, bei einer risikoloser Kosten- und Erlössituation erfolgt die Orientierung an der unteren Grenze.
Ist die Restnutzungsdauer kleiner als 30 Jahre, sind die Ansätze um 0,5% zu mindern.

356 Quelle: [Vog96], S.165

357 Quelle: [Got03], S. 116

358 Eigene Darstellung

359 Quelle: [Som95a], S. 291

360 Ausgangsbasis für das Verfahren nach Hausmann stellt eine Recherche aus dem Jahr 2004 dar, in der von Gutachterausschüssen veröffentlichte LZ und der festgestellten Determinanten dieser Zinssätze (Grundstücksmarktberichte 2003) empirisch ausgewertet wurden.

361 Hierzu wurden von ca. 50 Gutachterausschüssen der alten und der neuen Bundesländer für das Jahr 1993 ermittelte LZ zusammengetragen und ausgewertet. Diese wurden den unterschiedlichen Gebäudearten und drei verschiedenen Baujahrsgruppen zugeordnet.

Eine deutlich größere Bandbreite sieht hier das Verfahren nach HAUSMANN vor, in welchem Modell dem Sachverständigen eine unterteilte Bandbreite nach Minima, Maxima und Regelfall vorgegeben wird. Als Orientierungshilfe innerhalb dieser Bandbreite werden Besonderheiten des zu bewertenden Objektes bzw. des Teilmarktes, in dem die Immobilie sich befindet, sachgerecht berücksichtigt. Die Unsicherheit bei der Ableitung des LZ kann so gering gehalten werden.

Für Mehrfamilienhäuser wurden zwei spezielle und drei generelle Einflussfaktoren aus der Datengrundlage abgeleitet, die bei richtiger Anwendung die Bandbreite einengen. Das Modell sieht keine „Punktlandung" vor, um keine Exaktheit des Modells zu suggerieren.

Die Verfahren nach SOMMER/KRÖLL und HAUSMANN bestätigen die in der Fachliteratur häufige Aussage, dass sich der LZ nicht im Rahmen der Schwankungsbreiten von Kapitalmarktzinssätzen bewegen, sondern sich vielmehr in einem max. 1%igen Schwankungsbereich verändern.[362] Zwischen den empirischen Auswertungen liegen rd. 10 Jahre und führen dennoch zu keinen erheblichen Abweichungen.

Beide Verfahren werden in Anhang 24 mit einem Anwendungsbeispiel für die Objektart „Mehrfamilienhäuser" ausführlich vorgestellt.[363]

Die dargestellten Informationsquellen und Orientierungshilfen bei der Bemessung von LZ lassen sich abschließend mit ihren jeweiligen Vor- und Nachteilen wie folgt würdigen:

Quellen	Objektspezifika	Sicherheit	Marktbezug	Regionalbezug
Gutachterausschüsse	kaum vorhanden	muss im Einzelfall hinterfragt werden	vorhanden	vorhanden
Verfahren nach Sommer/Kröll	vorhanden	zu 95% sicher	gut	nicht vorhanden
Verfahren nach Hausmann	sehr gut	zu 95% sicher	gut	nicht vorhanden
WertR2002 und Fachliteratur	kaum vorhanden	zu grobes Raster	nicht vorhanden	nicht vorhanden

Tab. 29: Vor- und Nachteile verschiedener LZ-Quellen[364]

Sachverständige sind sich darüber einig, dass marktkonforme LZ nicht kalkulierbar, sondern vielmehr aus dem örtlichen Marktgeschehen abzuleiten sind.[365] Zur Veranschaulichung der Einflussfaktoren dienen diverse Kalkulationsschemata, die jedoch nicht – wie der Name sug-

362 Längerfristige angelegte Untersuchungen führten zu dem Ergebnis, dass sich LZ (zumindest in der Vergangenheit) in einem engen Korridor von einem Prozentpunkt bewegen. Quelle: [Kle07], S. 1094

363 Die Verfahren nach SOMMER/KRÖLL und HAUSMANN können in der Modellkonzeption nicht angewandt werden, da nicht alle erforderlichen Informationen für die Eingrenzung der Bandbreiten in einer frühen Portfoliobewertungsphase vorliegen.

Allerdings wird der Grundgedanke, den Liegenschaftszinssatz anhand verschiedener Lage- und Objektfaktoren einzugrenzen, im Modell aufgegriffen.

364 Eigene Darstellung in Anlehnung an [Som06], S. 15

365 Deshalb ist auch weder im BauGB noch in der WertV ein bestimmter LZ festgelegt. Auch in der WertR ist lediglich ein Anhaltswert angegeben, falls keine marktorientierte LZ festgestellt worden sind.

geriert – zur Kalkulation von LZ verwendet werden sollen, sondern vielmehr versuchen, den LZ qualitativ anhand von Zu- und Abschlägen zu erklären.

Nachfolgende Abb. 26 gibt ein Kalkulationsschema für den LZ wieder:

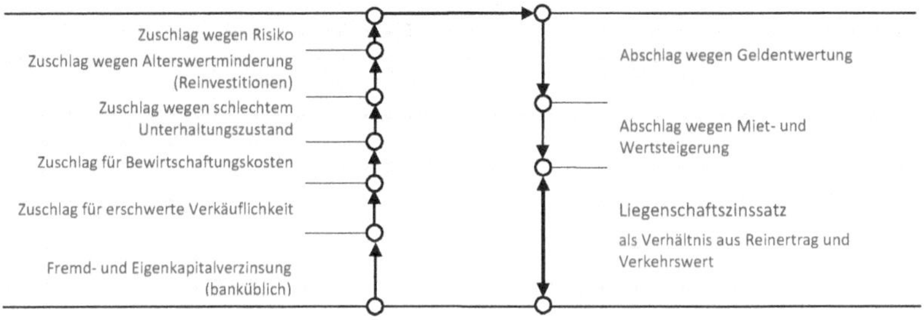

Abb. 26: Kalkulationsschema für den Liegenschaftszinssatz[366]

Die Ausführungen zu den Einflussfaktoren des LZ, der Aussagekraft der von den Gutachterausschüssen ermittelten LZ und die in der Fachliteratur aufgezeigte Spannen legen dar, dass in dem zu entwickelnden Modell nicht auf festgeschriebene Basiswerte zurückgegriffen werden kann. Vielmehr muss analog dem in Abb. 26 gezeigten Kalkulationsschema ein LZ in Abhängigkeit verschiedener Lage- und Objektfaktoren konstruiert werden – wohl wissend, dass sich eine derartige Bemessung nur bedingt mit der Grunddefinition des LZ in Einklang bringen lässt.

3.2.2 Interdependenzen des Parameters „Liegenschaftszinssatz"

Interdependenzen des Parameters „Rohertrag" bei Wohnimmobilien	
f (Liegenschaftszins) =	*(Makrolage, Mikrolage, Nutzungsart, Mietniveau, Gebäudeattraktivität, Gebäudezustand, Mieterstruktur, Ausstattung, Größe der Immobilie, Marktsituation, Wirtschaftslage, Drittverwendungsfähigkeit)*

Tab. 30: Interdependenzen des Parameters „Liegenschaftszinssatz"[367]

[366] Eigene, modifizierte Darstellung, in Anlehnung an [Kle07], S. 1093

[367] Eigene Darstellung

3.2.3 Fehlerübertragung auf den Parameter „Liegenschaftszinssatz“

Fehlerübertragungskoeffizient für den Rohertrag c_p	
Art der Übertragung	Negativ
Abhängigkeiten	▪ Die Höhe des Einflusses wird ausschließlich durch den Liegenschaftszinssatz p selbst bzw. maßgeblich durch die Restnutzungsdauer n bestimmt. ▪ Keine Abhängigkeit vom Verhältnis des Bodenwertes BW zum Ertragswert EW.
Grenzverhalten	Für $n \rightarrow min.$ gilt $c_p \rightarrow min.$ und umgekehrt.
Intervall	$0 \geq c_p \geq -1$

Tab. 31: Fehlerübertragungskoeffizient für den Liegenschaftszinssatz c_p[368]

Ein Fehler bei der Ermittlung bzw. des Ansatzes des Liegenschaftszinssatzes wirkt sich negativ in Abhängigkeit von der Höhe des Liegenschaftszinssatzes selbst sowie maßgeblich von der Restnutzungsdauer aus. Je höher die Restnutzungsdauer, desto größer die Auswirkung auf den Ertragswert.

3.2.4 Varianzfortpflanzung des Parameters „Liegenschaftszinssatz“

Fehleranteil Rohertrag A_p	
Abhängigkeiten	$A_p = f(\sigma_p, RoE, BWK, p, n, BW)$
Grenzverhalten	Für $(RoE - BE) \rightarrow max., p \rightarrow min., n \rightarrow max.$ und $BW \rightarrow min.$ gilt $A_p \rightarrow max.$ und umgekehrt.

Tab. 32: Fehleranteil Liegenschaftszinssatz A_p[369]

Hieraus wird ersichtlich, dass der Einfluss eines Fehlers beim Liegenschaftszinssatz bei kleinem Liegenschaftszinssatz und langer Restnutzungsdauer sowie geringem Bodenwert am größten ist.

Das Grenzverhalten bestätigt die bereits schon dargestellte Tatsache, dass der Bodenwert bei langer Restnutzungsdauer der baulichen Anlagen kaum ins Gewicht fällt.

---

368 Eigene Darstellung in Anlehnung an [Haa06], S. 147

369 Eigene Darstellung in Anlehnung an [Haa06], S. 194

3.3 Restnutzungsdauer

3.3.1 Darstellung des Parameters „Restnutzungsdauer"

Der Neuwert der baulichen Anlagen muss kontinuierlich abgeschrieben werden, da dieser mit abnehmender Restnutzungsdauer (RND) stets geringer wird. Abschreiben des Wertes der baulichen Anlagen bedeutet hier, dass eine Kapitalrückführung zum Ausgleich der Wertminderung infolge Alters berücksichtigt wird. Die Rechenschritte – Ermittlung des Neuwertes, Ermittlung und Abzug der Abschreibung – werden durch die direkte Zeitwertermittlung[370] umgangen.

Bei der RND muss zwischen wirtschaftlicher RND und technischer RND unterschieden werden. Die begriffliche Abgrenzung lässt sich wie folgt definieren:

Begrifflichkeit	Definition
Technische Restnutzungsdauer	Die technische Restnutzungsdauer hängt von der Qualität der verbauten Materialien ab und wird durch die Haltbarkeitsgrenze der tragenden Bauteile determiniert.
Wirtschaftliche Restnutzungsdauer	Die wirtschaftliche Restnutzungsdauer definiert sich über den Zeitraum, in dem ein Gebäude zu den jeweiligen wirtschaftlichen Rahmenbedingungen entsprechend seiner Zweckbestimmung wirtschaftlich nutzbar ist.

Tab. 33: Technische versus wirtschaftliche Restnutzungsdauer[371]

Die wirtschaftliche RND wirkt sich über die Alterswertminderung[372] auf den Sachwert, aber auch über den Vervielfältiger (V) auf den Ertragswert aus.[373] Sie errechnet sich aus der Differenz zwischen der Gesamtnutzungsdauer[374] und dem Alter des Bestandsgebäudes unter der

[370] Der Zeitwert ist gleich der Summe der jährlichen Rücklagebeträge unter Zuwachs von Zins und Zinseszinsen bezogen auf die RND. Die Berechnung des Gebäudeertragswertes kann auch mit der Rückzahlung eines Kredites verglichen werden, der zum Stichtag der Bewertung aufgenommen wird. Die Kreditsumme entspricht dabei dem Gebäudeertragswert. Der Kredit wird exakt bis zum Ende der Nutzungsdauer zurückgezahlt und die jährlich zu zahlende Rate aus Zins und Tilgung entspricht dem Jahresreinertrag der baulichen Anlage.

[371] Eigene Darstellung in Anlehnung an die Definition von [Rop06], Folie 203

[372] Die Alterswertminderung berücksichtigt den Wertverlust, den ein Gebäude aufgrund seines üblichen Verschleißes, seiner Abnutzung sowie dem Altern der Baustoffe und der Bauausführung erfährt und der einem Gebäude insgesamt zugerechnet wird. Sie wird als eine mathematische Funktion in Abhängigkeit des Gebäudealters und der üblichen Gesamtnutzungsdauer definiert. Hinsichtlich der Wahl der Abschreibungsfunktion bestehen in Theorie und Praxis Auffassungsunterschiede, wobei die Richtigkeit bzw. Fehlerhaftigkeit einzelner Funktionen bisher nicht empirisch nachgewiesen wurden. Letztlich ist die Wahl der Alterswertminderung lediglich eine Schätzkomponente neben diversen anderen Komponenten in dem jeweiligen Bewertungsverfahren.

Üblicherweise werden die Alterswertminderungsverläufe nach Ross (umgekehrte ballistische Kurve), die lineare und die parabelförmige Minderung sowie die Minderung nach Vogels gewählt. Letztere ist die einzige der genannten Funktionen, welche zum Ende der Nutzungsdauer nicht zu 100 % ausläuft, sondern einem Gebäude dann noch einen Restwert zubilligt.

[373] Neben dem Bewertungsergebnis wird durch den Ansatz der wirtschaftlichen Restnutzungsdauer auch die Höhe der Abschreibung fixiert.

[374] Für Mietwohnungsgebäude beträgt die durchschnittliche wirtschaftliche Gesamtnutzungsdauer bei ordnungsgemäßer Instandhaltung ohne Modernisierung erfahrungsgemäß 70 bis 80 Jahre.

Im Steuerrecht beträgt die Abschreibungsbasis für neue Gebäude 100 Jahre. Dieser Ansatz wurde nach dem Zweiten Weltkrieg als Regelansatz für die Gesamtnutzungsdauer übernommen. In den letzten Jahrzehnten hat hier jedoch eine Korrektur nach unten stattgefunden. Empirische Untersuchungen wurden bisher jedoch nicht vorgenommen.

Auch Banken und Sparkassen haben ihre Wertermittlungspraxis angepasst und den Regelfall einer 100 jährigen wirtschaftlichen Gesamtnutzungsdauer auf 80 Jahre korrigiert.

Berücksichtigung des Bauzustandes. So kann die wirtschaftliche RND bei gutem Instandhaltungszustand und sukzessiver Modernisierung länger sein als die rechnerische Differenzgröße, bei vernachlässigter Instandhaltung auch geringer. Die Anpassung der RND aufgrund von Modernisierungen (fiktive Verjüngung)[375] bzw. unterlassener Instandhaltung (fiktive Alterung) erfolgt durch die Ermittlung eines fiktiven Baujahrs.[376]

Nachfolgendes Schaubild zeigt die Abhängigkeit des V von der RND und dem LZ.

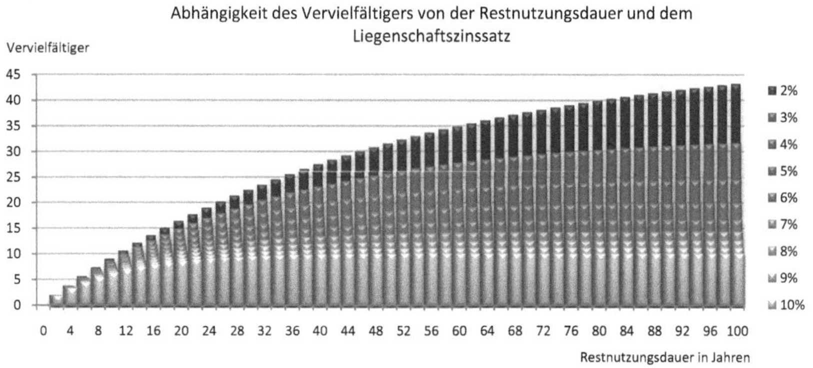

Abb. 27: Abhängigkeit des Vervielfältigers von der RND und dem LZ[377]

Aus der Grafik lassen sich folgende Zusammenhänge zwischen der angesetzten RND, dem Zinssatz und dem V ableiten:

- Je länger die RND und je höher der Zinssatz, desto geringer die Veränderung des V (ab rd. 30 Jahren bei hohen Zinssätzen bzw. ab rd. 50 Jahren bei niedrigen Zinssätzen).
- Bei einer RND von ca. 10 bis 30 Jahren (unsanierte Altbauten) ist die RND für die Höhe des V, bei einer RND von ca. 50 bis 100 Jahren (Neubauten) ist der Zinssatz für die Höhe des V entscheidend. Bei einer RND von ca. 30 bis 50 Jahren (durchschnittliche Bestandsimmobilien) ist der Einfluss des Zinssatzes und der RND auf den V ungefähr gleich groß.

---

375 Durch Alterung erfolgt eine Wertminderung, welcher mit notwendigen Modernisierungen begegnet werden muss. Diese Maßnahmen führen regelmäßig wieder zu einer Verlängerung der wirtschaftlichen Restnutzungsdauer und damit zu einer verbundenen Werterhöhung, so dass den Investitionskosten gleichzeitig Wertsteigerungen gegenüber stehen. Hierbei ist zu beachten, dass bereits Kostenteile der Modernsierung durch die kalkulatorische Ansparrate abgedeckt sind. Dies wird durch das mathematische Konstrukt des Kapitalisierungsfaktors deutlich, das die periodischen Rückführungen des eingesetzten Kapitals enthält. Der altersbedingte Wertverlust wird demnach durch die Ansparraten kompensiert, da der Kapitalisierungsfaktor als Barwertkomponente eine Rückführung des eingesetzten Kapitals über die Nutzungsdauer unterstellt.

Diese kalkulatorische Ansparrate bedingt regelmäßig niedrigere Nettoanfangsrenditen im Vergleich zum internationalen Pendant, da bei diesem durch die „ewige" Betrachtungsweise implizit und verfahrensimmanent keinerlei Vorsorge getroffen wird.

376 Die Vorgehensweise zur Ermittlung des fiktiven Baujahrs ist in Anhang 25 dargestellt.

377 Eigene Darstellung

3.3.2 Interdependenzen des Parameters „Restnutzungsdauer“

Interdependenzen des Parameters „Restnutzungsdauer“ bei Wohnimmobilien	
f (Restnutzungsdauer) =	*(Gesamtnutzungsdauer, Gebäudealter, Instandhaltungsstau, Sanierungen)*

Tab. 34: Interdependenzen des Parameters „Restnutzungsdauer“[378]

3.3.3 Fehlerübertragung auf den Parameter „Restnutzungsdauer“

Fehlerübertragungskoeffizient für die Restnutzungsdauer c_n	
Art der Übertragung	Positiv
Abhängigkeiten	▪ Die Höhe des Einflusses wird wesentlich durch den Reinertrag der baulichen Anlagen sowie die Restnutzungsdauer n selbst bestimmt. ▪ Der Einfluss des Liegenschaftszinssatzes p fällt gering aus.
Grenzverhalten	Keins
Intervall	$0 \leq c_n \leq 1$

Tab. 35: Fehlerübertragungskoeffizient für die Restnutzungsdauer c_n[379]

Ein Fehler bei der Ermittlung bzw. des Ansatzes der RND überträgt sich positiv in Abhängigkeit von der Höhe der RND selbst sowie von dem Verhältnis zwischen Reinertrag der baulichen Anlagen und Ertragswert. Umso höher der Rohertrag und geringer die RND, desto größer auch die Auswirkung auf den Ertragswert.

3.3.4 Varianzfortpflanzung des Parameters „Restnutzungsdauer“

Fehleranteil Rohertrag A_n	
Abhängigkeiten	$A_n = f(\sigma_n, RoE, BWK, p, n, BW)$
Grenzverhalten	Für $n \rightarrow min., p \rightarrow min.$ und $(RoE - BWK - BW \cdot p) \rightarrow max.$ gilt $A_n \rightarrow max.$ und umgekehrt.

Tab. 36: Fehleranteil Rohertrag A_n[380]

Hieraus wird ersichtlich, dass sich der maximale Einfluss eines Fehlers bei der geschätzten RND bei kleinem LZ, kleiner RND, hohen Erträgen, geringen Bewirtschaftungskosten und geringem Bodenwert ergibt.

[378] Eigene Darstellung

[379] Eigene Darstellung in Anlehnung an [Haa06], S. 147

[380] Eigene Darstellung in Anlehnung an [Haa06], S. 195

3.4 Bodenwert

3.4.1 Darstellung des Parameters „Bodenwert"

In Kapitel 2.6.1 wurde bereits die Systematik des Ertragswertverfahrens dargestellt, woraus ersichtlich wurde, dass auch bei bebauten Grundstücken eine Bodenwertermittlung erfolgen muss.[381] Zwar spielt die Höhe des Bodenwertes bei der Ermittlung des Ertragswertes vor allem bei langen Restnutzungsdauern eine untergeordnete Rolle (siehe Abb. 28), jedoch ist nach § 15 WertV der Bodenwert (BW) getrennt von den baulichen Anlagen zu ermitteln[382]. Hinzu kommen weitere sachliche Notwendigkeiten, eine Aufteilung in Boden- und Gebäudewert vorzunehmen.[383]

Nachfolgende Grafik stellt den Ertragswert in Abhängigkeit der RND dar. Zusätzlich dargestellt ist eine 50%-Variation des Bodenwertansatzes nach oben und unten.

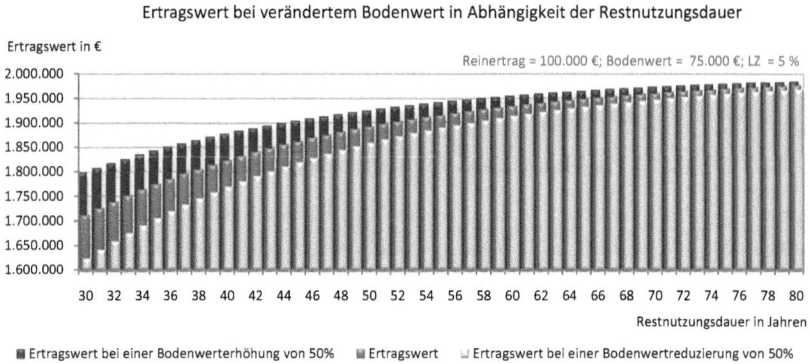

Abb. 28: Bodenwertanteil am Ertragswert in Anhängigkeit der RND und des LZ[384]

Die Grafik lässt sich dahingehend interpretieren, dass je länger die RND beträgt, desto geringer die Bedeutung des Bodenwertansatzes bei der Ermittlung des Ertragswertes nach WertV ist. Dies begründet sich darin, dass sich der Kapitalisierungsfaktor für den Bodenertrag, der bei Ansatz einer unendlichen Nutzungsdauer zum BW führt, und der V für den Gebäudereinertrag nur unwesentlich voneinander unterscheiden.

[381] Die verursachungsgerechte Aufteilung des Marktwertes eines bebauten Grundstücks in einen Bodenwert- und Gebäudewert wird in der Fachliteratur als Repartionsproblem bezeichnet.

[382] Wobei gemäß § 15 Abs. 2 WertV das Vergleichswertverfahren zur Ermittlung des Bodenwertes vorgeschrieben wird. Dabei ist der Gesetzgeber davon ausgegangen, dass die Ermittlung des Bodenwertes eines bebauten Grundstücks über den Preisvergleich mit unbebauten Grundstücken erfolgt, da Grund und Boden eines bebauten Grundstücks nur in Ausnahmefällen selbständiger Gegenstand des Grundstücksverkehrs sind.

[383] Zum Beispiel bei der Bestellung und Verlängerung von Erbbaurechten an einem bebauten Grundstück, Ermittlung der steuerlichen Altersabschreibung eines Gebäudes, sanierungsbedingten Bodenwerterhöhungen zur Erhebung von Ausgleichsbeträgen bei bebauten Grundstücken nach § 154 BauGB und Enteignung einer Teilfläche eines bebauten Grundstücks.

[384] Eigene Darstellung

Diese grafische Interpretation lässt sich auch anhand der nach dem isolierten Bodenwert umgeformten Ertragswertformel zeigen:

$$EW = (RoE - BWK) \cdot \underbrace{\frac{q^n - 1}{q^n \cdot (q-1)}}_{Vervielfältiger-Term} + \underbrace{\frac{BW}{(1+p)^n}}_{Bodenwert-Term} \qquad (27)$$

Formel (27) : Ertragswertformel mit isoliertem Bodenwert

Für n → ∞ entfällt der Bodenwert-Term gänzlich, während der Vervielfältiger-Term zur ewigen Rente wird.[385] Es resultiert demnach für eine ewige RND die in Kapitel 2.6.2 dargestellte vereinfachte Ertragswertformel.

Bei der Ermittlung des Bodenwertes wird zwischen mittelbaren und unmittelbaren Vergleichspreisen unterschieden.

Die mittelbare Bestimmung erfolgt anhand von Bodenrichtwerten. Diese stellen durchschnittliche Lagewerte mit definierten Merkmalen dar, welche auf die typischen Verhältnisse in den jeweiligen Gebieten abstellen. Sie berücksichtigen nicht die besonderen Eigenschaften einzelner Grundstücke, eignen sich aber als Ausgangswerte für die Marktorientierung und zur Ermittlung individueller Grundstückswerte. Auch muss berücksichtigt werden, dass die Kaufpreissammlungen der Gutachterausschüsse, aus denen Bodenrichtwerte abgeleitet werden, Vergangenheitsdaten sind und ggf. eine Korrektur zum Stichtag erforderlich machen.

Liegt für die Bewertung des Grundstücks kein Bodenrichtwert vor oder ist ein ausgewiesener Bodenrichtwert lediglich eingeschränkt verwendbar bzw. bedarf der genannte Bodenrichtwert einer Verifizierung anhand von Erfahrungswerten, wird ein unmittelbarer Vergleichspreis ermittelt. Hierbei wird der Bodenwert aus Kaufpreisen vergleichbarer Grundstücke abgeleitet[386] oder es werden den unterschiedlichen Nutzungsarten entsprechend pro m^2 Nutzfläche oder Bruttogrundfläche Bodenwertanteile zugeordnet. Diese Art der Bodenwertermittlung hat sich in der Wertermittlungspraxis durchgesetzt und folgt damit dem Verhalten der Marktteilnehmer.

Durch mittelbare oder unmittelbare Preisvergleiche lässt sich i.d.R. ohne größere Schwierigkeiten der Wert eines unbebauten Grundstückes ermitteln. Komplexer gestaltet sich jedoch die Bodenwertermittlung von bebauten Grundstücken. Dies begründet sich in der Wechselwirkung zwischen Boden- und Gebäudewert und in der zeitlichen Wertminderung des Gebäudes.

---

[385] Herleitung der ewigen Rente aus dem Vervielfältiger für ewige Restnutzungsdauern siehe Kapitel 2.4

[386] Grundvoraussetzung für eine belastbare Wertableitung ist eine ausreichend hohe Anzahl geeigneter Vergleichspreise. In der Praxis und Rechtsprechung ist es jedoch umstritten, welche Anzahl von Vergleichsfällen als ausreichend anzusehen ist. Die Vergleichsgrundstücke müssen gemäß § 4 und 5 WertV hinsichtlich ihrer wertbeeinflussenden Merkmalen hinreichend übereinstimmen und nahe dem Wertermittlungsstichtag transagiert worden sein.

In der Literatur wird teilweise die Meinung vertreten, dass der Bodenwert eines bebauten Grundstücks niedriger als der Bodenwert eines unbebauten Grundstücks sei und des Weiteren von der Qualität und dem Alter der aufstehenden Gebäude abhängig ist.[387] Gestützt wird diese Meinung durch einen Beschluss des Oberlandesgerichts (OLG) Köln, welcher ausführt, dass eine Wertermittlung des Bodenanteils bebauter Grundstücke mit Hilfe des Bodenwertes unbebauter Grundstücke in gleicher Lage und Beschaffenheit entgegensteht.[388]

Aus diesem Grund nehmen viele Gutachter eine „Bodenwertdämpfung" vor, insbesondere wenn Grundstücke eine unterdurchschnittliche Ertragsfähigkeit besitzen, die nicht kurzfristig beseitigt werden kann. Bei einer Bodenwertdämpfung des Bodenwertes wird das Verhältnis des Wertanteils der baulichen Anlagen zum Wertanteil des Bodens verändert – der Bodenwertanteil wird geringer, während sich bei gleichbleibendem Verkehrswert der Wertanteil des Gebäudes zwangläufig erhöhen muss (Vollkompensation).[389]

Die Methoden[390] zur Ermittlung gedämpfter Bodenwerte sind kompliziert, zum Teil nicht nachvollziehbar und vor allem nicht beweisbar.[391] Das Repartitionsproblem[392] gilt eher als akademische Fragestellung als dass es über eine praktische Relevanz verfügt.[393]

Auch liegt die Diskussion im Rahmen einer Scheingenauigkeit, wenn diese im Kontext der Bodenrichtwertdefinition und der Ermittlung von Bodenrichtwerten betrachtet wird.[394]

Eine Notwendigkeit, einen vom Baulandwert abweichenden Bodenwert anzusetzen, resultiert aus § 20 WertV. Dieser Paragraph regelt den Fall, wenn beim Ertragswertverfahren mit der Minderung des Reinertrages um den Verzinsungsbetrag des Bodenwertes nach § 16 Abs. 2 WertV kein Anteil für die Ermittlung der baulichen Anlage verbleibt. Hieraus würde resultie-

---

387 Der Unterschied wird in Gebieten mit großer, alter Bausubstanz (z.B. innerstadtnahen Wohngebieten) besonders deutlich.

In der Regel wird unterstellt, dass der Grund und Boden zum Zeitpunkt seiner Neubebauung der wirtschaftlich sinnvollsten (Aus-) Nutzung zugeführt wird. Jedoch entfernt sich die realisierte Bebauung mit zunehmenden Alter dieser optimalen (Aus-)Nutzung, sodass das Gebäude immer mehr als eine Belastung für den Bodenwert angesehen werden kann.

388 OLG Köln, Beschluss vom 03.05.1962-4W 7/1962: „Wenn ein aufstehendes Haus nicht mehr seine eigentliche Bestimmung gemäß genutzt werden kann, deshalb eine unzulässige Rendite hat und sich in einem sehr schlechten baulichen Zustand mit Jahrzehnte altem Reparaturnachholbedarf befindet, dann steigert es kaum den Wert des Grundstücks, sondern stellt eher eine wirtschaftliche Belastung desselben dar. Weil das Haus noch aufsteht, kann auch der Grund und Boden nicht mit dem Preis für Bauland angesetzt werden."

389 Hierbei ist jedoch zu berücksichtigen, dass infolge der komplementären Zunahme des Wertanteils der baulichen Anlage es zu einer entsprechenden Verminderung des LZ bei systemkonformer Anwendung des Ertragswertverfahrens kommt. Bei gleichbleibendem Reinertrag, aber höherem Wertanteil der baulichen Anlagen muss sich nämlich eine geringere Verzinsung der Liegenschaft ergeben.

390 Für das Ertragswertverfahren sind folgende Methoden bekannt: Das Lagewertverfahren nach Brandau, der aktuelle Bodenwert nach SEELE und das Berliner Modell nach GERARDY / MÖCKEL. Auf eine Darstellung wird mangels Modellrelevanz verzichtet.

In der Wertermittlungspraxis finden die Modelle jedoch keine Anwendung. Dies kann darauf zurückgeführt werden, dass ein Nachweis für die Richtigkeit der errechneten Bodenwertanteile durch den Grundstücksmarkt nicht erbracht werden kann.

391 „Die These einer Dämpfung des Bodenwerts eines bebauten Grundstücks ist letztlich nicht beweisfähig, weil Grund und Boden eines bebauten Grundstücks nicht eigenständiger Gegenstand des Grundstücksmarktes sind." Quelle: [Kle07], S. 1255

392 Verursachungsgerechte Aufteilung des Marktwertes eines bebauten Grundstücks in einen Boden- und Gebäudewert.

393 Zum einen zielt die Wertermittlungspraxis auf das Gesamtergebnis, dem Verkehrswert des bebauten Grundstücks, zum anderen bedingt ein gedämpfter Bodenwert in der Ertragswertermittlung zwangsläufig die Verwendung von gedämpften Liegenschaftszinssätzen, sodass sich die Bodenrichtwertdämpfung im Gesamtergebnis wieder kompensiert.

394 Bodenrichtwerte sind lediglich Ausgangswerte die zur Orientierung dienen, jedoch noch marktkonform zu modifizieren sind, um die individuellen Wertmerkmale eines Grundstücks ausreichend zu beachten.

Insbesondere in strukturschwachen und besonders gefragten innerstädtischen Toplagen dienen wenige Verkaufsfälle zur Ermittlung von Bodenrichtwerten und besitzen eine geringe Aussagekraft.

ren, dass das Gebäude wirtschaftlich wertlos ist. Dieser Fall tritt häufig bei Grundstücken in großstädtischen, hochpreisigen Regionen mit entsprechend hohem Bodenpreisniveau wie z.B. München und Stuttgart auf, die mit älteren Gebäuden bebaut sind und deren Mietniveau nicht dem Marktniveau[395] entspricht. Insbesondere bei Mehrfamilienhäusern kommt ein mittel- oder gar kurzfristiger Abriss nicht in Betracht[396], sodass bewertungsmethodisch sich das Problem nur durch den Ansatz eines reduzierten Bodenwertes lösen lässt.

Bodenwerte steigen in der Regel mit der Ortsgröße und der Zentrumnähe, sind grundsätzlich jedoch abhängig von den in Tab. 37 dargestellten Faktoren:

Einflussfaktor	Kriterien
Örtliche Lage	Verkehrs-, Wohn-, Geschäfts-, Nachbarschafts-, Immissionslage.
Geometrie und Beschaffenheit	Größe, Anbindung, Zuschnitt und Bodenbeschaffenheit des Grundstücks.
Entwicklungsstufe	Bauland, Rohbauland oder Bauerwartungsland.
Bodenrichtwert	Richtwert von Vergleichsgrundstücken.
Art und Maß der Nutzung	Baurechtlich festgesetzten Nutzungsmöglichkeiten und tatsächliche Nutzung. Bei einer Bestandsbebauung ergeben sich ggf. vorhandene Baurechts- und/oder Grundstücksreserven.[397]
Erschließungskosten	Noch anfallende Erschließungskosten, welche an die Gemeinde zu entrichten sind.[398]

Tab. 37: Einflussfaktoren auf den Bodenwert[399]

Sowohl der Bodenwert als auch, wie schon explizit dargestellt, die Miete sind in erster Linie lageabhängig. Falls sich hierfür ein funktionaler Zusammenhang aufzeigen lässt, besteht theoretisch die Möglichkeit, aus Mieten Bodenwerte abzuleiten und umkehrt.

Im gewerblichen Bereich wurde der Zusammenhang zwischen Geschäftsraummieten und Bodenwert in mehreren Studien unabhängig voneinander empirisch nachgewiesen.[400]

Im Geschosswohnungsbau ist dem Autor hierzu lediglich eine Untersuchung aus dem Jahr 2002 bekannt.[401] Hierzu wurden bundesweit Mietspiegelwerte zu einem bestimmten Wohnungstyp

395 Zum Beispiel wegen Sanierungsstau oder falls das Mietniveau nicht regelmäßig durch Mieterhöhungsverfahren an das Marktniveau herangeführt wurden und jetzt die Kappungsgrenze nur ein langsames Heranführen an das Marktniveau ermöglicht.

396 Ist ein mittelfristiger Abriss möglich, sieht der §20 WertV das Liquidationsverfahren vor, bei einem sofort möglichen Abriss die Wertermittlung eines unbebauten Grundstückes abzüglich der Abrisskosten der Bestandsbebauung. Der §20 WertV wird umgangssprachlich auch als sog. „Schrottwertparagraph" bezeichnet.

397 Der Bodenwert ist stark von der baulichen Ausnutzung abhängig. Bei gleichgroßen Grundstücken erzielt nämlich das Grundstück mit der größeren GFZ einen höheren Ertrag, welcher sich dann in den Bodenwerten widerspiegelt und umgekehrt. Deshalb wird die GFZ als Wertfaktor des aufstehenden Gebäudes zur Bewertung des Bodens herangezogen. In der Regel gilt, dass unter sonst gleichen Bedingungen der Bodenwert umso höher ist, je weniger Bodenfläche für das Bauprojekt einschließlich Freifläche benötigt wird.

398 Anteilige Kosten für den befahrbaren Weg, Strom- und Wasserversorgung.

399 Eigene Darstellung

400 Vgl. [Kie04], S. 9

401 [Sch02]

erfasst und diese den jeweiligen Bodenrichtwerten gegenübergestellt. Der analysierte funktionale Zusammenhang zwischen Miete und Bodenwert gibt nachfolgende Abb. 29 wieder:

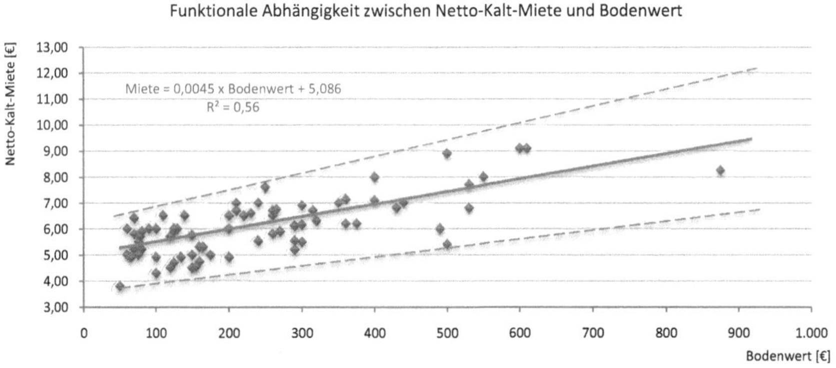

Abb. 29: Funktionale Abhängigkeit zwischen Netto-Kalt-Miete und Bodenwert[402]

Der Bodenwert lässt sich demnach aus der funktionalen Abhängigkeit zur Netto-Kalt-Miete wie folgt darstellen:

$$BW = \frac{NKM - 5{,}086}{0{,}0045} = 222{,}22 \cdot NKM - 1.130{,}22 \qquad (28)$$

Formel (28) : Bodenwert in Abhängigkeit der Netto-Kalt-Miete

mit

BW	=	*Bodenwert* $[€/m^2 Grundstücksfläche]$
NKM	=	*nachhaltige Netto-Kalt-Miete* $[€/m^2 Wohnfläche]$

Kritikpunkte an dem funktionalen Zusammenhang sind, dass die genannte Streuung von $R^2 = 0{,}56$ keine exakte Ableitung des Bodenwertes aus der Netto-Kalt-Miete (und umgekehrt) erlaubt. Weiterhin ist zu beachten, dass regionale Unterschiede bestehen[403] und die Untersuchung auf 60 – 70 m² große Wohnungen basiert.

In Deutschland wird üblicherweise eine Aufteilung des Kaufpreises in einen Bodenwertanteil und einen Gebäudewertanteil vorgenommen, da beide Anteile steuerlich unterschiedlich ab-

---

402 Eigene Darstellung in Anlehnung an [Kie04], S. 10
Die Darstellung von [Kie04] basiert auf den empirischen Auswertungen von [Sch02].

403 Die Untersuchung hat ergeben, dass tendenziell die erzielbare Netto-Kalt-Miete in Süddeutschland bei gleichem Bodenwertniveau geringer ist als in Nord- und Ostdeutschland. Damit hat sich die Erfahrung bestätigt, dass bei Bodenwerten ein geringfügig stärkeres Süd-Nord-Gefälle als bei Mietwerten besteht.
Die zur Verfügung stehende Datenbasis erlaubt derzeit keine abschließende und genauere Aussage bezüglich regionaler Besonderheiten.

geschrieben werden. Die Finanzverwaltung hat diesbezüglich eine Untersuchung mit folgendem Ergebnis für Mietwohngrundstücke durchgeführt:[404]

Bodenwertanteile für Mietwohngrundstücke								
Baujahrsklasse	bis 1900	1901- 1924	1925- 1949	1950-1959	1960- 1969	1970-1979	ab 1980	Ø
Bodenwertanteil	32,5%	34,7%	31,8%	24,6%	22,9%	20,7%	19,5%	26,8%

Tab. 38: Bodenwertanteile Mietwohngrundstücke[405]

Hieraus wird ersichtlich, dass die Höhe des Bodenwertanteils vom Baujahr des aufstehenden Gebäudes abhängig ist – je Älter das Bauwerk, je höher ist der Bodenwertanteil.

Die obere Grenze des Bodenwertansatzes kann über die Bodenwertverzinsung[406] hergeleitet werden. Diese sollte den Jahresreinertrag nicht übersteigen. Ist dies dennoch der Fall, ist gemäß § 20 WertV das Liquidationswertverfahren anzuwenden.

3.4.2 Interdependenzen des Parameters „Bodenwert"

Interdependenzen des Parameters „Bodenwert" bei Wohnimmobilien	
f (Bodenwert) =	*(Makrolage, Mikrolage, Grundstücksgröße, Anbindung des Grundstücks, Grundstückszuschnitt, Bodenrichtwert, Art und Maß der baulichen Nutzung)*

Tab. 39: Interdependenzen des Parameters „Bodenwert"[407]

[404] Rd. 16.000 Verkaufsfälle wurden im Rahmen der Untersuchung ausgewertet. Vgl. [Rös05], S. 148

[405] Eigene Darstellung, Quelle: [Rös05], S. 148

[406] Die Bodenwertverzinsung berechnet sich wie folgt: $(BW \cdot LZ)$; Vgl. hierzu Kapitel 2.6.1

[407] Eigene Darstellung

3.4.3 Fehlerübertragung auf den Parameter „Bodenwert“

Fehlerübertragungskoeffizient für den Bodenwert c_{BW}	
Art der Übertragung	Positiv
Abhängigkeiten	▪ Die Höhe des Einflusses wird zum einen in einem durch die Diskontierung geringen Maße durch das Verhältnis des Bodenwertes zum Ertragswert EW bestimmt. ▪ Zum anderen durch die Restnutzungsdauer n. ▪ Der Einfluss des Liegenschaftszinssatzes p ist gering.
Grenzverhalten	Für $n \rightarrow min.$ gilt $c_{BW} \rightarrow max.$ und umgekehrt.
Intervall	$0 \leq c_{BW} \leq 1$

Tab. 40: Fehlerübertragungskoeffizient für den Bodenwert c_{BW}[408]

Ein Fehler bei der Ermittlung bzw. dem Ansatz des Bodenwertes wird positiv in Abhängigkeit von dem Verhältnis zwischen Bodenwert und Ertragswert und gleichbedeutend über die Restnutzungsdauer und dem Liegenschaftszinssatz übertragen.

Je geringer der Liegenschaftszinssatz und die Restnutzungsdauer angesetzt werden, desto größer die Auswirkung auf den Ertragswert.

3.4.4 Varianzfortpflanzung des Parameters „Bodenwert“

Fehleranteil Rohertrag A_{BW}	
Abhängigkeiten	$A_{BW} = f(\sigma_{BW}, p, n)$
Grenzverhalten	Für $p \rightarrow min.$, und $n \rightarrow min.$ gilt $A_{BW} \rightarrow max.$ und umgekehrt.

Tab. 41: Fehleranteil Rohertrag A_{BW}[409]

Hieraus wird ersichtlich, dass sich der Einfluss eines Fehlers beim Bodenwert lediglich bei kleinem Liegenschaftszinssatz und geringer Restnutzungsdauer der baulichen Anlagen bemerkbar macht.

[408] Eigene Darstellung in Anlehnung an [Haa06], S. 148

[409] Eigene Darstellung in Anlehnung an [Haa06], S. 195

3.5 Bewirtschaftungskosten

3.5.1 Darstellung des Parameters „Bewirtschaftungskosten"

Unter Bewirtschaftungskosten werden sämtliche Kosten subsumiert, die zur Bewirtschaftung des Gebäudes oder der Wirtschaftseinheit laufend erforderlich sind. Gemäß Betriebskostenverordnung (BetrKV)[410] zählen hierzu die Betriebskosten, Instandhaltungskosten, Verwaltungskosten, Abschreibungen und das Mietausfallwagnis.

Folgende Tabelle definiert die einzelnen Bewirtschaftungskostenarten:

Kostenart	Erläuterung
Instandhaltungskosten	Kosten, die zur Erhaltung des bestimmungsgemäßen Gebrauchs der baulichen Anlagen während ihrer Nutzungsdauer in Folge Abnutzung, Alterung und Witterung aufgewendet werden müssen (nach DIN 31051: Bewahrung und Wiederherstellung des Sollzustandes).[411] Durch diese Aufwendungen soll die dauerhafte Ertrags- und Renditefähigkeit des Objekts gewährleistet werden. Sie umfassen die laufende Instandhaltung und regelmäßige Instandsetzung (einschließlich Ersatz) der baulichen Anlage, jedoch nicht deren Modernisierung. In Deutschland ist im Gegensatz zum Ausland üblich, diese Kosten dem Vermieter zuzuordnen.
Mietausfallwagnis (Leerstandsrisiko)	Ertragsausfälle durch vorübergehenden Leerstand sowie uneinbringliche Mietrückstände und deren Kosten für die Rechtsverfolgung.
Verwaltungskosten	Kosten und Gebühren für das kaufmännische Immobilienmanagement.[412]
Abschreibungen	Hierbei muss zwischen der Abschreibung nach Handels- oder Steuerrecht und der nutzungsbedingten Abschreibung im Rahmen des Ertragswertverfahrens differenziert werden. Ausschließlich die periodische Kapitalrückführung (finanzmathematisch: Rentenrechnung mit progressivem Verlauf) der auf die baulichen Anlagen entfallenden Reinertragsanteile zum Ausgleich der Wertminderung in Folge Alters und Abnutzung wird bei dem Bewirtschaftungskostenansatz berücksichtigt. Diese ist bereits im Vervielfältiger berücksichtigt und muss deshalb nicht separat in Ansatz gebracht werden.
Betriebskosten	Laufende Kosten, die durch das Eigentum am Grundstück bzw. dessen bestimmungsgemäßen Gebrauch und seiner baulichen Anlagen entstehen.[413]

Tab. 42: Bewirtschaftungskostenarten[414]

[410] Am 01.01.2004 ist diese Verordnung in Kraft getreten und löste damit die Anlage 3 „Aufstellung der Betriebskosten" zu § 27 „Betriebskosten" der II. BV ab.

[411] Der Kostenansatz stellt eine kalkulatorische Größe dar, die dem langjährigen Durchschnitt der tatsächlich aufzuwendenden Instandhaltungskosten entsprechen soll, da die Kosten nicht regelmäßig in gleicher Höhe, sondern zyklisch anfallen.

[412] Hierzu zählen insbesondere: Mieteingang, Mietanpassung, Neuvermietung, Vertragsabschluss, Buchhaltung, Rechnungsprüfung, Zahlungsverkehr, Jahresabschluss, Bearbeitung von Versicherungsfällen, Organisation von Instandhaltungsarbeiten.

[413] Im wesentlichen Aufwendungen für: laufende öffentliche Lasten (z.B. Grundsteuer), Wasserversorgung/Entwässerung, Heizungsversorgung, Kälteversorgung, Warmwasserversorgung, Aufzugsbetrieb, Straßenreinigung, Müllabfuhr, Hausreinigung, Gartenpflege, Gemeinschaftsbeleuchtung, Schornsteinreinigung, Sach- und Haftpflichtversicherung, Hauswart, Gemeinschaftsantenne, sonstige Betriebskosten.

[414] Eigene Darstellung, Erläuterungen in Anlehnung an das [VDH98], S. 6,7 u. 8; [Tho07], S. 40, 41, 42 u. 43

Üblicherweise sind die Betriebskosten im Wohnungsbau nahezu komplett auf den Mieter umlegbar. Somit stellen die Betriebskosten eine durchlaufende Kostenposition dar und werden deshalb bei der Reinertragsberechnung nicht berücksichtigt.

Die Bewirtschaftungskosten stellen eine relativ eigenständige Größe dar. Abgesehen von dem Mietausfallwagnis und der im Vervielfältiger berücksichtigten Abschreibung[415] stehen sie im Wohnungsbau in keinem Zusammenhang zur Mietzahlung. Offensichtlich wird dieser Umstand dadurch, dass bei geringen Mieten die objektbezogenen angemessenen Bewirtschaftungskosten einen sehr hohen und bei hohen Mieten einen geringen Prozentsatz zur Miete aufweisen. Deshalb stellt ein prozentualer Pauschalansatz für Bewirtschaftungskosten kein probates Mittel für marktkonforme und transparente Bewertungen dar – eine Einzelbetrachtung auf Basis individueller Objektkriterien ist erforderlich. Den Grundsatz hierzu liefert § 18 (6) WertV, wonach die Verwaltungskosten, die Instandhaltungskosten und das Mietausfallwagnis nach Erfahrungssätzen anzusetzen sind, die unter Berücksichtigung der Restnutzungsdauer den Grundsätzen einer ordnungsgemäßen Bewirtschaftung entsprechen.[416]

Desweiteren dürfen beim Ansatz der Bewirtschaftungskosten keine temporären Aspekte berücksichtigt werden. „Die Kosten sind in der Höhe anzusetzen, wie sie bei normalen, die Art der Nutzung berücksichtigenden Verhältnissen mit fremdem Personal für ein unverschuldetes Grundstück laufend entstehen.“[417] „Überdurchschnittliche Bewirtschaftungskosten, die aus einer unvernünftigen Wirtschaftsweise resultieren, müssen somit ebenso außer Betracht bleiben, wie unterdurchschnittliche Kosten, die durch eine Muster- oder Idealbewirtschaftung anfallen.“[418]

Im Folgenden werden analog der bisher dargestellten Bewertungsparameter die wesentlichen Einflussfaktoren auf die einzelnen Bewirtschaftsungskostenarten tabellarisch abgebildet und Möglichkeiten bzw. Probleme einer modellhaften Quantifizierung aufgezeigt.

[415] Im Wertermittlungsverfahren nach WertV ist die Abschreibung bereits im Vervielfältiger enthalten, wodurch bei gleichem Soll- und Abschreibungszins der Rentenbarwert des anteiligen Gebäudeertrages bezogen auf die erwartete Restnutzungsdauer ermittelt wird. Wird mit diesem Vervielfältiger gerechnet, entfällt die Berücksichtigung der Abschreibung bei den Bewirtschaftungskosten. Wird auf ewig kapitalisiert, muss die Abschreibung bei den Bewirtschaftungskosten abgesetzt werden.

[416] Demnach sind die Kosten in einer Höhe anzusetzen, die einem langjährigen Durchschnitt entsprechen. Insbesondere die Instandhaltungskosten unterliegen erheblichen Schwankungen, da lebenszyklusbedingt „große Instandhaltungen“ nur in größeren Zeitabständen und in unterschiedlicher Höhe anfallen.

Kosten, die auf einer ideellen oder unsachgemäßen Bewirtschaftung beruhen, wie z.B. übertriebene oder unterlassene Instandhaltungsmaßnahmen (Instandhaltungsstau), dürfen nicht in den Bewertungsansatz mit einfließen.

[417] [Kle07], S. 1659

[418] [Kle07], S. 1660

Die relevanten Einflussfaktoren auf die Höhe der Verwaltungskosten lauten:

Einflussfaktor	Kriterien
Nutzungsart	Wohnwirtschaftliche Nutzung bzw. gewerbliche Nutzung.
Anzahl der Vermietungseinheiten	Generell gilt, dass große Gebäude bzw. räumlich zusammenhängende Immobilien effizienter bewirtschaftet werden können als kleinere Einheiten. Hieraus kann abgeleitet werden, dass die Verwaltungskosten mit zunehmender Wohnungsanzahl tendenziell sinken.

Tab. 43: Einflussfaktoren auf die Verwaltungskosten[419]

Die relevanten Einflussfaktoren auf die Höhe des Mietausfallwagnisses lauten:

Einflussfaktor	Kriterien
Fluktuation	Mieterwechsel sind bei der Wohnungsvermietung normal und werden beim Management von Immobilien berücksichtigt. Erhöhte Fluktuation kann z.B. dem schlechten Zustand oder dem sozialen Umfeld geschuldet sein.[420]
Nachfrage	Die Wohnungsnachfrage ist ein systematisches Risiko. Ausgelöst wird dies durch die Abnahme der Haushaltszahlen, was eine Folge von Abwanderung oder Bildung von größeren Haushalten sein kann. In diesem Fall können auch qualitativ gute Wohnungen in guten Lagen schwer oder gar nicht vermarktbar sein. Bei gegenteiliger Entwicklung (beispielsweise Ballungszentren) können jedoch auch minderwertige Wohnungen zu hohen Preisen vermietet werden.
Angebotsüberschuss	Dies tritt ein, wenn der Wohnungsneubau die Zahl von Haushaltsgründungen übersteigt.[421]
Zustand / Attraktivität	Der Zustand (Instandhaltungsgrad) und bereits erfolgte Sanierungen verbunden mit dem Ausstattungsstandard sind für eine schnelle Vermietung maßgebend. Hier kann ein direkter Zusammenhang mit der Nachfrage und somit dem Leerstand hergestellt werden.
Lage	Generell gilt, dass das Mietausfallwagnis in schlechten Lagen größer als in guten Lagen ist. Dies resultiert daraus, dass die Bonität eines Mieters in schlechten Lagen aufgrund der vorhandenen Sozialstruktur zu häufigeren Ausfällen führt als bei bonitätsstärkeren Mietern, die in der Regel gute Wohnlagen nachfragen.
Betriebskosten	Insbesondere Gebäude mit vernachlässigten Modernisierungen und schlechtem Instandhaltungsgrad weisen hohe Nebenkosten auf. Als Vergleichsmaßstab bei Wohnungen wird vom Mieter in der Regel die Bruttowarmmiete herangezogen. Die hohen Betriebskosten gehen somit zu Lasten der durchsetzbaren Kaltmiete oder führen in der Konsequenz zu einem höheren Leerstand.

Tab. 44: Einflussfaktoren auf das Mietausfallwagnis[422]

419 Eigene Darstellung

420 Je höher die Fluktuation ist, umso schwieriger wird es, den Leerstand gering zu halten und damit den prognostizierten, konstanten Cashflow aufrecht zu erhalten. Zudem entstehen durch einen schnellen Mieterwechsel zusätzliche Managementkosten und nicht umlegbare Betriebskosten für die Leerstandsflächen.

421 Der hohe Wohnungsleerstand in den neuen Bundesländern lässt sich zum Teil durch die Neubautätigkeit erklären, welcher durch die Sonderabschreibungen in den 90er Jahren massiv gefördert wurde.

Angebotsüberschuss kann jedoch auch auf demografische Anpassungsprozesse (z.B. soziale oder wirtschaftlichen Veränderungen) zurückgeführt werden.

422 Eigene Darstellung, in Anlehnung an die Ausführungen von [Lec01], S. 48-50

Die relevanten Einflussfaktoren auf die Höhe der Instandhaltungskosten lauten:

Einflussfaktor	Kriterien
Alter / Zustand	Je älter und schlechter der Zustand der Immobilie, umso aufwendiger und kostenintensiver sind die Maßnahmen zur Instandhaltung. Hohe Kosten ergeben sich regelmäßig, wenn im Rahmen der jährlichen Instandhaltung Baumängel bzw. deren Folgeschäden ausgebessert werden müssen.
Bauweise / Konstruktion	Die Instandhaltungskosten hängen auch entscheidend von konstruktiven Gegebenheiten ab. So ist z.B. ein Flachdach wesentlich kostenintensiver als ein Satteldach. Neuere Gebäude haben bereits eine instandhaltungsgerechte Planung (z.B. verschleißarme Materialien) berücksichtigt und tragen so zu nachhaltig geringeren Instandhaltungskosten bei.
Ausstattungsstandard	Je höher die Qualität der Immobilie, je aufwendiger und somit kostenintensiver gestaltet sich die Instandhaltung.

Tab. 45: Einflussfaktoren auf die Instandhaltungskosten[423]

Eine erste Orientierung beim Ansatz der einzelnen Bewirtschaftungskostenarten liefern die Rahmengrößen der II. BV § 28 Abs. 2 bis 5 der II. BV:

	Bezugsfähigkeit < 22 Jahre	Bezugsfähigkeit >= 22 Jahre	Bezugsfähigkeit >= 32 Jahre
Instandhaltungskosten[424]	bis 7,42 EUR	bis 9,41 EUR	bis 12,02 EUR
bei Fernheizung	- 0,21 EUR	- 0,21 EUR	- 0,21 EUR
bei vorh. Aufzug	+ 1,05 EUR	+ 1,05 EUR	+ 1,05 EUR
Mieter trägt kleine Instandhaltungen	- 1,10 EUR	- 1,10 EUR	- 1,10 EUR
Instandhaltung Garagen	71,07 EUR / Stellplatz	71,07 EUR / Stellplatz	71,07 EUR / Stellplatz
Mietausfallwagnis	2% des RoE p.a.	2% des RoE p.a.	2% des RoE p.a.
Verwaltungskosten	240,37 EUR / Whg	240,37 EUR / Whg	240,37 EUR / Whg
Verwaltung Garagen	31,55 EUR / Stellplatz	31,55 EUR / Stellplatz	31,55 EUR / Stellplatz

Tab. 46: Kostenpauschalen der II. Berechnungsverordnung[425]

Während sich die Verwaltungskosten und die Instandhaltungskosten objektspezifisch beurteilen lassen, ist der Ansatz des Mietausfallrisikos wesentlich komplexer und reduziert sich nicht auf eine reine Objektbetrachtung. Vielmehr ist hier eine perspektivische Marktbetrachtung erforderlich. Erschwert wird diese jedoch dadurch, dass bundesweit (weder für Ost- noch für

[423] Eigene Darstellung

[424] Instandhaltungskosten werden sachgerecht nicht als prozentualer Satz des Rohertrages angesetzt, da sonst bei fallenden Mieten die nachhaltigen Instandhaltungsaufwendungen sinken würden.

[425] Eigene Darstellung

Westdeutschland) derzeit keine repräsentativen, verlässlichen Daten zum Wohnungsleerstand verfügbar sind. Faktisch werden keine statistischen Erhebungen durchgeführt.[426]

Darüber hinaus sind globale Leerstandsangaben aufgrund einer ausgeprägten regionalen Komponente nicht aussagekräftig. Eine vorhandene regionale Leerstandsproblematik lässt sich nicht auf einzelne Städte oder Gemeinden begrenzen, sondern muss auch innerhalb einer Stadt differenziert betrachtet werden – auch innerhalb einer Stadt können sich durchaus Angebots- und Nachfrageüberhänge gegenüber stehen.

Neben der regionalen Komponente ist bei einer Leerstandsanalyse insbesondere der Wohnungstyp entscheidend. So sind z.B. häufig Arbeiterwohngebiete der Vorkriegszeit, Zeilenbauten aus den 50er und 60er Jahren sowie unsanierte Altbaugebiete in den Innenstädten von überdurchschnittlichem Leerstand bedroht, unabhängig von der Situation in der Gemeinde oder Stadt insgesamt. Generell gilt, dass sich der Wohnungsleerstand überproportional auf kleinere Wohnungen erstreckt.[427]

Somit lässt sich der wohnwirtschaftliche Leerstand in 3 Problemstufen einteilen – in einen vorübergehenden, länger anhaltenden und in einen strukturellen Leerstand.[428]

Ein vorübergehender Leerstand resultiert nicht aus einem ausgesprochen schwachen Markt oder gestörtem Marktgeschehen, sondern aus Mieterwechsel (fluktuationsbedingt), Bau- bzw. Umbaumaßnahmen (funktionalbedingt) oder aus der Anlaufphase bei Neubauobjekten.[429]

Länger anhaltender Leerstand entsteht bei einem schwachen Markt oder einem nicht bedarfsgerechten Wohnungstypus. Bei einer Anschlussvermietung muss grundsätzlich mit einem verlängerten Vermarktungszeitraum gerechnet werden.[430]

Bei einem strukturellen Leerstand ist keine Vermietung aufgrund des mangelnden Ausgleichs von Wegzug und Zuzug innerhalb einer Region, eines schwachen Marktes, der Objektlage oder des Objektzustands absehbar. Das Objekt muss als nicht bedarfsgerecht angesehen werden. Ein Indikator hierfür ist, wenn die Wohnungen mindestens 3 Monate hindurch nicht

---

426 Vgl. [Bul08], S. 73

Da das Thema Leerstand jedoch zunehmend wohnungspolitisch in das Bewusstsein rückt, sind in den letzten Jahren verstärkte Aktivitäten zur Erfassung von Leerständen zu verzeichnen. Diese Daten beziehen sich jedoch i.d.R. auf regionale Wohnungsmärkte (z.B. einzelne Kommunen oder Regionen) oder sektorale Wohnungsteilmärkte (z.B. Bestände einzelner Wohnungsunternehmen). In den verschiedenen Publikationen werden unter Leerstand je nach Interessenslage Zählungen bezüglich bewohnbarer und unbewohnbarer, sanierter und unsanierter Wohnungen sowie Alt- und Neubauten veröffentlicht und sind aufgrund des sehr breiten Interpretationsspielraums sehr differenziert zu bewerten.

Eine annäherungsweise homogene, großflächige Leerstandsbetrachtung wird vom BBR durchgeführt. Im Rahmen dieses BBR-Wohnungsmarktbeobachtungssystems werden verschiedene Datenquellen (Zusatzerhebungen zum Mikrozensus, Techem-empirica-Leerstandsindex, Daten von Wohnungsunternehmen, Kommunale Leerstandserhebungen) auf ihre Eignung hin getestet und gegebenenfalls miteinander kombiniert.

427 Vgl. [Bul08], S. 74

428 Vgl. [Cri07], S. 129 u. S. 130 sowie [Kle07], S. 1477

429 Berücksichtigung in der Wertermittlung: Bewertung als vollvermietetes Objekt, abzüglich des Barwertes der zeitlich befristeten Mietminderungsmiete.

430 Berücksichtigung bei der Wertermittlung wie bei vorübergehendem Leerstand, allerdings muss die erzielbare Marktmiete unter besonderer Berücksichtigung der Ausprägung des Leerstandes und des schwachen Marktes kritisch überprüft werden.

vermietet werden konnten, obwohl der bauliche Zustand der Wohnungen dies erlauben würde und sie dem relevanten Teilmarkt zur Vermietung angeboten wurde.[431, 432]

Nachfolgende Darstellung grenzt die einzelnen Phasen untereinander ab:

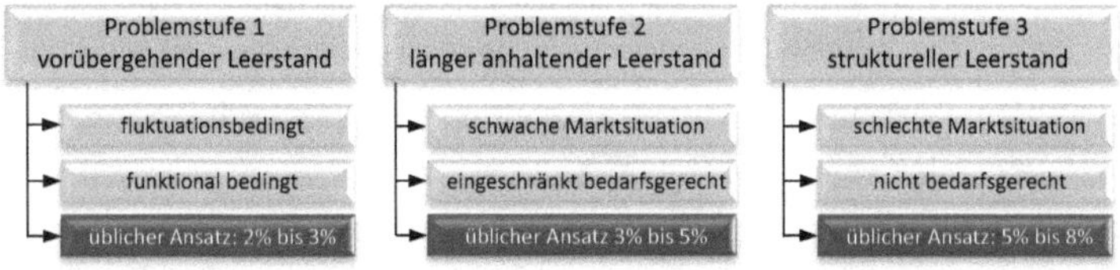

Abb. 30: Problemstufen wohnwirtschaftlicher Leerstände[433]

Zu Berücksichtigen ist weiterhin, dass der Leerstand auch bei der Festsetzung des Liegenschaftszinssatzes Eingang findet – in der Praxis wird bei der Ertragswertermittlung ein erhöhter Leerstand in der Weise Rechnung getragen, dass der übliche Liegenschaftszinssatz um einen Risikozuschlag erhöht wird.[434] Diese tendenzielle „Doppelberücksichtigung" des Leerstandes muss objektspezifisch auf dessen Angemessenheit überprüft werden.

Erfahrungsgemäß betragen die Gesamtbewirtschaftungskosten bei wohnwirtschaftlichen Objekten in über 90% der Bewertungen zwischen 10% bis 35% (je nach Qualität und Miethöhe des Wohnobjektes) der Netto-Kaltmiete.

3.5.2 Interdependenzen des Parameters „Bewirtschaftungskosten"

Interdependenzen des Parameters „Bewirtschaftungskosten" bei Wohnimmobilien	
f (Instandhaltungskosten) =	*(Alter / Zustand, Bauweise / Konstruktion, Ausstattungsstandard)*
f (Verwaltungskosten) =	*(Nutzungsart, Anzahl der Vermietungseinheiten)*
f (Mietausfallrisiko) =	*(Makrolage, Mikrolage, Fluktuation, Angebots- und Nachfragesituation, Zustand/ Attraktivität, Wohnungsgröße, Betriebskosten)*

Tab. 47: Interdependenzen des Parameters „Bewirtschaftungskosten"[435]

[431] Vgl. [Tch06], S. 11

[432] In der Bewertung müssen die Leerstandsflächen ohne Mietansatz bleiben und höhere Bewirtschaftungskostenansätze aufgrund der mangelnden Umlagefähigkeit gewählt werden. Bei leerstehenden Wohnungen fallen erfahrungsgemäß ca. 60 bis 80% der üblichen Betriebskosten an, welche nicht umgelegt werden können.

[433] Eigene Darstellung.

[434] Vgl. [Kle07], S. 1476 u. S. 1477

[435] Eigene Darstellung

3.5.3 Fehlerübertragung auf den Parameter „Bewirtschaftungskosten"

Fehlerübertragungskoeffizient für den Rohertrag c_{BWK}	
Art der Übertragung	Negativ
Abhängigkeiten	▪ Die Höhe des Einflusses wird durch das Verhältnis der Bewirtschaftungskosten BWK zum Ertragswert EW bestimmt. ▪ Zusätzlicher Einfluss wird durch den Vervielfältiger V und somit durch die Größen Liegenschaftszinssatz p und Restnutzungsdauer n ausgeübt. ▪ Je nach Höhe der Restnutzungsdauer n ist eine signifikante Abhängigkeit vom Bodenwert BW möglich.
Grenzverhalten	Für $p \rightarrow min.$ und $n \rightarrow max.$ gilt gleichermaßen $V \rightarrow max.$ und umgekehrt.
Intervall	$0 \geq c_{BWK} \geq -1$

Tab. 48: Fehlerübertragungskoeffizient für die Bewirtschaftungskosten c_{BWK}[436]

Ein Fehler bei der Ermittlung bzw. dem Ansatz der Bewirtschaftungskosten überträgt sich negativ, maßgeblich in Abhängigkeit von der Höhe des Liegenschaftszinssatzes und der Restnutzungsdauer im Verhältnis zum Ertragswert. Je kleiner der Liegenschaftszinssatz und je größer die Restnutzungsdauer angesetzt werden, desto größer auch die Auswirkung auf den Ertragswert.

3.5.4 Varianzfortpflanzung des Parameters „Bewirtschaftungskosten"

Fehleranteil Rohertrag A_{BWK}	
Abhängigkeiten	$A_{BWK} = f(\sigma_{BWK}, V) = f(\sigma_{BWK}, p, n)$
Grenzverhalten	Für $p \rightarrow min.$, $n \rightarrow max.$ und $\sigma_{BWK} \rightarrow max.$ gilt $A_{BWK} \rightarrow max.$ und umgekehrt.

Tab. 49: Fehleranteil Rohertrag A_{BWK}[437]

Hieraus wird ersichtlich, dass der Varianzanteil eines Fehlers bei den Bewirtschaftungskosten A_{BWK} am höchsten ausfällt, wenn die Restnutzungsdauer maximal und der Liegenschaftszinssatz minimal wird.

Im Vergleich zum Rohertrag sind die Bewirtschaftungskosten i.d.R. erheblich kleiner, somit fällt auch der entsprechende Varianzanteil des Ertragswertes kleiner aus.

---

436 Eigene Darstellung in Anlehnung an [Haa06], S. 116

437 Eigene Darstellung in Anlehnung an [Haa06], S. 194

3.6 Sonderwert (sonstige wertbeeinflussende Umstände)

3.6.1 Darstellung des Parameters „Sonderwert“

Neben den bereits ausführlich dargestellten Bewertungsparametern gibt es zahlreiche weitere bewertungsrelevante Einflüsse, welche nicht als unmittelbare Größe, sondern als sog. Sonderwert bzw. sonstige wertbeeinflussende Umstände in der Ertragswertformel nach WertV Eingang finden.

Nachfolgend sind die gängigsten sonstigen Werteinflüsse dargestellt:

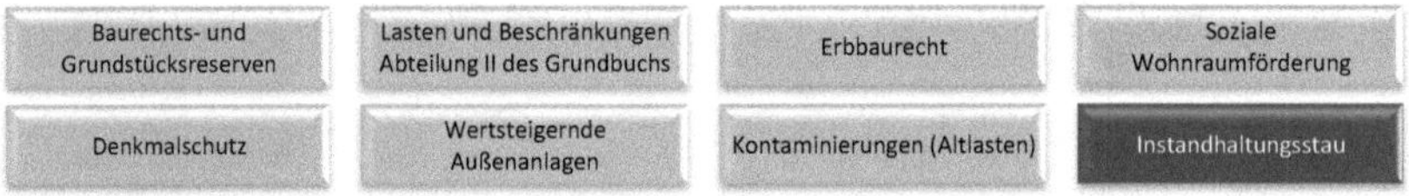

Abb. 31: Sonstige Werteinflüsse einer Immobilienbewertung[438]

In Anhang 26 werden diese Einflüsse detailliert erläutert und deren Einfluss auf die Wertfindung aufgezeigt. Im Modellansatz finden diese keine Berücksichtigung, vergleiche hierzu die Themenabgrenzung in Kapitel 1.4.[439]

Ausnahme stellt der in Abb. 31 rot hervorgehobene Instandhaltungsstau dar. Dieser findet sich insbesondere in älteren Baujahrsklassen mehr oder weniger ausgeprägt in allen Wertermittlungen wieder. Er lässt sich zumindest anhand der Baujahrsklasse und Höhe des vorhandenen Mietniveaus im Vergleich zur Marktmiete näher eingrenzen, ohne dass Informationen zum eigentlichen Objektzustand vorliegen.

Grundsätzlich sind zwei Methoden der Berücksichtigung einer vernachlässigten Instandhaltung im Ertragswertverfahren üblich:

- Berücksichtigung im Ansatz der nachhaltigen Miete, in höheren Bewirtschaftungskosten oder einer verkürzten Restnutzungsdauer;
- Ermittlung von Kosten, welche zur Beseitigung des aufgestauten Reparaturaufwands am Wertermittlungsstichtag erforderlich sind. Diese werden vom ermittelten Ertragswert in Abzug gebracht.

Regelfall sollte die 2. Methode darstellen, die 1. Methode kommt primär für Objekte in Betracht, die aufgrund einer kurzen Restnutzungsdauer liquidiert und somit nicht instand gesetzt werden sollen.

438 Eigene Darstellung

439 Zum einen liegen die für die Bewertung des Sonderwertes notwendigen Objektinformationen in einer frühen Portfoliobewertungsphase nicht vor, zum anderen erfolgen erste Wertindikationen/-gebote auf Basis sog. „Clean-Title“.

Die Bewertung der Sonderwerte erfolgt in einer späten Due Diligence-Phase und wird von Geboten in Abzug gebracht.

Fraglich ist bei dieser Methode jedoch stets die Höhe des Abzugs. Bei der Beseitigung wird nicht lediglich „repariert“, sondern es werden auch unbrauchbare Bauteile ausgetauscht, was wiederum zu einer Wertverbesserung gegenüber einem vergleichbaren Gebäude gleichen Alters führt.

Eine Berücksichtigung der quantifizierten Kosten in voller Höhe als Abzug ist demnach nicht angemessen, was der BGH mit Urteil vom 24.01.1963 – III ZR 149/61 entsprechend festhält. Dennoch wird in der Praxis regelmäßig der volle Abschlag in Ansatz gebracht.

3.6.2 Interdependenzen des Parameters „Sonderwert“

Interdependenzen des Parameters „Sonderwert“ bei Wohnimmobilien	
f (Sonderwert (Instandhaltungsstau)) =	*(Baujahr, unterlassene Regelinstandhaltungen, erfolgte Sanierungen)*

Tab. 50: Interdependenzen des Parameters „Liegenschaftszinssatz“[440]

3.6.3 Fehlerübertragung auf den Parameter „Sonderwert“

Fehlerübertragungskoeffizient für den Sonderwert c_S	
Art der Übertragung	Positiv oder negativ
Abhängigkeiten	Die Höhe des Einflusses wird ausschließlich durch das Verhältnis des Sonderwertes S zum Ertragswert EW bestimmt.
Grenzverhalten	Je größer der Sonderwert S im Verhältnis zum Ertragswert EW ausfällt, desto größer ist auch die Übertragung im Falle einer Unsicherheit im Sonderwert S.
Intervall	$0 \leq c_S \leq 1$ oder $0 \geq c_S \geq -1$

Tab. 51: Fehlerübertragungskoeffizient für den Sonderwert c_S[441]

Ein Fehler bei der Ermittlung bzw. dem Ansatz des Sonderwertes überträgt sich je nach Ausrichtung positiv oder negativ in Abhängigkeit zum Ertragswertverhältnis.

Je größer der Anteil des Sonderwertes desto größer auch die Auswirkung auf den Ertragswert.

440 Eigene Darstellung

441 Eigene Darstellung in Anlehnung an [Haa06], S. 149

3.6.4 Varianzfortpflanzung des Parameters „Sonderwert“

Fehleranteil Rohertrag A_S	
Abhängigkeiten	$A_S = f(\sigma_S)$
Grenzverhalten	keins

Tab. 52: Fehleranteil Rohertrag A_S[442]

Es besteht keine zusätzliche Abhängigkeit – der Fehleranteil wird ausschließlich durch den Fehler des Eingangsparameters bestimmt.

[442] Eigene Darstellung in Anlehnung an [Haa06], S. 195

4 Modellbildung

"Modelle sind materielle oder immaterielle Systeme, die andere Systeme so darstellen, das seine experimentelle Manipulation der abgebildeten Strukturen und Zustände möglich ist."[443]

Unter einer Modellbildung wird die Abbildung eines Systems[444] in einem Modell verstanden. Hierbei findet eine Abstraktion und Idealisierung des Ursprungssystem (Original) statt, insbesondere um komplexe Systeme durch Reduktionen handhabbar zu machen. Da jedoch die Ergebnisse, die aus dem Modell gewonnen werden, auf das Ursprungssystem übertragen werden sollen, ist eine hinreichend genaue Abbildung der wesentlichen Eigenschaften notwendig. Welche Eigenschaften hierbei als „wesentlich" zu erachten sind, hängt von der Fragestellung und Zielsetzung der Untersuchung ab. Je nach Zielsetzung der Modellstudie und der subjektiven Sichtweise des Modellbildners können zu einem gegebenen System mehrere unterschiedliche Modelle erstellt werden.[445]

Erkenntnisse aus einer Modelluntersuchung können entweder durch analytische Berechnung oder durch Simulation gewonnen werden. Entsprechend wird unterschieden zwischen

- analytischen Modellen[446] und
- Simulationsmodellen.

Nachfolgend wird vertiefend nur auf die Simulationsmodelle eingegangen, da analytische Modelle für Fragestellungen dieser Arbeit nicht geeignet sind.

Von einer Simulation wird dann gesprochen, wenn bei der Systemanalyse ein Modell an die Stelle des Originalsystems tritt und Experimente am Modell durchgeführt werden.[447] Entspricht das Modell hinreichend dem Originalsystem, lassen sich Abläufe des realen Systems im Modell besser nachvollziehen und Rückschlüsse auf das Verhalten des realen Systems schließen.

443 [Nie77], S. 57

444 Als „System" wird in der Modellbildung ein Ausschnitt der Realität definiert. Systeme werden hierbei problemabhängig definiert und weniger interessierende Erscheinungen a priori ausgeklammert. Vgl. [Str03], S. 10 u. 11

445 Vgl. [Pag91], S. 4

446 Mittels Gleichungssystemen werden vorhandene Systembeziehungen dargestellt und der zu ermittelnde Systemzustand direkt bestimmt. Aufgrund mathematischer Restriktionen ist dies lediglich für Systeme geringerer Komplexität anwendbar.

447 Vgl. [Pag91], S. 7

Der gesamte Modellbildungsprozess wird in nachfolgender Abbildung dargestellt:[448]

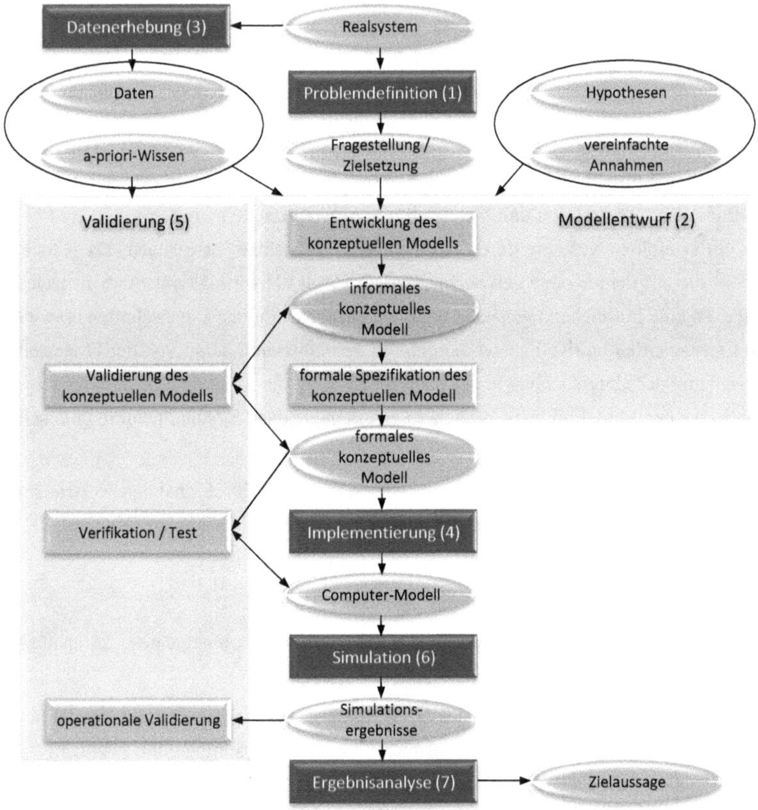

Abb. 32: Die Phasen des Modellbildungsprozesses[449]

Die einzelnen Phasen lassen sich wie folgt erläutern:[450]

(1) Problemdefinition

Zu Beginn der Modellierung muss die Fragestellung genau definiert und das zu erreichende Ziel festgelegt werden. Eine eindeutige Formulierung ist wichtig, um sicher ent-

[448] Dabei kennzeichnen Rechtecke Aktivitäten des Modellentwicklers und Ellipsen deren Voraussetzungen bzw. Resultate.

[449] Eigene Darstellung in Anlehnung an [Pag91], S. 12
Page greift in seiner Darstellung teilweise auf die Ausführungen von [Käm91] zurück.

[450] Vgl. [Pag91], S. 13-17

scheiden zu können, welche relevanten Systemkomponenten im Modell abzubilden sind und welche abstrahiert werden können.

(2) Modellentwurf (Entwicklung des konzeptuellen Modells)

Der erste Schritt dieser Phase des Modellentwurfs stellt die Entwicklung des konzeptuellen Modells[451] dar – Definition der Systemgrenzen und eine erste Erfassung der Systemstruktur.[452] Die relevanten Systemgrößen und ihre Beziehungen werden zunächst informal beschrieben.[453]

Ferner ist in diesem Schritt zu entscheiden, ob das System oder Teile davon durch Zufallsprozesse in einem stochastischen Modell beschrieben oder ein deterministisches Modell verwendet wird.[454]

Zur Vereinfachung der Komplexität können Systeme in Subsysteme zerlegt werden. Bei der späteren Verknüpfung der Teilmodelle zu einem Gesamtmodell müssen dann jedoch vorhandene Interdependenzen der entsprechenden Subsysteme berücksichtigt werden.

Der nächste Schritt stellt die formale Spezifikation des konzeptuellen Modells dar, i.d.R. in einer mathematischen Darstellung[455]. Für Modellparameter und stochastischen Modellgrößen werden statistische Schätzwerte[456] benötigt.

(3) Datenerhebung

Dieser Schritt des Modellbildungsprozesses ist zeitlich parallel zur Entwurfsphase zu sehen, da Werte für Modellkonstanten, Anfangswerte für Modellvariable sowie Verteilungstypen und -parameter für stochastische Modellgrößen zu ermitteln sind. Primär stützt sich der Modellentwickler auf empirische Daten. Zum anderen bringt er sein „a priori"-Wissen ein – Fachkenntnisse und Erfahrungswerte, die er bereits vor der Modellierung erworben hat. Aus diesem Wissen werden deduktiv bestimmte Aussagen über das Realsystem abgeleitet. Fehlt die Gewissheit, werden Hypothesen aufgestellt, die in späteren Validierungsphasen abgesichert werden müssen.

(4) Modellimplementierung

Das formale konzeptuelle Modell wird in dieser Phase in ein ablauffähiges Computerprogramm überführt. Ergebnis dieser Phase ist ein Computer-Modell.

---

451 Unter einem konzeptuellen Modell wird das Ergebnis des Abstraktionsprozesses des Modellentwicklers im Rahmen des Modellentwurfs (rechnerunabhängiges, gedankliches Modell) verstanden.

452 In diesem ersten Abstraktionsschritt werden relevante Systemobjekte, ihre Attribute und Beziehungen ausgewählt bzw. entschieden, welche Systemaspekte unberücksichtigt bleiben sollen.

453 Zum Beispiel grafisch in Form von Struktur-, Kausal- oder Flussdiagramme, Petri-Netz-ähnliche Darstellungen etc.

454 In stochastischen Modellen werden häufig Systemkomponenten durch Zufallsprozesse nachgebildet, die zwar prinzipiell deterministisch beschreibbar wären, aufgrund ihrer Komplexität jedoch ein zufällig erscheinendes Verhalten zeigen.

455 Die Voraussetzung einer mathematischen Darstellung stellt die Quantifizierbarkeit der Systemgrößen dar, damit Gleichungen oder Entscheidungsregeln zur Beschreibung der Beziehungen dieser Größen aufgestellt werden können

456 Zum Beispiel Verteilungsparameter

(5) Modellvalidierung

Bevor das Modell für Simulationen eingesetzt wird, muss seine Gültigkeit überprüft werden. Dies erfolgt parallel zu anderen Phasen des Modellbildungsprozesses. Die „Richtigkeit" eines Modells lässt sich i.d.R. nicht uneingeschränkt nachweisen – daher kann es auch keinen allgemeingültigen, umfassenden Validierungstest geben. Vielmehr muss das Modell im Prozess auf verschiedenen Ebenen permanent überprüft und nach außen hin transparent und seine Eignung für die vorhandene Problemstellung glaubhaft dargestellt werden.

Folgende 3 Stufen werden im Rahmen einer Validierung häufig durchlaufen:

- Validierung des konzeptuellen Modells[457]
- Modellverifikation[458]
- Operationale Modellvalidierung[459]

Werden hierbei Unzulänglichkeiten sichtbar, müssen bestimmte Phasen des Modellbildungsprozesses erneut durchlaufen werden.

(6) Simulation

Mit dem funktionsfähigen und verifizierten Computer-Modell werden die Simulationen durchgeführt. Bei jedem Simulationslauf werden die einzelnen Parameter verändert und die Modellauswirkungen betrachtet.

Nachfolgende Abb. 33 zeigt repetitorisch die grundsätzliche, methodische Einordnung verschiedener Simulationsmodelle:

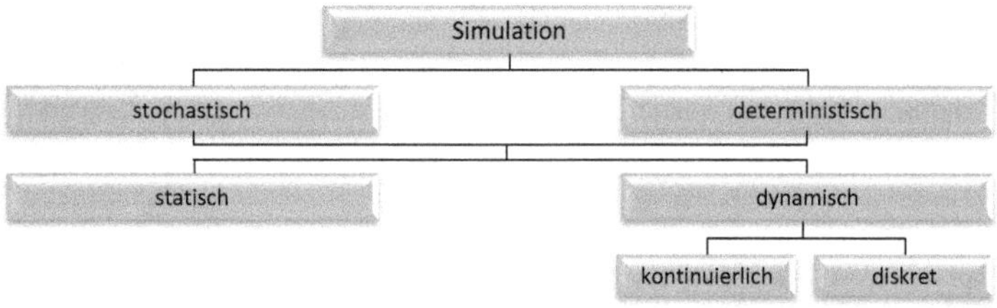

Abb. 33: Einordnung der Simulationsmodelle[460]

[457] Hierbei wird überprüft, ob das konzeptuelle Modell gemessen am jeweiligen Untersuchungsziel hinreichend genau beschrieben und in seinen wesentlichen Systemobjekten, -attributen und -beziehungen korrekt erfasst wurde.

[458] Hierbei wird überprüft, ob das Computer-Modell eine korrekte Implementierung des (formalen) konzeptuellen Modells darstellt.

[459] Hierbei wird das dynamische Modellverhalten überprüft. Dies geschieht üblicherweise im Rahmen von Plausibilitätstests, Sensivitätsanalysen, Kalibrierungen (Anpassung des Modells an das reale System durch Änderung von solchen Parametern, die nur ungenau erfasst werden konnten) und Outputvergleichen (Vergleich von empirischen Ergebnissen über das Verhalten des Realsystems mit Modellergebnissen bei entsprechenden Eingabewerten).

[460] Eigene Darstellung, in Anlehnung an [Stu00], S.71

Eine statische bzw. dynamische Simulation unterscheidet sich in der Art der Zeitbetrachtung. Während bei einer statischen Simulation lediglich für einen konkreten Zeitpunkt eine Simulation durchgeführt wird, wird bei einer dynamischen Simulation hingegen über einen bestimmten Zeitraum simuliert.

Die Simulationsergebnisse sollten abschließend in grafischer Form aufbereitet und dokumentiert werden.

(7) Ergebnisanalyse

Die Ergebnisse der Simulation müssen abschließend bewertet werden. Hierzu zählen auch statistische Auswertungsmethoden[461].

Insbesondere die im Verlauf des Modellbildungsprozesses erfolgten Einschränkungen müssen bei der Gesamtinterpretation der Ergebnisse berücksichtigt werden.

Umsetzung des Modellbildungsprozesses in vorliegender Arbeit

Die Modellphasen 1 bis 7 werden nachfolgend in den Unterkapiteln 4.1 bis 4.7 detailliert abgehandelt.

Die Validierung des konzeptionellen Modells (Modellphase 5) erfolgt anhand eines Praxisbeispiels, einem Portfolio mit 280 über Deutschland verteilten Wirtschaftseinheiten, bestehend aus Mehrfamilienhäusern unterschiedlicher Baujahrsklassen, Vermietungsständen und Größen.

Für das Praxisbeispiel wird die Portfoliostruktur hinsichtlich deren maßgebender Kenngrößen ausgewertet und grafisch dargestellt. Die operationale Modellvalidierung erfolgt im Rahmen der EDV-technischen Umsetzung, welche jedoch hier nicht detailliert dargestellt wird.

Die Durchführung der Simulation (Modellphase 6) erfolgt anhand des definierten Beispielportfolios, wird in dessen Rahmen einem statischen Stress-Test unterworfen, stochastisch bewertet und Abweichungsanalysen erstellt. Als weiterer Validierungsschritt wird das Gesamtportfolio in Subportfolios aufgeteilt.

Die Ergebnisanalyse (Modellphase 7) wird abschließend um ein Fazit ergänzt.

---

461 Zum Beispiel Varianzanalyse, Korrelationsrechnung, Regressionsrechnung etc.

4.1 Problemdefinition

Die Problemdefinition orientiert sich an der in Kapitel 1 aufgeworfenen Fragestellung und Zieldefinition der Arbeit, nämlich der standardisierten Ermittlung eines Portfoliowertes auf Basis rudimentärer Objektangaben mit Möglichkeit einer quantitativen Risikomessung.

Unter rudimentären Objektangaben werden in diesem Kontext die Basisdaten eines Portfolio-Infomemorandums verstanden, welches i.d.R. die regionale Verteilung (Städteebene), Anzahl der Wohnungen, Baujahre, Mietflächen und die Mieterträge (Ist-/Sollabgleich) wiedergibt.

Abstrahiert werden demnach sämtliche Objektdetails, welche im Rahmen einer Einzelbewertung dem Sachverständigen darüber hinaus gewöhnlich zur Verfügung stehen bzw. Erkenntnisse, welche sich im Rahmen einer Objektbesichtigung ergeben.

Bedingt durch diese Abstraktionen entstehen Bewertungsdifferenzen in unbekannter Größenordnung. Diese betreffen sowohl objekt- als auch marktimmanente Risikofaktoren. Tendenziell gilt hierbei, dass die substanzimmanenten Risiken mit dem Alter der Immobilie zunehmen (aufgrund unbekanntem Objektzustand und bereits erfolgter Sanierungen) und die marktimmanenten Risiken mit abnehmender Lagequalität steigen (bedingt durch die unbekannte Nachfragesituation und dem nachhaltig vorhandenem Mietniveau).

Das Modelldesign muss deshalb so konzipiert werden, dass sich diese Risiken im Rahmen einer Risikoanalyse quantifizieren lassen.

Als Grundlage des Modells sollen etablierte, bereits in der Praxis erprobte Portfoliobewertungsmethoden dienen, verbunden mit der Maßgabe, deren bekannte Schwachstellen zu kompensieren.

Das Modell ist in standardisierter Form zu entwickeln, um den Anspruch einer zeit- und kosteneffizienten Bewertung gerecht zu werden. Dies setzt voraus, dass keine aufwendigen Modellanpassungen für die Bewertung eines Wohnportfolios notwendig sind, sondern lediglich ein jährliches Update der verwendeten makroökonomischen Daten erforderlich wird.

Das Idealziel des Bewertungsmodells lässt sich anhand der in Kapitel 1 aufgezeigten Risiko-Zeit-Kostenprofile definieren – geringster Zeit- und Kosteneinsatz bei minimalem, quantifizierbarem Risiko. Da jedoch ein abstrahiertes Modell die Risikominimierung einer aggregierten Einzelbewertung niemals erreichen kann, muss das Modell zumindest eine überproportionale Zeit- und Kostenaufwand-Optimierung auf vergleichbarem Risikoniveau gewährleisten.

Als Minimalziel muss das Bewertungsmodell ein Risiko-Zeit-Kostenprofil aufweisen, welches den Profilen vorhandener Verfahren qualitativ überlegen ist.

4.2 Modellentwurf

In dieser Modellphase erfolgt die mathematische Darstellung des Systems, dessen Modelleingangsgrößen sowie deren Bandbreitendefinition in Abhängigkeit vorhandener Interdependenzen. Die Darstellung beschränkt sich auf die formale Spezifikation – die vorangegangene konzeptionelle Modellfindung mit diversen Zwischenvalidierungen wird nicht dargestellt.

Wie in der Problemdefinition definiert, sollen als Modellgrundlage vorhandene Portfolio-Bewertungsverfahren als Grundlage dienen. Hier hat sich in der konzeptionellen Modellfindung das Verfahren „aggregierte Einzelbewertungen" als besonders geeignet erwiesen, da sich diesem Verfahren ein stochastisches Modell zuordnen lässt.

Somit definiert sich mathematisch die Modell-Zielfunktion:

$$Erwartungswert_{Gesamt} = \sum_{i=1}^{s} \left(RoE_i - BWK_i - \frac{p_i}{100} \cdot BW_i \right) \cdot VV_i + BW_i + S_i \qquad (29)$$

Formel (29) : Modell-Zielfunktion

mit

s	=	*Anzahl der Einzelobjekte*
RoE	=	*nachhaltig erzielbarer Rohertrag*
BWK	=	*Bewirtschaftungskosten*
p	=	*Liegenschaftszinssatz*
q	=	*1+ p*
BW	=	*Bodenwert*
p	=	*Liegenschaftszinssatz*
VV	=	*Vervielfältiger*
S	=	*Sonderwert*

Im Grundlagenkapitel wurde ausführlich dargestellt, dass es sich beim Ertragswertverfahren um ein rein deterministisches Verfahren handelt, d.h. dass der Ansatz der Bewertungsparameter mit einer einzigen Zahl erfolgen muss und letztlich auch das Rechenergebnis lediglich einen konkreten Wert darstellt.

Folglich muss das Modell jedem Bewertungsparameter einen Wert zuweisen, welcher aufgrund vorhandener Informationen dem wahrscheinlichsten Wert entspricht. Der so ermittelte Ertragswert entspricht einem Erwartungswert. Dieser Erwartungswert impliziert Annahmen, deren Sicherheiten bzw. Unsicherheiten unbekannt sind. Diese Unsicherheiten werden durch eine stochastische Simulation quantifiziert. Hierzu werden Bandbreiten möglicher Ausprägungen definiert und eine Verteilungsfunktion gewählt. Die Bandbreitendefinition muss für eine belastbarere Quantifizierung objektbezogen adjustiert werden. Zum Beispiel kann die objektadäquate Restnutzungsdauer einer Immobilie mit Baujahr 1990 innerhalb einer engen

Bandbreite angesetzt werden, während eine Vorkriegsimmobilie aufgrund unbekanntem Sanierungsstand eine deutlich größere Bandbreite erforderlich macht.

Per Zufallsgenerator wird auf dieser Grundlage eine Verteilung der einzelnen Risikofaktoren erzeugt. Bei jedem Simulationsdurchgang wird ein möglicher Wert für jeden Risikofaktor bestimmt und so ein entsprechender Portfolio-Erwartungswert berechnet. Nach 1.000.000 derartigen Durchläufen ergibt sich eine stabilisierte Verteilung der Portfolio-Erwartungswerte. Diese Verteilung wird für eine Ergebnisauswertung, letztlich der Quantifizierung der Unsicherheiten in den Bewertungsansätzen, herangezogen.

In den nachfolgenden Unterkapiteln werden die einzelnen Parameter operationalisiert und mit Bandbreiten versehen, damit eine automatisierte Ermittlung des Erwartungswertes auf Einzelobjektebene möglich wird. Bei der Operationalisierung und Bandbreitendefinition sind die in Kapitel 3 aufgezeigten Abhängigkeitsfunktionen und Fehlerübertragungen maßgebend.

4.2.1 Operationalisierung des Parameters „Rohertrag"

Grundlage des anzusetzenden Rohertrages stellt das zum Bewertungszeitpunkt nachgewiesene Mietniveau dar. Leerstandsflächen werden ebenfalls mit dieser Durchschnittsmiete zum Ansatz gebracht.[462] In der Bewertungspraxis gibt es bezüglich der Berücksichtigung von Leerstand verschiedene Methoden, wie dieser in der Wertermittlung berücksichtigt werden kann. In folgendem Modell wird eine wertmäßige Einflussnahme über den Liegenschaftszinssatz, das Mietausfallwagnis und den Sonderwert[463] vorgenommen.

Der Rohertrag wird wie folgt angesetzt:

$$Rohertrag = RoE_{Ist} + RoE_{Leerstand} = RoE_{Soll} \qquad (30)$$

Formel (30) : Modellansatz des Rohertrags

mit

RoE_{Ist}	=	*Durchschnittsmiete der vermieteten Einheiten*
$RoE_{Leerstand}$	=	*potentieller Rohertrag auf Basis der vorhandenen Durchschnittsmiete*
RoE_{Soll}	=	*möglicher Rohertrag bei Vollvermietung auf Basis der Durchschnittsmiete*

Stellplätze werden i.d.R. bei Ertragsnachweisen nur explizit ausgewiesen, wenn diese über einen separaten Wertansatz verfügen. Ansonsten kann unterstellt werden, dass Stellplätze unentgeltlich zur Verfügung stehen oder im Mietertrag der Wohnungen inkludiert sind.

---

[462] Anstatt der Leerstandsfläche wird auch häufig die Soll- und Istmiete angegeben. Hieraus lässt sich jedoch der Leerstand unmittelbar errechnen.

[463] Bei einer Anschlussvermietung müssen i.d.R. kleinere Maßnahmen durchgeführt werden wie z.B. Überarbeitung/Reinigung der Fußböden, Ausbesserungen/Austausch von sanitären Einrichtungen, Beseitigung von Feuchteschäden etc.

Insbesondere nach dem Grundsatzurteil des Bundesgerichtshofes im Juli 2008 bezügl. Schönheitsreparaturen (BGH Az.: VIII ZR 181/07) hat sich der finanzielle Aufwand des Vermieters bei Auszug des Mieters vergrößert.

4.2.2 Operationalisierung des Parameters „Liegenschaftszinssatz"

Wie in Kapitel 3 dargestellt, wird der Liegenschaftszinssatz sowohl durch die regionale Lage der Immobilie als auch von objektspezifischen Parametern beeinflusst. Weiterhin wurde ausgeführt, dass die von Gutachterausschüssen bzw. in der Literatur veröffentlichten Spannen primär als grobe Richtwerte dienen können, welche den spezifischen Lage- und Objekteigenschaften entsprechen adjustiert werden müssen. Da jedoch der Aufgabenstellung entsprechend die Informationen zur Adjustierung fehlen, wird für das Modell eine kapitalmarktorientierte Interpretation des LZ herangezogen. Demnach werden von einem risikolosen Basiszinssatz ausgehend verschiedene Risikozuschläge addiert, um so eine Einschätzung der Marktteilnehmer bezüglich des Ertragsrisikos und des Wertentwicklungspotentials zu simulieren.

Die Lagequalität wird in Form eines Ratings und der Investmentattraktivität[464] anhand vordefinierter Investitionsstandorte beurteilt, die objektspezifischen Risiken anhand der Baualtersklasse[465], der Objektgröße[466], der Leerstandsquote und dem vorhandenen Mietniveau[467].

Im Vorgriff auf Kapitel 4.3 wird zum weiteren Verständnis auf das Rating als Bestandteil der Liegenschaftszinssatzdefinition eingegangen. In diesem Kapitel werden die einzelnen ROR auf Basis von Marktfaktoren beurteilt und je nach Ausprägung entsprechend gewichtet. Hieraus resultieren Ratingergebnisse von 0,03 bis 11,00. Um diese Ergebnisse bei der Bemessung des Liegenschaftszinssatzes verwenden zu können, werden die Ergebnisse auf ein Intervall von 2,5 bis 3,75 skaliert.[468]

---

464 125 Marktstädte nach BulwienGesa. Nicht zugehörige Städte sind nicht im Fokus von größeren Investoren bzw. die Städte gelten als Opportunitiy-Lagen mit entsprechend höherem Verzinsungsanpruch (im Modell mit einem Aufschlag von 0,5% berücksichtigt).

Die Bundesbank nutzt unter anderem BulwienGesa-Daten für die Berechnung ihres Immobilienindexes. Sie sieht die BulwienGesa AG als „Marktführer" und schätzt die Qualität ihrer Daten höher ein als die von vergleichbaren kommerziellen Datenanbietern. Quelle: [Hof06], S. 1

465 Sehr alte Gebäude finden sich in der Regel nur in innerstädtischen Wohnlagen und haben bereits mindestens eine Sanierung oder umfangreiche Modernisierung erfahren. Nachkriegsbauten sind in der Regel eher funktional, architektonisch wenig ansprechend und bergen die größten Risiken hinsichtlich notwendiger Sanierungen.

466 Generell gilt, dass je größer eine Anlage und je schlechter die Lage, umso höher der Renditeanspruch. Ab einer gewissen Größenordnung bei eingeschränkter Lagequalität ist eine Privatisierungsmöglichkeit nahezu ausgeschlossen.

467 Liegt die Objekt-Durchschnittsmiete oberhalb des ROR-Mietniveaus, lässt dies auf eine besonders guten Mikrolage und/oder Objektqualität schließen. Liegt die Durchschnittsmiete unterhalb des Mietniveaus, muss nach dem ROR-Rating differenziert werden: Ist dieses mäßig/schlecht, ist eine Heranführung meist schwierig (LZ-Zuschlag), im Gegensatz zu einem (sehr) guten Rating, wo von einem sukzessiven Abbau des Underrents ausgegangen werden kann (LZ-Minderung wegen Steigerungspotential).

468 Für die Herleitung dieser Spanne wurden Objekte aus ROR mit sehr gutem Rating und Objekte aus ROR mit sehr schlechtem Rating verglichen, deren Objektfaktoren (Baujahr, Zustand etc.) jedoch vergleichbar waren. Hieraus konnte ein Anteil der Lagequalität am Liegenschaftszinssatz isoliert werden.

Die hierzu analysierten Objekte wurden nicht im Beispielportfolio zur Verifizierung des Modells verwendet.

Zur weiteren Verdeutlichung wird die erfolgte Skalierung grafisch dargestellt:

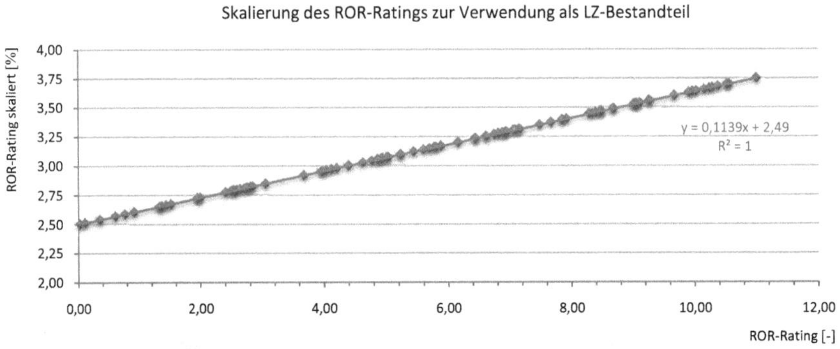

Abb. 34: Skalierung des ROR-Ratings zur Verwendung als LZ-Bestandteil[469]

Die Ableitung des Liegenschaftszinssatzes erfolgt gemäß vorherigen Ausführungen nach folgender Formel:

$$Liegenschaftszinssatz = BZ + IA + ROR\text{-}Rating_{skaliert} + \sum_{i=1}^{4} A_i \qquad (31)$$

Formel (31) : Modellansatz des Liegenschaftszinssatzes

mit

BZ	=	*(risikoloser) Basiszinssatz* *Modellansatz 2,00%*
IA	=	*Investmentattraktivität*
$ROR\text{-}Rating_{skaliert}$	=	*skaliertes ROR-Rating*
A_i	=	*jeweilige Ausprägung der berücksichtigten Einflussfaktoren* *(Baualtersklasse, Objektgröße, Leerstand, Mietniveau)*

[469] Eigene Darstellung

Nachfolgend werden die Zuschläge auf den LZ anhand der Einflussfaktoren Baualtersklasse, Objektgröße, Leerstandquote und vorhandenes Mietniveau dargestellt:

Einflusskomponente Baualtersklasse	LZ-Zuschlag
vor 1900	0,00%
1901 - 1918	0,10%
1919 - 1948	0,20%
1949 - 1969	0,30%
1970 - 1979	0,20%
1980 - 1999	0,10%
ab 2000	0,00%

Einflusskomponente Objektgröße	LZ-Zuschlag in Abhängigkeit der Lagequalität				
	SG	G	M	MG	S
1 - 3	0,00%	0,00%	0,00%	0,00%	0,00%
4 - 20	0,05%	0,10%	0,10%	0,20%	0,20%
21 - 50	0,10%	0,15%	0,20%	0,25%	0,30%
50 - 100	0,15%	0,20%	0,30%	0,40%	0,50%
> 100	0,20%	0,30%	0,40%	0,50%	0,60%
SG = sehr gut ; G = gut ; M = Mittel ; MG = mäßig ; S = schlecht					

Einflusskomponente Leerstand	LZ-Zuschlag
bis 5 %	0,00%
6 - 10 %	0,10%
11 - 15%	0,35%
16 - 25%	0,75%
> 25 %	1,00%

Einflusskomponente Mietniveau[470]	LZ-Zuschlag in Abhängigkeit der Lagequalität				
	SG	G	M	MG	S
oberhalb (> +10%)	-0,25%	-0,25%	-0,25%	-0,25%	-0,25%
Innerhalb (± 10%)	0,00%	0,00%	0,00%	0,00%	0,00%
Unterhalb (< -10%)	- 0,50%	- 0,50%	0,00%	0,50%	0,50%
SG = sehr gut ; G = gut ; M = Mittel ; MG = mäßig ; S = schlecht					

Tab. 53: Einflussfaktoren des LZ und deren Ausprägung[471]

Die Bandbreitendefinition erfolgt für den LZ in Abhängigkeit der Lagequalität:

Lage (ROR-Rating)	Modellgrenzen des Liegenschaftszinssatzes			
	Minimum Wohnen	Maximum Wohnen	Minimum Gewerbe	Maximum Gewerbe
Sehr gut (< 2)	2,75%	6,00%	3,75%	7,00%
Gut (>= 2 < 4)	3,00%	7,00%	4,00%	8,00%
Mittel (>= 4 < 6)	3,50%	8,00%	4,5%	9,00%
Mäßig (>= 6 < 8)	4,00%	8,50%	5,00%	9,50%
Schlecht (>= 8)	5,00%	10,00%	6,00%	11,00%

Tab. 54: Definition der Modellgrenzen des LZ[472]

Zur Verdeutlichung wird beispielhaft die Ermittlung eines LZ-Erwartungswertes und dessen Bandbreitendefinition vorgenommen:

Objektinformationen: Düsseldorf, Baujahr 1952, 75 WE, Leerstand: 7%, ROR-Rating: gut, Differenz des Mietniveaus zur ROR-Region -8,6%.

[470] Als Intervallgrenze werden ±10% gewählt.

[471] Eigene Darstellung

[472] Eigene Darstellung

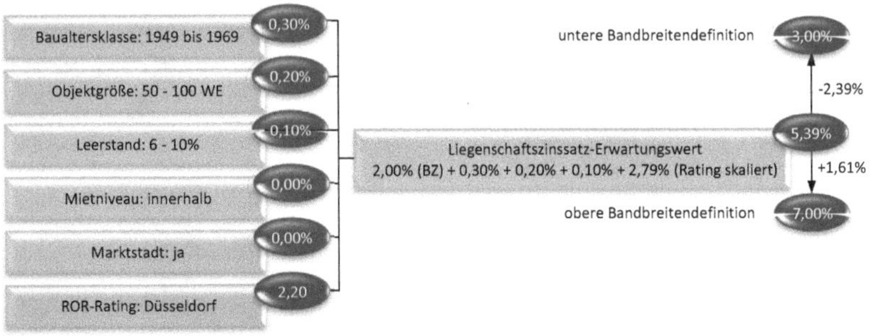

Abb. 35: Beispiel für die Ermittlung eines LZ-Erwartungswertes und dessen Grenze[473]

4.2.3 Operationalisierung des Parameters „Restnutzungsdauer"

Für neuwertige Immobilien gestaltet sich die Ermittlung der wirtschaftlichen Restnutzungsdauer für wohnwirtschaftliche Objekte einfach: Von einer Gesamtnutzungsdauer von 80 Jahren werden die bereits vorhandenen Nutzungsjahre abgezogen. Je älter jedoch die Immobilie ist, umso fehleranfälliger wird diese pauschale Vorgehensweise, da dieser Differenzwert vom Gutachter dem Instandhaltungszustand (bzw. bereits erfolgten (Teil-)Sanierungen) entsprechend korrigiert werden muss.

Als Indikation einer Zustandsbeurteilung kann die Differenz zwischen vorhandenem Mietniveau und dem erzielbaren Marktniveau dienen. Dies wird in dem Modell entsprechend berücksichtigt. Die Modellgrenzen nehmen jedoch mit dem Alter der Immobilie erheblich zu. Als untere Grenze der wirtschaftlichen Restnutzungsdauer werden 30 Jahre angesetzt, da Gutachter diese Grenze i.d.R. nicht unterschreiten, allenfalls bei einer Liquidationswertbetrachtung.[474] Somit lautet die Formel für den Modellansatz der Restnutzungsdauer:

$$RND = GND - NJ + KF \; ; \; RND \geq 30\,Jahre \wedge RND \leq 80\,Jahre \quad (32)$$

Formel (32) : Modellansatz des Bodenwertes

mit

RND = *Restnutzungsdauer*

GND = *Gesamtnutzungsdauer*

NJ = *Nutzungsjahre*

KF = *Korrekturfaktor*

---

473 Eigene Darstellung

474 Wird die Restnutzungsdauer unterhalb 30 Jahren angesetzt, hat dies erhebliche Konsequenzen auf die Finanzierungskonditionen, da kein Beleihungswert ausgewiesen werden kann und somit eine Refinanzierung durch die Ausgabe von Pfandbriefen nicht möglich ist.

Nachfolgend werden die Korrekturgrößen auf die rechnerische Restnutzungsdauer in Abhängigkeit des Mietniveaus und die Modellgrenzen dargestellt.

Einflusskomponente Baualtersklasse	Korrektur der Restnutzungsdauer in Abhängigkeit der Baualtersklasse			Modellgrenzen der Restnutzungsdauer	
	Mietniveau bis -10%	Mietniveau bis -20%	Mietniveau > -20%	Minimum	Maximum
vor 1900	60 Jahre	45 Jahre	30 Jahre	25 Jahre	70 Jahre
1901 - 1918	60 Jahre	45 Jahre	30 Jahre	25 Jahre	70 Jahre
1919 - 1948	35 Jahre	25 Jahre	15 Jahre	25 Jahre	70 Jahre
1949 - 1969	20 Jahre	10 Jahre	5 Jahre	25 Jahre	70 Jahre
1970 - 1979	5 Jahre	3 Jahre	0 Jahre	40 Jahre	70 Jahre
1980 - 1999	0 Jahre	0 Jahre	0 Jahre	50 Jahre	72 Jahre
ab 2000	0 Jahre	0 Jahre	0 Jahre	70 Jahre	75 Jahre

Tab. 55: Korrektur der RND und Modellgrenzen[475]

4.2.4 Operationalisierung des Parameters „Bodenwert“

Bei der Ermittlung des Bodenwertes ist die Restnutzungsdauerspanne von 30 bis 50 Jahren relevant. Wie bereits ausgeführt, wird selten eine Restnutzungsdauer unter 30 Jahren angesetzt und ab 50 Jahren ist der Einfluss des Bodenwertes auf den Ertragswert vernachlässigbar.

Die Bodenwertermittlung erfolgt i.d.R. anhand von Bodenrichtwerten, welche flächendeckend mit mehr oder weniger vorhandenem Detailierungsgrad in Deutschland verfügbar sind. Der Aufwand, diese Datengrundlage im Modell zu verwenden, steht jedoch dem Qualitätsgewinn in keinerlei Verhältnis. Insbesondere, da die zweite wesentliche Komponente, die exakte Grundstücksgröße, bei den Objektangaben fehlt.

Im Modell müssen demnach sowohl die Grundstücksgröße als auch der Bodenwert anhand von Erfahrungswerten bzw. dem in Kapitel 3 aufgezeigten funktionalen Zusammenhang zwischen Netto-Kalt-Miete und dem Bodenwert hergeleitet werden.

Eine Indikation für die Grundstücksgröße erfolgt über die GFZ. Hierfür wird im ersten Schritt über sog. Nutzflächenfaktoren[476] die Geschossfläche überschlagen und im Folgenden die Grundstücksgröße über gängige Grundstücksausnutzungsverhältnisse[477] ermittelt.

Die Nutzflächenfaktoren für wohnwirtschaftliche Immobilien schwanken in der Fachliteratur zwischen 0,68 und 0,80.

475 Eigene Darstellung

476 Nutzflächenfaktor (NFF) = Wohnfläche (WF) / Geschossfläche (GF)

477 Übliche GFZ für größere wohnwirtschaftliche Wirtschaftseinheiten: 1,5

Auf Basis eigener Erfahrungswerte erfolgt eine Differenzierung in Abhängigkeit der Baujahresgruppen wie folgt:

Einflusskomponente Baualtersklasse	übliche Nutzflächenfaktoren und Bodenwertanteile in Abhängigkeit der Baualtersklasse		Modellgrenzen in Abhängigkeit des Marktwertes	
	Nutzflächenfaktor (NNF)	Bodenwertanteil	Minimum	Maximum
vor 1900	0,72	32,5%	15%	70%
1901 - 1918	0,73	34,7%	15%	70%
1919 - 1948	0,75	31,8%	15%	70%
1949 - 1969	0,76	24,6%	20%	65%
1970 - 1979	0,77	22,9%	20%	65%
1980 - 1999	0,80	20,7%	20%	65%
ab 2000	0,82	19,5%	25%	60%

Tab. 56: Nutzflächenfaktoren, Bodenwertanteile und Modellgrenzen[478]

Die Bodenwertermittlung im Modell lässt sich definieren:

$$BW = \underbrace{(222 \cdot NKM - 1.130)}_{Wertansatz} \cdot \underbrace{\frac{WFl}{NFF \cdot GAV}}_{Flächenansatz} \quad (33)$$

Formel (33) : Modellansatz des Bodenwertes

mit

BW	=	*Bodenwert*
NKM	=	*Netto-Kalt-Miete*
Wfl	=	*Wohnfläche*
NFF	=	*Nutzflächenfaktor*
GAV	=	*Grundstücksausnutzungsverhältnis*
		Modellansatz: GFZ = 1,5

Bei dem sich so rechnerisch ergebenden Bodenwert werden noch Plausibilitätskontrollen durchgeführt und ggf. Korrekturen vorgenommen. Dies betrifft den Bodenwertansatz pro m², welcher sich rechnerisch aus dem funktionalen Zusammenhang aus der Netto-Kalt-Miete ergibt und der Bodenwertverzinsung in Bezug auf den Jahresreinertrag.[479]

[478] Eigene Darstellung

[479] Bei einer GFZ von 1,5 wird ein Mindestansatz von EUR 100,-/m² Grundstücksfläche gewählt. Die Untergrenze der Bodenwertverzinsung, bezogen auf den Jahresreinertrag, wird mit 20% festgelegt.

4.2.5 Operationalisierung des Parameters „Bewirtschaftungskosten"

Beim Bewirtschaftungskostenansatz liegt die größte Unsicherheit bei den Instandhaltungskosten. Analog der objektspezifischen Restnutzungsdauer gilt hierbei, dass die Unsicherheit mit zunehmendem Gebäudealter steigt, mangels Kenntnis des Objektzustandes bzw. bereits erfolgter (Teil-)Sanierungen. Auch hier wird die Differenz zwischen dem Mietniveau und der Marktmiete als Indikator für den Gebäudezustand gesehen und entsprechend im Ansatz der Instandhaltungskosten gewürdigt.

Der Bewirtschaftungskostenansatz orientiert sich im Modell an der II. BV § 28 Abs. 2 bis 5 (siehe Kapitel 3.5.1). Diese Regelansätze werden anhand von Kriterien verifiziert, da die II. BV bereits erfolgte Sanierungen in den Regelkostenansätzen nicht berücksichtigt. Auch wird in den Ansätzen nicht berücksichtigt, dass die Verwaltungskosten bei größeren Wohnanlagen in der Regel niedriger sind als bei Mehrfamilienhäusern mit weniger Einheiten.[480]

Nachfolgend werden die Bewirtschaftungskosten in Abhängigkeit verschiedener Einflusskomponenten und deren Modellgrenzen dargestellt:

Einflusskomponente Baualtersklasse	Instandhaltungskosten in Abhängigkeit der Baualtersklasse			Modellgrenzen der Restnutzungsdauer	
	Mietniveau bis -10%	Mietniveau bis -20%	Mietniveau > -20%	Minimum	Maximum
vor 1900	13,00 €	14,00 €	15,00 €	8,00 €	19,00 €
1901 - 1918	12,00 €	13,00 €	14,00 €	8,00 €	19,00 €
1919 - 1948	11,00 €	12,00 €	13,00 €	8,00 €	19,00 €
1949 - 1969	10,00 €	11,00 €	12,00 €	7,50 €	17,50 €
1970 - 1979	9,00 €	10,00 €	11,00 €	7,00 €	16,00 €
1980 - 1999	8,00 €	8,50 €	9,00 €	6,50 €	15,00 €
ab 2000	7,00 €	7,50 €	8,00 €	6,00 €	12,00 €

Einflusskomponente Objektgröße	Verwaltungskosten in Abhängigkeit der Baualtersklasse		Modellgrenzen der Verwaltungskosten			
	Wohnen	Gewerbe	Minimum Wohnen	Maximum Wohnen	Minimum Gewerbe	Maximum Gewerbe
1 - 3	265 €	4 % RoE	240 €	290 €	3% RoE	6% RoE
4 - 20	260 €	4 % RoE	230 €	280 €	3% RoE	6% RoE
21 - 50	255 €	4 % RoE	220 €	270 €	3% RoE	6% RoE
50 - 100	250 €	4 % RoE	210 €	265 €	3% RoE	6% RoE
> 100	245 €	4 % RoE	200 €	260 €	3% RoE	6% RoE

[480] Verwaltungskostenansätze erfolgen in der Praxis pro Anzahl Wohnungen oder prozentual auf den Rohertrag. Bei letzterer Vorgehensweise orientiert sich der Gutachter häufig an den tatsächlich angefallenen Kosten der letzten Jahre, die vom Eigentümer zur Verfügung gestellt werden, und plausibilisiert diese anhand von Erfahrungswerten.

Einflusskomponente Leerstandsrisiko	Mietausfallwagnis in Abhängigkeit des Leerstandsrisikos		Modellgrenzen Mietausfallwagnis (bezogen auf den RoE)			
	Wohnen	Gewerbe	Minimum Wohnen	Maximum Wohnen	Minimum Gewerbe	Maximum Gewerbe
sehr gering	2,0% RoE	2,50% RoE	2,00%	3,00%	2,50%	3,75%
gering	2,5% RoE	3,13% RoE	2,00%	4,00%	2,50%	5,00%
mittel	3,0% RoE	3,75% RoE	2,50%	5,00%	3,13%	6,25%
hoch	4,0% RoE	5,00% RoE	3,00%	7,00%	3,75%	8,75%
sehr hoch	5,0% RoE	6,25% RoE	3,50%	8,00%	4,38%	10,00%

Tab. 57: Bewirtschaftungskostenansätze und Modellgrenzen[481]

4.2.6 Operationalisierung des Parameters „Sonderwert"

Häufig wertrelevante Einflüsse wie z.B. Grundbuchlasten, Grundstücksreserven, Bauschäden, etc. können im Modell nicht operationalisiert werden. Lediglich beim Instandhaltungsstau gibt es Indikatoren, welche auf einen vorhandenen Stau hinweisen – entsprechende Baujahresklasse, das Mietniveau im Abgleich zur Marktmiete und der vorhandene Leerstand.

Die Wahrscheinlichkeit eines vorhandenen Instandhaltungsstaus nimmt mit dem Baualter, vorhandenem Leerstand und Abweichung der Sollmiete zum vorhandenen Mietniveau zu.

$$P_{Instandhaltungsstau} = \sum_{i=1}^{3} P(A_i) \qquad (34)$$

Formel (34) : Wahrscheinlichkeit von Instandhaltungsstau

mit

$P_{Instandhaltungsstau}$ = *Wahrscheinlichkeit von vorhandenem Instandhaltungsstau*
A_i = *jeweilige Wahrscheinlichkeitsausprägung der Einflusskomponente*

Folgende Annahmen und Modellgrenzen werden dem Modell zugrunde gelegt:

Einflusskomponente Baualtersklasse	Ansatz
vor 1900	10%
1901 - 1918	10%
1919 - 1948	15%
1949 - 1969	20%
1970 - 1979	10%
1980 - 1999	5%
ab 2000	0%

Einflusskomponente Mietniveau	Ansatz
bis -10%	0%
von -10% bis -20%	5%
von -20% bis -30%	15%
von -30% bis -40%	30%
von -40% bis -50%	40%
ab -50%	60%

Einflusskomponente Leerstand	Ansatz
bis 10%	5%
von 10% bis 25%	10%
ab 25%	20%

[481] Eigene Darstellung

Modellgrenzen Instandhaltungsstau in Abhängigkeit des Jahresrohertrages		
	Minimum	Maximum
vor 1900	0,00	3,50
1901 - 1918	0,00	3,25
1919 - 1948	0,00	3,00
1949 - 1969	0,05	2,75
1970 - 1979	0,10	2,50
1980 - 1999	0,05	1,75
ab 2000	0,00	0,50

Tab. 58: Instandhaltungsstau und Modellgrenzen[482]

Die ermittelten Wahrscheinlichkeiten werden zur Quantifizierung mit einem allgemeinen Regelkostenansatz zur Beseitigung von Instandhaltungsstau von € 150,-/m² Wfl. multipliziert.

Ein Beispiel soll diese Vorgehensweise verdeutlichen:

Objektinformationen: Baujahr 1972, 75 WE, 2.500 m² Wohnfläche, 6% Leerstand, Differenz des Mietniveaus zur ROR-Region -14,2 %, RoE € 50.000 p.a.

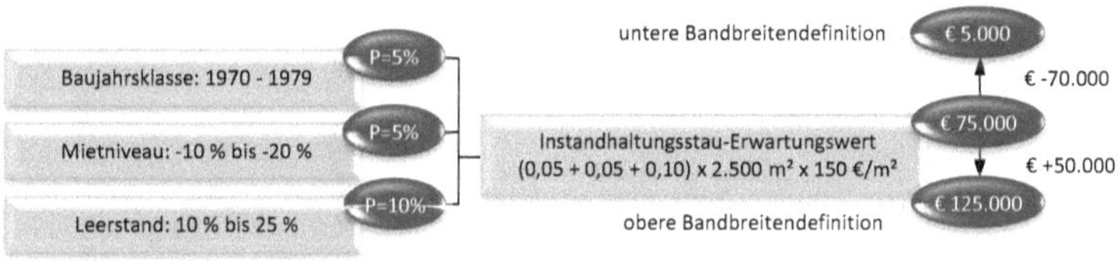

Abb. 36: Beispiel für die Ermittlung eines Instandhaltungsstau-Erwartungswertes[483]

4.3 Datenerhebung

In den vorangegangenen Kapiteln wurde bereits detailliert dargestellt, dass verschiedene Bewertungsparameter maßgeblich von der Lagequalität beeinflusst werden.

Als Basisabgrenzung zur Beurteilung der Lagequalität werden die 97 Raumordungsregionen des BBR herangezogen.[484] Für diese funktionale Gliederung stehen umfangreiche, öffentlich zugängliche makroökonomische Daten zur Verfügung.

---

482 Eigene Darstellung

483 Eigene Darstellung

484 Für eine deutschlandweite Darstellung der Raumordnungsregionen siehe Anhang 27.

Für die Verwendung im Modell reicht jedoch eine qualitative Beurteilung der Lage nicht, sondern erfordert vielmehr eine absolute Größenordnung, um insbesondere bei der Operationalisierung des Liegenschaftszinssatzes verwendet werden zu können. Diese Quantifizierung erfolgt in einem eigens entwickelten Ratingsystem, dessen Konzeption (ökonometrisches Modell[485]) nachfolgend vorgestellt wird.

Abgeschlossen wird das Kapitel Datenerhebung durch die Erläuterung der gewählten Verteilungsfunktionen der als unsicher einzustufenden Bewertungsparameter.

4.3.1 Indikatoren der Marktfaktoren

Im Kapitel 2.3 wurden die Marktfaktoren bereits erläutert. Nachfolgende Tabelle beschränkt sich daher auf die Bezugsgröße und Datenquelle der verschiedenen, in das ökonometrische Modell eingehenden Indikatoren und stellt qualitativ den Einfluss auf den Marktwert dar:

Indikator	Bezug	Datenquelle	Einfluss auf den Marktwert
Ökonomische Basis und Flächennachfrage			
Anzahl der Haushalte	Einwohnerzahl, 2008	Statistisches Bundesamt	↑
Prognose der Haushalte	%, Haushalte, ø 2005 - 2025	BBSR	↑
Haushaltseinkommen	€, Haushalte, ø 2005	BBSR	↑
Arbeitslosenquote	%, Erwerbspersonen ø 2005	BBSR	↓
Politische Rahmenbedingungen und weiche Standortfaktoren			
Zufriedenheit am Wohnort	%, Befragte Altersgruppe, 2005/2006	PERSPEKTIVE-DEUTSCHLAND	↑
Investitions- und Flächenmarkt			
Mietpreisniveau	€/m² Wohnfläche, 2007	BBSR	↑
Bautätigkeit Mehrfamilienhäuser	Anzahl Wohnungen je 1000 Einw., 2004-2006	BBSR	↑
Prognose Nachfrage Mehrfamilienhäuser	Anzahl Wohnungen je 1000 Einw., 2005-2020	BBSR	↑
Prognose Leerstandsrisiko Mehrfamilienhäuser	5-stufige qualitative Einschätzung, 2005-2020	BBSR	↓

Tab. 59: Marktfaktoren mit Bezugsgröße, Datenquelle und Einflussindikation[486]

[485] Die Ökonometrie (Verknüpfung von Wirtschaftstheorie und der Wirtschaftsrealität) entstand in den 30er Jahren als Teilgebiet der Wirtschaftswissenschaften. Gegenstand der Ökonometrie ist die Analyse ökonomischer Strukturen und die mathematische Formulierung ökonomischer Modelle.

[486] Eigene Darstellung

4.3.2 Datensatz und deskriptive Statistik

Als Datenquelle für den Indikator „Zufriedenheit am Wohnort“ dient die empirischen Studie PERSPEKTIVE DEUTSCHLAND. Die Gliederung erfolgt dort in 117 sog. regionale Erfolgsfaktoren. Diese basierend letztlich auf den ROR und lassen sich über ein Matching-Verfahren diesen auch wieder zuordnen (siehe Anhang 28).

Eine detaillierte Übersicht der Zufriedenheit am Wohnort, der ökonometrischen Basis und Flächennachfrage sowie dem Investitions- und Flächenmarkt findet sich in Anhang 29-31.[487]

Die Anhänge zeigen auch farblich differenziertes Kartenmaterial des BBSR, welches die regionalen Unterschiede verdeutlicht und die Ableitung von regionalen Tendenzen erlaubt.

Diese bestätigen unter anderem die in Kapitel 2.3 aufgeführten grundlegenden Zusammenhänge der Preisbildung am deutschen Wohnungsmarkt: Die erheblichen regionalen Unterschiede zwischen Nord- und Süddeutschland sowie Ost- und Westdeutschland und die Dominanz der positiven Indikatoren in Bayern und Baden-Württemberg. Auch wird die schlechte Prognose der Preisbildungsfaktoren in den Neuen Bundesländern besonders transparent.

Nachfolgende Tabelle gibt zusammenfassend die Mittelwerte, deren Standardabweichungen und das Maximum/Minimum der Marktindikatoren der 97 Raumordnungsregionen wieder:

Indikator	Mittelwert	Standardabweichung	Maximum	Minimum
Ökonomische Basis und Flächennachfrage				
Anzahl der Haushalte	407.560	321.325	1.902.085	104.942
Prognose der Haushalte	+ 4,13%	9,51%	+ 18,5%	- 18,7%
Haushaltseinkommen	EUR 17.132	EUR 2.089	EUR 22.908	EUR 13.503
Arbeitslosenquote	12,12%	4,84%	23,8%	5,5%
Politische Rahmenbedingungen und weiche Standortfaktoren				
Zufriedenheit am Wohnort	67,46	12,87	84	30
Investitions- und Flächenmarkt				
Mietpreisniveau	EUR 5,58	EUR 0,97	10,30	4,40
Bautätigkeit MFH (Whgen / 1.000 Einohner)	0,68	0,51	4	0,1
Prognose Nachfrage MFH (Whgen / 1.000 Einwohner)	1,28	0,76	3,1	0
Prognose Leerstand	-	-	sehr hoch	sehr gering

Tab. 60: Statistische Auswertung der Marktindikatoren der 97 Raumordnungsregionen[488]

[487] Anhang 29 zeigt die Ergebnisse der Studie PERSPEKTIVE DEUTSCHLAND; Anhang 30 die Indikatoren der ökonomischen Basis und Flächennachfrage und Anhang 31 den Investitions- und Flächenmarkt.

[488] Eigene Berechnung und Darstellung.

4.3.3 Vorhandene Korrelationen

Korrelationen zwischen den einzelnen Indikatoren müssen analysiert und bei der Gewichtung im Scoringmodell berücksichtigt werden. Eine Korrelationsanalyse der einzelnen Marktindikationen zeigt folgendes Ergebnis:

		PD-Studie	Ökonometrische Basis und Flächennachfrage				Investitions- und Flächenmarkt			
		Zufriedenheit am Wohnort	Anzahl der Haushalte	Prognose Haushalte	Haushaltseinkommen	Arbeitslosenquote	Mietpreisniveau	Bautätigkeit MFH	Prognose Nachfrage MFH	Prognose Leerstand
PD-Studie	Zufriedenheit am Wohnort	1,000								
Ökonometrische Basis und Flächennachfrage	Anzahl der Haushalte	0,1808	1,0000							
	Prognose der Haushalte	**0,8959**	0,1321	1,0000						
	Haushaltseinkommen	0,7789	0,3680	0,6650	1,0000					
	Arbeitslosenquote	**-0,8794**	0,0023	-0,8202	-0,7376	1,0000				
Investitions- und Flächenmarkt	Mietpreisniveau	0,5699	0,5006	0,5825	0,6454	-0,4387	1,0000			
	Bautätigkeit MFH	0,5003	0,3679	0,5149	0,5575	-0,4061	0,8234	1,0000		
	Prognose der Nachfrage	**0,8973**	0,2854	**0,9166**	0,7498	-0,8167	0,6786	0,6339	1,0000	
	Prognose des Leerstands	-0,8304	-0,2937	**-0,8910**	-0,6810	0,6917	-0,6670	-0,5399	**-0,8793**	1,0000

Tab. 61: Korrelationsanalyse der Marktindikatoren[489]

Die Korrelationsmatrix zeigt eine hohe Korrelation der Zufriedenheit am Wohnort mit der Prognose der Haushalte, Arbeitslosenquote und Prognose der Nachfrage an Wohnungen.

Ebenfalls eine hohe Korrelation zeigt die Leerstandsprognose mit der Prognose an Haushalten und der Prognose der Nachfrage an Wohnungen.

Diese erkannten Korrelationen werden in dem ökonometrischen Modell entsprechend berücksichtigt – die Vorstellung dessen erfolgt im nächsten Kapitel.

[489] Eigene Berechnung und Darstellung.
Eine graphische Darstellung der einzelnen Indikatoren und deren Korrelationen sind in Anhang 32 ersichtlich.

4.3.4 Ökonometrisches Modell

Auf Basis der analysierten Daten wird nachfolgend ein ökonometrisches Modell entwickelt. Die Struktur und Interpretation erfolgt über die Regression[490] (ökonometrisches Eingleichungsmodell):

$$y_{Rating} = k + \sum_{i=1}^{n} \beta_i \cdot x_i + \delta + \varepsilon \qquad (35)$$

Formel (35) : Regression des ökonometrischen Modells

mit

y	=	*Rating (abhängige Variable)*
x	=	*Score des Indikators (unabhängige Variable)*
k	=	*Konstante, falls die anderen erklärenden Variablen = 0 sind*
δ	=	*Prognoseterm*
β	=	*Gewichtung*
ε	=	*Fehlerterm bzw. Zufallsterm*

Im ersten Schritt wird die Amplitude aller Werte eines Indikators einer Skala von 1 bis 10 gegenübergestellt. Teilweise wurden obere Schranken („Deckel") und/oder untere Schranken („Böden") eingezogen, um eine bessere Streuung der Punkte zu erhalten. Jedem Indikator wird so ein Score, abhängig von der ROR, zugewiesen.

Im nächsten Schritt müssen die Indikatoren untereinander gewichtet werden. Hieraus resultiert das Ratingergebnis einer ROR, welches noch um einen separat ermittelten Prognoseterm variiert wird. Ein Fehler- bzw. Zufallsterm wird vernachlässigt.

Die so ermittelten Ratingergebnisse werden abschließend neu skaliert.[491] Diese Skalierung erübrigt den Ansatz einer separaten Konstante auf ROR-Ebene gemäß Regressionsgleichung.

Diese aufgezeigten Schritte werden nachfolgend erläutert, insbesondere wird auf die dynamische Gewichtung der Indikatoren eingegangen.

490 Regressionsmodelle zählen zu den sog. multivariaten Modellen in der Ökonometrie.

491 Die Vorgehensweise erfolgt analog den Ausführungen in Kapitel 4.2.2 (Skalierung des ROR-Ratings).

Die Standard-Indikatorengewichtung erfolgt gemäß nachfolgender Darstellung:

Basis-Indikator	Standardgewichtung	Prognose-Indikator	Standardgewichtung
Zufriedenheit am Wohnort	25%	Prognose der Haushalte	30%
Anzahl der Haushalte	30%	Prognose Nachfrage MFH	30%
Haushaltseinkommen	10%	Prognose Leerstand	40%
Arbeitslosenquote	5%[492]		
Mietpreisniveau	20%		
Bautätigkeit MFH	10%		
Summe	100%	Summe	100%

Tab. 62: Standardgewichtung der Indikatoren[493]

Innerhalb des ökonometrischen Modells wird noch eine dynamische Wichtung berücksichtigt. Hierbei wird mittels eines Korrekturfaktors Einfluss auf die Kriterienwichtung genommen, je nach Abweichung der Ausprägung vom Mittelwert. Die dynamische Wichtung verhindert bei der ökonometrischen Regression, dass sich beispielsweise eine sehr schlechte Ausprägung durch andere positive Ausprägungen egalisieren – anders ausgedrückt, werden Kriterien umso wichtiger, je deutlicher sie in ihrer Ausprägung vom Mittelwert abweichen.

Nachfolgende Graphik stellt die Korrekturfaktoren für ein 10- bzw. 5-stufige Rating dar:

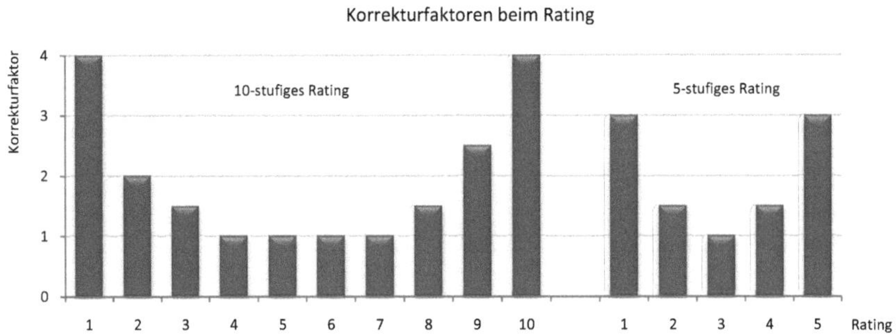

Abb. 37: Abhängigkeit der Höhe des Korrekturfaktors[494]

Im letzten Schritt werden die historischen Indikatoren mit den Prognoseindikatoren kombiniert. Gegenüber dem Basisrating wird das Prognoserating im Gesamtrating untergewichtet, da Prognosewerte über eine deutlich geringere Aussagekraft verfügen.

492 Geringe Gewichtung aufgrund der hohen Korrelation mit der Zufriedenheit am Wohnort.

493 Eigene Darstellung

494 Eigene Darstellung

Die Prognoseindikatoren beeinflussen das abschließende Gesamtrating wie folgt:

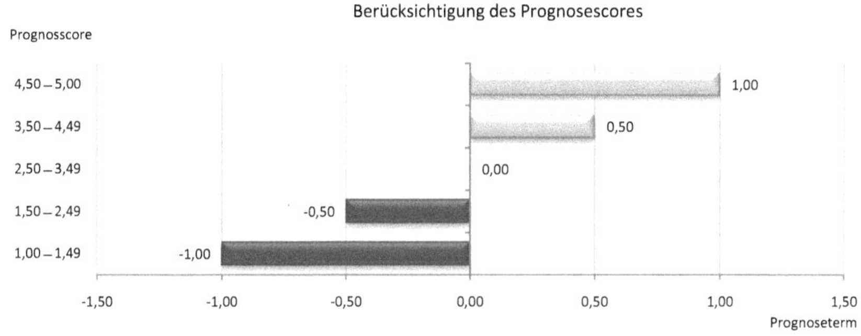

Abb. 38: Berücksichtigung des Prognosescores im ROR-Lagerating[495]

Um die Gesamtlogik des Ratingaufbaus und die Gewichtung mittels Korrekturfaktoren zu verdeutlichen, wird beispielhaft anhand der Raumordnungsregion Berlin das zugehörige Rating ermittelt:[496]

Basis-Indikator	Score ROR	Gewichtung	Korrekturfaktor		Gewichtung neu	Basisrating
Zufriedenheit Wohnort	5	25%	1,0	25% x 1,0 = 25%	25 / 250 = 10%	0,50
Anzahl der Haushalte	1	30%	4,0	30% x 4,0 = 120%	120 / 250 = 48%	0,48
Haushaltseinkommen	9	10%	2,5	10% x 2,5 = 25%	20 / 250 = 10%	0,90
Arbeitslosenquote	10	5%	4,0	5% x 4,0 = 20%	20 / 250 = 8%	0,80
Mietpreisniveau	7	20%	1,0	20% x 1,0 = 20%	20 / 250 = 8%	0,56
Bautätigkeit MFH	10	10%	4,0	10% x 4,0 = 40%	40 / 250 = 16%	1,60
Summe		100%		250%	100%	4,84

Prognose-Indikator	Score ROR	Gewichtung	Korrekturfaktor		Gewichtung neu	Prognoserating
Prognose Haushalte	2	30%	1,5	45%	45 / 135 = 33%	0,67
Prognose Nachfrage	3	30%	1,0	30%	30 / 135 = 22%	0,67
Prognose Leerstand	2	40%	1,5	60%	60 / 135 = 44%	0,89
Summe		100%		135%	100%	2,23

ROR-Rating Berlin	Basisrating	Prognoserating	Gesamtrating
	4,84	2,23 ≙ -0,5	**4,34**

Tab. 63: Beispiel für die Systematik des Lageratings[497]

[495] Eigene Darstellung

[496] Anhang 33 zeigt die Ratingergebnisse für alle ROR.

Die Ergebnisse der so für die 97 ROR ermittelten Ratings sind in Anhang 33 wiedergegeben – sie dienen der Lagebeurteilung im Rahmen der Operationalisierung der Bewertungsparameter.

Im letzten Schritt werden die Ratingergebnisse neu skaliert. Verschiedene Validierungen[498] haben gezeigt, dass die Ratingwerte nicht 1:1 in das Operationalisierungsmodell für den LZ eingehen können – bei einem guten Rating ist der entsprechende Anteil zu gering, bei schlechtem Rating zu hoch. Eine Skalierung mittels linearer Regression innerhalb einer Spanne von 2,5 bis 4,0 führt zu deutlich besseren Ergebnissen und wird entsprechend im Modell umgesetzt.

4.3.5 Wahrscheinlichkeitsverteilungen der unsicheren Parameter

Es werden 3 verschiedene Verteilungsfunktionen für die unsicheren Bewertungsparameter gewählt – die Gleichverteilung, die Dreiecksverteilung und die BetaPERT-Verteilung. Diese Verteilungen eignen sich besonders zur Modellierung von sog. Expertenmeinungen[499], d.h. diese werden häufig gewählt, falls keine oder nur wenige empirische Daten über den genauen Verteilungstyp vorliegen.

Die Gleichverteilung nimmt für jeden Wert eines definierten Intervalls die gleiche Dichte an. Sie eignet sich besonders für die Modellierung von Variablen, für deren Verteilung keinerlei Wissen verfügbar ist bzw. sich kein Erwartungswert innerhalb der Spanne definieren lässt.

Nachfolgendes Beispiel zeigt eine Gleichverteilung mit einer Spanne von 3,5% bis 8,0%:

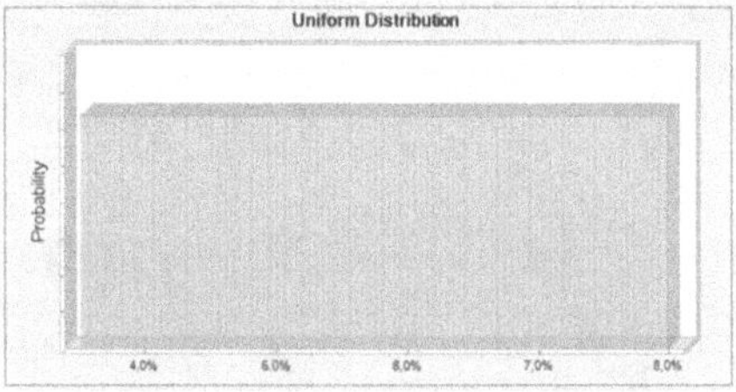

Abb. 39: Beispiel einer Gleichverteilung[500]

Die Dreiecksverteilung wird durch 3 Parameter definiert: das Minimum, den wahrscheinlichsten Wert sowie das Maximum. Dieser Verteilungstyp wird gewählt, wenn die 3 Parameter approximiert werden können, jedoch kein Wissen über die Verteilung dieser Parameter vorliegt. Der geradlinige Verteilungsverlauf symbolisiert diese fehlende Kenntnis.

---

497 Eigene Darstellung

498 Hierfür wurden nicht die Objekte des Beispielportfolios verwendet, um die Aussagekraft der Ergebnisse nicht zu verfälschen.

499 Aufgrund von Erfahrungswerten nach „bestem Wissen" geschätzt.

500 Screenshot Crystal Ball®

Die BetaPERT-Verteilung ist letztlich eine abgewandelte Beta-Verteilung. Der Vorteil der BetaPERT-Verteilung besteht darin, dass analog der Dreiecksverteilung lediglich das Minimum, wahrscheinlichster Wert und das Maximum spezifiziert werden müssen. Der Unterschied zur Dreiecksverteilung besteht darin, dass der wahrscheinlichste Wert deutlich übergewichtet wird. Dieser Verteilungstyp wird folglich verwendet, wenn die Eintrittswahrscheinlichkeit des Erwartungswertes deutlich höher liegt als das gewählte Minimum bzw. Maximum, die Wahrscheinlichkeitsstruktur jedoch stochastisch nicht bestimmbar ist.

Nachfolgendes Beispiel zeigt eine Dreiecksverteilung und eine BetaPert-Verteilung mit einer Spanne von 3,5% bis 8,0% mit einem wahrscheinlichsten Wert von 6,7%:

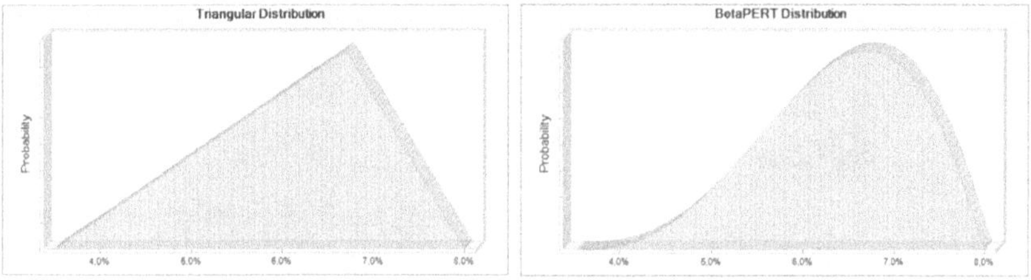

Abb. 40: Beispiel einer Dreiecksverteilung und einer BetaPERT-Verteilung[501]

Nachfolgende Tabelle zeigt, welche Verteilungsfunktion für welchen Bewertungsparameter gewählt wurde:

Bewertungsparameter	Verteilungsfunktion	Begründung, falls keine BetaPert-Verteilung
Liegenschaftszinssatz	BetaPERT	
Restnutzungsdauer	BetaPERT	
Bodenwert	BetaPERT	
Verwaltungskosten	Gleichverteilung	Ein ausgeprägter Erwartungswert lässt sich nicht definieren, da die Wertansätze der Gutachter zu heterogen sind.
Instandhaltungskosten	BetaPert	
Mietausfallrisiko Wohnen	BetaPert	
Mietausfallrisiko Gewerbe	Dreiecksverteilung	Keine Übergewichtung des Erwartungswertes sinnvoll, da eine genaue Kenntnis über die Art des Gewerbes und somit die Ausfallwahrscheinlichkeit vorliegt.
Sonderwert	BetaPert	

Tab. 64: Übersicht der Bewertungsparameter-Verteilungsfunktionen[502]

501 Screenshot Crystal Ball®

502 Eigene Darstellung

4.4 Modellimplementierung

Die computergestützte Umsetzung des formalen konzeptuellen Bewertungsmodells erfolgt mittels des Programms Microsoft® Excel[503]. Zusätzlich wird das Add-In Crystal Ball®[504] genutzt, eine auf Excel basierende Anwendungssuite, welches Berechnungsalgorithmen in Excel um Monte Carlo-Simulationen erweitert und die Darstellung in graphischer Form erheblich vereinfacht.

Die Darstellung der computergestützten Modellumsetzung erfolgt üblicherweise in einem Flussdiagramm. Der Übersichtlichkeit geschuldet, wird jedoch nur die Grobstruktur dargestellt, die einzelnen Matrizen und Rechenschritte können den vorangegangenen Ausführungen entnommen werden.

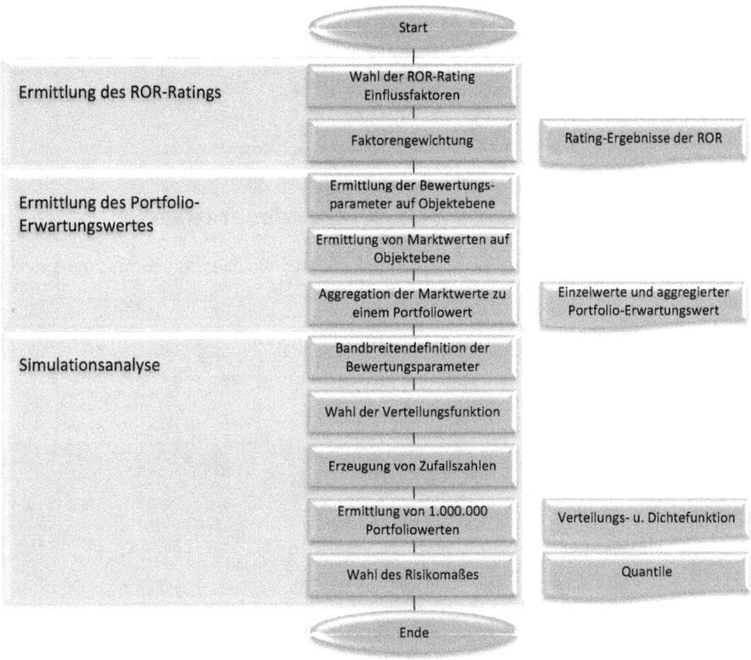

Abb. 41: Flussdiagramm des Grobmodells[505]

---

503 Excel ist ein eingetragenes Markenzeichen der Microsoft Corporation (USA).

504 Crystal Ball® ist ein eingetragenes Warenzeichen der Firma Decisioneering, Inc.

505 Eigene Darstellung

Zur weiteren Verdeutlichung der Modellumsetzung werden beispielhaft für ein Einzelobjekt die für eine Simulation notwendigen Daten bestimmt:

Bekannte Daten der Portfoliotransaktion pro Objekt

Objekt 012	Stadt	Anzahl Einheiten	Fläche [m²]	Stell-plätze	Anzahl Garagen	Baujahr	Istmiete [EUR p.a.]	Sollmiete [EUR p.a.]	Stellplatzmiete [EUR p.a.]
Wohnen	Neumünster	98	5.342	13	12	1955	327.240	327.240	8.820
Gewerbe		-	-	-	-	-	-	-	-

1 → Größe der Immobilie | Baualtersklasse | Leerstandsquote: 0% | Mietniveau : EUR 5,10 | 2

ROR-Rating

ROR Schleswig-Holstein-Mitte | Lagequalität: mittel | Lagerating: 5,97

Leerstandsrisiko: mittel | Mietniveau ROR: EUR 5,50 | Marktstadt: ja

3 → Mietniveaudifferenz ROR zu Ist: -7,18% | Toleranzspanne -10% bis +10%: innerhalb

4

Restnutzungsdauer: Baualtersklasse 1949 bis 1969 | Mietniveaudifferenz bis -10% | RND = 27 J. + 20 J. Korrektur

(vorläufiger) Bodenwert: Baualtersklasse 1949 bis 1969 | Nutzflächenfaktor: 0,76 | Regression Boden/Miete: 4 € | Mindestansatz: 100 € | Grundstücksgröße bei GFZ=1,5 | Bodenwert: 468.596 €

Bewirtschaftungskosten: Baualtersklasse 1949 bis 1969 | Objektgröße: 51 bis 100 Whgen | Leerstandsrisiko: mittel | Instandhaltung: 10 €/m² | Verwaltung: 250 €/Whg | Mietausfallwagnis 3 %

Liegenschaftszinssatz: Baualtersklasse 1949 bis 1969 | Objektgröße: 51 bis 100 Whgen | Leerstandsquote: 0% | Toleranzspanne: innerhalb | Basiszinssatz: 2,00% | LZ-Regression aus ROR-Rating | Marktstadt: ja | LZ = 2,00% + 3,15% + 0% + 0,30% + 0,30% + 0% + 0% = 5,75%

Instandhaltungsstau: Baualtersklasse 1949 bis 1969 | Mietniveaudifferenz bis -10% | Leerstandsquote: 0% | Instandhaltungsstau: 200.325 €

5 → **Erwartungswert** → 7 → **Simulationsanalyse**

Objekt 012

	Likeliest → 6 →	Minimum	Maximum	7
Jahresrohertrag Wohnen+Stellpl.				*336.060 €*
Jahresrohertrag Gewerbe				*0 €*
Bewirtschaftungskosten Wohnen				*89.162 €*
Instandhaltung	10 €	8 €	18 €	
Verwaltung	250 €	210 €	265 €	
Stellplatz pauschal (I+V)	20 €	15 €	75€	

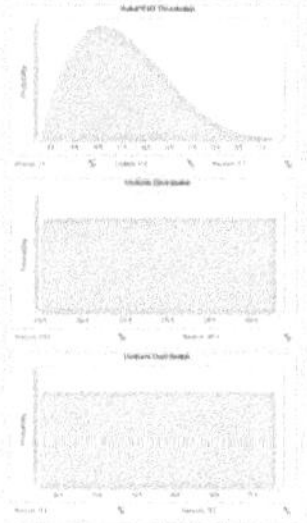

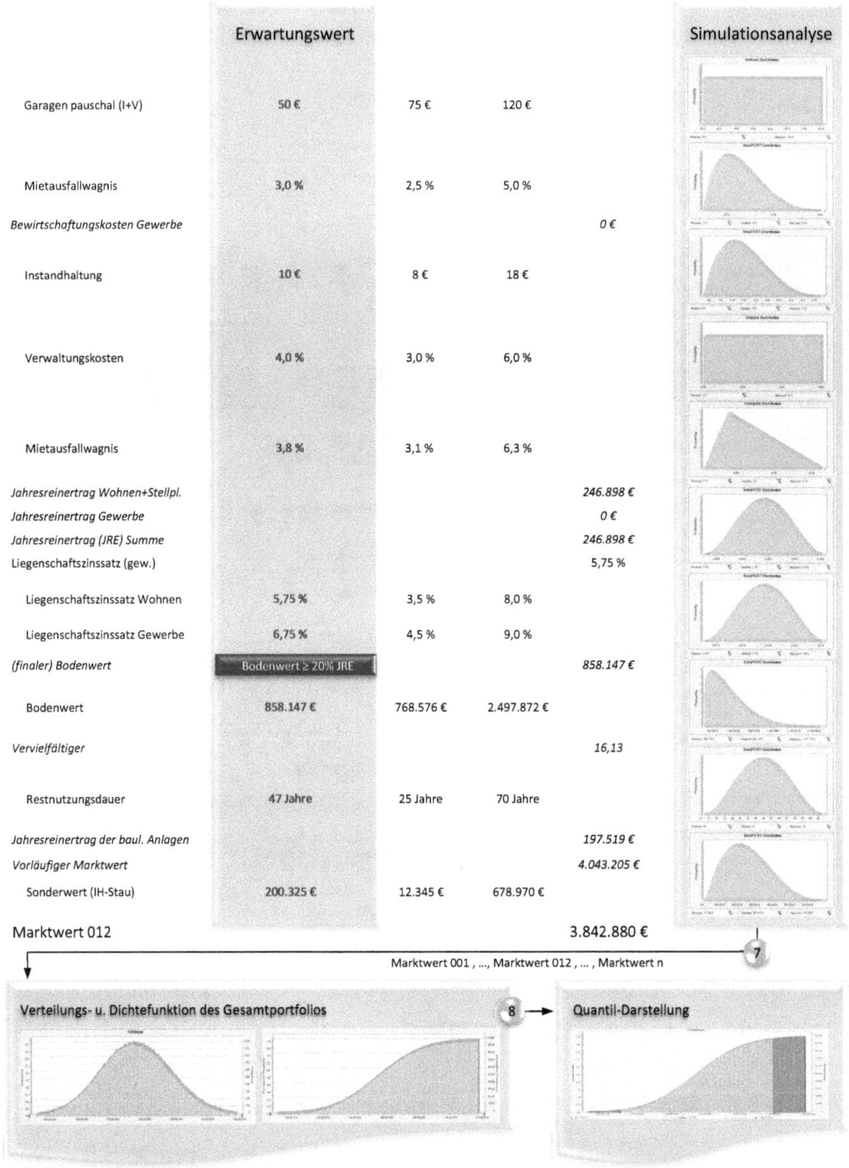

Abb. 42: Visualisierung des Modells[506]

[506] Eigene Darstellung mit Screenshots aus Crystal Ball®

Auf die Visualisierung der Bandbreitendefinition für den Minimum-/Maximum-Wert wurde in der Darstellung, der Übersichtlichkeit geschuldet, verzichtet.

Zum Abschluss des Kapitels „Modellimplementierung" werden die einzelnen Schritte der Abb. 42 in Kurzform erläutert:

1. Aus rudimentären Portfolioinformationen (bestehend aus *n* Objekten) lassen sich 5 bewertungsrelevante Objektfaktoren ableiten – Größe der Immobilie (Anzahl der Wohnungen), Baualtersklasse, vorhandenes Mietniveau und die Leerstandsquote. Entweder ist letztere Größe neben der Istmiete direkt angegeben oder lässt sich anhand der Differenz der Istmiete zur Sollmiete bezogen auf die Flächenangabe unmittelbar ermitteln.
2. Auf Basis der Stadtangabe wird die entsprechende ROR ermittelt und die jeweils spezifische Lagequalität, Leerstandsrisiko und Mietniveau bestimmt. Ebenfalls erfolgt eine Einschätzung hinsichtlich der Investmentmarkt-Attraktivität (Marktstadtzuordnung).
3. Ein Abgleich aus 1. und 2. liefert die Differenz aus dem Mietniveaus des Einzelobjektes mit der ROR und damit den relevanten Toleranzbereich der Abweichung
4. In diesem wesentlichen Modellschritt wird den Bewertungsparametern mittels diverser Matrizen (siehe Operationalisierungstabellen in Kapitel 4.2) ein Erwartungswert zugewiesen.
5. Die obere bzw. untere Bandbreitendefinition in Form von Minimum-/Maximumwerten erfolgt analog der Erwartungswertermittlung matrizengesteuert.
6. Die ermittelten Erwartung- und Minimum-/Maximumwerte werden einem strukturierten Ertragswertschema zugewiesen und an ein standardisiertes Simulationsmodell übergeben.
7. Für jedes Portfolio-Einzelobjekt wird gemäß definierter Wahrscheinlichkeitsverteilung (mit der jeweils definierten Bandbreite und wahrscheinlichsten Wert) auf Basis einer Zufallszahlen-Simulation ein Marktwert bestimmt. Ein Simulationslauf besteht demnach aus n verschiedenen Marktwerten, die zusammen jeweils einen Portfoliowert ergeben. Aus einer Vielzahl der so ermittelten Einzel-Portfoliowerte lässt sich die risikospezifische Verteilungs- und Dichtefunktion bestimmen.
8. Abschließend lassen sich aus der Dichtefunktion Quantile darstellen und somit den Vertrauensbereich definieren.

Im nächsten Kapitel wird dieses Modell an einem Praxisbeispiel getestet und verschiedene Validierungstests vorgenommen.

4.5 Modellbasierte Portfoliobewertung – Ein Praxistest

„Das Ganze ist mehr als die Summe seiner Teile.“[507]

In diesem Kapitel erfolgt die Analyse und Aufbereitung eines Praxisbeispiels. Hierzu werden 280 Einzelgutachten ausgewertet und in eine einheitliche Struktur gebracht, wie dies typischerweise bei einem Portfolio-Infomemorandum üblich ist. Die Bewertung erfolgt i.d.R. bei institutionellen Investoren auf der Ebene „Wirtschaftseinheit“, sodass eine Einzelbewertung häufig mehrere autarke Einzelimmobilien umfasst.[508]

Die Einzelbewertungen des Beispiel-Portfolios wurden nicht für Zwischenvalidierungen des Modellsystems herangezogen, da dies sonst das Ergebnis verfälschen würde bzw. die Ergebnisse des Praxistests nicht aussagekräftig wären.

4.5.1 Zusammenstellung des Beispiel-Portfolios

Insgesamt wurden für das Praxisbeispiel rd. 500 qualifizierte Einzelgutachten zusammengetragen. Diese stammen überwiegend von institutionellen Bestandshaltern und Finanzinstituten. Bewertungsanlässe waren die Erstellung von Gutachten als Grundlage für das Testat des Wirtschaftsprüfers für direkt gehaltenen Immobilienbestand einer Aktiengesellschaft bzw. Sondervermögen einer Kapitalanlagengesellschaft oder für Finanzierungszwecke.

Besonderer Wert wurde darauf gelegt, dass die Gutachten von qualifizierten Sachverständigen[509] erstellt wurden und somit einem hohen Qualitätsstandard genügen.

Desweiteren wurden ausschließlich Objekte ausgewählt, welche über einen maximalen Gewerbeanteil von 10% verfügen.[510] Als nicht geeignet wurden Objekte eingestuft, deren Wert maßgeblich durch Abteilung II-Lasten beeinflusst bzw. geprägt wurde.

Gemäß dieser Selektion ergab sich ein Gesamtportfolio bestehend aus 280 Einzelgutachten, die einzeln ausgelesen und in eine einheitliche Excel-Struktur gebracht wurden.

---

507 Aristoteles, griechischer Philosoph und Naturforscher *384 v. Chr., †322 v. Chr.

508 Häufig verfügen die Einzelimmobilien über verschiedene Baujahre. Im Rahmen der Aufbereitung einer einheitlichen Struktur wurden die Baujahre entsprechend dem Rohertrag gewichtet.

509 Hierzu zählen öffentlich bestellte Sachverständige und zertifizierte Sachverständige, welche ein Zertifizierungsverfahren gemäß ISO/IEC 17024 nachweisen können.

510 Der 10%-Anteil wurde auf den Rohertragsanteil der Immobilie bezogen. Bei einigen Objekten war es auch möglich, das Objekt um einen höheren gewerblichen Anteil zu bereinigen – hierzu musste das Gutachten jedoch eine hohe Transparenz aufweisen, damit ersichtlich war, ob z.B. der Bodenwertansatz durch die gewerbliche Nutzung erhöht wurde oder der wohnwirtschaftliche Mietansatz durch die gewerbliche Nutzung beeinflusst wurde.

Nachfolgendes Beispiel verdeutlicht diese standardisierte Darstellung:

Einheit	Adresse	Kurzbeschreibung	Lage	Anzahl WE	Anzahl GE	...	Marktwert
001	24937 Flensburg	Durchgrünte Wohnanlage mit gutem Anschluss an den ÖPNV	mittel	114	0		4.450.437 EUR
...	...	...	...	...	...	...	...
210	74072 Heilbronn	sanierter Altbau, lärmbeeinträchtigt durch nahe Bundesstraße	mittel	38	0	...	2.193.258 EUR
...	...	...	...	...	...	...	...
280	89073 Ulm	Gefragte Wohnlage in fussläufiger Entfernung zum Zentrum	gut	66	0	...	5.988.019 EUR
				25.737	90		1.847.040.352 EUR

Tab. 65: Standardisierte Darstellung des Beispiel-Portfolios[511]

Pro Einheit wurden 65 Einzelinformationen/Rechenergebnisse aus den Gutachten erfasst, so dass für die Analyse 18.200 Objektdetails zur Verfügung standen.

4.5.2 Struktur des Beispiel-Portfolios

Die detaillierte Struktur des Portfolios ist im Anhang 34 wiedergegeben – zusammengefasst gibt nachfolgende Tabelle einen Überblick:

Kenngröße	Anzahl / Summe
Wirtschaftseinheiten / Objektadressen	280 / rd. 1.650
Wohnungen / Wohnfläche	rd. 26.000 / rd. 1.750.000 m²
Anzahl Stellplätze / Garagen	rd. 13.000
Gewerbliche Einheiten / Nutzfläche	90 /rd. 13.500 m²
Jahres-Istmiete Wohnen / Gewerbe	rd. 121.600.000 EUR / rd. 1.400.000 EUR
Leerstand Wohnen	3,3 %
Raumordnungsregionen / Städte	34 / 61
Summe der Marktwerte	rd. 1.850.000.000 EUR

Tab. 66: Struktur des fiktiven Portfolios[512]

Mit 34 ROR-Regionen ist über ein Drittel der insgesamt 97 Regionen repräsentiert. Regionale Schwerpunkte, im fiktiven Portfolio Berlin und München, sind typisch für große Portfoliotransaktionen.

[511] Eigene Darstellung

[512] Eigene Darstellung

Die regionale Verteilung der 280 Wirtschaftseinheiten verdeutlicht Abb. 43:

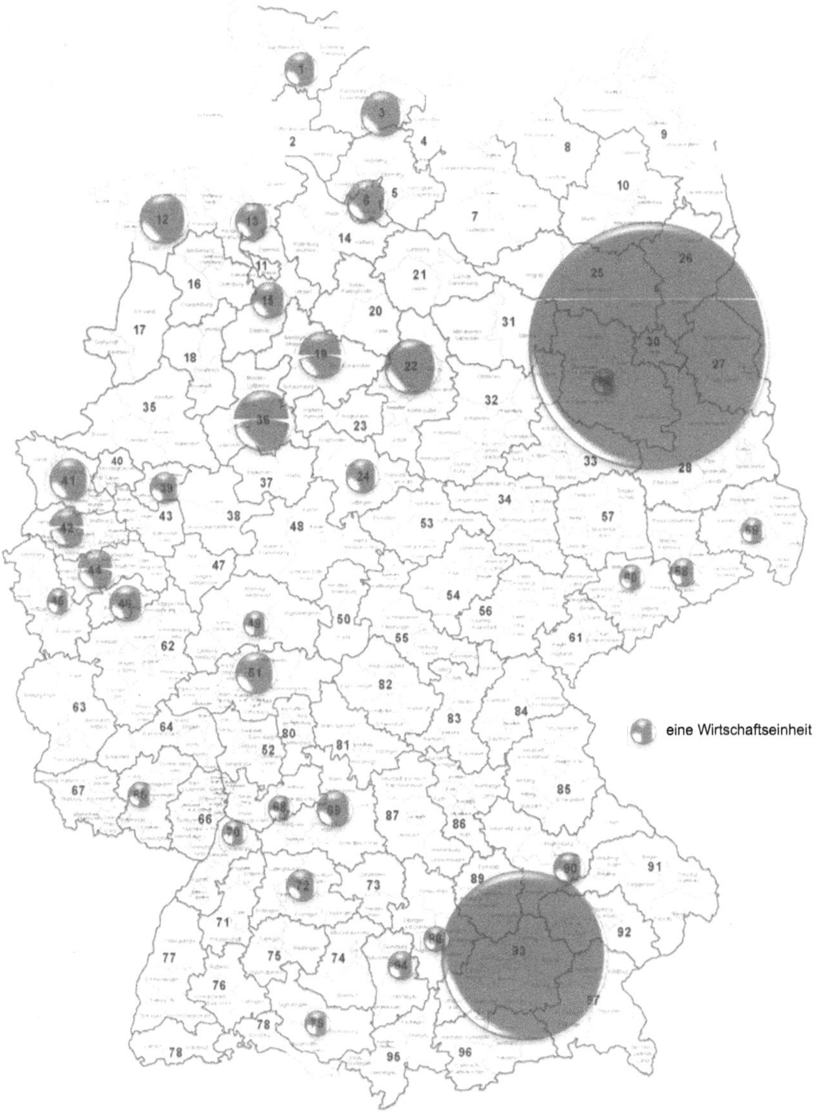

Abb. 43: ROR-Verteilung des Beispiel-Portfolios[513]

[513] Eigene Darstellung; Kartengrundlage: BBR

4.6 Simulation

In dieser Modellphase werden die Ergebnisse der Beispiel-Portfoliowertermittlung und Monte-Carlo-Simulation untersucht und interpretiert. Hierzu werden verschiedene Abweichungsanalysen erstellt und für weitere Validierungen das Portfolio in Teilportfolios aufgeteilt.

4.6.1 Ermittlung des Portfolio-Erwartungswert

Gemäß der Modellbeschreibung wird im ersten Schritt für jedes Einzelobjekt matrizengesteuert ein Erwartungswert ermittelt. Nachfolgende Abb. 43 zeigt die Abweichungen der einzelnen Erwartungswerte von dem tatsächlichen, vom Sachverständigen ermittelten Marktwert:[514]

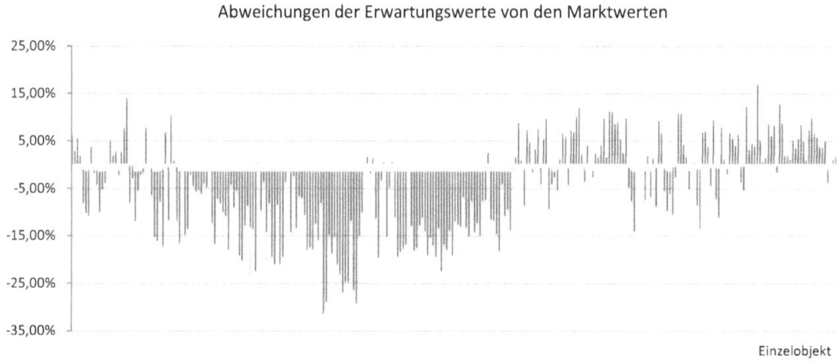

Abb. 44: Abweichungen der Erwartungswerte von den Marktwerten[515]

Die Darstellung in einem Histogramm zeigt die Verteilungsklassen der Abweichungen auf:

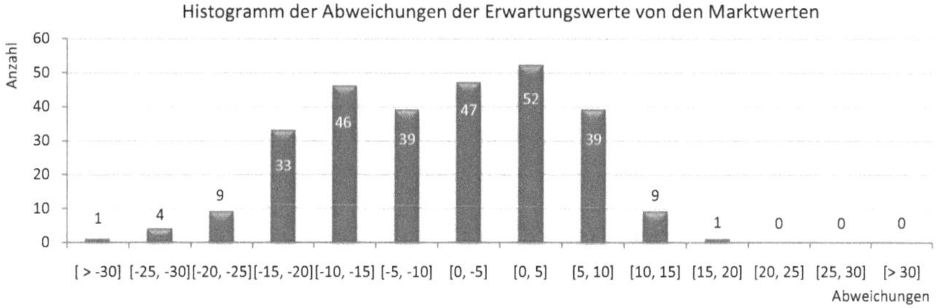

Abb. 45: Histogramm der Abweichungen des Erwartungswertes von den Marktwerten[516]

[514] Darstellung aufsteigend nach ROR sortiert. In Anhang 35 können die Abweichungen objektbezogen nachvollzogen werden.

[515] Eigene Darstellung

[516] Eigene Darstellung

In Summe ergibt sich für die 280 Bewertungseinheiten ein Erwartungswert von TEUR 1.843.952 – bezogen auf die Summe der Marktwerte von TEUR 1.847.040 entspricht dies einer Abweichung von lediglich -0,17 %.

Dieses auf den ersten Blick hervorragende Ergebnis ist jedoch ohne weitere Analysen nur bedingt aussagekräftig. So kann z.B. der Fall sein, dass sich aufgrund der Portfoliogröße hohe Abweichungen auf Einzelobjektebene kompensieren und in Folge zu einem guten Ergebnis führen, jedoch das Modell den gestellten Anforderungen nicht gerecht wird.

4.6.2 Szenarioanalyse (Stress-Test)

Im Grundlagenkapitel wurden die verschiedenen Verfahren aufgezeigt, wie Unsicherheiten bewertet werden können. Neben der ausführlichen Simulationsanalyse zur Quantifizierung des Risikos der Bewertungsannahmen werden an dieser Stelle ein Stress-Test im Rahmen einer statischen Szenariobetrachtung durchgeführt und Sensivitäten aufgezeigt.

Hierfür werden zwei Extremszenarien berechnet, der Minimum- bzw. Maximum-Portfoliowert. Um diese zu ermitteln, werden jeweils der unterste bzw. der oberste Spannenwert des jeweiligen Bewertungsparameters angesetzt.

Eine solche Betrachtung führt zu folgendem Ergebnis:[517]

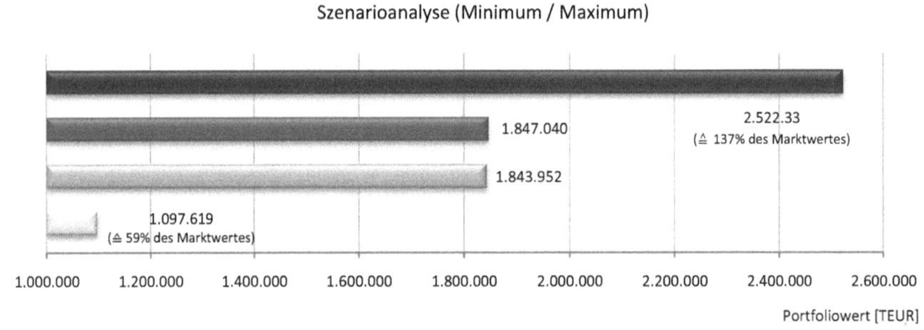

Abb. 46: Szenarioanalyse (Minimum / Maximum)[518]

Diese Betrachtung zeigt, dass statische Szenario-Betrachtungen nicht geeignet sind, ein Portfolio in dieser Größenordnung annähernd hinsichtlich dessen Risikostruktur zu beschreiben.

[517] Zur Verdeutlichung der Größenordnungen werden zusätzlich in der Darstellung der Portfoliomarktwert und -erwartungswert dargestellt.

[518] Eigene Darstellung

4.6.3 Simulationsanalyse zur Erstellung des Risikoprofils

Die Modellkonzeption ermöglicht eine stochastische Simulation und dient als Grundlage für die Spezifikation eines Risikomaßes.

Gemäß Modellbeschrieb werden den Bewertungsparametern Verteilungsfunktionen zugeordnet und 1.000.000 Simulationsläufe innerhalb der jeweiligen Bandbreiten der Ausprägungen mit vorher bestimmten Erwartungswerten durchgeführt.

Für die 280 Bewertungseinheiten resultiert folgende Verteilungs- und Dichtefunktion, aus der das portfoliospezifische Risikoprofil ersichtlich wird:

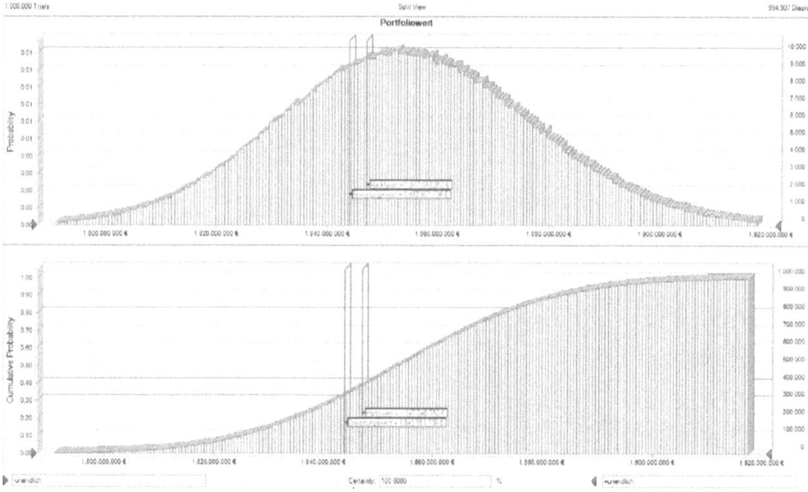

Abb. 47: Verteilungs- und Dichtefunktion des Gesamtportfolios[519]

Die Vorhersagewerte der relevanten Kenngrößen gibt nachfolgende Tab. 67 wieder:

Kenngröße	Vorhersagewert
Durchschnitt / Median	1.854.202.244 EUR / 1.853.857.824 EUR
Standardabweichung	22.596.134 EUR
Schiefe / Wölbung	0,0872 / 3,00
Minimum / Maximum	1.747.591.626 EUR / 1.966.253.355 EUR

Tab. 67: Statistische Daten der Simulationsanalyse des Gesamtportfolios[520]

[519] Grafikexport aus Crystal Ball®

[520] Eigene Darstellung

4.6.4 Spezifikation des Risikomaßes

Um mehrere Risiken aggregiert darstellen und vergleichen zu können, muss ein gemeinsames Risikomaß definiert werden. In vorliegendem Fall werden als Risikomaß Quantile der Verteilungsfunktion gewählt. Ein Quantil definiert einen bestimmten Teil einer Datenmenge, d.h. wie viele Werte einer Verteilung über oder unter einer bestimmten Grenze liegen.[521] Quantil-Risikomaße sind insbesondere wegen der erforderlichen Risikokapitalunterlegung bei Banken und Versicherungen von zentraler Bedeutung.

Die grafische Darstellung der Quantile erfolgt i.d.R. in sog. Konfidenzintervallen[522]. Dieses Intervall schließt einen Bereich um einen geschätzten Wert ein. Ein 95%-Konfidenzintervall bedeutet demnach, dass in 95 von 100 Fällen die Intervallgrenzen den wahren Wert enthalten.

Nachfolgende Abb. 47 zeigt das 95%-Konfidenzintervall des Gesamtportfolios:

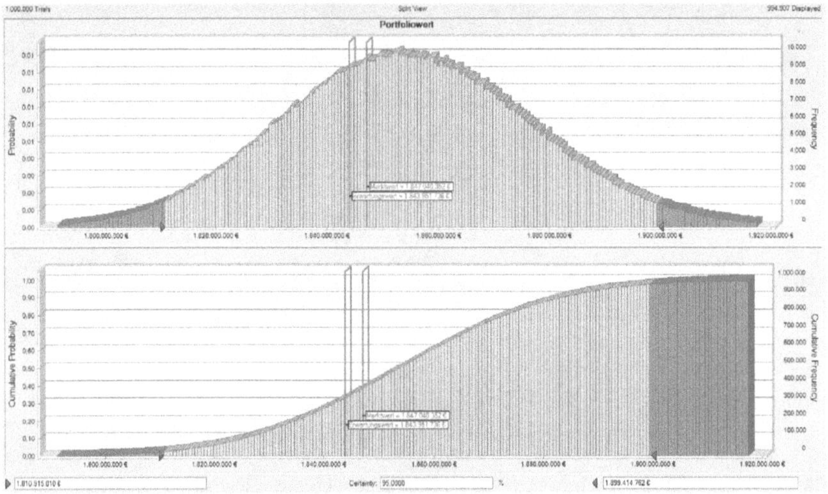

Abb. 48: 95%-Konfidenzintervall des Gesamtportfolios[523]

Interpretieren lässt sich die Darstellung wie folgt: Mit 95%-iger Wahrscheinlichkeit liegt der wahre Portfoliowert zwischen TEUR 1.810.915 und TEUR 1.899.415 (blauer Bereich). Der linke und rechte (rote) Bereich entpricht demnach einer 5%-igen Wahrscheinlichkeit, dass der wahre Wert außerhalb des Konfidenzintervalls liegt.

[521] Siehe hierzu Abb. 22 bzw. Anhang 09.

[522] Etymologie: lateinisch konfidenz „Vertraulichkeit". Konfidenzintervalle (auch als Vertrauensbereich oder Mutungsintervall genannt) dienen als Brücke zwischen der deskriptiven Statistik und der induktiven (schließenden) Statistik.

[523] Grafikexport aus Crystal Ball®

4.6.5 Weiterer Validierungsstest – Bildung von Teilportfolios

Für die Ergebnisinterpretation wird ein weiterer Validierungstest vorgenommen. Hierzu wird das Portfolio in 3 Subportfolios aufgeteilt und analog dem Gesamtportfolio analysiert – Berechnung der Abweichungen von den Erwartungswerten zu den Marktwerten auf Einzelobjektebene sowie deren grafischen Aufbereitung.

Das Gesamtportfolio wird in die Teilportfolios „Nordwest“, „Ost“ und „Süd“ eingeteilt – nachfolgende Darstellung gibt die relevanten Kenngrößen und regionale Verteilung wieder:

Kenngröße Portfolio „Nordwest“	Anzahl / Summe
Wirtschaftseinheiten	118
Wohnungen / Wohnfläche	12.546 / 810.355 m²
Gewerbliche Einheiten / Nutzfläche	5 / 711 m²
Raumordnungsregionen / Städte	18 / 38
Summe der Marktwerte	rd. 675.350.000 €

Kenngröße Portfolio „Ost“	Anzahl / Summe
Wirtschaftseinheiten / Objektadressen	89
Wohnungen / Wohnfläche	7.234 / 465.243 m²
Gewerbliche Einheiten / Nutzfläche	48 / 6.669 m²
Raumordnungsregionen / Städte	6 / 6
Summe der Marktwerte	rd. 310.200.000 €

Kenngröße Portfolio „Süd“	Anzahl / Summe
Wirtschaftseinheiten / Objektadressen	73
Wohnungen / Wohnfläche	5.937 / 471.178 m²
Gewerbliche Einheiten / Nutzfläche	37 / 5.930 m²
Raumordnungsregionen / Städte	10 / 17
Summe der Marktwerte	rd. 861.500.000 €

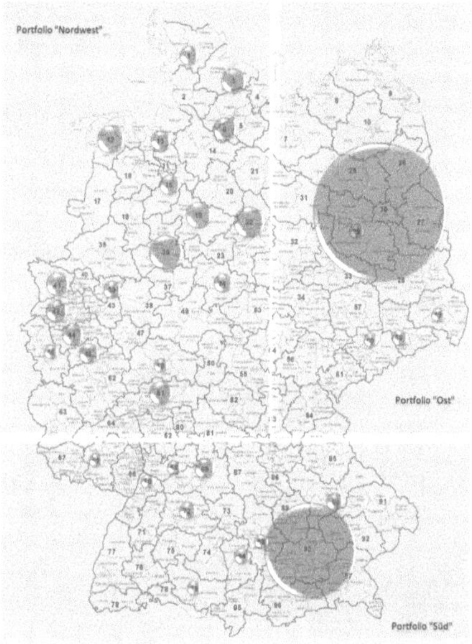

Abb. 49: Regionalaufteilung des Beispiel-Portfolios[524]

In den folgenden Unterkapiteln 6.6.1 bis 6.6.3 werden jeweils für die drei gebildeten Teilportfolios graphisch die Abweichungen der Erwartungswerte von den Marktwerten und das 95%-Konfidenzintervall dargestellt. Ergänzt werden die Abbildungen um die wesentlichen Simulationsergebnisse in tabellarischer Form.

Die Interpretation der Ergebnisse auf Teilportfolio-Ebene erfolgt im Rahmen des anschließenden Fazitkapitels.

[524] Eigene Darstellung; Kartengrundlage: BBR

Analyse von Teilportfolio „Nordwest“

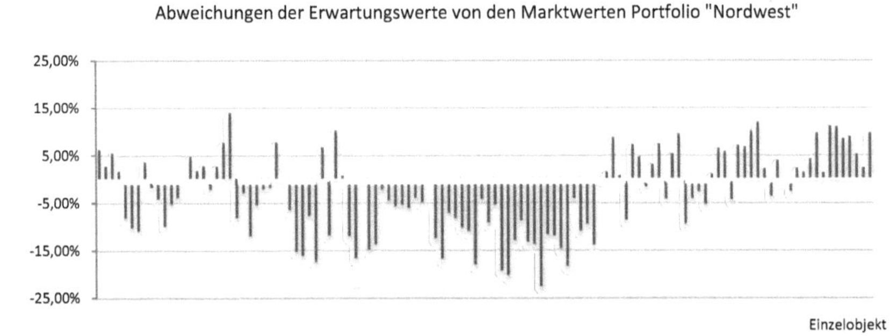

Abb. 50: Abweichungen der Erwartungswerte Teilportfolio „Nordwest“[525]

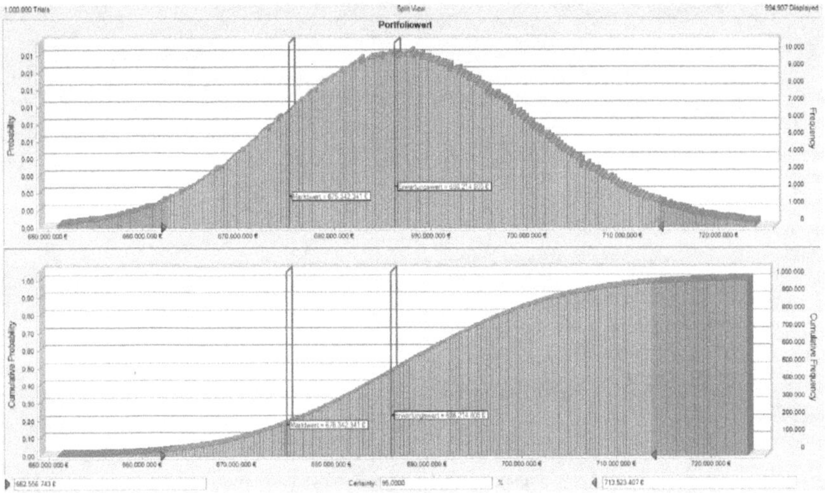

Abb. 51: 95%-Konfidenzintervall des Teilportfolios „Nordwest[526]

Kenngröße	Vorhersagewert
Durchschnitt / Median	687.322.198 EUR / 687.078.005 EUR
Standardabweichung	13.024.796 EUR
Minimum / Maximum	627.956.307 EUR / 753.124.732 EUR

Tab. 68: Statistische Daten der Simulationsanalyse des Teilportfolios „Nordwest[527]

[525] Eigene Darstellung

[526] Grafikexport aus Crystal Ball®

[527] Eigene Darstellung

Analyse von Teilportfolio „Ost"

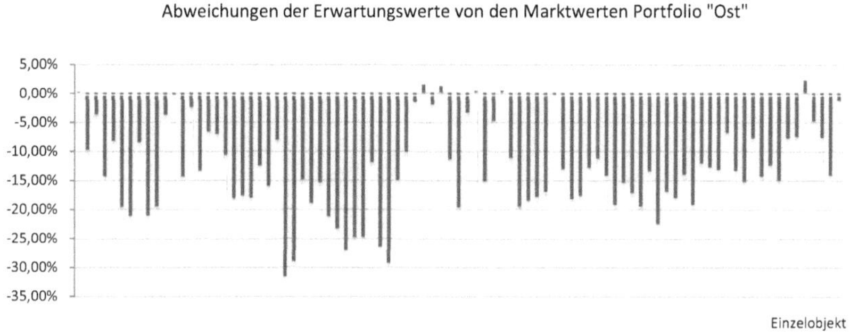

Abb. 52: Abweichungen der Erwartungswerte Teilportfolio „Ost"[528]

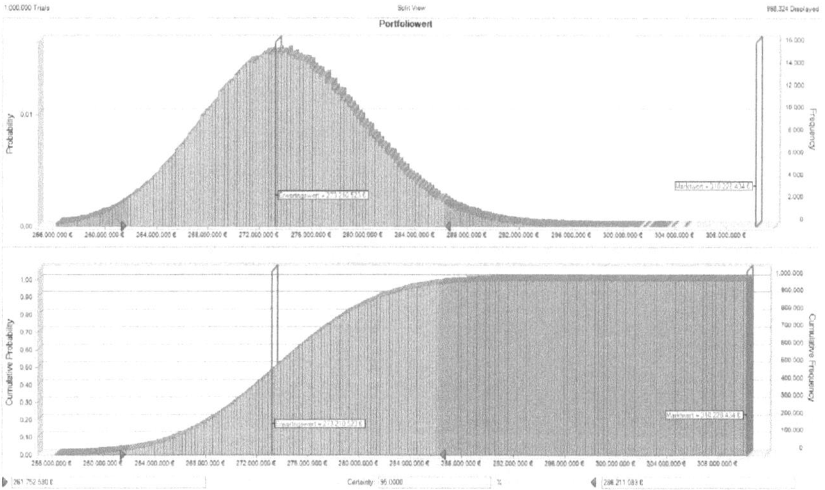

Abb. 53: 95%-Konfidenzintervall des Teilportfolios „Ost"[529]

Kenngröße	Vorhersagewert
Durchschnitt / Median	273.705.836 EUR / 273.602.668 EUR
Standardabweichung	6.246.545 EUR
Minimum / Maximum	247.743.635 EUR / 304.747.173 EUR

Tab. 69: Statistische Daten der Simulationsanalyse des Teilportfolios „Ost"[530]

528 Eigene Darstellung

529 Grafikexport aus Crystal Ball®

530 Eigene Darstellung

Analyse von Teilportfolio „Süd“

Abb. 54: Abweichungen der Erwartungswerte Teilportfolio „Süd“[531]

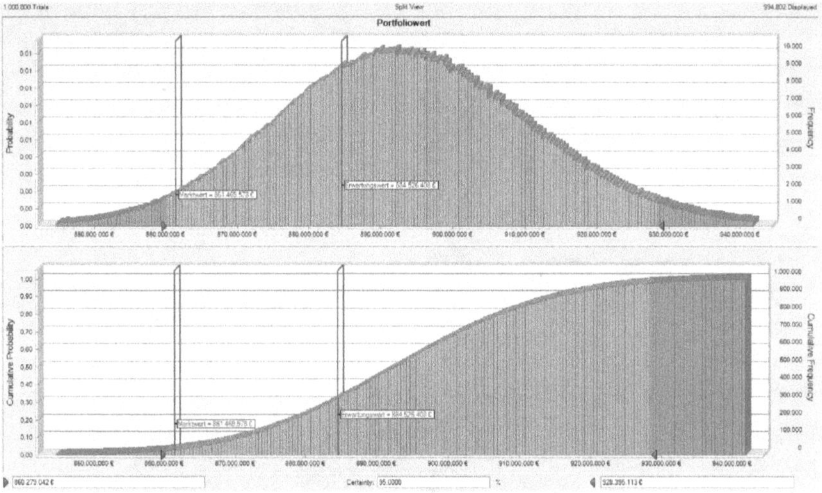

Abb. 55: 95%-Konfidenzintervall des Teilportfolios „Süd“[532]

Kenngröße	Vorhersagewert
Durchschnitt / Median	893.161.178 EUR / 892.754.749 EUR
Standardabweichung	17.396.722 EUR
Minimum / Maximum	819.791.425 EUR / 987.058.474 EUR

Tab. 70: Statistische Daten der Simulationsanalyse des Teilportfolios „Süd“[533]

---

531 Eigene Darstellung

532 Grafikexport aus Crystal Ball®

533 Eigene Darstellung

4.6.6 Abweichungsanalyse des Liegenschaftszinssatzes

Auf die Darstellung der Abweichungsanalysen aller Bewertungsparameter wird an dieser Stelle verzichtet – exemplarisch wird diese jedoch für den Liegenschaftszinssatz, einem der maßgebenden Bewertungsparameter im Ertragswertverfahren, vorgestellt.

Sie liefert folgende Ergebnisse für den im Modell ermittelten und tatsächlich im Marktwert angesetzten Liegenschaftszinssatz:

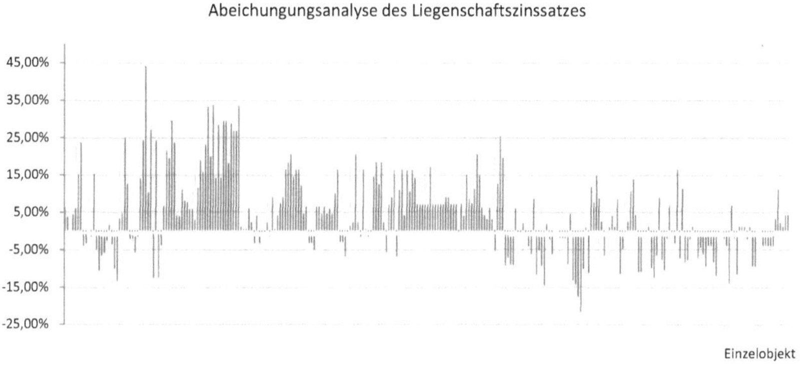

Abb. 56: Abweichungsanalyse des Liegenschaftszinssatzes[534]

Die Häufigkeitsverteilung in Form eines Histogramms lässt sich wie folgt darstellen:

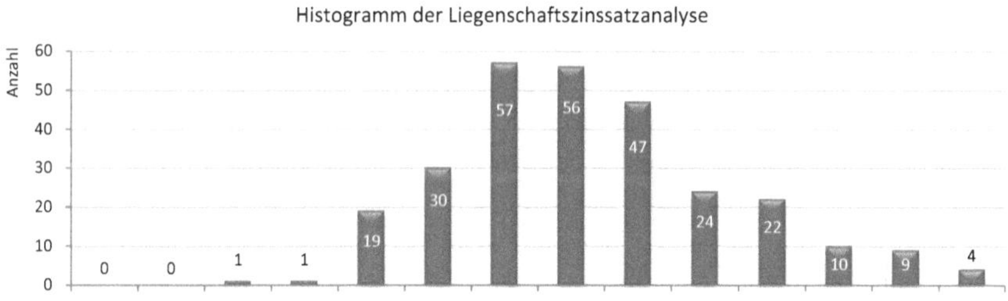

Abb. 57: Histogramm der Liegenschaftszinssatzanalyse[535]

Hieraus kann abgeleitet werden, dass das Modell für den Liegenschaftszinssatz eine gute Erwartungswertprognose liefert – ⅔ (68%) der ermittelten Zinssätze liegen in dem Abweichungsintervall von ± 10%.

---

534 Eigene Darstellung

535 Eigene Darstellung

4.7 Ergebnisinterpretation und Fazit

Im ersten Schritt wurden die im Modell ermittelten Erwartungswerte den realen Gutachterwerten gegenübergestellt. Das Histogramm zeigt, dass 95% der Abweichungen in einem Intervall von ± 20% liegen – ein sehr gutes Ergebnis, insbesondere im Hinblick auf die Ausführungen in Kapitel 2.2 bezüglich gängiger Abweichungen von Marktwerten zu den tatsächlichen Objektwerten, gemessen am erzielten Veräußerungspreis.

In Summe ergibt sich für die Erwartungswerte gegenüber den Marktwerten eine Abweichung von lediglich rd. 0,2%.

Diese beiden sehr guten ersten Ergebnisse müssen jedoch in weiteren Schritten validiert werden. So können sich insbesondere auf Portfolioebene hohe Abweichungen nach unten bzw. oben kompensieren und im Schluss die Qualität der Modellbildung überbewertet werden. Insbesondere der erkennbare „Bauch" in Abb. 43 lässt bereits vermuten, dass bestimmte Raumordnungsregionen zu negativ im Modell bewertet wurden. Bei korrekter Modelljustierung wäre hier die Erwartungshaltung, dass sich die Verteilung der Abweichungen harmonischer verhält.

Für einen nächsten Validierungsschritt wurde das Gesamtportfolio in 3 Subportfolios mit regionalen Schwerpunkten aufgeteilt. Hier zeigt sich im Ergebnis, dass der bereits erkannte „Bauch" aus durchgängig zu niedrigen Erwartungswerten der ROR Berlin resultiert.

Im Wesentlichen ist dies damit zu erklären, dass der Liegenschaftszinssatz im Modell zu hoch angesetzt wurde. Allerdings ist es nicht möglich, die Abweichung auf eine bestimmte Einflussgröße im Liegenschaftszinssatzmodell zu beschränken und auf die Ursachen eindeutig zurückzuführen.

Für einen Erklärungsversuch gibt es 4 Haupthypothesen, welche sich jedoch auf Basis der vorliegenden Stichprobe nicht abschließend beweisen bzw. widerlegen lassen:

- Die Gewichtung der Faktoren beim Ratingmodell ist fehlerhaft adjustiert bzw. es müssen noch weitere Kriterien beim Rating berücksichtigt werden.
- Die lineare Regression des Ratings als Bestandteil der LZ-Höhe muss für ausgewählte ROR mit Korrekturfaktoren versehen werden.
- Berlin als bevölkerungsreichste ROR mit unterschiedlichsten Lagequalitäten und einer hohen Mietpreisspanne ist zu heterogen für eine modellhafte Umsetzung mit lediglich einem Prognosewert.
- Das Modell liefert zuverlässige Ergebnisse, die Objekte wurden jedoch von den Gutachtern in einem besonderen Marktfenster sehr positiv bewertet.

  In Berlin wurden in den letzten Jahren sehr viele Objekte transagiert (Portfolios und Einzelobjekte) mit einhergehend ansteigenden Preisen, welche jedoch nicht durch die makroökonomischen Daten erklärbar sind.[536] Der Zeitpunkt der Gutachtenerstellung liegt für die relevanten Objekte zum Teil vor dem deutlichen Einbruch der Portfoliotransaktionen Ende 2008 bzw. ist in den Werten auch ein Smoothing-Effekt zu vermuten, da die Gutachten auch von institutionellen Bestandshaltern stammen.[537]

Gestützt wird diese Hypothese von aktuellen Verkaufsfällen in Berlin, die eine signifikante Abweichung des Verkaufspreises zu vorhandenen Gutachterwerten dokumentieren.[538]

Diese Thematik wird in Kapitel 7.3 (weiterer Forschungsbedarf) erneut aufgegriffen.

Bei den besonders hohen Abweichungen zwischen Erwartungswert und Marktwert handelt es sich fast ausschließlich um Objekte mit einem sehr geringen Objektwert. Begründen lässt sich dies damit, dass fehlerhafte Annahmen überproportional auf den Objektwert durchschlagen.

Neben der Abweichung der Erwartungswerte wurden auch die Abweichungen auf Ebene der Bewertungsparameter durchgeführt. Dargestellt wurde die Abweichung der Modellwerte des Liegenschaftszinssatzes mit den tatsächlich vom Gutachter angesetzten Zinssätzen. Hier hat sich eine sehr hohe Übereinstimmung gezeigt – ⅔ der Werte streuen in einem Bereich von ± 10%. Ohne Berücksichtigung der ROR Berlin ist die Übereinstimmung noch ausgeprägter. Um die Qualität dieses Ergebnisses besser einordnen zu können, sei an dieser Stelle auf die Ausführungen in Kapitel 3.2 verwiesen, in welchem die Ermittlung der Zinssätze durch Gutachterausschüsse und der damit verbundenen Qualität aufgezeigt wird.

Die vom Modell ermittelten Erwartungswerte der anderen Bewertungsparameter liegen in einer ebenfalls engen Spanne zu den tatsächlich vom Gutachter angesetzten Werten. Eine Ausnahme stellt der Bodenwertansatz dar. Die Erwartungswerte des Modells liegen tendenziell unterhalb der im Gutachten angesetzten Werte. Da dies fast durchgängig der Fall ist, lässt sich dies in einer Modelladjustierung mittels eines Korrekturfaktors einfach beheben. Auf den Marktwert hat dies jedoch einen sehr geringen Einfluss, da die meisten Objekte des Beispielportfolios eine lange Restnutzungsdauer aufweisen.

Der angesetzte Instandhaltungsstau zeigt auf den ersten Blick eine zum Teil signifikante Abweichung, relativiert sich jedoch im Gesamtkontext der Bewertung. Ist z.B. vom Gutachter kein Instandhaltungsstau eingepreist, sind die angesetzten Instandhaltungskosten und der Liegenschaftszinssatz höher als die Modellansätze.[539]

Weiterhin wurde im Rahmen der Ergebnisanalyse gezeigt, dass eine statische Betrachtung mittels Szenarioanalysen nicht geeignet ist, das Risiko einer automatisierten Portfoliobe-

536 Siehe hierzu Anhang 02, aus welcher das besonders hohe Transaktionsvolumen in Berlin hervorgeht.

537 Vgl. hierzu Kapitel 2.2

538 Zum Beispiel Pressemeldung vom 18.12.2009 IZ aktuell, dass ein Wohnungsportfolio in Berlin mit 787 Wohnungen deutlich unter den Gutachterwerten veräußert wurde.

539 Vgl. hierzu die verschiedenen Möglichkeiten zur Berücksichtigung von Instandhaltungsstau in Kapitel 3.6.1

wertung aufzuzeigen. Dies wird erst durch eine probabilistische Simulationsanalyse möglich. Diese grenzt nicht nur die Spanne zwischen Minimum- und Maximalwert ein, sondern ermöglicht auch quantitative Prognoseaussagen.

Neben der dargestellten Konfidenzintervall-Darstellung der Verteilungs- und Dichtefunktion bietet eine derartige Simulation eine Vielfalt an detaillierten Abbildungsmöglichkeiten. So lassen sich z.B. auch konkrete Wertvorstellungen mit Wahrscheinlichkeiten unterlegen. In nachfolgender Abb. 57 wurde ein definierter Portfoliowert von TEUR 1.825.000 vorgegeben:

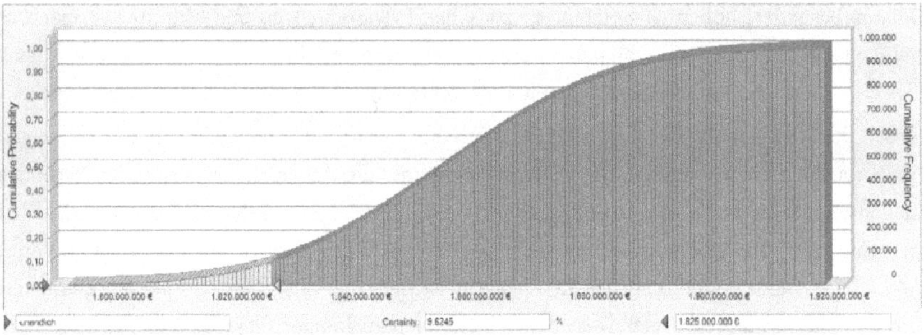

Abb. 58: Darstellung der Wahrscheinlichkeit bei vorgegebenen Portfoliowert[540]

Hieraus kann abgelesen werden, dass die Wahrscheinlichkeit lediglich 9,62% beträgt, dass sich der wahre Portfoliowert unterhalb dieser Grenze befindet.

Insgesamt kann aus der Ergebnisanalyse abgeleitet werden, dass das Modell prinzipiell geeignet ist, eine realistische Wertvorstellung eines wohnwirtschaftlichen Immobilienportfolios zu liefern. Auch wird es der Aufgabenstellung gerecht, den ermittelten Wert im Kontext einer möglichen Wertausprägung einordnen und damit risikoadäquate Aussagen treffen zu können.

Dies gilt auch mit den genannten Einschränkungen, dass kleine Modelladjustierungen auf Basis der Ergebnisse vorgenommen werden müssen und für die ROR Berlin noch Forschungsbedarf zur weiteren Verifizierung des Modells erforderlich ist.

[540] Grafikexport aus Crystal Ball®

5 Zusammenfassung und Ausblick

5.1 Zusammenfassung der Ergebnisse

Ziel der Dissertation war die Modellentwicklung eines Bewertungsverfahrens für wohnwirtschaftliche Immobilienportfolios, welches neben einer Wertermittlung auch konzeptionell in der Lage ist, eine Risikoquantifizierung angesetzter Bewertungsparameter vorzunehmen.

Im Zentrum des Forschungsinteresses stand hierbei die Optimierung des Beziehungsgeflechtes „Zeit-Kosten-Risiko" – mit lediglich rudimentären Angaben auf Einzelobjektebene automatisiert, unter Berücksichtigung bestehender funktionaler Zusammenhänge der Bewertungsparameter, ein Maximum an Ergebnisgüte zu erzielen und die damit einhergehenden Unsicherheiten aufzuzeigen.

Den Ausgangspunkt der Arbeit stellt die Darstellung der wirtschaftswissenschaftlichen Relevanz dieser Fragestellung und den Stand der Forschung, respektive vorhandene Bewertungsverfahren mit deren verfahrensimmanenten Stärken / Schwächen-Analyse, dar.

Zum einheitlichen Verständnis wurden im folgenden Kapitel grundlegende Begrifflichkeiten erläutert, insbesondere wurde das Ertragswertverfahren nach WertV, welches als Grundmodell des entwickelten Verfahrens dient, und das Monte-Carlo-Verfahren im Kontext einer Simulationsanalyse erläutert.

Darauf aufbauend wurden als Hinführung zur eigentlichen Modellentwicklung die Grundlagen einzelnen Bewertungsparameter detailliert dargestellt und deren Einflusskomponenten und Abhängigkeiten untereinander aufgezeigt.

Für die im Anschluss erfolgte Modellierung des Bewertungsverfahrens wurden die Bewertungsparameter operationalisiert. Hierfür wurde eigens ein Ratingmodell auf Basis verschiedener makroökonomischer Daten entwickelt, welches einen entscheidenden Beitrag zur Definition von Abhängigkeitsstrukturen im Modell leistete. Bestandteil der Modellierung war auch die Umsetzung des Modells in Microsoft Excel als Ausgangsbasis für eine Ergebnissimulation.

Zur Fundierung des theoretischen Modells und praktikablen Nachweises erfolgte eine Validierung in Form eines Praxistests. Hierfür wurden 280 qualifizierte Gutachten von Sachverständigen ausgewertet, in eine einheitliche Struktur gebracht und den Ergebnissen der modellbasierten Bewertung auf Basis lediglich rudimentärer Objektangaben gegenübergestellt.

Eine Ergebnisanalyse auf Portfolioebene ergab, dass die Modellbewertung eine erstaunliche Übereinstimmung mit den Gutachterwerten aufweist. Um auszuschließen, dass sich dieses Ergebnis durch das „Gesetz der großen Zahlen" erklären lässt, wurden desweiteren Analysen von Teilportfolios erstellt und Abweichungen auf Ebene der Bewertungsparameter durchgeführt.

Auch hier zeigte sich in der Analyse, dass das Modell realitätsnahe Ergebnisse liefert, wenn auch mit der Einschränkung, dass in Teilbereichen vermeintliche Schwachstellen aufgedeckt wurden bzw. weitere Validierungen als notwendig erachtet werden.

Es stand nicht nur die Entwicklung eines modifizierten Portfolio-Bewertungsverfahrens im Vordergrund, sondern vielmehr war auch Aufgabenstellung, eine Risikoquantifizierung vornehmen zu können. Dieses Ziel wurde ebenfalls erreicht – mittels einer probabilistischen Risikoanalyse können Konfidenzintervalle definiert und somit Aussagen bezüglich der Prognosegüte getroffen werden.

Das Modell hebt sich jedoch nicht nur wegen der Möglichkeit einer Risikoanalyse von den bisherigen Verfahren ab. Im Gegensatz zur hedonischen Bewertung verfügt es aufgrund seiner generellen Konzeption über eine ausgesprochene Transparenz, kann flexibel den Anforderungen entsprechend adjustiert werden und benötigt zudem keine aufwendige Transaktionsdatenbank. Gegenüber herkömmlichen Paket- und Massenbewertungsverfahren hebt es sich dadurch ab, dass bei der Bemessung von Bewertungsparameter nicht nur Abhängigkeiten zwischen den Objektfaktoren berücksichtigt werden, sondern auch Lagefaktoren in Form von makrokönomischen Daten Eingang finden.

Die Ergebnisqualität des Bewertungsmodells liegt im üblichen Rahmen automatisierter Bewertungen, kommt jedoch mit deutlich weniger Objektinformationen aus.

Demnach lässt sich das Beziehungsgeflecht aus Kosten, Zeit und Risiko für das entwickelte Modell qualitativ wie folgt darstellen:

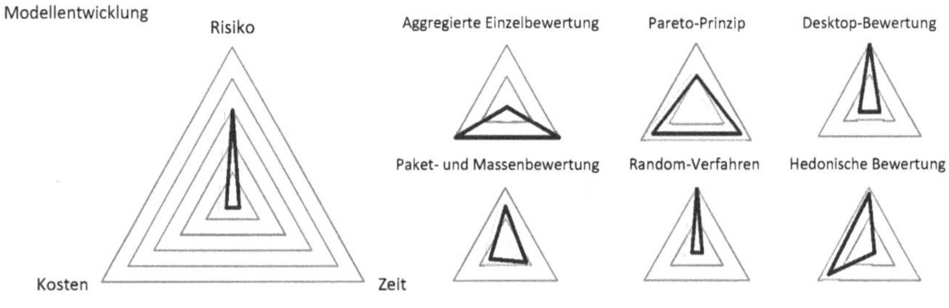

Abb. 59: Beziehungsgeflecht Kosten, Zeit und Risiko der Modellentwicklung[541]

Im direkten Vergleich zeigt die Modellentwicklung ein differenziertes Profil – eine eingeschränkte Risikoausprägung bei sehr geringem Kosten- und Zeitaufwand.

Insgesamt lässt sich konstatieren, dass das im Rahmen der Arbeit entwickelte Modell einen substantiellen Fortschritt im Vergleich zu den bisher verwandten Methoden der wohnwirt-

[541] Eigene Darstellung

schaftlichen Portfoliobewertung darstellt. Trotz der Komplexität der immobilienspezifischen Sachverhalte ist es gelungen, ein Bewertungsmodell zu entwickeln, welches sowohl theoretisch fundiert ist als auch nachvollziehbare Ergebnisse für die Praxis liefert.

Aufgrund der vielen vorhandenen Objekt- und Lagefaktoren, respektive deren Abhängigkeiten, kann das Modell in verschiedener Hinsicht noch optimiert bzw. muss noch durch weitere Praxistests validiert werden.

Das entwickelte Modell kann nicht zuletzt wegen der vorhandenen Transparenz als Ausgangspunkt für zukünftige wissenschaftliche Auseinandersetzung mit den noch verbliebenen Problembereichen der wohnwirtschaftlichen Portfoliobewertung verstanden werden.

5.2 Kritische Würdigung

Das Praxisbeispiel hat gezeigt, dass das entwickelte Modell prinzipiell geeignet ist, der Aufgabenstellung gerecht zu werden – die Ermittlung eines Portfoliowertes auf Basis rudimentärer Objekteigenschaften verbunden mit der Möglichkeit, mögliche Wertausprägungen in Konfidenzintervallen darzustellen und somit risikoadäquate Aussagen treffen zu können.

Das Gesamtergebnis des Praxisbeispiels zeigt eine sehr hohe Übereinstimmung der Modellwerte mit den realen Gutachterwerten. Teilanalysen bestätigen die Funktionsfähigkeit und Ergebnisgüte des Modells, allerdings mit vorhandenen Einschränkungen, dass kleine Modelladjustierungen auf Basis der Ergebnisse vorgenommen werden müssen und für die ROR Berlin noch Forschungsbedarf zur weiteren Verifizierung des Modells erforderlich ist.

Die diskussionswürdigen bzw. kritikfähigen Aspekte der Modellbildung und Ergebnisse des Praxisbeispiels lassen sich in 5 Themengebiete untergliedern:

1. *Operationalisierung der Bewertungsparameter*

   Als Grundlage für die Operationalisierung der Bewertungsparameter wurden im Kapitel 3 mathematische Zusammenhänge aufgezeigt. Abhängigkeiten zwischen den einzelnen Bewertungsparameter und deren Abhängigkeiten wurden zwar qualitativ dargestellt, konnten jedoch mangels empirischer Daten nicht belegbar quantifiziert werden.

   Für die Operationalisierung der Parameter und deren möglichen Werteausprägung in Kapitel 4 musste deshalb auf Experten-Know-How zurückgegriffen werden. Die Datenaufbereitung der 280 Gutachten hat die Annahmen in der Form bestätigt, dass sich die Werte ausnahmslos innerhalb der definierten Minimum- / Maximumspanne bewegen – ein Gültigkeitsbeweis über die Stichprobe hinaus konnte jedoch nicht erbracht werden.

2. *Rating-Gewichtung*

   Die Faktorengewichtung beim Rating-Teilmodell wurde zwar durch eine Korrelationsanalyse verifiziert, letztlich erfolgte die Gewichtung anhand subjektiver Einschätzungen.

Auch wenn sich die Größenordnungen an marktüblichen Ansätzen orientiert, zeigt das Beispiel ROR Berlin die Kritikanfälligkeit und Bedarf an weiteren Untersuchungen.

3. *Gewählte Verteilungsfunktionen*

Ein großer Diskussionspunkt stellt bei probabilistischen Risikoanalysen die verwendeten Verteilungsfunktionen dar, insbesondere wenn keine empirische Datengrundlage zur Verfügung steht. Bekannte Simulationsmodelle zur Risikoquantifizierungen bei Immobilienbewertungsmodellen unterstellen i.d.R. Eintrittswahrscheinlichkeiten, welche einer Normalverteilung mehr oder weniger ähneln. Orientieren sich jedoch die Eingangsparameter zu sehr an einer Normalverteilung, liegt das Ergebnis nahe dem Mittelwert. Hier besitzt die Monte-Carlo-Simulation eine nur geringe Aussagekraft.

Die in vorliegendem Modell überwiegend verwendeten BetaPert-Verteilungen stellen eine Weiterentwicklung dar, müssen jedoch grundsätzlich kritisch hinterfragt und deren Eignung durch weitere Untersuchungen bestätigt werden. Bei den BetaPert-Verteilungen ergeben sich je nach definierter Bandbreite und definierten Erwartungswert z.T. ausgeprägte schiefe Verteilungsannahmen. Nur dann fallen der Median und der Mittelwert auseinander, woraus sich detaillierter Schlussfolgerungen bezüglich des Risikoprofils ziehen lassen.

Eine Begründung für die Schiefe und deren Ausprägung ist jedoch in der Praxis sehr schwierig, da deren Annahme mehr auf Erfahrungswerten als auf statistisch zuweisbaren Wahrscheinlichkeitsverteilungen beruhen.

4. *Datengrundlage des Praxisbeispiels*

Da für das Praxisbeispiel überwiegend Bewertungen von institutionellen Bestandshaltern bzw. Finanzinstituten verwendet wurden, muss die Aussagekraft der Untersuchung hinsichtlich der Marktkonformität besonders kritisch hinterfragt werden. Bei institutionellen Bestandshaltern können Smoothing-Effekte und rechnungslegungsgetriebene Marktwerte, bei Finanzinstituten eine tendenziell risikoaverse, langfristig orientierte Bewertungshaltung nicht ausgeschlossen werden.

5. *Einschränkungen der Modellverwendung*

Die Ergebnisanalyse hat gezeigt, dass Objekte mit wenigen Wohnungseinheiten z.T. hohe Abweichungen zwischen Modellwert und Marktwert aufweisen. Erklärbar ist dies, dass kleine Objekte insbesondere in guten Lagen über Privatisierungspotential verfügen und deshalb über dem rechnerischen Ertragswert gehandelt werden. Zudem schlagen Fehlannahmen bei einzelnen Bewertungsparametern (z.B. Instandhaltungsstau) überproportional auf die Bewertung durch. Bei größeren Portfolios ist dies nicht wertrelevant, jedoch ist die Definition einer Objektvolumen-Untergrenze für die Modellanwendung zu diskutieren.

Die aufgezeigten Kritikpunkte bzw. Einschränkungen der Arbeit sollten weitest möglich in künftigen Untersuchungen beobachtet werden. Konkrete Ableitungen für weiterführenden Forschungsbedarf werden im folgenden Kapitel dargestellt.

5.3 Ansatzpunkte für weiterführende Forschung

Neben der vorangegangenen Modellkritik wurden erste Ansatzpunkte für weiteren Forschungsbedarf bereits in der Ergebnisanalyse aufgezeigt. Hier wurden Hypothesen aufgestellt, weshalb das Bewertungsmodell für die Raumordnungsregion Berlin zu signifikanten Abweichungen des Erwartungswertes zu den Marktwerten führt. Diese gilt es zu verifizieren.

Das Modell berücksichtigt für die abschließende Wertfindung eines Immobilienportfolios keine Portfolioaufschläge bzw. -abschläge. Insbesondere in außergewöhnlichen Marktphasen, wie sie durch opportunistische Käufergruppen vor der Finanzkrise geprägt war, bzw. in einer Rezessionsphase mit wenig Transaktionsaufkommen liegen diese in einer nicht zu vernachlässigenden Größenordnung.

Auffällig in diesem Kontext war, dass der Aktienverlauf der wohnwirtschaftlich geprägten Immobilien AGs, insbesondere der Patrizia und der Gagfah, dem Transaktionsniveau von Portfolios positiv wie negativ gefolgt ist. Hier könnte eine empirische Studie Aufschluss geben, ob der Zusammenhang ausreicht, um Portfolioaufschläge bzw. -abschläge anhand dieser Kursveränderungen in ein Modell einpreisen zu können. Aufgrund der generellen negativen Kursentwicklung von Aktien seit der Finanzkrise ist eine Korrelationsrechnung zwischen der Kursentwicklung von Immobilien AGs und Portfolioaufschlägen bzw. -abschlägen ohne Berücksichtigung der Aktienmarktentwicklung nicht opportun.

Neben der Aktienkursentwicklung scheinen auch immobilienwirtschaftliche Indizes (z.B. dem DIX oder der Indexwerte „Immobilienklima“ und „Immobilienkonjunktur“) geeignet zu sein, um Korrelationen aufzuzeigen und die Erkenntnisse im Modell umzusetzen.

Weiterer Untersuchungsbedarf wird, wie bereits in der kritischen Würdigung des Modells aufgezeigt, in der Wahl adäquater Verteilungsfunktion der Bewertungsparameter gesehen.

Grundsätzlich lässt sich das Modell in verschiedener Hinsicht weiter verfeinert. Zum Beispiel können als Rating-Basis die 97 Raumordnungsregionen des BBR durch die 440 Gemeinden und kreisfreien Städte ersetzt werden. Ebenfalls können in dem Modell komplexere Abhängigkeitsfunktionen definiert werden, wenn zusätzliche Objektinformationen Eingang finden.

Durch eine Weiterentwicklung des Modells auf Basis eines filigraneren Ratings und dem Eingang von weiteren Objektinformationen würde eine interessante Fragestellung resultieren – nämlich die Frage, ob ein deutlich höherer Aufwand bei der Entwicklung eines Ratings und der Berücksichtigung vertiefender Objektinformationen eine signifikante Ergebnisverbesserung liefert bzw. eine weitere Risikoeingrenzung bei einer Simulationsanalyse ermöglicht.

Insgesamt bieten sich auf Basis der vorliegenden Arbeit viele Anknüpfungspunkte für künftige Untersuchungen, in denen die komplexen Zusammenhänge bei der Bewertung von Immobilien und deren Risikoquantifizierung bei unsicherer Datenlage konkreter beleuchtet und fundierter abgesichert werden können.

Gerade im Zusammenspiel der Objektfaktoren mit makroökonomischen Lagequalitäten sieht der Autor aktiven Forschungsbedarf, deren gegenseitigen Einflüsse mittels empirischer Analysen transparenter zu machen.

Literaturverzeichnis

[Ack08] Ackermann H. (2008) Grundlagen der medizinischen Biometrie. 5. akt. und erw. Aufl. epsilon-Verlag, Frankfurt a.M.

[Alb00] Albrecht P. (2000) Mathematische Modellierung von Kredit- und Marktrisiken. Mannheimer Manuskripte zur Risikotheorie – Portfolio Management und Versicherungswirtschaft Nr. 120. in: Schnierenbeck/Rolfes/Schüller [Hrsg.] Handbuch Bankcontrolling. 2. Aufl. Gabler Verlag, Wiesbaden 2001

[Alt07] Altmeppen H. (2007) Die Wertermittlungsrichtlinie 2006 (WertR 2006). Vortrag anlässl. eines VBD-Seminars in Hannover am 17.02.2007

[Arb08] Arbeitsgemeinschaft der Vorsitzenden der Gutachterausschüsse für Grundstückswerte in Nordrhein-Westfalen (2008) Modell zur Ableitung von Liegenschaftszinssätzen. überarb. Fassung November 2008. Eigendruck, Düsseldorf

[Arn90] Arnott R., Bernstein P. (1990) Defining and Managing Pension Fund Risk. in: Fabozzi F.J. [Hrsg.] Pension Fund Investment Management: A Handbook for Sponsors and their Advisors. The McGraw-Hill Companies, Chicago

[Auc94] Auckenthaler C. (1994) Theorie und Praxis des modernen Portfolio-Managements. 2. überarb. u. erg. Aufl. Verlag Paul Haupt, Bern-Stuttgart-Wien

[Bal03] Balling T. (2003) Bewertung eines Immobilien-Portfolios – Beispiel aus der Praxis. Vortrag am 11.12.2003 beim Regionalgruppentreffen Frankfurt/Rhein-Main des HypZert e.V.

[BBR08a] BBR (2008) Transaktionen großer Wohnungsportfolios in Deutschland. BBR-Berichte KOMPAKT 01/2008, Bonn

[BBR08b] BBR (2008) Neue Trends beim Handel von Wohnungsportfolios in Deutschland. BBR-Berichte KOMPAKT 03/2008, Bonn

[BBR09a] BBR (2009) Starker Rückgang der Transaktionen großer Wohnungsportfolios. BBR-Berichte KOMPAKT 01/2009, Bonn

[BBR09b] BBR (2009) Kleinere Portfoliotransaktionen im Fokus. BBR-Berichte KOMPAKT 08/2009, Bonn

[Bis02] Bisping A.C. (2002) Performance- und Risikomessung mit Immobilienindizes. Diplomarbeit der Wissenschaftlichen Fakultät der Universität Leipzig, eingereicht am 10.10.2002. Leipzig

[Bla07] Blaas W. (2007) Wahrscheinlichkeitsrechnung und Verteilungen. Vorlesungsskript „Mathematik und Statistik für Raumplaner". Version vom 28.03.2007. Technische Universität Wien Fachbereich Finanzwissenschaft und Infrastrukturpolitik, Wien

[Blo06] Blohm H., Lüder K., et. al. (2006) Investition – Schwachstellenanalyse des Investitionsbereichs und Investitionsrechnung. 9. überarb. u. akt. Aufl. Verlag Franz Vahlen, München

[Bro07] Brocar N. (2007) Risikomanagement von Immobilien mit besonderer Betrachtung der Methoden zur Risikobewertung. Diplomarbeit der Hochschule für Wirtschaft und Umwelt Nürthingen-Geislingen. Nürthingen-Geislingen

[Brü04] Brühl M.J. (2004) Studienbrief „Bemessung von Marktwerten für Immobilien". Verbandes deutscher Pfandbriefbanken e.V. (VDP) [Hrsg.]. Eigendruck, Berlin

[Brü07] Brühl M.J. (2007) Schöne neue Welt der Immobilienbewertung. in: Immobilienzeitung (IZ) Nr. 39-40 vom 04.10.2007 S.24

[Bru03] Bruns C., Meye-Bullerdiek F. (2003) Professionelles Portfolio Management: Aufbau, Umsetzung und Erfolgskontrolle strukturierter Anlagenstrategien. 3. überarb. u. erw. Aufl. Schäffer-Poeschel Verlag, Stuttgart

[Büh99] Bühler A. (1999) Risikomanagement mit Value at Risk-Methoden. in: Gehring B., Zimmermann H. [Hrsg.] Fit for Finance – Theorie und Praxis der Kapitalanlage. 5. Aufl. Frankfurter Allgemeine Buch Verlag, Frankfurt a.M., S. 265-288

[Bul08] Bulwien H. (2008) Studienbrief „Der Immobilienmarkt in Deutschland". VDP [Hrsg.]. 4. akt. Aufl. Stand Mai 2008. Eigendruck, Berlin

[Bun07] Bundesverwaltungsamt (2007) Handbuch für Organisationsuntersuchungen und Personalbedarfsermittlung. Bundesministerium des Innern Referat O 1 [Hrsg.]. Eigendruck, Berlin

[Cor07] CorpusSireo (2007) Portfoliotransaktionen in Deutschland – Trends am Immobilienmarkt Nr. 1. Eigendruck, Heusenstamm

[Cri08] Crimann W., Rüchardt K. (2008) Studienbrief "Der Beleihungswert". VDP [Hrsg.]. Stand März 2008. Eigendruck, Berlin

[DEG06] DEGI-Research (2006) Boom bei den Wohnungsportfolios kennt nicht nur Gewinner. Eigendruck, Frankfurt a.M.

[Deu06] Deutsche Bank Research (2006) Der deutsche Wohnungsmarkt: Anbieter und Nachfrager – heute und morgen. Eigendruck, Frankfurt a.M.

[Deu05] Deutsche Bank Research (2005) Wohnungsportfolios in Deutschland: Weitere Verkäufe programmiert. Aktuelle Themen vom 03.05.2005 Nr. 321. HAST Offsetdruck Schadt & Tetzlaff, Diesburg

[Die03] Dietlein F., Goßmann, J. et. al. (2003) Portfoliotheorie und -strategie für Unternehmen der Wohnungswirtschaft. Seminararbeit vom 31.03.2003 an der Fachhochschule Mittweida

[Doe05] Doetsch W. (2005) Internmationale Immobilienfinanzierung. Vorlesungsunterlage vom 28.04.2005 der European Business School (ebs), Vorlesung im Rahmen des Intensivstudiengang Immobilienportfolio-Management, 3. Jg in Oestrich-Winkel

[Dru95] Drukarczyk J. (1995) DCF-Methoden und Ertragswertmethode – einige klärende Anmerkungen. in: Die Wirtschaftsprüfung 48. Jg,, Heft 10 S. 329-334

[Dzi07] Dziomba M., Walther M. et. al. (2007) Standort- und Marktanalyse. in: Immobilien Zeitung [Hrsg.] Fachbeiträge aus der Immobilien Zeitung 2007. Immobilien Zeitung Verlagsgesellschaft, Wiesbaden

[Eek02] Eekhoff J.P. (2002) Wohnungsmarkt und Wohnungspolitik. Vorlesungsskript Stand Sept. 2002 an der ebs, Studiengang Immobilienökonomie, 23. Jg., Oestrich-Winkel

[Eil04] Eilers F, Wartenberg J. (2004) Die statistische Erfassung der Immobilienpreisentwicklung auf der Basis der Immobiliendatenbank der HypoVereinsbank. Internes Arbeitspapier Stand März 2004, München

[Eng03] Engel R. (2003) Ertragswertverfahren und DCF-Methode im Überblick. in: Grundstücksmarkt und Grundstückswert (GuG) vom Nov. 2003 S. 350-355

[Eng05] Engel R., Kieffer, H. (2005) Nutzungsdauer bei der Wertermittlung: „Hartnäckiger Autismus“. in: Immobilien Zeitung, Nr. 9, vom 21.04.2005 S. 16

[Erm67] Ermert H. (1967) Die Fehlerübertragung beim Ertragswertverfahren. In: Vermessungsnachrichten (AVN), Heft 5/1967 S. 213-218

[Eur05] Eurohypo AG (2005) Studienbrief "Europäische Immobilienmärkte und ihre Bewertungsverfahren". VDP [Hrsg.]. 4. akt. Aufl. Stand August 2005. Eigendruck, Berlin

[Eva94] Evans A., Werner-Ehrenfeucht G. (1994) Das Monte Carlo Verfahren bei der Bewertung von Entwicklungsprojekten. in: GuG 4/94 S. 257-263

[Fall09] Faller B., Helbach C. et. al. (2009) Möglichkeiten zur Bildung eines Regionalindex Wohnkosten unter Verwendung von Angebotsdaten. Working Paper No. 74 des Rats für Sozial- und WirtschaftsDaten (RatSWD). Stand März 2009. Eigendruck, Berlin

[Fei07] Feilmayr W. (2007) Grundstücksmärkte und Immobilienbewertung. Vorlesungsskript Sommersemester (SS) 2007 des Fachbereichs Stadt- und Regionalforschung der Technischen Universität Wien. Eigendruck, Wien

[Flo07] Flohr V. (2007) Was sind die Gründe und Erfolgsfaktoren ausländischer Investoren bei Immobilieninvestments auf dem deutschen Markt? Diplomarbeit an der Hochschule für Wirtschaft und Umwelt Nürtingen-Geislingen. Eigendruck, Nürtingen-Geislingen

[Fre01] Frey H., Nießen G. (2001) Monte Carlo Simulation – Quantitative Risikoanalyse für die Versicherungsindustrie. Murmann Verlag, Hamburg

[gif02] gif (2002) Richtlinie Definition und Leistungskatalog Real Estate Investmentmanagement. Eigendruck, Wiesbaden

[Gin07] Ginsbach S. (2007) Cross-Border-Leasing als Instrument der Kommunalfinanzierung – Eine finanzwirtschaftliche Analyse unter besonderer Berücksichtigung der Risiken. Dissertation des Fachbereiches IV der Universität Trier, vorgelegt am 21.02.2007. Eigendruck, Trier

[Gir06] Girmscheid G. (2006) NPV-Wirtschaftlichkeitsanalysemodell – Lebenszyklusbetrachtung von kommunalen Straßenunterhalts-PPPs. in: Bauingenieur Band 81, Oktober 2006 S. 455-463

[Gon07] Gondring H. (2007) Risiko Immobilie: Methoden und Techniken der Risikomessung bei Immobilieninvestitionen. Verlag Oldenbourg, München

[Got03] Gottschalk G.-J. (2003) Immobilienbewertung. 2. Aufl. Verlag C.H. Beck, München

[Göt05] Götze U. (2005) Investitionsrechnung – Modelle und Analysen zur Beurteilung von Investitionsvorhaben. 5. Aufl. Springer Verlag, Berlin, Heidelberg et. al.

[Gro06a] Grooterhorst A. (2006) Risikoabschätzung ber der Projektentwicklung – Monte-Carlo-Simulation (Teil 1). in: IZ Nr. 15 vom 06.07.2006 S. 14

[Gro06b] Grooterhorst A. (2006) Risikoabschätzung ber der Projektentwicklung – Monte-Carlo-Simulation (Teil 2). in: IZ Nr. 16 vom 20.07.2006 S. 16

[Gut07] Gutbrod C. (2007) Wohnungsprivatisierung – Zwischen Kapitalmarkt und Versorgungsauftrag. Diplomarbeit des Fachbereiches Immobilienwirtschaft an der

Hochschule für Wirtschaft und Umwelt Nürtingen-Geislingen. Eigendruck, Stuttgart

[Gut08] Gutachterausschuss München (2008) Der Immobilienmarkt in München 2008. Eigendruck, München

[Haa06] Haack B. (2006) Sensivitätsanalyse zur Verkehrswertermittlung von Grundstücken. Dissertation der Hohen Landwirtschaftlichen Fakultät der Rheinischen Friedrich-Wilhelms-Universität zu Bonn, vorgelegt am 20.04.2006. Eigendruck, Bonn

[Haa03] Haase W.-D. (2003) Portfoliobewertung. Vortrag am 04.09.2003 beim Regionalgruppentreffen Frankfurt/Rhein-Main des HypZert e.V.

[Heg04] Hegemann M. (2004) Expected Shortfall – Alternative oder Ergänzung zum Value-at-Risk bei der Kreditrisikoquantifizierung? Seminarunterlage zur Wirtschaftsinformatik SS 2004 der Georg-August-Universität Göttingen, Institut für Wirtschaftsinformatik. Eigendruck, Göttingen

[Hen99] Henker S. (1999) Das Risikomanagement von Immobilienportfolios mit besonderer Betrachtung der Diversifikation als Risikosteuerungsinstrument. Diplomarbeit der Wissenschaftlichen Fakultät der Universität Leipzig, eingereicht am 30.11.1999. Eigendruck, Leipzig

[Hil99] Hildebrandt H. (1999) Variationsbreite bei Grundstückswertermittlungen. in: Vermessungswesen und Raumordnung Heft 61/6+7 S. 320-328

[Hin96] Hintze K. (1996) Gedämpfte Bodenwerte in der Grundstückswertermittlung. Diplomarbeit der Wissenschaftlichen Fakultät der Universität Leipzig, eingereicht am 22.11.1996. Eigendruck, Leipzig

[Höc08] Höchstötter M. (2008) Wahrscheinlichkeitstheorie Kapite V – Stetige Verteilungen. Vorlesungsskript der Universität Karlsruhe, Institut für Statistik und Mathematische Wirtschaftstheorie SS 2008. Eigendruck, Karlsruhe

[Hof06] Hoffmann J., Lorenz A. (2006) Real estate price indices in Germany: past, present and future (Paper 7). Dokumentation für den OECD-IMF Workshop "Real Estate Price Indexes" in Paris (6.-7. Nov. 2006) Stand 30.11.2006. Eigendruck, Paris

[Hol00] Holst J. Holtkamp W. (2000) Risikoquantifizierung und Frühwarnsystem auf Basis der Value at Risk-Konzeption. in: Betriebs-Berater 16/2000 S. 815-820

[Hös06] Hössel A. (2006) Eignung der Risikomaße für das Immobilien-Risikomanagement. Diplomarbeit an der Wissenschaftlichen Fakultät der Universität

Leipzig, eingereicht am 31.01.2006. Eigendruck, Leipzig

[HSH06] HSH Nordbank (2006) Branchenstudie Immobilien: Wohnungsportfoliotransaktionen in Deutschland – Deutsche Wohnungsportfolios bleiben im Fokus der Investoren. Eigendruck HSH Nordbank, Hamburg

[Jac05] Jacke U. (2005) Eigentümerstrukturen und Entwicklungen im Bereich wohnwirtschaftlicher Immobilien. Fachvortrag anlässlich eines Seminars der Konrad-Adenauer-Stiftung am 04.-06.09.2005. Eigendruck, Sankt Augustin bei Bonn

[Jan02] Janssen O. (2002) Monte-Carlo-Simulationen verbessern die Bewertungsqualität von Immobilien. in: GUG JG 13, Heft 1 S. 37-43

[Joh06] Johanning L. (2006) Schaffung von Performancepotentialen durch Risikosteuerung und -kontrolle im Asset Management. Vortrag anlässl. des FondsForum 2006 in Luxemburg am 15.09.2006. Eigendruck, Luxemburg

[Käm91] Kämper S. (1991) Pegros – Ein Konzept zur Entwicklung eines graphischen, objektorientierten Modellbildungs- und Simulationswerkzeugs auf der Basis von Petri-Netzen. Kovač Verlag, Hamburg

[Kat08] Katzung N. (2008) Automatisierte Bewertungsprogramme im Vergleich – Zwischen Volltreffern und kompletten Fehlwürfen. in: IZ vom 31.01.2008 S. 10

[Kie03] Kierig J. (2003) Sensivitäts- und Risikoanalyse mittels Monte-Carlo-Verfahren und Fehlerfortpflanzung. in: WertermittlungsForum Aktuell Heft 2/2003 S. 51-61

[Kie04] Methoden zur Quantifizierung von Lage(wert)unterschieden in der Bodenwertermittlung. Vortrag anlässl. des XII. WF-Jahreskongresses für Bewertungssachverständige am 16.01.2004 in Leipzig. Eigendruck, Leipzig

[Kle07] Kleiber W., Simon J. (2007) Verkehrswertermittlung von Grundstücken - Kommentar und Handbuch zur Ermittlung von Verkehrs-, Versicherungs- und Beleihungswerten unter Berücksichtigung von WertV und BelWertV. 5. vollst. neu bearb. u. erw. Aufl. Bundesanzeiger Verlag, Köln

[Kne05] Knecht T. (2003) Risikoanalyse von IT-Investitionen.. Grin Verlag, München

[Kro91] Kronenbitter D. (1991) in: Gerardy/Möckel et. al. [Hrsg.] Praxis der Grundstücks- und Gebäudewertermittlung S. 9.2.1/3. Loseblatt-Ausgabe. Verlag Moderne Industrie, Landsberg/Lech

[Kur07] Kurzrock B.-M. (2007) Einflussfaktoren auf die Performance von Immobilien-Direktanlagen. Rottke N., Thomas M. [Hrsg.]. Immobilien Manager Verlag, Köln

[Lac02] Lachera T. (2002) Allgemeingültige Checklisten zur Beurteilung von Immobilienrisiken – Aufbau und Nutzen. Hausarbeit an der Wirtschaftswissenschaftlichen Fakultät der Universität Leipzig. Eigendruck, Leipzig

[Lan01] Lange B. (2001) Portfoliotheoretische Analyse von Diversifikationspotenzialen bei Immobilieninvestments in europäischen Metropolen. Diplomarbeit an der Wirtschaftswissenschaftlichen Fakultät der Universität Leipzig, eingereicht am 11.05.2001. Eigendruck, Leipzig

[Lec01] Lechelt S. (2001) Risikomanagement in der Wohnungswirtschaft. Vertieferarbeit am Institut für Maschinenwesen im Baubetrieb der Universität Karlsruhe, eingereicht am 21.06.2001. Eigendruck, Karlsruhe

[Leo97] Leonhardt B. (1997) Kalkulierter Liegenschaftszinssatz bei der Wertermittlung gewerblicher Immobilien. Diplomarbeit an der Wirtschaftswissenschaftlichen Fakultät der Universität Leipzig, eingereicht am 30.12.97. Eigendruck, Leipzig

[Lip09] Lippe von der P., Breuer C. (2009) Konzept für ein wirtschaftliches System periodischer regionaler Preisindizes – Möglichkeiten zur Gewinnung regionaler Daten über Mieten und Immobilienpreise. Working Paper No. 72 des RatSWD, Stand März 2009. Eigendruck, Berlin

[Loh03] Lohhöfer H. (2003) Mathematische und statistische Hilfsmittel für Pharmazeuten. Vorlesungsskript des Fachbereiches Mathematik und Informatik der Philipps-Universität Marburg Stand September 2003. Eigendruck, Marburg

[Lud07] Ludlei C. (2007) Instrumente zur Identifizierung und Bewertung immobilienspezifischer Risiken bei Versicherungsunternehmen. Diplomarbeit an der Wirtschaftswissenschaftlichen Fakultät der Universität Leipzig. Eigendruck, Leipzig

[Lut88] Lutze A. (1988) Zum Einfluss des Denkmalschutzes und von Erhaltungssatzungen auf die Wertentwicklung gründerzeitlicher Liegenschaften. in: Allgemeine Vermessungs-Nachrichten (AVN), Jg. 95 Nr. 5 S. 170-189

[Mai07] Maier K. M. (2007) Risikomanagement im Immobilien- und Finanzwesen – Ein Leitfaden für Theorie und Praxis. 3. überarb. u. erw. Aufl. Fritz Knapp Verlag, Frankfurt a.M.

[Man04] Mann, W. (2004) Integratives Auswertemodell zur Beschreibung des Immobilienmarktes. Wissenschaftliche Arbeit der Universität Hannover Fachrichtung Vermessungswesen. Eigendruck, Hannover

[Mau01] Maurer R., Pitzer M. et. al. (2001) Konstruktion transaktionsbasierter Immobilienindizes: Theoretische Grundlagen und empirische Umsetzung für den Wohnungsmarkt Paris. In: Mannheimer Manuskripte zur Risikotheorie, Portfolio Management und Versicherungswirtschaft Nr. 128. (http://www.econbiz.de/archiv/f/uf/finanzierung/wohnungsmarkt_paris.pdf, Stand 22.01.2009)

[McK06] McKinsey (2006) Projektbericht Perspektive-Deutschland 2005/2006 – Die größte gesellschaftspolitische Online-Umfrage. (http://www.perspektive-deutschland.de/files/presse2006/pd5-Projektbericht.pdf, Stand 18.03.2008

[Mei04] Meinen H. (2004) Quantitatives Risikomanagement in der Bauwirtschaft. Dissertation der Fakultät Bauwesen der Universität Dortmund, eingereicht am 29.06.2004. Eigendruck, Dortmund

[Mor04] Morgenstern T. (2004) Risikomanagement. Semesterunterlage der Hochschule für angewandte Wissenschaften Harz für den Gebrauch zu Studienzwecken, Stand 12.01.2004. Eigendruck, Harz

[Mün08] Münchehofe M, Springer U. (2008) Bewerten von Paketverkäufen. in: GUG 2/2008 S. 144-150

[Mür06] Mürle M. (2006) Aufbau eines Wertermittlungsinformationssystems. Dissertation der Fakultät der Bauingenieur-, Geo- und Umweltschaften der Universität Fridericiana zu Karlsruhe, eingereicht am 06.12.2006. Eigendruck, Karlsruhe

[Nie77] Niemeyer G. (1977) Kybernetische System- und Modelltheorie. Franz Vahlen Verlag, München

[o.V.02] o.V. (2002) Finanzinvestitionen - Risikomaße. Vorlesungsunterlagen im WS 2002/03 der Martin-Luther-Universität Halle-Wittenberg. Eigendruck, Halle

[o.V.05] o.V. (2005) Problemkind Ertragswertverfahren. in: IZ vom 10.02.2005 S. 1 u. 5

[o.V.07] o.V. (2007) Plädoyer für einen freien Wohnungsmarkt. in: Handelsblatt Nr. 189/97, S. 14

[o.V.08a] o.V. (2008) Wirtschaftslexikon24.net. (http://www.wirtschaftslexikon24.net/d/leverage-effekt/leverage-effekt.htm, Stand: 08.05.2008)

[o.V.08b] o.V. (2008) Immobilienboom: Warum sich viele Investoren auf dem deutschen Markt verspekulieren. in: Handelsblatt Nr. 43 vom 29.02.2008 S. 31

[Pag91] Page B. (1991) Diskrete Simulation – Eine Einführung in Modula-2. Springer Verlag, Berlin

[Pfe07] Pfeifer D. Straßburger D. (2007) Einführung in die Stochastik. Skript der Fakultät V – Mathematik- und Naturwissenschaften der Universität Oldenburg, Stand 24.02.2007. Eigendruck, Oldenburg

[Pie07] Piehler J. (2007) Studienbrief „Grundlagen der Wertermittlung“. VDP [Hrsg.]. 5. akt. Aufl. Stand Januar 2007. Eigendruck, Berlin

[Pri06] PriceWaterhouseCoopers (2006) Kommunale Wohnungsbestände: Ein Auslaufmodell? Umfrage unter 2004 deutschen Städten und Gemeinden. Eigendruck, Berlin

[Reh05] Rehkugler H., Jandura I. et. al. (2005) Immobilien als Bestandteil von Vermögensportfolios. in: Francke H. [Hrsg.] Immobilienmärkte und Immobilienbewertung. Verlag Franz Vahlen, München

[Rei08] Reichel R. (2008) Nur bedingt sanierungsbereit. in: Handelsblatt Nr. 43 vom 02.03.208 S. 31

[RIC09] RICS Research (2009) Valuation and Sale Price Report 2009. (http://www.ipd.com/Portals/1/downloads/Indices/Valuation%20And%20Sale%20Price%20Report%202009.pdf, Stand 02.12.2009)

[Rop02] Ropeter S.-E. (2002) Investitionsanalyse für Gewerbeimmobilien. Schulte K.-W. [Hrsg.] Schriften zur Immobilienökonomie. Rudolf Müller Verlag, Köln

[Rop06] Ropeter S.-E. (2006) Investitionsanalyse für Immobilien. Seminarunterlage zum MEAG Inhouse Seminar am 23./24.11.2006. Eigendruck, München

[Ros97] Ross F., Brackmann R. (1997) Ermittlung des Verkehrswertes von Grundstücken und des Wertes baulicher Anlagen. 28. Auf. Oppermann Verlag, Hannover

[Rös05] Rösler R., Langner J. (2005) Schätzung und Ermittlung von Grundstückswerten. 8. überarb. u. erw. Aufl. Luchterhand Fachverlag, Köln

[Sal05] Salvi M. (2005) Vom Wert der Sicht und anderer Dinge – Der hedonische Ansatz. Vortragsfolien der Eidgenössischen Technischen Hochschule Zürich am 25.04.2005. Eigendruck, Zürich

[Sch96] Neue Methoden der Grundstücksbewertung – wirklich neu? Diplomarbeit des Instituts für Städtebau, Bodenordnung und Kulturtechnik der Rheinischen Friedrich-Wilhelms-Universität Bonn. Eigendruck, Bonn

[Sch97] Schäfers W. (1997) Strategisches Management von Unternehmensimmobilien – Bausteine einer theoretischen Konzeption und Ergebnisse einer empirischen Untersuchung. Schriftenreihe zur Immobilienökonomie Bd. 3. Immobilien Informationsverlag Rudolf Müller, Köln

[Sch86] Schulte K.-W. (1986) Wirtschaftlichkeitsrechnung. 4. Aufl. Physica Verlag, Heidelberg

[Sch02] Schulz N. (2002) Analyse der funktionalen Abhängigkeiten zwischen Miete und Bodenwert – untersucht am Beispiel des Geschosswohnungsbaus. Diplomarbeit an der Berufsakademie Mannheim Fachrichtung Immobilienwirtschaft, eingereicht Juni 2002. Eigendruck, Mannheim

[Sei08] Seifert J. (2008) Was Schnellbewertungen können. in: Entwicklung und Vermarktung Heft 02/2008 S. 42-43

[Sim04] Simon T. (2004) Verbessert die Monte-Carlo-Simulation die Grundstückswertermittlung? in: GUG Heft 2 S. 93-101

[Sim05] Simon T. (2005) Plausibilisierung von Verkehrswerten – Das Ellwood-Verfahren. Aufsatz vom 16.06.20005. Eigendruck, Hannover

[Soh08] Sohni M. (2008) Studienbrief „Mathematik und Statistik". VDP [Hrsg.]. 3. überarb. Aufl. Stand Februar 2008. Eigendruck, Berlin

[Som95a] Sommer G., Kröll R. (1995) Anzuwendende Liegenschaftszinssätze aus einer empirischen Untersuchung. in: GUG, 5/95 S. 290-292

[Som95b] Sommer G., Kröll R. (1995) Lehrbuch zur Grundstückswertermittlung. 1. Aufl. Luchterhand Verlag, Köln

[Som00] Sommer G. (2000) Das Monte-Carlo-Verfahren in der Ertragswertermittlung. in: Der Sachverständige, Jg. 27 Heft 12 S. 27-31

[Som93] Sommer G. (1993) Was ist mein Haus wert? 2. Aufl. Rentrop Verlag, Berlin

[Som06] Sommer G., Kröll R. et. al. (2006) Wertermittlungs-Informationssystem – Basiswissen 3 (Ertragswert). (http://www.wertis.de, Stand: 10.01.2009)

[Spu09] Sputek A. (2009) Das Konzept der Nachhaltigkeit im Ertragswertverfahren – Ein Ansatz zur Verbesserung der Prognosequalität. in: GUG, 20. Jg. 01/2009 S. 22-27

[Sta08] Staiber M (2008) Immobilienbewertung in der Kreditwirtschaft – Vorschläge zur Prozessoptimierung. Dissertation der Technischen Universität Berlin Fakultät VI – Planen, Bauen, Umwelt. Eigendruck, Berlin

[Str02] Strotkamp H.-P., Sauerborn, C. (2002) Welche Genauigkeiten können bei der Anwendung des Ertrags- und Sachwertverfahrens bei der Wertermittlungsverordnung erwartet werden? In: WertermittlungsForum Aktuell, Heft 4/2002 S. 157-163

[Str03] Strümpel F. (2003) Simulation zeitdiskreter Modelle mit Referenznetzen. Diplomarbeit des Fachbereiches Informatik der Universität Hamburg. Eigendruck, Hamburg

[Stu00] Stummeyer C. (2000) Integration von Simulationsmethoden und hochintegrierter betriebswirtschaftlicher PPS-Standardsoftware im Rahmen eines ganzheitlichen Entwicklungsansatzes. Cuvillier Verlag, Göttingen

[Tch06] Tchokoysky S. (2006) Auswahl der Faktoren und Bewertung des Mietausfallrisikos bei der Wohnanlagen-Sanierung. Dissertation der Technischen Universität Dresden Fakultät der Wirtschaftswissenschaften, eingereicht am 15.08.2006. Eigendruck, Leipzig

[Tho07] Thomas M, Schulte K.-W. (2007) Studienbrief „Verkehrswert nach WertV und anderen Verfahren". VDP [Hrsg.]. Stand März 2007. Eigendruck, Berlin

[Til06] Tillmann H.-H. (2006) Studienbrief „Sondereinflüsse auf die Immobilien und ihre Auswirkungen auf die Wertermittlung". VDP [Hrsg.]. 3. akt. Aufl. Stand September 2006. Eigendruck, Berlin

[Tra08] Trappmann H., Ranker D. (2008) Einfluss der Finanzmärkte: Bewertung von Immobilienportfolios. in: GUG, 2/2008 S. 65-75

[Tro04] Trotz R. (2004) Immobilien – Markt- und Objektrating – Ein praxiserprobtes System für die Immobilienanalyse. 1. Aufl. Rudolf Müller Verlag, Köln

[Vät98] Väth A., Hoberg W. (1998) Qualitative Analyse von Immobilieninvestitionen. in: Schulte K.-W., Bone-Winkel S. et. al. [Hrsg.] Handbuch Immobilien-Investitionen, Stand März 2008. Immobilien Informationsverlag Rudolf Müller, Köln

[VDH98] Verband Deutscher Hypothekenbanken (VDH) (2004) Wesentliche Aspekte der Beleihungswertermittlung. Stand 03.06.1998. Eigendruck, Bonn

[VDH04] VDH (2004) Factbook 2004 – Professionelles Immobilien-Banking. 3. Aufl. Eigendruck, Berlin

[Vog96] Vogels M. (1996) Grundstücks- und Gebäudebewertung marktgerecht. 5. Aufl. Bauverlag, Wiesbaden

[Voi09] Voigtländer M (2009) Studienbrief „Der Immobilienmarkt in Deutschland". VDP [Hrsg.]. 1. Auflage Stand September 2009. Eigendruck, Berlin

[Wal06] Wallner P. (2006) Portfoliobewertung von Wohnimmobilien. Vortrag bei der HypZert Jahrestagung am 31.10.2006 in Köln. Eigendruck, Köln

[Wal00] Walter M. (2000) Der Liegenschafszins – wird er überhaupt ermittelt? in: GuG, 1/2000 S. 6-7

[Web97] Webb J.R., Rubens J.H. (1997) How much in real estate? A surprising answer. in: Journal of Portfolio Management, Vol. 13 No. 3/1997 S. 10-14

[Web05] Weber E., Baumunk H. (2005) IFRS Immobilien – Praxiskommentar der wesentlichen immobilienrelevanten International Financial Reporting Standards. 1. Aufl. Feb. 2005. Luchterhand Verlag, Neuwied

[Wei02] Weichs Freiherr von C. (2002) Studienbrief „Volkswirtschaftliche Grundlagen für den Immobiliensachverständigen". VDP [Hrsg.]. 3. Aufl. Stand Oktober 2002. Eigendruck, Berlin

[Well02] Wellner K. (2002) Entwicklung eines Immobilien-Portfolio-Management-Systems – Zur Optimierung von Rendite-Risiko-Profilen diversifizierter Immobilien-Portfolios – . in: Petzl W. [Hrsg.] Immobilienmanagement, Bd. 3. Books on Demand, Norderstedt

[Well05] Wellner K. (2005) Qualitative und quantitative Modelle zur Steuerung von Immobilienportfolios. Vortrag im Rahmen des ebs Intensivstudiums „Immobilien-Portfoliomanagement" am 3.-4.06.2005. Eigendruck, Oestrich-Winkel

[Wer08] Werling U. (2008) Kennzahlen zu den Kaufpreisen großer Wohnportfolios. In: GuG, 3/2008 S. 182-183

[Wik04] Wiktorin A. (2004) Deutsche Bewertungsmethoden haben einen schlechten Ruf. in Handelsblatt Nr. 98 vom 22./23.05.2004 S. 41

[Wüs09] Wüst B. (2009) Verwirrung um Wert und Preis. In: Immobilienwirtschaft 03/2009 S. 21-27

[Wüs00] Wüstefeld H. (2000) Risiko und Rendite von Immobilieninvestments. Knapp Verlag, Frankfurt a.M.

[Zin06] Zingel M. (2006) Analyse der Real Estate Private Equity Investments in Deutschland. Diplomarbeit der Fachhochschule Kaiserslautern, Fachbereich Betriebswirtschaft Studiengang Finanzdienstleistungen. Eigendruck, Zweibrücken

Anhangsverzeichnis

Anhang 01 – Leverage-Effekt 175

Anhang 02 – Infomemorandum eines Wohnungsportfolios 176

Anhang 03 – Wohnportfoliotransaktionen > 1 Mrd. EUR 177

Anhang 04 – Wohnungsportfolio-Verkäufe ab 1997 178

Anhang 05 – Mietbegriffsdefinitionen 187

Anhang 06 – Wertbegriffsdefinitionen 189

Anhang 07 – Faktoren der Marktattraktivität und der Wettbewerbsstärke 192

Anhang 08 – Zins- und Rentenrechnung 194

Anhang 09 – Lage- und Streuungsparameter 197

Anhang 10 – Normalverteilung 201

Anhang 11 – Regressions- und Korrelationsanalyse 202

Anhang 12 – Wichtige diskrete und stetige Verteilungen 204

Anhang 13 – Anwendungsbeispiel Monte Carlo-Methode 205

Anhang 14 – Musterertragswertberechnung 207

Anhang 15 – Immobiliencharakteristika und -risiken 208

Anhang 16 – Risikomaße 209

Anhang 17 – Methoden zur Berücksichtigung von Unsicherheiten 211

Anhang 18 – Ertragswertberechnung für Tornadodiagramm 213

Anhang 19 – Methodik zur Berechnung eines Overrents / Underrents 214

Anhang 20 – Einfluss der Wohnungsgröße auf die Miete 215

Anhang 21 – Ausstattungsmerkmale von Gebäuden 216

Anhang 22 – Lagekriterien für Wohnimmobilien 217

Anhang 23 – Immobilienwirtschaftliche Standortanalyse 218

Anhang 24 – Verfahren nach Sommer/Kroll und Hausmann 219

Anhang 25 – Ermittlung eines fiktiven Baujahrs 222

Anhang 26 – Sonstige wertbeeinflussende Umstände 224

Anhang 27 – Übersicht der Raumordnungsregionen 231

Anhang 28 – Rohdaten-Matching 232

Anhang 29 – Studie PERSPEKTIVE DEUTSCHLAND 235

Anhang 30 – Ökonomische Basis und Flächennachfrage 237

Anhang 31 – Investitions- und Flächenmarkt 244

Anhang 32 – Korrelationsmatrix 252

Anhang 33 – Ergebnisse des ROR-Ratings 253

Anhang 34 – Objektdaten des Beispiel-Portfolios 254

Anhang 35 – Abweichungsanalyse Erwartungs- / Marktwert 260

Anhang 01 – Leverage-Effekt

Der Begriff Leverage[542]-Effekt ist den Kapitalstrukturregeln entnommen, welche sich mit normativen Aussagen über Kapitalrelationen (Eigenkapital und Fremdkapital) befassen.[543] Er bezeichnet die Korrelation zwischen der Eigenkapitalrentabilität und dem Anteil der Fremdfinanzierung.

Ein positiver Leverage-Effekt entsteht, wenn die Rentabilität (R) des Gesamtkapitals (GK) den Fremdkapitalzins (p_{FK}) übersteigt. In diesem Fall erhöht sich die Rendite des Eigenkapitals (EK) mit zunehmender Fremdfinanzierung. Wenn jedoch die Rentabilität des Gesamtkapitals unter den Fremdkapitalzins fällt, kehrt sich dieser Effekt um (negativer Leverage-Effekt). Die Eigenkapitalrentabilität errechnet sich mit folgender Formel:

$$R_{EK} = R_{GK} + (R_{GK} - p_{FK}) \cdot \frac{FK}{EK} \qquad (36)$$

Formel (36) : Eigenkapitalrentabilität

Der positive Leverage-Effekt wird demnach umso größer, je höher der Fremdkapitalanteil und je größer die Differenz zwischen der Gesamtkapitalrentabilität und dem Fremdkapitalzinssatz ist.[544]

Als Beispiel wird die Eigenkapitalrentabilität eines zu 90% fremdfinanzierten Wohnportfolios (Bruttokaufpreis EUR 150.000.000,-; Reinertrag: EUR 7.500.000,- p.a.; Mietrendite: 5,5%; Fremdfinanzierungszins: 4,25%) berechnet:

$$R_{EK} = R_{GK} + (R_{GK} - p_{FK}) \cdot \frac{FK}{EK} = 5{,}5\% + (5{,}5\% - 4{,}25\%) \cdot 9 = 16{,}75\%$$

Bei zunehmendem Fremdkapitaleinsatz steigt das Risiko des Fremdkapitalgebers, da eine sinkende Mietrendite bzw. höhere Kreditzinsen die Bedienbarkeit des Fremdkapitals gefährdet.

Aufgrund dieses Risikopotentials nutzen primär opportunistisch orientierte Investoren dieses Finanzierungsinstrument zur Darstellung einer hohen Eigenkapitalrentabilität.

542 Etymologie: leverage – aus dem Englischen übersetzt: Hebel

543 Vgl. [o.V.08a], Stand 08.05.2008

544 Der Spread zwischen Mietrendite und Hypothekenzinsen betrug Mitte 2005 mehr als 200 Basispunkte – hohe 2-stellige Eigenkapitalrenditen konnten so dargestellt werden. Investoren außerhalb des Euro-Raumes können die Eigenkapitalrendite zusätzlich erhöhen, wenn ein positiver Wechselkurseffekt hinzukommt. So konnten US-Investoren z.B. durch die Aufwertung des Euros gegenüber dem Dollar höhere Gewinne mit Portfoliotransaktionen erzielen als Käufer aus dem Euro-Raum.

Anhang 02 – Infomemorandum eines Wohnungsportfolios

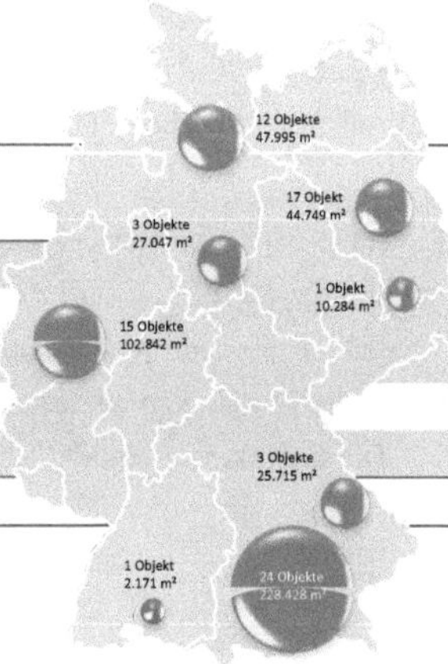

Baujahr	Anzahl Wirtschaftseinheiten	Anzahl Wohneinheiten	Anteil Wohneinheiten
bis 1949	19	958	15,0 %
1950 bis 1969	19	1.587	24,8 %
1970 bis 1979	17	1.783	27,8 %
1980 bis 1989	10	1.273	19,9 %
ab 1990	11	807	12,6 %
Gesamt	76	6.408	100,0 %

Nutzung	Anzahl Mieteinheiten	Mietfläche [m²]	Anteil Mietfläche [in %]	Leerstandsfläche [m²]	Leerstand [%]
Wohnen	6.408	464.052 m²	94,9 %	17.835 m²	3,8
Gewerbe	167	19.962 m²	4,1 %	2.327 m²	11,7
Sonstige Einheiten*	177	5.217 m²	1,1 %	267 m²	5,1
Garagen/Stellplätze	5.127			785 m²	15,3
Gesamt (ohne Stellplätze)	11.879	489.231 m²	100 %	20.430 m²	4,2

Nutzung	vermietete Fläche [m²] per 01.06.06	Jahres-Ist-Miete per 01.06.06	Anteil Jahres-Ist-Miete [in %]	Ist-Miete per 01.06.06
Wohnen	446.217 m²	37.892.433 EUR	89,5 %	7,08 EUR/m²/Monat
Gewerbe	17.635 m²	2.371.887 EUR	5,6 %	11,21EUR/m²/Monat
Sonstige Einheiten*	4.950 m²	226.864 EUR	0,5 %	3,82 EUR/m²/Monat
Garagen/Stellplätze	4.342 m²	1.852.051 EUR	4,4 %	35,55 EUR/m²/Monat
Gesamt (ohne Stellplätze)		42.343.234 EUR	100 %	

Abb. 60: Infomemorandum eines Wohnportfolios[545]

[545] Auszug aus einem Informationsmemorandum eines Wohnungsportfolios, welches 2006 in Deutschland transagiert wurde. Quelle: Ernst & Young Real Estate GmbH August 2006

Anhang 03 – Wohnportfoliotransaktionen > 1 Mrd. EUR

Jahr	Verkäufer	Käufer	Name	Anzahl Whgen	Kaufpreis [Mrd. EUR]
2008	Landesentwicklungsanstalt (LEG) NRW	Immobilienfonds Whitehall	LEG NRW	93.000	3,40
2007	Blackstone	Round Hill Capital / Morley Fund	Vitus-Gruppe (WCM-Whgen)	31.000	1,60
2007	BauBeCon	Pirelli Real Estate und Rreef Global Opp. Fund	BauBeCon	27.000	1,70
2006	Fortress	Börsengang	Portfolios Gagfah, NILEG, WOBA	158.000	11,10
2006	B&L Immobilien / HSH Nordbank	Pirelli Real Estate	DGAG	21.400	1,08
2006	Corpus, Morgan Stanley	Foncière Développement Logements	ThyssenKrupp Werkswohnungen	40.000	2,10
2006	Stadt Dresden	Fortress	Woba Dresden	47.000	1,75
2005	E.ON	Terrafirma	Viterra	150.000	7,00
2005	Nord/LB	Fortress	NILEG	28.500	1,50
2005	BGAG	Cerberus	BauBeCon	22.850	1,00
2005	HSH Nordbank	Oaktree Capital	GEHAG	21.500	1,00
2004	Bundesversicherungsanstalt für Angestellte	Fortress	Gagfah	80.000	3,50
2004	Land Berlin	Cerberus, Goldman Sachs	GSW	65.700	2,10
2004	ThyssenKrupp	Corpus, Morgan Stanley	ThyssenKrupp Werkswohngen	48.000	2,10
2004	WCM Beteiligungs- und Grundbesitz AG	Blackstone	WCM	31.000	1,39
2001	Bundesrepublik Deutschland	Deutsche Annington	Eisenbahnerwohnungen	64.000	2,05
2000	Bundesrepublik Deutschland	Konsortium	Eisenbahnerwohnungen	50.000	1,75
1997	Deutsche Post Wohnen Bundesregierung	Deutsche Grundbesitz Management, Viterra	Deutschbau	39.000	1,05

Tab. 71: Wohnportfoliotransaktionen > 1 Mrd. EUR[546]

[546] Quelle: [HSH06], S. 37-40; [Cor07], S. 7; Eigene Recherchen.
Anhang 04 gibt eine umfassende Zusammenstellung veröffentlichter Wohnungsportfolio-Verkäufe seit 1997 wieder.

Anhang 04 – Wohnungsportfolio-Verkäufe ab 1997

Jahr	Portfolio	Verkäufer	Käufer	Anzahl Whgen	Kaufpreis [Mio. EUR]	Preis / W. [EUR]	Preis / m^2 [EUR]
1997	Bremische Gesellschaft (49,9%)	Bremen	Bremer Stadtwerke / WCM	7.040	316	44.900	690
1997	Deutschbau	Deutsche Post	Deutsche Bank / Viterra	39.000	1.100	28.200	430
1998	Heimstätte Rheinland-Pfalz	Land Rheinland-Pfalz	Deutsche Bank	20.740	863	41.600	640
1998	GEHAG	Berlin	RSE (WCM) / HSH Nordbank	29.000	961	33.200	510
1998	Hoechst Werkswohnungen	Hoechst	Deutsche Grundbesitz Management	9.100	518	56.900	875
1998	Postwohnungen	Deutsche Post	Corpus	9.030	519	57.500	885
1999	KWG Kiel	Stadt Kiel	WCM	11.000	470	42.700	657
1999	Wohnbau Rhein-Main (88%)	Deutsche Post / Frankfurt	Viterra / HVB	14.500	788	54.300	836
1999	ehem. Whgen Hoechst-/ Heimstätte Rheinl.-Pfalz	Deutsche Grundbesitz Management	Börsengang	29.840	1.250	41.890	640
2000	Deutsches Eisenbahnvermögen	BR Deutschland	Deutsche Annigton, Nord LB, WCM u.w.	114.000	3.875	33.800	520
2000	Wohnungsbau Jade GmbH, Wilhelmshaven	Wilhelmshaven	Deutsche Grundbesitz Management	8.210	245	29.900	460
2000	LEG Schleswig-Holstein (49%)	Schleswig-Holstein	B&L Immobilien / HSH Nordbank	18.000	k.A.	k.A.	k.A.
2000	Berlin-Hellersdorf	Berlin	Lone Star	5.500	142	25.800	400
2001	GEHAG (25%)	Berlin	HSH Nordbank	s.o.	k.A.	k.A.	k.A.
2001	HEGEMAG (61%) Whgen v.a. in Darmstadt	Hessen	Bauverein Darmstadt	7.800	406	52.000	800
2001	HGL Lübeck	Lübeck	LEG Schleswig-Holstein	4.600	161	35.100	540
2002	Baywoge	Bayer	Treuhand Gelsenkirchen	9.600	500	52.100	800
2002	Wohnungen Gera	Gera	Deutsche Kreditbank (DKB Immobilien)	10.000	k.A.	k.A.	k.A.
2002	SWVG (94%)	Jena	Stadtwerke	10.000	k.A.	k.A.	k.A.
2002	Wohnungen in Bonn	Stadt Bonn	Sahle Wohnen GbR	2.482	97	39.000	600

2002	Preussag-Werkswohnungen	TUI	DAL Deutsche Anlagen-Leasing	13.500	308	22.800	350
2002	Braunschweig, umliegende Landkreise	GWK Braunschweig	LEG Schleswig-Holstein	1.800	54	29.900	460
2002	Opel Werkswohnungen	Adam Opel AG	INDUSTRIA Bau. GmbH	985	32	32.500	500
2002	GEHAG (80%)	WCM	HSH Nordbank	21.000	k.A.	k.A.	k.A.
2003	LEG Schleswig-Holstein	Schleswig-Holstein	B&L Immobilien / HSH Nordbank	s.o.	k.A.	k.A.	k.A.
2003	BIG Heimbau	HSH Nordbank, DZ Bank, Provinzial	Deutsche Annigton	10.000	400	40.000	620
2003	Petruswerk GmbH, Berlin	Bistum Berlin	Avila Management GmbH, Berlin	2.300	105	45.500	700
2003	Werkswohnungen Preussag	DAL Deutsche Anlagen-Leasing	Babcock & Brown	6.000	269	44.800	690
2003	Whgen in Frankfurt, Kassel, Bad Homburg	Volksfürsorge	GWH	2.627	k.A.	k.A.	k.A.
2003	Bellaform	Viterra	Bellaform Maschinenbau GmbH	1.534	k.A.	k.A.	k.A.
2003	Wohnungen in Essen	Viterra	Essener Grundstücksgesellschaft	1.502	k.A.	k.A.	k.A.
2003	Allianz Portfolio	Allianz	Wohnbau GmbH, HPE Hausbau	1.048	k.A.	k.A.	k.A.
2004	MIRA Grundstücks GmbH & KG	Viterra	KGAL Leasing	27.000	575	21.300	330
2004	Gagfah	BfA Bundesversicherungsanstalt	Fortress	82.000	3.700	45.100	741
2004	Werkswohnungen	Thyssen-Krupp	Corpus / Morgan Stanley	48.000	2.100	43.800	729
2004	GSW	Berlin	Cerberus / Whitehall	65.700	2.105	32.000	515
2004	Degewo Wohnungen	Berlin	Cerberus	2.650	119	44.800	690
2004	Wohnungen in Kassel	Stadt Kassel	Nassauische Heimstätte	22.000	k.A.	k.A.	k.A.
2004	Werkswohnungen	RWE	Deutsche Annington	4.500	225	50.000	833
2004	Wohnungsbestand WCM	WCM	Blackstone	31.000	1.390	44.800	747
2004	Wohnungen im Ruhrgebiet	MIRA Grundstücks GmbH & KG	Häuser Bau / Wohnprojekt	4.200	188	44.800	690
2004	GSW-Teilbestand in Berlin	Cerberus / Whitehall	Vivacon	1.530	47	30.700	470
2004	Preussag-Werkswohnungen	DAL Deutsche Anlagen-Leasing	Babcock and Brown	13.500	605	44.800	690

2004	Bestand nicht spezifiziert	Cerberus / Whitehall	Deutsche Bank	7.500	336	44.800	690
2004	Wohnungsbau Jade GmbH, Wilhelmshaven	Deutsche Bank	Cerberus	8.209	k.A	k.A.	k.A.
2004	ehemalige GSW-Wohnungen in Berlin	Vivacon	conwert	886	39	43.567	670
2004	Wohnungen Düsseldorf	West-LB	Corpus	550	k.A.	k.A.	k.A.
2005	Wohnungen in Berlin-Dahlem	BR Deutschland	apellas	1.100	k.A.	k.A.	k.A.
2005	Peabody	HPE	General Electric Real Estate	4.400	190	43.200	660
2005	Viterra	E.ON	Deutsche Annington	152.000	7.000	46.100	790
2005	Wohnungen in Lüneburg	k.A.	IBUS Company	850	k.A.	k.A.	k.A.
2005	Wohnungen in West-Berlin	Tefag	Immofinanz	1.400	80	57.100	880
2005	Wohnungen in Köln	Privatperson	Vivacon	300	k.A.	k.A.	k.A.
2005	NILEG	NordLB	Fortress	28.500	1.500	52.600	890
2005	Wohnungen Berlin	Privatperson	Cerberus	1.500	k.A.	k.A.	k.A.
2005	Wohnungen in Itzehoe, Elmshorn	Privater Investor	Colonia Real Estate	1.900	40	21.100	320
2005	Wohnungen im Ruhrgebiet, Köln, Bonn u.w.	Oberhausener Grund Liegenschaft	Vivacon	2.025	100	49.400	760
2005	GHG	BVG, Berlin	Corpus	5.100	250	49.000	980
2005	Werkswohnungen/ Immeo Wohnen	Corpus / Morgan Stanley	Fonciere des Regions	5.300	275	51.900	980
2005	BaubeCon	BGAG	Cerberus	20.000	1.000	50.000	900
2005	weitere BGAG-Wohnungen	BGAG	Cerberus	2.850	k.A.	k.A.	k.A.
2005	Wohnungen in Bayern	GBWAG	DKB Immobilien	8.700	k.A.	k.A.	k.A.
2005	GEHAG	HSH Nordbank	Oaktree	21.000	1.000	47.600	730
2005	Grasmus-Portfolio Whgen Norddeutschld.	Cerberus	Colonia Real Estate	3.500	k.A.	k.A.	k.A.
2005	Wohnungen Berlin	DKB Immobilien	apellas	500	k.A.	k.A.	k.A.
2005	Wohnungen in Region Rhein-Ruhr	k.A.	Vivacon	2.700	k.A.	k.A.	k.A.

2005	Wohnungen in Köln, Nürnberg, Duisburg	k.A.	Vivacon	1.252	k.A.	k.A.	k.A.
2005	Bestand nicht spezifiziert	Vivacon	int. institutioneller Investor	2.658	k.A.	k.A.	k.A.
2005	Wohnungen im Ruhrgebiet	Vivacon	internationaler institutioneller Investor	5.236	200	38.197	588
2005	Wohnungen in Düsseldorf, Münsterland u.w.	Vivacon	int. institutioneller Investor	774	25	32.300	497
2005	Whgen Rhein-M.-Gebiet u. Friedrichshafen	AMB Generali Gruppe	Dewag	1.700	k.A.	k.A.	k.A.
2005	Whgen in Berlin, Hamburg und Hannover	Prima Wohnbauten	IMW Immobilien AG	4.500	200	44.444	k.A.
2006	Wohnungen im Ruhrgebiet	k.A.	IBUS Company	1.800	k.A.	k.A.	k.A.
2006	WOBA Dresden	Dresden	Fortress	48.000	1.750	36.500	660
2006	Buba-Wohnungen in West-Berlin	Deutsche Bundesbank	apellas	400	50	125.000	1.250
2006	Wohnungen in Bochum, Essen, Dortmund	Privater Investor	Cerberus	3.000	k.A.	k.A.	k.A.
2006	Wohnungen in Berlin	k.A.	General Electric Real Estate	1.000	k.A.	k.A.	k.A.
2006	Whgen in Braunschweig, Salzgitter, Köln	k.A.	IBUS Company	1.350	k.A.	k.A.	k.A.
2006	Altbauwohnungen in Berlin	k.A.	GEHAG	5.300	228	43.000	660
2006	Wohnungen in Berlin	Private Investoren	conwert, Pirelli RE, Lehman Brothers	1.560	78	50.200	770
2006	Wohnungen in Berlin	DKB Immobilien	apellas	900	k.A.	k.A.	k.A.
2006	Wohnungsbau Jade GmbH	Cerberus	Babcock and Brown, General Property Trust	12.300	500	40.700	630
2006	DGAG, Wohnungen in Norddeutschland	B&L Immobilien / HSH Nordbank	Pirelli Real Estate	21.400	1.080	50.467	776
2006	Immeo Whgen (Werkswhgen Thyssen-Krupp)	Corpus / Morgan Stanley	Foncière Dévélop. Logements	40.000	2.100	52.500	808
2006	Wohnungen in Dresden	HSH N Real Estate	Arsago / Morgan Stanley	1.900	71	37.474	630
2006	Gagfah S.A., Portfolios Gagfah, NILEG, WOBA	Fortress	Börsengang	158.000	11.104	70.278	1.081
2006	Wohnungen in Berlin	Bewoge	Puma Brandenburg Ltd.	1.700	k.A.	k.A.	k.A.
2006	Wohnungen in Berlin	Helle Aue Grundbesitz	Colonia Real Estate	2.487	83	33.375	563
2006	Wohnungen in Berlin	Wohnungsbaugenoss. Eigentum 2000	Vivacon	1.268	50	39.430	610

2006	Wohnungen in Berlin	Corpus	Puma Brandenburg Ltd.	398	19	47.740	840
2006	Wohnungen in Berlin	Privater Investor	TAG Tegernsee	885	33	37.290	688
2006	Wohnungen in Berlin	k.A.	Colonia Real Estate	2.199	73	33.200	550
2006	Wohnungsportfolio VITO	MEAG Real Estate	Patrizia AG	6.805	860	126.400	1.740
2006	DeWAG	Prudential RE Investors	Archstone Smith	6100	518	84.920	k.A.
2006	GBH Heidenheim	Aktionäre der GBH Heidenheim	Gagfah u.a.	9.000	308	34.220	k.A.
2006	HDI-Portfolio	HDI-Gerling	Patrizia	2.700	300	111.110	k.A.
2006	Wohnungsportfolio	Lonestar	Centuria	5.300	280	52.830	k.A.
2006	Wohnungsportfolio	GSW	Gehag	5.300	k.A.	k.A.	k.A.
2007	Wohnungen in Berlin	Privater Investor	GSW	334	12	35.930	590
2007	Wohnungen in Berlin u.a.	Privater Investor	Gagfah	2.400	127	52.920	825
2007	Wohnungen in Berlin u.a.	Driag Deutsche Real Invest	GSW	750	40	53.333	820
2007	Wohnungen in Berlin u.a.	Citec Immobilien-gruppe	Sparkassen Immobilien AG, Wien	2.200	185	84090	1.400
2007	Wohnungen in Berlin u.a.	Grove / apellas	Gagfah Group	5.900	370	62.710	1.045
2007	Wohnungen in Berlin u.a.	Vivacon AG	Internationaler Investor	5.662	220	38.860	620
2007	Wohnungen in Berlin u.a.	Estavis AG	Internationaler Investor	873	40	45.820	765
2007	BauBeCon	BauBeCon	Pirelli Real Estate und Rreef Global Opp. Fund	27.000	1.700	62.963	994
2007	Wohnungen in Salzgitter	Wohnbau Salzgitter	Vivacon	1.029	k.A.	k.A.	k.A.
2007	Whgen in Düsseldorf, Dortmund und Mülheim	Evonik Wohnen Essen	Kommunale Wohnen Hamburg (KWG)	800	32	39.730	593
2007	Wohnungen in Berlin	Wohnungsbaugesell-schaft Berlin Mitte	Degewo	1.129	k.A.	k.A.	k.A.
2007	Wohnungen in Potsdam und Beelitz	Bundesanstalt für Immobilienaufgaben	Patrimonium German Opportunity Fund	500	k.A.	k.A.	k.A.
2007	Whgen in Berlin, Halle und NRW	Valbonne Holding	IMW Immobilien	7.200	365	50.690	777
2007	Wohnportfolio (51% der Anteile)	GPT / Babcock & Brown	Colonia Real Estate AG	10.100	360	k.A.	k.A.

2007	Vitus-Gruppe (ehemalige WCM-Whgen)	Blackstone	Round Hill Capital	31.000	1.600	51.610	k.A.
2007	Gehag (Fusion)	Oaktree	Deutsche Wohnen	27.000	540	k.A.	k.A.
2007	Whgen in Berlin, Hamburg u. weiteren Städten	Zentral Boden Immobilien AG (ZBI)	Citigroup Prop. Investors & CorpusSireo	6.000	450	75.000	k.A.
2007	THS (Treuhandstelle für Bergmannswohnstätten)	Bund (Anteile am THS-Bestand)	Evonik Industried	77.000	450	k.A.	k.A.
2007	Whgen in Bielefeld, Bonn, Celle und Köln	Private Besitzer	Deutsche REIT AG	472	k.A.	k.A.	k.A.
2007	Whgen in Norddeutschl., Berlin, Bayern und NRW	Vivacon	Institutioneller Investor	5.700	220	38.600	k.A.
2007	Whgen in Mainz, Wiesbaden, Oberursel	DIC Asset AG	Deutsche Wohnen AG	353	20	55.250	1.000
2007	Whgen in Berlin, Thüringen, Sachsen	k.A.	Gagfah	2.400	127	52.920	835
2007	Whgen in Berlin	k.A.	Gagfah	1.700	90	52.940	833
2007	Whgen in Zwickau	Stadt Zwickau	Gagfah	3.000	96	32.000	567
2008	Wohnungen in Schwerin	Privater Eigentümer	DKB Immobilien	850	k.A.	k.A.	k.A.
2008	Wohnungen in Berlin	Pirelli Real Estate	Dewag-Gruppe	370	k.A.	k.A.	k.A.
2008	Whgen in Hamburg, Berlin u. Rhein-Main	Versorgungsanstalt des Bundes und der Länder	TAG Immobilien	1.250	k.A.	k.A.	k.A.
2008	Wohnungen in Döbeln	Döbelner Verwaltungsgesellschaft	DKB Immobilien	2.100	44	20.952	k.A.
2008	Landesentwicklungsanstalt (LEG) NRW	LEG NRW	Immobilienfonds Whitehall[547]	93.000	3.400	35.000	580
2008	Wohnungen in Greifswald u. Umgebung	Verwaltungsgesellschaft Greifswald	KWG Kommunale Wohnen AG	10.053	290	28.850	500
2008	Wohnungen in Regensburg	LBBW Immobilien	Stadtentwicklungsgesellschaft Grüne Mitte	397	k.A.	k.A.	k.A.
2008	Wohnungen in Berlin	k.A.	Bouwfonds Asset Management & Catella	235	13	55.319	k.A.
2008	Wohnungen in Berlin	k.A.	KWG Kommunale Wohnen	366	15	40.784	649
2008	Wohgen in Münster, Bobingen u. Augsburg	Deutsche Wohnen	Schroders Property Investment GmbH	670	45	67.164	989
2008	Wohnportfolio	iii Investments	RVG Real Estate	2.100	125	59.524	k.A.

547 In 2009 wurde bekannt, dass zwei Käufergesellschaften beteiligt waren: Lancaster GmbH & Co. KG und die Rote Rose GmbH & Co. KG. Lancaster ist eine Beteiligungsgesellschaft der Whitehall Funds, die Rote Rose ist eine Beteiligungsgesellschaft, die von der Perry Gruppe, einem US-amerikanischen Investmentberater, kontrolliert wird.

2008	Wohnportfolio Anna	Wohnbau Bonn	Merrill Lynch/ Colonia Real Estate	1.970	103	52.284	k.A.
2008	Wohnungsportfolio Leipzig	Värde Partners (US-Finanzinvestor)	Norwegischer Immobilienfonds	96	5,8	60.417	921
2008	Wohnportfolio	Privater Investor	Skandinavischer Investor	876	58	66.210	k.A.
2008	Daimler Siedlung Stuttgart	Wohnstätten Sindelfingen Gmbh	GWG AG	764	50	65.445	k.A.
2008	Wohnungen in Berlin-Karow	Deutscher Immobilienfonds	Holländische Familie	1.400	80	57.143	k.A.
2008	Wohnungsportfolio Hanau	Deutsche Wohnen	Luxemburgische Reip-Holding	631	12,5	19.810	391
2009	Wohnungen in Berlin	k.A.	Topdanmark Ejedom u. Administration A/S	600	25	41.667	k.A.
2009	Wohnportfolio Düsseldorf	Düsseldorfer Unternehmensgruppe	DeWAG-Gruppe	210	k.A.	k.A.	k.A.
2009	Wohnportfolio Hamburg	k.A.	KGAL gemeinsam mit Hansainvest	166	k.A.	k.A.	k.A.
2009	Brebau-Portfolio	Bremer Wohnungs-baugesellschaft	Gewoba	322	12	37.267	k.A.
2009	Siemens-Werkswohnungen	Siemens	Bietergemeinschaft[548]	4.000	290	72.500	1.000
2009	Wohnungsportfolio München	k.A.	DeWAG-Gruppe	220	k.A.	k.A.	k.A.
2009	Wohnungsbestände u.a. in Hamburg der DAWAG	Ver.di	Meravis	6.000	360	60.000	k.A.
2009	Wohnungsportfolio Dortmund-Westerfilde	k.A.	Unternehmensgruppe Häusser-Bau	290	k.A.	k.A.	k.A.
2009	Wohnungsportfolio Eutin	Pirelli Real Estate	Wohnungsbaugesell-schaft Ostholstein	256	k.A.	k.A.	k.A.
2009	Wohnungsportfolio Hamburg & Hannover	Internationaler Versicherungskonzern	Patrizia Immobilien	208	k.A.	k.A.	k.A.
2009	Portfolio Dortmund-Westerfilde	k.A.	Unternehmensgruppe Häusser-Bau Bochum	290	k.A.	k.A.	k.A.
2009	Wohnungen in Eutin	Pirelli Real Estate	Wohnungsgesellschaft Ostholstein	256	k.A.	k.A.	k.A.
2009	Portfolio Burgkirchen	k.A.	Immovation Immobi-lien Handels AG Kassel	191	5	26.178	478
2009	Wohnungen in Wiesbaden	Wohnbau Mainz	Wiesbadener Woh-nungsgesell. GWW	2.825	139	49.204	k.A.
2009	„Dulles"- und „Marshall"-Siedlung Gießen	Bundesanstalt für Immobilienaufgaben	Wohnbau Gießen und Privatinvestor	581	19,3	33.219	318
2009	Whgen in Sachsen	Land Sachsen	Graf von Wedel Grundbesitz	600	6,2	10.333	k.A.

[548] Wohnbau GmbH aus Bonn (rd. 2.600 Wohnungen in München und Erlangen), GBW Gruppe München (rd. 800 Wohnungen in Erlangen), Volkswohnung AG Karlsruhe (rd. 500 Wohnungen in Karlsruhe und Bruchsal).

2009	Whgen in Berlin-Zehlendorf	k.A.	DKB Immobilien	250	k.A.	k.A.	k.A.
2009	Wohnportfolio	Fonds der Core Property Management	Bauverein zu Hamburg	175	k.A.	k.A.	k.A.
2009	Wohnportfolio	Sächsische Wohnungsgenossen. Dresden	Atrium Dresden	540	k.A.	k.A.	k.A.
2009	Wohnportfolio mit Schwerpkt. Mannheim	GE Capital Real Estate	Industria	520	k.A.	k.A.	k.A.
2009	Whgen in Rhein-Main, Düsseldorf, Bonn u. HH	Delta Lloyd Versicherungsgruppe	GWG (Tochter der R+V Versicherungsgruppe)	650	k.A.	k.A.	k.A.
2009	Wohnungen in Hamburg	GAG Grundstücksverwaltungs AG[549]	Patrizia Immobilien KAG	311	60	192.926	2.143
2009	Bayern-Portfolio	Bayerisches Wonungsunternehmen	Immovation AG	476	23	k.A.	k.A.
2009	Berlin-Portfolio	Colonia Real Estate AG	conwert Immobilien Invest SE	937	67	71.504	875
2009	Berlin-Portfolio	k.A.	Pramerica Real Estate Investors	279	23	75.000	900
2009	Wohnungen in Düsseldorf	Ratinger Interboden-Gruppe	AXA Real Estate Investment Managers	104	22	211.538	k.A.
2009	Lübeck-Portfolio	Pirelli Real Estate	ZBI Wohn- und Gewerbeimmobilien	608	19,7	32.401	k.A.
2009	Oldenburg-Portfolio	Privates Immobilienunternehmen	Bremer Wohnungsunternehmen Gewoba	936	k.A.	k.A.	k.A.
2009	Wohnungen in Berlin und Weimar	k.A.	DKB Immobilien	550	k.A.	k.A.	k.A.
2009	Wohnungen in Naila	Stadt Naila	Privatinvestor	141	k.A.	k.A.	k.A.
2009	Wohnungen in Frankfurt a.M.	NPC Gruppe	AXA-Wohnungsfonds	124	31	250.000	3.010
2009	Wohnungen in München	k.A.	Rock Capital	240	k.A.	k.A.	k.A.
2009	Wohnungen in Berlin und Umland	IMW Immobilien AG	Deutsche Annington	4.458	220	49.350	790
2009	Wohnungen im Ruhrgebiet	Wobau Velbert	Brack Capital Deutschland	716	21	29.330	k.A.
2009	Hessenportfolio	Nassauische Heimstädte	G+S Wohnen	312	k.A.	k.A.	k.A.
2009	Wohnungen in Köln	Generali Deutschland	DeWAG	163	k.A.	k.A.	k.A.
2009	Wohnungen in Nordrhein-Westfalen	Corestate Capital	WGF	1.879	100	53.220	719
2009	Wohnungen in Berlin	k.A.	TAG Immobilien AG	782	43	54.987	800

549 Joint Venture der österreichischen conwert Immobilien Invest SE und der Bau-Verein zu Hamburg AG.

2009	Wohnungen im Rhein-Erft-Kreis	Erftland Kommunale Wohnungsgesellschaft	Süddeut. Grund- u. Immobilienanlagen	428	k.A.	k.A.	k.A.
2009	Portfolio in Niedersachsen u. Schleswig-Holstein	Pirelli Real Estate	WGF Westfälische Grundbesitz	1.187	56	792	47.178
2009	Wohnungen in Hamburg und München	Patrizia Immobilien AG	k.A.	215	39	k.A.	181.395
2010	Wohnungsportfolio in Westdeutschland	BGP Investment	Corestate Capital	4.700	k.A.	k.A.	k.A.
2010	Wohnungsportfolio in Bayern, Niedersachsen	WGF Düsseldorf	Niederländischer Investor	308	k.A.	k.A.	k.A.
2010	Wohnungen in Nordrhein-Westfalen	Ausländischer Investor	Corestate-Gruppe	2.300	77	k.A.	33.478
2010	Wohnungen in Berlin	Deutsche Pensionskasse	ZBI Zentral Boden Immobilien Gruppe	223	12	k.A.	k.A.
2010	Plattenbauwohnungen in Dresden	Gagfah	Topdanmark Livsforsikring	2.000	k.A.	k.A.	k.A.
2010	Wohnungen in Dresden, Berlin, Hamburg u. FFM	Conwert Immobilien	DWS-Fonds	k.A.	18	k.A.	k.A.
2010	Wohnungen in Heidelberg	Baugenossenschaft Neu Heidelberg eG	GWH	307	k.A.	k.A.	k.A.
2010	Wohnungen in NRW und Berlin	IMW Immobilien	Niederländischer Investor	2.350	82	716	34.894
2010	Wohnungen in München	Patrizia AG	Institutioneller Investor	274	42	k.A.	153.650
2010	Portfolio „Reichelsiedlung"	LEG NRW	Deutsche Investorengemeinschaft	575	k.A.	k.A.	k.A.
2010	Wohnungen in Bayern, Hessen und NRW	MEAG Assetmanagement	DeWAG	853	k.A.	k.A.	k.A.
2010	Wohnungen in NRW	k.A.	GWH	928	k.A.	k.A.	k.A.
2010	Wohnungen in Essen	Immeo Wohnen	Allbau Essen	525	k.A.	k.A.	k.A.
2010	Wohnungen in Berlin	Ausländischer Investor	Corestate	2.000	k.A.	k.A.	k.A.
2010	Wohnungen in St. Augustin	k.A.	WGF Westfälische Grundbesitz	135	k.A.	k.A.	k.A.

Tab. 72: Wohnungsportfolio-Verkäufe ab 1997[550]

[550] Eigene Darstellung
Quelle: HSH Nordbank, Deutsche Bank, Vivacon, DEGI, Eurohypo, Ernst & Young Real Estate und diverse Presseveröffentlichungen.

Anhang 05 – Mietbegriffsdefinitionen

Mietbegriff	Definition / Erläuterung
Mietgegenstand	Im Mietvertrag muss die Lage der Wohnung innerhalb des Gebäudes und die zugehörigen Räume genau bezeichnet sein. Auch ohne explizite Erwähnung gehören Fußbodenbeläge, Einbauküchen etc. zum Mietverhältnis.
Mietzeit und Kündigung	Falls keine begrenzte Laufzeit vereinbart ist, gilt ein Mietvertrag als unbefristet und endet erst durch Kündigung oder Aufhebungsvereinbarung. Die Kündigung und allgemeine Kündigungsfrist ist für Mieter und Vermieter asymmetrisch.[551]
Marktmiete	Die Marktmiete entspricht der Miete, welche im Falle einer Neuvermietung unter Berücksichtigung von Angebot und Nachfrage erzielt werden kann.
ortsübliche Vergleichsmiete	Repräsentativer Querschnitt der Mieten, der für nicht preisgebundenen Wohnraum des allgemeinen Wohnungsmarktes der vergleichbaren Art, Größe, Ausstattung, Beschaffenheit und Lage bei bestehenden Mietverhältnissen tatsächlich und üblicherweise in den letzten vier Jahren vereinbart worden sind.[552] Bei einer Neuvermietung kann der Vermieter die Marktmiete verlangen – er ist in diesem Fall nicht an die ortsübliche Vergleichsmiete gebunden.
nachhaltige Miete	Die Definition der nachhaltigen Miete hat insbesondere in der Ertragswertberechnung nach WertV ihre Relevanz. Sie stellt diejenige Miethöhe dar, welche bei ordnungsgemäßer Bewirtschaftung und zulässiger Nutzung über die Restnutzungsdauer des Gebäudes unter folgender Berücksichtigung konstant bleibt:[553] ▪ der allgemeinen wirtschaftlichen Entwicklung, ▪ der besonderen regionalen Grundstücksmarktentwicklung, ▪ der wirtschaftlichen Abnutzung der Immobilie. In der Praxis orientiert sich die nachhaltige Miete an der ortsüblichen, durchschnittlichen Miete oder Pacht (ohne Mehrwertsteuer), wobei diese jedoch nicht identisch sind.[554]
(qualifizierter) Mietspiegel	Übersicht über die ortsübliche Vergleichsmiete gemäß § 558c (d) BGB, erstellt von einer Gemeinde oder Interessensvertretern von Vermietern und Mietern. Wird ein Mietspiegel nach anerkannten wissenschaftlichen Grundsätzen nachvollziehbar erstellt, gilt der Mietspiegel als qualifiziert. Hieraus lassen sich Mietsteigerungspotenziale ableiten.

551 Der Vermieter muss in Gegensatz zum Mieter für die Kündigung ein berechtigtes Interesse nachweisen (z.B. schuldhaftes Verhalten des Mieters, Eigenbedarf des Vermieters, Hinderung einer angemessenen wirtschaftlichen Verwertung etc.). Der Mieter kann ohne Angabe von Gründen mit einer Frist von 3 Monaten kündigen.

552 Vgl. [Pie07], S. 113

Wortlaut gemäß § 558 BGB: „Die ortsübliche Vergleichsmiete wird gebildet aus den üblichen Entgelten, die in der Gemeinde oder einer vergleichbaren Gemeinde für Wohnraum vergleichbarer Art, Größe, Ausstattung, Beschaffenheit und Lage in den letzten vier Jahren vereinbart oder, von Erhöhungen nach § 560 abgesehen, geändert worden ist. Ausgenommen ist Wohnraum, bei dem die Miethöhe durch Gesetz oder im Zusammenhang mit einer Förderzusage festgelegt worden ist."

Hinsichtlich der ortsüblichen Vergleichsmiete ist zu betonen, dass es sich hierbei um eine künstliche, nicht marktorientierte Miete handelt, da deren Bildung auf neu abgeschlossenen und im Bestand veränderten Mieten der letzten vier Jahre beruht. Trotzdem muss diese bei einer Wertermittlung zum aktuellen Stichtag herangezogen werden.

553 Vgl. [Kle2007], S. 1555

554 Bei der Beurteilung der Nachhaltigkeit müssen zusätzlich unsichere, zukünftige Erwartungen prognostiziert werden, während die Feststellung der ortsüblichen Vergleichsmiete lediglich auf Daten der Vergangenheit beruht.

Staffelmiete	Gemäß § 557 BGB können künftige Mieterhöhungen auch als Staffelmiete vereinbart werden. Die Miete muss mindestens jeweils ein Jahr unverändert bleiben.
Indexmiete	Gemäß § 557 BGB können künftige Mieterhöhungen auch als Indexmiete vereinbart werden. Die Miete verändert sich in Abhängigkeit vom amtlichen Lebenshaltungsindex aller privaten Haushalte in Deutschland. Die neu festgesetzte Miete muss wie die Staffelmiete mindestens 1 Jahr unverändert bleiben.
Kostenmiete	Miethöhe, welche zur vollständigen Deckung der laufenden Aufwendungen unter Berücksichtigung der tatsächlichen Finanzierungskosten einschließlich der öffentlichen Baudarlehen erforderlich ist.[555]
zulässige Höchstmiete	Die vertragliche Miete wird durch das Wucherverbot gemäß § 5 Wirtschaftsstrafgesetz (WiStG) und § 291 Strafgesetzbuch (StGB) begrenzt. Als unangemessen hoch gilt, wenn die Miete infolge Ausnutzung eines geringen Angebotes an vergleichbaren Räumen die ortsübliche Vergleichsmiete um mehr als 20% übersteigt.
Mieterhöhung	Gemäß § 558 BGB kann der Vermieter unter folgenden Voraussetzungen die Zustimmung zu einer Mietanhebung verlangen:[556] ▪ Erhöhung der Grundmiete bis zur ortsüblichen Vergleichsmiete, nachdem die Miete mindestens 15 Monate unverändert war. ▪ Erhöhung der Grundmiete um nicht mehr als 20% innerhalb von 3 Jahren (Kappungsgrenze nach § 558 Abs. 3 BGB). Die Kappungsgrenze gilt nicht für Staffelmietverträge, Neuvermietungen oder Erhöhung aufgrund erfolgter Modernisierungsmaßnahmen.
Mieterhöhung bei Modernisierung	Der Vermieter kann ohne Zustimmung des Mieters gemäß § 559 BGB die Miete für das Jahr um 11% der für die Wohnung aufgewendeten Modernisierungskosten erhöhen.[557]

Tab. 73: Gesetzliche Regelungen und Erläuterungen im Mietwohnungsbau[558]

[555] Kostenmieten sind bei gefördertem Wohnraum maßgebend. Ziel hierbei ist, die dem Eigentümer gewährten Finanzierungsvorteile ungeschmälert an die Mieter weiterzugeben.

Umlagen, die zur Deckung von Betriebskosten zusätzlich gezahlt werden, bleiben unberücksichtigt.

[556] Diese Möglichkeiten der Mieterhöhung sind jedoch für Staffel- und Indexmieten ausgeschlossen.

[557] Zu den Modernisierungskostenkosten zählen bauliche Veränderungen, die den Gebrauchswert der Wohnung nachhaltig erhöhen oder die allgemeinen Wohnverhältnisse auf Dauer verbessern oder nachhaltig Einsparungen von Wasser oder Energie bewirken.

[558] Eigene Darstellung

Anhang 06 – Wertbegriffsdefinitionen

Wertbegriff	Definition
Barwert (Gegenwartswert)	Der Barwert entspricht dem Wert, den zukünftig anfallende Zahlungsströme in der Gegenwart besitzen.
(steuerlicher) Bedarfswert	Eine vom Finanzamt durchgeführte Bewertung einer Immobilie. Der Bodenwert wird gemäß Bodenrichtwertauskunft ermittelt, die Ertragswertermittlung erfolgt als das 12,5-fache der durchschnittlichen 3-Jahresmiete. Einfamilienhäuser werden mit einem 20%igen Zuschlag versehen. Der Gegenbeweis durch einen Sachverständigen ist jedoch möglich.
Beleihungswert	Die Aufgabe des Beleihungswertes ist es, das Risiko einer Immobiliensicherheit für die Dauer der Kreditvergabe einzuschätzen. Damit ist der Beleihungswert nicht als Zeitpunkt bezogener Wert zu sehen, sondern vielmehr ein Zeitraum bezogener Wert, der aktuelle, historische und zukünftige Wertentwicklungen bei der Bestimmung berücksichtigt. „Der Beleihungswert darf den Wert nicht überschreiten, der sich im Rahmen einer vorsichtigen Bewertung der zukünftigen Verkäuflichkeit einer Immobilie und unter Berücksichtigung der langfristigen, nachhaltigen Merkmale des Objekts, der normalen regionalen Marktgegebenheiten sowie der derzeitigen und möglichen anderweitigen Nutzungen ergibt. Spekulative Elemente dürfen dabei nicht berücksichtigt werden. Der Beleihungswert darf einen auf transparente Weise und nach einem anerkannten Bewertungsverfahren ermittelten Marktwert nicht übersteigen.“[559]
Buchwert (Steuerbilanzwert)	Der Buchwert ist der Wert, mit dem ein Wirtschaftsgut in der Handels- oder Steuerbilanz auf der Aktiv- oder Passivseite ausgewiesen wird. Obergrenze für den Buchwert sind die Anschaffungs- oder Herstellungskosten; Untergrenze sind bei abnutzbaren Gütern die Anschaffungs- oder Herstellungskosten vermindert um die Abschreibung.
Depreciated Replacement Cost	Entspricht dem deutschen Sachwert mit dem Unterschied, dass die Herstellungskosten nicht für ein identisches Gebäude, sondern immer für ein modernes Ersatzgebäude errechnet werden.
Einheitswert	Der Einheits- bzw. Grundbesitzwert stellt einen Steuerwert für im Einzelfall festzulegende Grundsteuer dar. Er unterscheidet sich vom Verkehrswert durch den Wertermittlungsstichtag und die Bewertungsmethodik.
Erinnerungswert	Der Wert von 1 €, der in der Handels- und Steuerbilanz für ein zwar abgeschriebenes, aber noch zum Betriebsvermögen gehörendes Wirtschaftsgut ausgewiesen wird.
Ertragswert	Der Ertragswert ist der Wert, der sich bei der Kapitalisierung der Reinertragsmiete einer Immobilie unter Abzug der Bodenwertverzinsung und unter Addition des Bodenwertes ergibt.
Fair Value (beizulegender Zeitwert)	Der Fair Value stellt den beizulegende Zeitwert im Rahmen einer IFRS-Bewertung dar. Hierbei handelt es sich um denjenigen Betrag, der im normalen Geschäftsverkehr zwischen gut informierten und abschlusswilligen Vertragspartnern unter Marktbedingungen ausgehandelt wird.[560]

559 Definition gemäß § 16 Abs. 2 Pfandbriefgesetz (PfandBG)

560 Vgl. Definition IAS 40.29

	Der Market Value der RICS, des IVSC und der TEGoVA sind mit dem Fair Value Konzept der IFRS identisch. Auch der deutsche Verkehrswertbegriff enthält zentrale Merkmale, die mit der inhaltlichen Begriffsdefinition des Fair Value der IFRS deckungsgleich sind. Hierzu gehören die Neutralisierung von ungewöhnlichen oder persönlichen Verhältnissen, die Nicht-Berücksichtigung von steuerlichen Aspekten und anderer wertbeeinflussender Komponenten.
Gebrauchswert (Use Value)	Wirtschaftstheoretischer Begriff, der den subjektiven Nutzen eines Gutes nach seiner objektiven Eignung bezeichnet. Er steht komplementär zum objektiven Wert. Er wird auch vielfach als Synonym zum Nutzwert und im Zusammenhang mit dem Modernisierungsbegriff verwendet.
Gemeiner Wert	Der gemeine Wert ist der Betrag, der im gewöhnlichen Geschäftsverkehr nach der konkreten Beschaffenheit des Wirtschaftsgutes zu erzielen ist (siehe auch § 9 Bewertungsgesetz (BewG)). Hierbei sind alle preisbeeinflussenden Einflüsse zu beachten – ungewöhnliche oder persönliche Einflüsse sollen jedoch nicht in Betracht gezogen werden. Somit entspricht der Begriff „gemeiner Wert" dem heute gebräuchlichen Begriff „Verkehrswert".
Handelsbilanzwert	Der Handelsbilanzwert ist der Wert, der für ein Wirtschaftsgut in der Handelsbilanz ausgewiesen ist. Die Bewertung eines Solchen Wertes richtet sich nach den Vorschriften des Handelsgesetzbuches und den Handelsbilanzrichtlinien.
Höchstwert	Der Höchstwert ist der Wert, welcher in der Handels- und Steuerbilanz für bestimmte Wirtschaftsgüter im Normalfall angesetzt werden darf.
Liquidationswert	Der Liquidationswert ist der Wert, der bei der Abwicklung oder Auflösung eines Unternehmens noch erzielt werden kann. Bei einem unbebauten Grundstück entspricht i.d.R. der Liquidationswert dem Verkehrswert.
Marktwert	Unter Marktwert wird in der Praxis der Verkehrswert verstanden, insbesondere auf internationaler Ebene. Auch in Deutschland setzt sich der Marktwertbegriff durch – die explizite Gleichsetzung der Begrifflichkeiten im BauGB hat dies verstärkt.
Market Value	„Market Value is the estimated amount for which an asset should exchange on the date of valuation between a willing buyer and a willing seller in an arm's-length transaction after proper marketing wherein the parties hat each acted knowledgeably, prudently and without compulsion."[561]
Market Value for Existing Use	Entspricht dem Market Value mit der Einschränkung, dass die momentane Nutzung und damit verbundene Vermietungssituation langfristig beibehalten wird. Insbesondere für Bilanzierungszwecke wird dieser Wert für Corporate-Gebäude oder Immobilien der öffentlichen Hand ermittelt, welche auf die eigene Bedürfnisse zugeschnitten sind und/oder für die Mietverträge im Innenverhältnis abgeschlossen wurden.
Mortgage Lending Value	Angelsächsisches Äquivalent zum deutschen Beleihungswert. „The value of the property as determined by a valuer making a prudent assessment of the future marketability of the property by taking into account long term sustainable aspects of the property, the normal and local market conditions, the current user and alternative appropriate uses of the property. Speculative elements may not be taken into account in the assessment of the Mortgage Lending Value. The Mortgage Lending Value shall be documented in a transparent and clear manner."[562]

561 Definition Red Book, RICS Valuation and Appraisal Standards

562 Definition Red Book, RICS Valuation and Appraisal Standards

Residualwert	Resultiert aus einer Wirtschaftlichkeitsanalyse bei Projektentwicklungen. Beim sog. „Backdoor-Approach" steht die Herleitung des Grundstückspreises im Vordergrund, welcher im Rahmen einer Projektwirtschaftlichkeit tragfähig ist. Ausgangspunkt stellt die maximal erzielbare Miete dar.
Sachwert (Substanzwert)	Der Sachwert ist der Wert, welcher sich aus den Sachkosten eines Wirtschaftsgutes begründet. Dieser leitet sich aus den Wiederbeschaffungskosten zum Zeitpunkt des Stichtages abzüglich entsprechender Abschläge für Alter und Abnutzung und weiteren Kosten wie dem Grund und Boden ab.
Vergleichswert	Der Vergleichswert resultiert aus dem Vergleichswertverfahren, bei dem Kaufpreise für bebaute und unbebaute Grundstücke herangezogen werden, die hinsichtlich ihrer wertbestimmenden Merkmale mit dem zu bewertenden Grundstück hinreichend übereinstimmen.
Verkehrswert	„Der Verkehrswert (Marktwert) wird durch den Preis bestimmt, der in dem Zeitpunkt, auf den sich die Ermittlung bezieht, im gewöhnlichen Geschäftsverkehr nach den rechtlichen Gegebenheiten und tatsächlichen Eigenschaften, der sonstigen Beschaffenheit und der Lage des Grundstücks oder des sonstigen Gegenstandes der Wertermittlung ohne Rücksicht auf ungewöhnliche oder persönliche Verhältnisse zu erzielen wäre."[563]
Versicherungswert	Der Versicherungswert findet Anwendung bei der Versicherung von baulichen Anlagen gegen Feuer-, Leitungswasser- und Sturmschäden. Dabei wird üblicherweise nur der Gebäudewert ermittelt, da Grund und Boden als unzerstörbar angesehen werden. „Als Versicherungswert gilt bei Gebäuden der ortsübliche Bauwert unter Abzug eines dem Zustand des Gebäudes, insbesondere dem Alter und der Abnutzung entsprechenden Betrags".[564] Der Versicherungswert wird weiterhin unterschieden in Neuwertversicherung, gleitende Neuwertversicherung, Zeitwertversicherung und Versicherung zum gemeinen Wert.
Wiederbeschaffungswert (Reproduktionswert)	Der Wiederbeschaffungswert ist der Wert, der für die gleichwertige Wiederbeschaffung eines Wirtschaftsguts aufzuwenden wäre. Würde das Wirtschaftsgut durch ein gleiches, aber neuwertiges Gut ersetzt werden, entspricht dies jedoch dem Neuwert.
Zeitwert	Der Zeitwert ist der Wert, den ein Wirtschaftsgut zu einem bestimmten Zeitpunkt hat – es kann sich hierbei um den Verkehrswert, den gemeinen Wert oder weitere stichtagsbezogene Werte handeln.

Tab. 74: Wertbegriffsdefinitionen[565]

[563] Definition gemäß § 194 BauGB

[564] Definition gemäß § 88 Gesetz über den Versicherungsvertrag (VVG); damit wurde die bislang geltende Definition des Versicherungswertes von Gebäuden mit dem Bezugsjahr 1914 abgelöst.

[565] Eigene Darstellung

Anhang 07 – Faktoren der Marktattraktivität und der Wettbewerbsstärke

Kriterien und Faktoren der Marktattraktivität		Kriterien u. Faktoren der Wettbewerbsstärke	
1	Wirtschaftliche, politische und rechtliche Rahmenbedingungen	1	Mikrostandort/ Lage
1.1	Kapitalmarktzins, Steuerliche Belastungen, Finanzquellen	1.1	Verkehrsanbindung des Mikrostandortes
1.2	Gesamtwirtschaftliche Entwicklung	1.2	Einbindung in die Umgebung
1.3	Regionale Entwicklung, Raumordnung, Bauleitplanung, Stadtentwicklung, Flächen-/ Bodenpolitik	1.3	Qualität der Lage
1.4	Branchenstruktur (Trends)	1.4	Technische Infrastruktur
1.5	Struktur und Effizienz kommunaler Verwaltung	2	Grundstückseigenschaften
1.6	Wirtschaftsförderung	2.1	Größe/ Zuschnitt
2	Demographie und Sozioökonomie	2.2	Expansionsfähigkeit, Reserveflächen, Grad der Bebauung
2.1	Arbeitsmarktsituation	2.3	Umweltfaktoren, Geographie, Physische Grundstücksbeschaffenheit
2.2	Bevölkerungsdichte/ -entwicklung	2.4	Altlasten
2.3	Einkommensniveau, Kaufkraft	3	Rechtliche Beschränkungen
2.4	Sozialstruktur	3.1	Grundbuch/ Rechte Dritter
2.5	Altersstruktur	3.2	Öffentliche Belastungen (z.B. Steuern, Abgaben)
2.6	Lebenshaltungskosten	3.3	Nutzungsgebundenheit/ -vorbehalte
2.7	Bildungsniveau	3.4	Baurecht, Denkmalschutz (z.B. Bauordnung, Sanierungssatzung)
3	Infrastruktur des Makrostandorts	3.5	Miet-/ Wohnrecht
3.1	Verkehrserschließung	3.6	Natur-/ Umweltschutz
3.2	Räumliche Anbindung	4	Gebäude
3.3	Städtebauliche Entwicklung	4.1	Größe/ Zuschnitt
4	Weiche Standortfaktoren	4.2	Verhältnis Nutz-/ Verkehrsflächen
4.1	Soziale Infrastruktur, Wohnqualität	4.3	Ausstattung
4.2	Kultur-, Freizeit- und Bildungsangebot	4.4	Bauqualität (Bausubstanz, Baualter)
4.3	Image und Bekanntheitsgrad, Stadt- und Regionalmarketing	4.5	Flexibilität (Drittverwendungsfähigkeit)

5	Struktur und Entwicklung des Immobilien-angebots	4.6	Raumklima
5.1	Marktumfang/ Bestand	4.7	Architektonische Gestaltung
5.2	Leerstand	4.8	Verwendete Baustoffe/ Bauökologie
5.3	Geplante Projekte, Bauvolumen, Markttransparenz, Markteintrittsbarrieren	5	Nutzungskonzept
5.4	Verhandlungsmacht der Anbieter	5.1	Funktionales Grundkonzept
5.5	Wettbewerbskräfte in der Branche	5.2	Zweckoptimalität, Nutzungsadäquanz
6	Struktur und Entwicklung der Immobiliennachfrage	6	Mietermix
6.1	Anzahl/ Struktur aktueller Mieter	6.1	Auslastung
6.2	Anzahl/ Struktur potenzieller Mieter	6.2	Grad der Eigennutzung
6.3	Flächenbedarfsentwicklung	6.3	Zusammensetzung der Mietparteien
6.4	Nachfragemacht der Mieter	6.4	Häufigkeit des Mieterwechsels
6.5	Mieterpräferenzen (Standortwahl, Ausstattung)	6.5	Bonität/ Prestige der Mieter
7	Miet- und Preisniveau des räumlichen und sachlichen Teilmarktes	7	Bewirtschaftungsergebnis
7.1	Mietniveau und Nutzungsart	7.1	Miet-/ Leasing-/ Pachtkosten
7.2	Mietniveau nach Standort	7.2	Renditekennzahlen
7.3	Baulandpreise und Baukosten	7.3	Reinertrag, Bewirtschaftungskosten
7.4	Preispolitischer Spielraum (Margen)	7.4	Herstellungskosten, Anschaffung, Finanzierung, etc.
		7.5	Recyclingkosten
		8	Wertentwicklungspotenzial
		8.1	Marktanteil des Objektes
		8.2	Verkehrswertentwicklung (ex post)
		8.3	Langfristige Werthaltigkeit
		8.4	Haltedauer/ Timing
		9	Management
		9.1	Immobilienwirtschaftliche Erfahrung, Objekt-management
		9.2	Vertragsmanagement

Tab. 75: Kriterien und Faktoren der Marktattraktivität und der Wettbewerbsstärke[566]

[566] Eigene Darstellung; Kriterien und Faktoren vgl. [Wel02], S. 198-199 (Marktattraktivität) und S. 200-201 (Wettbewerbsstärke).

Anhang 08 – Zins- und Rentenrechnung

Zinsrechnung

Die Zinsrechnung ist für die Bewertung von Immobilien erforderlich, da Investitionen in Immobilien mit anderen Anlagenformen verglichen werden. Bei der Zinsrechnung wird zwischen der einfachen Zinsrechnung und der sog. Zinseszinsrechnung unterschieden.

Die einfache Zinsrechnung ermittelt den Zinsbetrag Z, der für einen angelegten Kapitalbetrag K_0 zu einem Zinssatz p ausgezahlt wird.

$$Z = K_0 \cdot \frac{p}{100} \qquad (37)$$

Formel (37) : Zinsrechnung

mit

Z = *Zinsbetrag*
K_0 = *Kapitalbetrag*
p = *Zinssatz*

Wird das Kapital über mehrere Jahre angelegt, können die jährlichen Zinsen dem Anfangskapital zugeschlagen werden, so dass ab dem zweiten Jahr Zinsen nicht nur auf das Anfangskapital sondern auch auf die Zinsen des ersten Jahres fällig werden, den sog. Zinseszinsen.

In der Finanzmathematik wird üblicherweise der Ausdruck $1 + (p/100)$ durch den Aufzinsungsfaktor q ersetzt, um die Formeln dadurch in ihrer Schreibweise zu vereinfachen.

$$K_n = K_0 \cdot \left(1 + \frac{p}{100}\right)^n = K_0 \cdot q^n \qquad (38)$$

Formel (38) : Zinseszinsformel

mit

K_n = *Kapitalendwert*
q = *Aufzinsungsfaktor*

Durch Umformung der Zinseszinsformel lässt sich der Barwert eines Kapitalbetrages errechnen. Der Barwert entspricht dem heutigen Wert eines in Zukunft fälligen Kapitalbetrages.

$$K_0 = K_n \cdot \frac{1}{q^n} \qquad (39)$$

Formel (39) : Barwertformel

Der Faktor $1/q^n$ wird als Diskontierungsfaktor (Abzinsungsfaktor) bezeichnet. Dieser ist nachfolgend von großer Bedeutung, da er bei der Wertermittlung dann eingesetzt wird, wenn der Endwert eines Kapitals auf den Bewertungsstichtag zu diskontieren ist.

Rentenrechnung

Wiederkehrende Zahlungen in gleichen Zeitabständen werden als Rente bezeichnet. Werden die einzelnen Zahlungen jeweils zu Beginn des zugehörigen Zeitabschnitts geleistet, wird dies als vorschüssige Rente bezeichnet, erfolgen die Zahlungen am Ende des jeweiligen Zeitabschnitts als nachschüssige Rente.[567]

Die Ermittlung der Barwertsumme einzelner Rentenzahlungen auf einen bestimmten Zeitpunkt stellt die charakteristische Aufgabenstellung der Rentenrechnung und somit aller ertragsorientierten Wertermittlungsverfahren dar.

Die Summe von regelmäßigen Zahlungen, einschließlich der nachschüssig gezahlten Zinseszinsen, wird als Rentenendwert bezeichnet. Dieser errechnet sich durch Aufzinsung aller Rentenzahlungen auf das Jahresende der letzten Rentenzahlung. Nachfolgende Abbildung stellt dies grafisch dar:

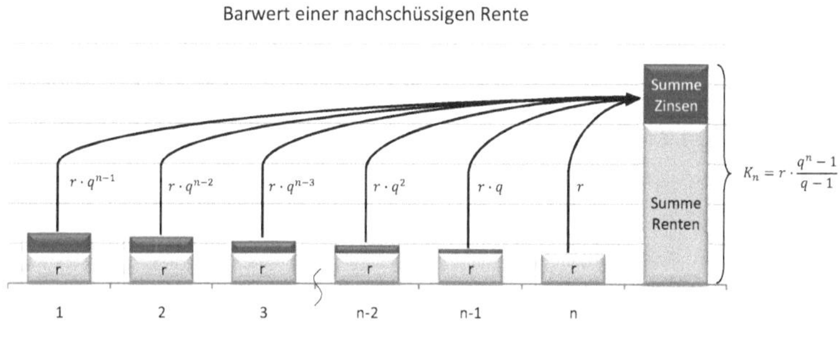

Abb. 61: Grafische Darstellung des nachschüssigen Rentenendwertes[568]

Die Formel zur Berechnung des Rentenendwertes K_n bei nachschüssiger Zahlungsweise lässt sich wie folgt darstellen[569]:

$$K_n = r \cdot \frac{q^n - 1}{q - 1} \quad (40)$$

Formel (40) : Rentenendwertformel (nachschüssige Zahlungsweise)

567 Bei Grundstücken entsprechen definitionsgemäß die Mietzahlungen einer Rente.

568 Eigene Darstellung

569 Auf die Herleitung der Formel wird an dieser Stelle verzichtet – diese erfolgt über die Summenbildung aller auf den Termin n aufgezinsten Einzelrenten und anschließender Ausklammerung von r. Der verbleibende Klammerausdruck stellt eine geometrische Reihe mit dem Anfangsglied 1 und dem Quotienten q dar. Umformungen führen zu obiger Formeldarstellung.

Analog zur nachschüssigen Rente kann auch die Formel der jährlich vorschüssigen Rente abgeleitet werden. Die erste Rente fließt jedoch bereits zum Zeitpunkt „0“, die letzte Rate nur bis zum Zeitpunkt „ $n-1$“.

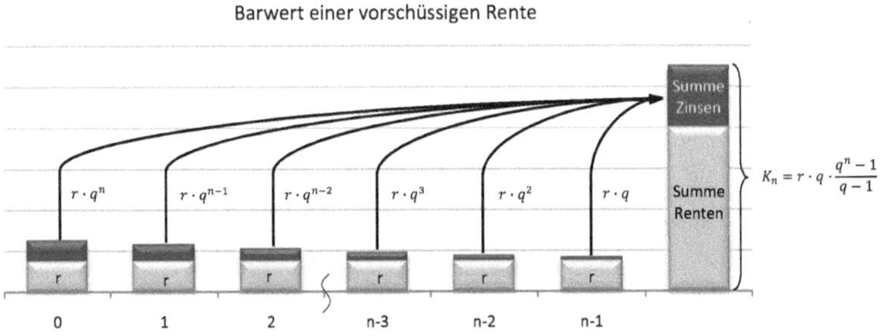

Abb. 62: Grafische Darstellung des vorschüssigen Rentenendwertes[570]

Die Formel zur Berechnung des Rentenendwertes K_n bei vorschüssiger Zahlungsweise lässt sich wie folgt darstellen[571]:

$$K_n = r \cdot q \cdot \frac{q^n - 1}{q - 1} \tag{41}$$

Formel (41) : Rentenendwertformel (vorschüssige Zahlungsweise)

Der Rentenendwert für die vorschüssige Rente kann demnach durch Multiplikation des Rentenendwertes für die nachschüssige Rente mit q errechnet werden.

570 Eigene Darstellung

571 Auf die Herleitung der Formel wird an dieser Stelle ebenfalls verzichtet – sie erfolgt analog der nachschüssigen Rentenzahlung.

Anhang 09 – Lage- und Streuungsparameter

Zum nachfolgenden Verständnis wird definiert:

Charakteristische Größen der Grundgesamtheit werden durch Auswertung einer Stichprobe geschätzt. Ein Rückschluss auf die Grundgesamtheit ist nur mit gewissen Unsicherheiten möglich, bedingt durch statistische Schwankungen der Zufallsauswahl der Stichprobe. Hierbei werden Parameter einer Grundgesamtheit mit griechischen Buchstaben, die Parameter einer Stichprobe mit lateinischen Buchstaben abgekürzt:

Lage-/Streuungsparameter	Abkürzung	
	Grundgesamtheit	Stichprobe
arithmetisches Mittel	μ	$\bar{x}$
Standardabweichung	σ	s
Varianz	σ^2	s^2

Tab. 76: Nomenklatur in der Statistik[572]

Eine Variable x, deren Wert von Einflussgrößen abhängig ist, die nicht vom Beobachter beeinflussbar sind, heißen Zufallsvariable. Eine Messmethode für x legt fest, welche Einflussgrößen bei Messungen von x konstant gehalten werden und innerhalb welcher Bandbreiten sonstige Einflussgrößen unkontrolliert variieren können. Messmethode und Zufallsvariable legen sich gegenseitig fest und sind nicht trennbar.

Ergebnisse, die mit 95%-iger Sicherheit bezeichnet werden, heißen wahrscheinlich, solche, die auf 99%-iger Sicherheit basieren, heißen signifikant, solche mit 99,9%-iger Sicherheit hochsignifikant.

[572] Eigene Darstellung, in Anlehnung [Soh08], S. 28

Lageparameter

Nachfolgende Tab. 77 zeigt häufig verwendete Lageparameter und erläutert diese:

Lageparameter	Definition
arithmetisches Mittel[573]	Das arithmetische Mittel ist der am häufigsten verwendete Lageparameter – im Allgemeinen auch als Durchschnitt oder Mittelwert bezeichnet. Das arithmetische Mittel wird bei quantitativen Daten berechnet, die sich im Wesentlichen um eben den Durchschnitt gruppieren, also keine sog. „Schiefe" oder auffällig abseits liegende Werte, sog. Ausreißerwerte, aufweisen.
Median (Zentralwert)	Der Median bezeichnet eine Grenze zwischen zwei Hälften. Bei einer geraden Anzahl (der Größe nach sortierten) Stichprobenwerte wird das arithmetische Mittel der beiden mittleren Werte als Median bezeichnet.[574] Gegenüber dem arithmetischen Mittel hat der Median den Vorteil, robuster gegenüber Ausreißern in der Stichprobe zu sein und liefert bei wenigen Stichprobenwerten bereits eine Information zur Häufigkeitsverteilung.
Modus / Modalwert	Der Modus ist der häufigste oder dichteste Wert einer Häufigkeitsverteilung oder anders ausgedrückt der Wert mit der größten Wahrscheinlichkeit. Bei einer stetigen Verteilung stellt er das Maximum einer Kurve dar.
geometrisches Mittel	Wird in der Statistik angewandt, wenn das Produkt anstelle der Summe interpretierbar ist, insbesondere bei Wachstums- oder Zuwachsraten. Im Gegensatz zum arithmetischen Mittel ist das geometrische Mittel nur für nichtnegative Zahlen definiert.
harmonisches Mittel	Das harmonische Mittel stellt einen Spezialfall des arithmetischen Mittels dar. Es wird dann benutzt, wenn die zu ermittelnden Größen prinzipiell als Quotient dargestellt werden können, wobei entweder der Zähler oder der Nenner konstant bleibt.[575]

Tab. 77: Lageparameter[576]

Das arithmetische Mittel und der Median sind wie folgt definiert:

$$\bar{x} = \frac{1}{n} \cdot \sum_{i=1}^{n} x_i \qquad (42)$$

Formel (42) : arithmetische Mittel

573 Für den Kennwert des arithmetischen Mittels gilt das zentrale Grenzwerttheorem (Bernoulli-Theorem). Es besagt, dass die Verteilung von Mittelwerten aus Zufallsstichproben des Umfangs n (derselben Grundgesamtheit) mit zunehmendem Stichprobenumfang in eine Normalverteilung mit Mittelwert μ übergeht. Für beliebige Verteilungsformen des Merkmals der Grundgesamtheit ist die Verteilung der Stichprobenmittelwerte bei $n>30$ bereits hinreichend normalverteilt.

574 Bezogen auf Mieten ist die Medianmiete in einer Stadt diejenige Miete, die besagt, dass die Hälfte der Mieten darunter liegt und die andere Hälfte darüber.

575 Vgl. [Ack08], S. 30

576 Eigene Darstellung

$$\tilde{x} = \begin{cases} x_{\frac{n+1}{2}} & falls\ n\ ungerade \\ \frac{1}{2} \cdot \left(x_{\frac{n}{2}} + x_{\frac{n}{2}+1} \right) & falls\ n\ gerade \end{cases} \tag{43}$$

Formel (43) : Median

mit

$\bar{x}$	=	*arithmetische Mittel*
$\tilde{x}$	=	*Median*
n	=	*Anzahl der statistischen Einheiten*
i	=	*Merkmalswert der statistischen Einheit*

Streuungsparameter

Nachfolgende Tab. zeigt häufig verwendete Streuungsparameter und erläutert diese:

Streuungsparameter	Definition
Varianz (Dispersion)[577]	Die Varianz errechnet sich aus den quadrierten Abständen aller Werte vom arithmetischen Mittel, die Standardabweichung entspricht der durchschnittlichen Abweichung aller Merkmalswerte vom arithmetischen Mittel. Je größer die Standardabweichung ist, umso weiter streuen die Merkmalswerte um den Mittelwert, umso unzuverlässiger können Schlussfolgerungen abgeleitet werden.
Standardabweichung (mittlerer Fehler)	Diese errechnet sich aus der Wurzel der Varianz. Die Standardabweichung hat gegenüber der Varianz den Vorteil, dass ihre Maßeinheit sofort interpretierbar ist.
Variationsbreite (Spannweite, Range)	Einfachste Streuungsmaß, welches sich aus der Distanz zwischen dem größten und dem kleinsten Messwert berechnet.
mittlere absolute Abweichung	Entspricht dem arithmetischen Mittel der absoluten Abweichung der Merkmalswerte vom Median.
Quantile	Ein Quantil definiert einen bestimmten Teil einer Datenmenge, d.h., wie viele Werte einer Verteilung über oder unter einer bestimmten Grenze liegen. Besondere Quantile sind das Quartil (Viertel), das Quintil (Fünftel) und das Perzentil (Hundertstel).

Tab. 78: Streuungsparameter[578]

[577] Im Gegensatz hierzu beschreibt die Kovarianz die Abhängigkeit zweier Zufallsvariablen untereinander. Die Kovarianz geht daher neben den Standardabweichungen in die Berechnung eines Korrelationskoeffizienten ein.

[578] Eigene Darstellung

Varianz und Standardabweichung sind wie folgt definiert:

$$s^2 = \frac{1}{n-1} \cdot \sum_{i=1}^{n} (x_i - \bar{x})^2 \qquad (44)$$

Formel (44) : Varianz

$$s = \sqrt{s^2} \qquad (45)$$

Formel (45) : Standardabweichung

mit

$\bar{x}$	=	*arithmetische Mittel*
n	=	*Anzahl der statistischen Einheiten*
x_i	=	*Merkmalswert der statistischen Einheit*

In der Fachliteratur werden die Formeln für Varianz und Standardabweichung teilweise mit „n“ statt „$n-1$“[579] wiedergegeben. Der überwiegende Teil verwendet jedoch den Ausdruck „$n-1$“ mit der Begründung, dass im Zusammenhang mit einer vertieften Anwendung weitergehender statistischer Methoden ein höherer Genauigkeitsgrad der statistischen Aussagen einhergeht.[580]

Der Erwartungswert $\bar{x}$ und die Streuung s hängen nicht von den konkret durchgeführten Messreihen ab, sondern $\bar{x}$ ist eine spezifische Konstante des Experiments und s eine spezifische Konstante der Messmethode.[581]

Ein Maß für die relative Streuung stellt der Variationskoeffizient v dar. Er drückt das prozentuale Verhältnis von Standardabweichung s zum arithmetischen Mittel $\bar{x}$ aus und gibt somit an, wieviel Prozent des Durchschnitts die Standardabweichung beträgt.

$$v = \frac{s}{\bar{x}} \qquad (46)$$

Formel (46) : Variationskoeffizient

mit

v	=	*Variationskoeffizient*

579 „n-1“ wird als Freiheitsgrad bezeichnet und häufig mit df („degree of freedom“) abgekürzt.

580 Vgl. [Soh08], S. 34

581 Vgl. [Loh03], S. 152

Anhang 10 – Normalverteilung

Bei der Normalverteilung umfasst die Standardabweichung s den Bereich vom Mittelwert $\bar{x}$ bis zum Wendepunkt der Glockenkurve.[582] In den Intervallen $\bar{x}$ bis $-s$ und $\bar{x}$ bis $+s$ liegen rund ⅔ der Beobachtungswerte[583]. Verschiedene Stichproben führen i.d.R. zu einem steileren oder flacheren Kurvenverlauf, dies ist vom Streuungsgrad der Einzeldaten abhängig.

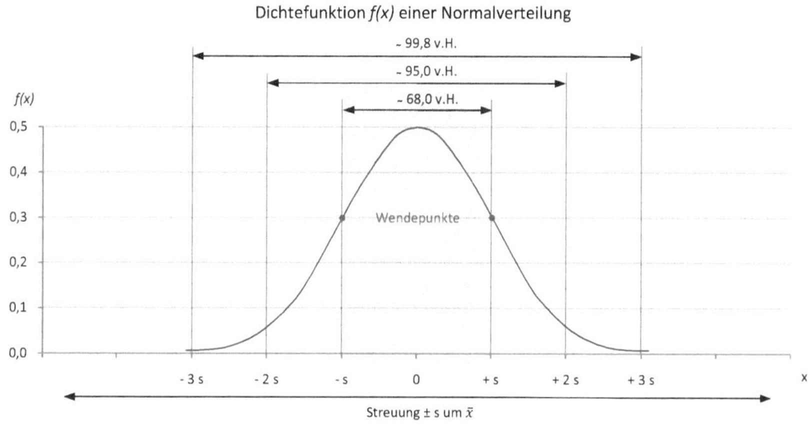

Abb. 63: Gaußsche Normalverteilung[584]

Die besondere Bedeutung der Normalverteilung liegt insbesondere auch darin, dass sie schon bei kleinen Stichproben eine sehr gute Annäherung an die reale Verteilung bietet und mathematisch gut verwendbar ist.

Ein erster Hinweis auf einer Normalverteilung liegt vor, wenn der Median und der Mittelwert (Erwartungswert) dicht beisammen liegen.

---

582 Die Funktion mit dem Mittelwert $\bar{x} = 0$ und der Standardabweichung $s = 1$ =1 wird auch als normierte Normalverteilung $N(0,1)$ bezeichnet.

583 Dieser Bereich wird häufig als Sigma-Band bezeichnet.

584 Eigene Darstellung

Anhang 11 – Regressions- und Korrelationsanalyse

Die Geradengleichung einer linearen Regression erfolgt nach dem Prinzip der kleinsten Quadrate[585], welches auch bei der Berechnung der Standardabweichung verwendet wird. Bezeichnet wird sie im technischen Bereich auch als Ausgleichsgerade und hat die allgemeine Form $y = a \cdot x + b$. Hierin ist y die abhängige Variable (Zielgröße, mit deren Mittelwert $\bar{y}$), x die unabhängige Variable (Einflussgröße, mit deren Mittelwert $\bar{x}$), a (Anstieg der Funktion) und b (Schnittpunkt der Ordinate) werden als Regressionskoeffizienten bezeichnet.

$$a = \frac{\sum_{i=1}^{n}(x_i - \bar{x}) \cdot (y_i - \bar{y})}{\sum_{i=1}^{n}(x_i - \bar{x})^2} \qquad (47)$$

Formel (47) : Regressionskoeffizient *a*

$$b = y_i - a \cdot \bar{x} \qquad (48)$$

Formel (48) : Regressionskoeffizient *b*

Beispiel einer Regressionsgeraden (Bodenwert in Abhängigkeit der baulichen Ausnutzung (GFZ) von 10 Vergleichsgrundstücken):

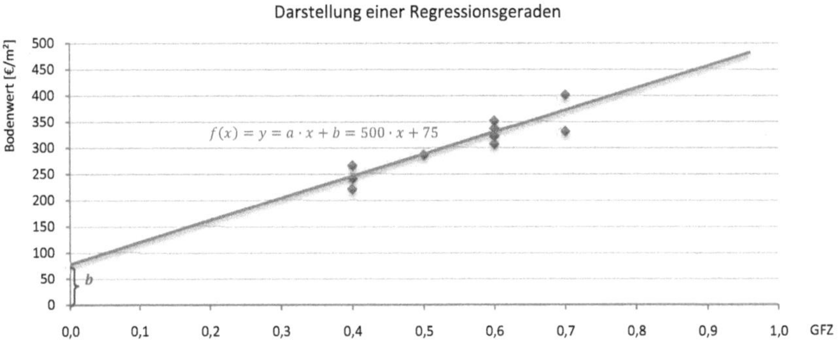

Abb. 64: Beispiel einer Regressionsgeraden[586]

---

585 Methode der kleinsten Quadrate, Prinzip der Fehler- und Ausgleichsrechnung zur Ermittlung des wahrscheinlichsten Wertes (beste Näherung) einer Beobachtungsgröße. Die Methode wurde von C. F. Gauß (1809) und A. M. Legendre (1806) entwickelt.

586 Eigene Darstellung in Anlehnung an [Soh08], S. 38

Die Korrelationsanalyse gibt den Grad und die Intensität des Zusammenhangs einer zweidimensionalen Häufigkeitsverteilung durch eine Messzahl, dem Korrelationskoeffizient v, wieder. Der Koeffizient liegt zwischen +1 und –1 und lässt sich wie folgt interpretieren:

$v = +1$	Alle Stichprobenwerte liegen auf einer steigenden Geraden.
$v = -1$	Alle Stichprobenwerte liegen auf einer fallenden Geraden.
$v > 0$	Stichprobenwerte sind positiv korreliert – ansteigende Regressionsgerade.
$v < 0$	Stichprobenwerte sind negativ korreliert – fallende Regressionsgerade.
$v = 0$	Stichprobenwerte sind unkorreliert – kein linearer Zusammenhang vorhanden, es existiert keine Regressionsgerade.

Die Korrelationsanalyse gibt den Grad und die Intensität des Zusammenhangs einer zweidimensionalen Häufigkeitsverteilung durch eine Messzahl, dem Korrelationskoeffizient v, wieder. Der Koeffizient liegt zwischen +1 und –1 und lässt sich wie folgt interpretieren:

Je näher der Korrelationskoeffizient v bei $|1|$ liegt, desto dichter liegen die Stichprobenwerte an der Regressionsgerade – Je näher die Werte bei 0 liegen, desto weiter streuen die Werte und die Regressionsgerade verliert an Aussagekraft.[587]

Die Formel zur Bestimmung des Korrelationskoeffizienten lautet:[588]

$$v = \frac{\sum_{i=1}^{n}(x_i - \bar{x}) \cdot (y_i - \bar{y})}{\sqrt{\sum_{i=1}^{n}(x_i - \bar{x})^2} \cdot \sqrt{\sum_{i=1}^{n}(y_i - \bar{y})^2}} \qquad (49)$$

Formel (49) : Regressionskoeffizient v

[587] Die Lineare Regressionsrechnung liefert eine mathematisch korrekte Ausgleichsgerade, jedoch kann diese aus naturwissenschaftlicher Sicht eine falsche Aussage liefern. Deshalb wird vor Berechnung einer Ausgleichsgeraden eine grafische Darstellung gefordert, um zu beurteilen, ob die Werte tatsächlich ungefähr auf einer Geraden liegen.

[588] Der Nenner in dieser Formel hat ausschließlich normierenden Charakter, damit v im Intervall –1 bis +1 liegt.

Anhang 12 – Wichtige diskrete und stetige Verteilungen

Verteilung	P^x	Zähldichte $f(k) = P(X = k)$	$E(X)$	$Var(X)$
Gleichverteilung $n \in \mathbb{N}$	$\mathcal{U}_n$	$\frac{1}{n}, k = 1,\cdots,n \in \mathbb{N}$	$\frac{n+1}{2}$	$\frac{n^2-1}{12}$
Binominalverteilung[589] $p \in [0,1]$	$\mathcal{B}(n, p)$	$\binom{n}{k} p^k \cdot (1-p)^{n-k}, k = 0,\cdots,n$	$n \cdot p$	$n \cdot p \cdot (1-p)$
Poisson-Verteilung $k \in \mathbb{Z}^+; \lambda > 0$	$\mathcal{P}(\lambda)$	$e^{-\lambda} \cdot \frac{\lambda^k}{k!}$	λ	λ

Tab. 79: Wichtige diskrete Verteilungen[590]

Verteilung	P^x	Dichtefunktion $f(x)$	$E(X)$	$Var(X)$
Gleichverteilung $a \leq x \leq b$	$\mathcal{U}[a,b]$	$\frac{1}{b-a}$	$\frac{a+2}{2}$	$\frac{(b-a)^2}{12}$
Dreiecksverteilung $a \leq x \leq b$	$\partial[a,b,c]$	$\frac{2 \cdot (x-a)}{(b-a) \cdot (c-a)}; a \leq x \leq c$ $\frac{2 \cdot (b-x)}{(b-a) \cdot (b-c)}; c < x \leq b$	$\frac{a+b+c}{3}$	$\frac{(a-b)^2 + (b-c)^2 + (a-c)^2}{36}$
Normalverteilung $x, \mu \in \mathbb{R}, \sigma > 0$	$\mathcal{N}(\mu, \sigma^2)$	$\frac{1}{\sqrt{2 \cdot \pi \cdot \sigma^2}} \cdot e^{\left(-\frac{(x-\mu)^2}{2 \cdot \sigma^2}\right)}$	μ	σ^2
Beta-Verteilung $c, d \in \mathbb{R}$		$\frac{1}{Bt(c,d)} \cdot x^{c-1} \cdot (1-x)^{d-1}$	$\frac{c}{c+d}$	$\frac{c \cdot d}{(c+d)^2 \cdot (c+d+1)}$
Log-Normalverteilung $x, \mu \in \mathbb{R}, \sigma > 0, x > 0$	$\mathcal{LN}(\mu, \sigma^2)$	$\frac{1}{x \cdot \sqrt{2 \cdot \pi \cdot \sigma^2}} \cdot e^{\left(-\frac{(\ln x - \mu)^2}{2 \cdot \sigma^2}\right)}$	$e^{\mu + \frac{\sigma^2}{2}}$	$e^{2 \cdot \mu + \sigma^2} \cdot \left(e^{\sigma^2} - 1\right)$
Inverse Gauß-Verteilung $x \in \mathbb{R}, \mu, \sigma, x > 0$	$\mathcal{IN}(\mu, \sigma^2)$	$\frac{1}{\sqrt{2 \cdot \pi \cdot \sigma^2 \cdot x^3}} \cdot e^{\left(-\frac{(x-\mu)^2}{2 \cdot \mu^2 \cdot \sigma^2 \cdot x}\right)}$	μ	$\mu^3 \cdot \sigma^2$
Exponentialverteilung[591] $x \geq 0; \lambda > 0$	$\mathcal{E}(\lambda)$	$\lambda e^{-\lambda \cdot x}$	$\frac{1}{\lambda}$	$\frac{1}{\lambda^2}$
Weibull-Verteilung $x \in \mathbb{R}, \alpha, x > 0$	$\mathcal{W}(\alpha)$	$\alpha \cdot x^{\alpha-1} \cdot e^{(-x^\alpha)}$	$\Gamma\left(1 + \frac{1}{\alpha}\right)$	$\Gamma\left(1 + \frac{2}{\alpha}\right) - \Gamma^2\left(1 + \frac{1}{\alpha}\right)$

Tab. 80: Wichtige stetige Verteilungen[592]

589 Auch als Bernoulli-Verteilung bekannt.

590 Eigene Darstellung, in Anlehnung [Pfe07], S. 122

591 Die Exponentialverteilung $\mathcal{E}(\lambda)$ stellt aufgrund der Eigenschaft $\mathcal{E}(\lambda) = \Gamma(1,\lambda)$ ein Spezialfall der Gamma-Verteilung dar. Für ganzzahlige Werte n von α von heißt die $\Gamma(n,\lambda)$–Verteilung auch Erlang-Verteilung.

592 Eigene Darstellung, in Anlehnung [Pfe07], S. 125, S. 131, S. 132

Anhang 13 – Anwendungsbeispiel Monte Carlo-Methode

Anwendungsbeispiel der Monte Carlo-Methode – Die Approxomation der Kreiszahl π. Hierzu wird in einem kartesischen Koordinationssystem ein Einheitskreis mit dem Mittelpunkt 0 eingezeichnet, wobei nur der 1. Quadrant betrachtet wird.

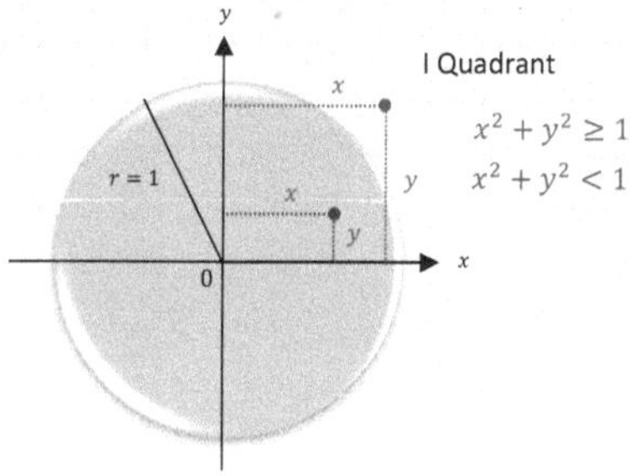

Abb. 65: Methodik zur Approximation der Kreiszahl π [593]

Der entstandene Graph lässt sich durch folgende Gleichung beschreiben:

$$r^2 = x^2 + y^2 \quad (\text{mit } r = 1 \text{ gilt } 1 = x^2 + y^2) \qquad (50)$$

Formel (50) : Satz des Pythagoras

Per Zufallsgenerator werden die Koordinaten x und y erzeugt, mit $x, y \in [0, 1)$. Diese Koordinaten bilden Punkte, die sich entweder innerhalb $1 \leq x^2 + y^2$ oder außerhalb $1 > x^2 + y^2$ des Vierteilkreises befinden. Die daraus entstehende relative Häufigkeit h

$$h = \frac{n_{innerhalb\ des\ Viertelkreises}}{n_{gesamte\ Quadratfläche}} \qquad (51)$$

Formel (51) : relative Häufigkeit innerhalb des Viertelkreises

bildet ein Zahlenverhältnis, welches dem des Flächeninhaltes

$$A = \frac{\pi}{4} \cdot r^2 \qquad (52)$$

Formel (52) : Flächeninhalt eines Viertelkreises

mit unendlich vielen Punkten gleicht:

$$\frac{n_{innerhalb}}{n_{gesamt}} = \frac{\pi}{4} \qquad (53)$$

Formel (53) : Flächenbeziehung des Teilkreises

---

593 Eigene Darstellung

Diese Gleichung lässt sich nach Kreiszahl π auflösen:

$$\pi \approx 4 \cdot \frac{n_{innerhalb}}{n_{gesamt}} \qquad (54)$$

Formel (54) : Approximation von π

Eine Monte-Carlo-Simulation mit verschiedener Anzahl von Zufallspunkten liefert folgende Ergebnisse für die Kreiszahl π (exakt = 3,141593):

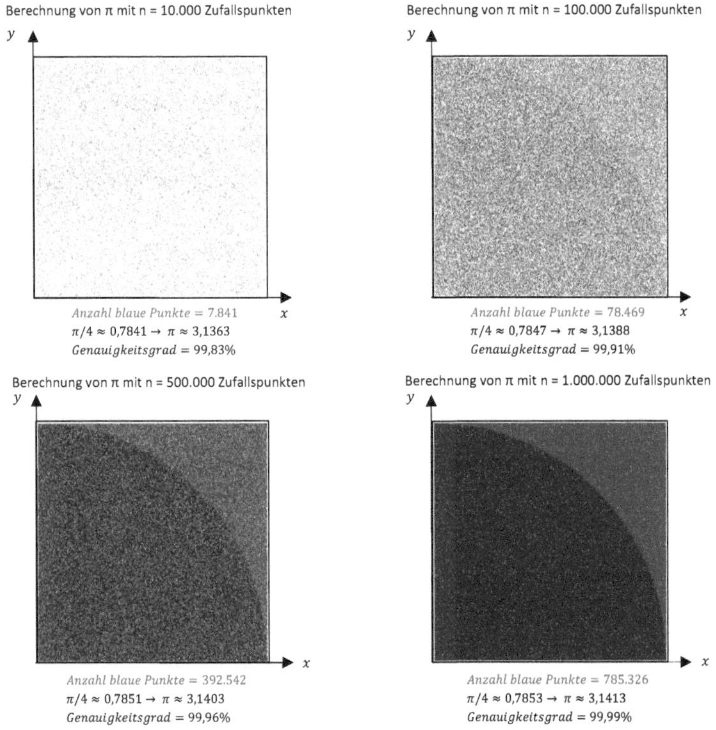

Abb. 66: Monte-Carlo-Simulation zur Approximation der Kreiszahl π [594]

Wie aus diesem Beispiel ersichtlich wird, steigt der Genauigkeitsgrad mit zunehmender Anzahl von Zufallspunkten.

[594] Eigene Darstellung

Anhang 14 – Mustererertragswertberechnung

		Gewerbe			Wohnen		EUR
Jahresrohertrag	144.000	EUR = 12,34%		1.023.000 EUR	= 87,66%		**1.167.000**
Bewirtschaftungskosten (jährlich)							
Mietausfallwagnis	5,00	%		3,00	%		
Instandhaltungskosten	10,00	EUR/m²		9,00	EUR/m²		
Verwaltungskosten	4,00	%		240,00	EUR/Einh.		
Einheiten	10	GE		100	WE		
Garage / Stellplätze (IH. + Verw.)	0	EUR/Stck.		90	EUR/Stck.		
Anzahl Einheiten Garage / Stellpl.	0	Stück		75	Stück		
Summe Bewirtschaftungskosten	22.960	EUR =	15,94%	137.940	EUR = 13,48%		
Bewirtschaftungskosten insgesamt	160.900	EUR =	13,79%				
nicht umlegbare Betriebskosten	0	EUR =	0,00%				
Insgesamt	160.900	EUR =	13,79%	entspricht	16,94 EUR/m²		160.900
Marktwertzins %	Gewerbe	5,50 %	min / max 5,50 / 5,50		gewählt 4,65 %		
(Liegenschaftszinssatz)	Wohnen	4,50 %	min / max 4,50 / 4,50		(gewichtet)		
Jahresreinertrag							1.006.100
Bodenwertverzinsung		4,65%	aus	8.250.000 EUR			383.625
Reinertrag der baulichen Anlagen							622.475
58 Jahre Restnutzungsdauer		4,65%	Zinssatz	19,9648	Vervielfältiger		
Gebäudeertragswert							12.427.615
Bodenwert							8250.000
Zuschlag wegen							
Ertragswert für Marktwert							**20.677.615**
Wertableitung							
Sachwert für Marktwert							nicht ermittelt
Ertragswert für Marktwert	Renditeobjekt						20.677.615
Vorläufiger Marktwert (ertragswertorientiert)							**20.677.615**
Marktanpassung		1,00	wegen				
Abschlag wegen Erbbaurecht							
Abschlag wegen Instandhaltungsstau							700.000
Marktwert ohne Sonderwerte							**19.977.615**
Sonderwerte							
Summe Barwert wertbeeinflussender Rechte (sofern in den Wertansätzen nicht enthalten)							
Erbbauzins							
Zuschlag							
Over- / Underrent							
Baurechtsreserve							
Summe Sonderwerte							
Marktwert incl. Sonderwerte							19.677.615
Marktwert							**20.000.000**

„Der Marktwert ist der geschätzte Betrag, für welchen eine Immobilie am Bewertungsstichtag zwischen einem verkaufsbereiten Verkäufer und einem kaufbereiten Erwerber, nach angemessenem Verkaufszeitraum, in einer Transaktion im gewöhnlichen Geschäftsverkehr verkauft werden könnte wobei jede Partei mit Sachkenntnis, Umsicht und ohne Zwang handelt." (Definition des Market Value gemäß IVSC, TEGoVA und RICS)

Abb. 67: Mustererertragswertberechnung[595]

[595] Eigene Darstellung

Anhang 15 – Immobiliencharakteristika und -risiken

Charakteristik Immobilien	Erläuterung
Immobilität	Die Immobilie ist ein standortgebundenes Gut und führt dadurch zum Entstehen von Teilmärkten. Dies hat weitreichende Konsequenzen, da der Wert einer Immobilie in hohem Maße von externen, nicht vom Investor beeinflussbaren Faktoren bestimmt wird. Wirtschaftliche Grundgesetze gelten hier nur sehr eingeschränkt. Die Immobilität führt insbesondere zu Markt- und Investitionsrisiken; Standortrisiken, Preis- und Wertänderungsrisiken.
Heterogenität	Die fehlende Homogenität verhindert die Übertragung des volkswirtschaftstheoretischen Modells der vollkommenen Konkurrenz auf den Immobilienmarkt. Die Heterogenität bewirkt Teilmarktrisiken, Objektrisiken und Bewertungsrisiken.
Variable Ertragskraft	Immobilien müssen auf veränderte Anforderungen und Wünschen der Nachfrager in Form von Umgestaltungen oder Modernisierung reagieren. Ein schneller Marktaustritt (Verkauf) ist in der Regel nur mit Preisabschlägen verbunden. Hieraus entstehen Investitionsrisiken, Objektrisiken, Risiken bei der Kalkulation bzw. Prognose zukünftiger Zahlungen, Mietausfallrisiken, Ertragsrisiken und damit verbunden zu Bewertungsrisiken.
Hohe Transaktions- u. Managementkosten	Die Transaktions- und Managementkosten[596] einer Immobilie sind ein Vielfaches höher im Vergleich zu alternativen Anlageklassen wie Aktien oder Renten.
Geringe Markttransparenz	Abseits der Immobilienhochburgen ist eine Teilmarktanalyse nur mit hohem zeitlichem und finanziellem Aufwand möglich. Hieraus resultiert das Risiko einer falschen Preisbestimmung.
Lange Produktionsdauer	Die Phase zwischen Stellung eines Bauantrages und Baufertigstellung dauert erfahrungsgemäß im Wohnungsbau 2 Jahre und bis zu 5 Jahren im Gewerbebau. In dieser Zeit kann sich die Nachfragesituation ändern.[597] Hinzu kommt das Baukostenrisiko.
Hoher Kapitalbedarf	Der hohe Kapitalbedarf (Direktanlagen i.d.R. nicht teilbar, Diversifikation nur sehr eingeschränkt umsetzbar) bedingt häufig den Einsatz von Fremdkapital und führt somit zu einer Abhängigkeit von den Finanzmärkten. Dies führt zu Zinsänderungsrisiken und damit zu Performancerisiken.

Tab. 81: Spezifische Eigenschaften des Wirtschaftsgutes „Immobilie“[598]

[596] Zum Beispiel Maklerprovisionen, Grundsteuer, Notar- und Grundbuchkosten etc. und Managementkosten, wie z.B. aktives Facility-, Property- und Assetmanagement.

[597] Die geringe Angebotselastizität wird in der wirtschaftswissenschaftlichen Literatur auch als „Schweinezyklus“ (Knappheit geht ansatzlos in eine Überproduktion über) bezeichnet.

[598] Eigene Darstellung in Anlehnung an die Ausführungen von [Mai07], S. 59-62

Anhang 16 – Risikomaße

Risikomaß	Erläuterung
Statistische Streuungsmaße	Hierunter werden die Risikomaße Varianz, Standardabweichung und Volatilität verstanden, die in der Praxis am Häufigsten eingesetzt werden. Vorteil dieser Streuungsmaße ist, dass sie verhältnismäßig einfach zu berechnen und interpretierbar sind. Zentraler Kritikpunkt ist jedoch, dass sie sowohl negative als auch positive Abweichungen vom Erwartungswert messen. Dies relativiert sich zwar bei einer symmetrischen Verteilung, da die Wahrscheinlichkeit eines Verlustes und eines Gewinns gleich hoch sind, bei asymmetrischen Verteilungen stellt dies jedoch ein Problem dar. Asymmetrische Verteilungen weisen häufig „fette Verteilungsenden" (fat tails) auf, wodurch unterschiedliche Risikopotentiale nicht richtig berücksichtigt werden können.
Höhere Momente der Wahrscheinlichkeitsverteilung	Als erstes zentrales Moment wird hier der Erwartungswert definiert, als zweites zentrales Moment die Standardabweichung. Für die Beurteilung, ob die Verteilung symmetrisch bzw. asymmetrisch ist, werden zusätzlich die Schiefe (dritte zentrale Moment) und die Wölbung (vierte zentrale Moment) der Verteilung betrachtet. Die Schiefe beschreibt die Achsensymmetrie einer Verteilung. $S = \frac{\frac{1}{n} \cdot \sum_{i=1}^{n} (r_i - \mu)^3}{\sigma^3}$ (55) **Formel (55) : Berechnung der Schiefe**[599] *mit* S = *Schiefe* n = *Anzahl der Perioden* r_i = *Einflussgröße* μ = *Erwartungswert (Mittelwert)* σ = *Standardabweichung* Bei einer symmetrischen Verteilung nimmt die Schiefe den Wert 0 an. Negative Werte weisen auf das Vorliegen einer linksschiefen/rechtssteilen Verteilung, positive Werte auf eine rechtsschiefe/linkssteile Verteilung hin. Eine linksschiefe Verteilung lässt sich als ein höheres Risiko negativer Abweichungen vom Erwartungswert interpretieren als eine rechtsschiefe Verteilung. Die Wölbung (Kurtosis) gibt die Stärke der Steilheit („Gipfligkeit") der Verteilung gegenüber der Normalverteilung (= Null) an. $W = \frac{\frac{1}{n} \cdot \sum_{i=1}^{n} (r_i - \mu)^4}{\sigma^4}$ (56) **Formel (56) : Berechnung der Wölbung**[600] *mit* W = *Wölbung* Im Gegensatz zur Schiefe werden nicht positive Abweichungen mit negativen Abweichungen verrechnet. Die Abweichungen vom Erwartungswert (positiv als auch negativ) sind bei einer flachgipfeligen Verteilung höher als bei einer steilgipfligen Verteilung.

599 Vgl. [Bru03], S. 46
600 Vgl. [Bru03], S. 48

	Bei einer Wölbung größer null (Leptokurtosis) verläuft die Dichtefunktion im Bereich des Modus steiler als bei einer Normalverteilung und die Verteilungsenden weisen hohe Wahrscheinlichkeiten aus (fat tails). Schiefe und Wölbung stellen keine eigenständige Risikomaße dar, sondern dienen vielmehr als Ergänzung. Dies begründet sich auch in deren Dimensionslosigkeit.
Lower Partial Moments (LPM) (Shortfall-Maße)	Sog. Downside-Risikomaße, welche lediglich den unteren bzw. linken Bereich der Wahrscheinlichkeitsverteilung betrachten. Es werden demnach nur die negativen Abweichungen von einer Schranke (sog. stochastische Benchmark) erfasst.
Value at Risk (VaR)	Der VaR stellt eine Weiterentwicklung der LPM-Ansätze dar. Er basiert auf der Wahrscheinlichkeitsverteilung eines zukünftigen Verlustes und misst die negative Änderung zwischen zwei Zeitpunkten. Das VaR-Konzept basiert nicht auf dem Maximalverlust, sondern stellt eine Verlustschranke dar. Daraus ergibt sich, dass mit entsprechend geringer Wahrscheinlichkeit auch sehr große Verluste möglich sind. Der VaR beantwortet demnach die Fragestellung, wie viel mit einer x%-igen-Wahrscheinlichkeit über einen bestimmten Zeithorizont verloren werden kann.[601] Die Wahrscheinlichkeit x% wird auch als Konfidenznineau α bezeichnet und liegt i.d.R. zwischen 95% und 99%.[602] $\alpha = P(V > VaR_\alpha) \text{ bzw. } 1 - \alpha = P(V \leq VaR_\alpha)$ (57) **Formel (57) : Konfidenzniveau des VaR für Verluste** *mit* P = *Wahrscheinlichkeit* V = *Verlustvariable* VaR_α = *Value at Risk zum Konfidenzniveau 1- α* Während klassische Risikomaßverfahren auf der Schwankungsbreite (Volatilität) basieren, stellt der VaR-Ansatz auf das mit dem Konfidenzniveau korrespondierende α-Quantil ab.
Conditional Value at Risk (CVaR)	Der CVaR betrachtet wie die LPM und der VaR die negativen Veränderungen. Während bei der VaR-Betrachtung lediglich eine Aussage getroffen wird, dass ein potentieller Risikobetrag nicht häufiger als prognostiziert überschritten wird, trifft der CVaR eine Aussage bezüglich dem Ausmaß der prognostizierten Überschreitung (sog. Target-Verfehlung). Der Expected Shortfall ist demnach definiert als der erwartete Verlust für den Fall, dass der VaR tatsächlich überschritten wird. Somit ist er der wahrscheinlichkeitsgewichtete Durchschnitt aller Verluste, die höher sind als der VaR.[603] $CVaR_\alpha = E[V/V > VaR_\alpha(V)]$ (58) **Formel (58) : Definition des CVaR für den Verlustfall** *mit* $CVaR_\alpha$ = *CVaR zum Konfidenzniveau 1- α* VaR_α = *VaR zum Konfidenzniveau 1- α*

Tab. 82: Risikomaße[604]

601 Definition in Anlehnung an [Reh05], S. 26

602 Ein Jahres-VaR von beispielsweise 5 Mio. € bei einem Konfidenzniveau von 99% bedeutet, dass mit 99%iger Sicherheit der Verlust innerhalb eines Jahres 5 Mio. € nicht überschreiten bzw. dass ein Verlust von über 5 Mio. € mit der Wahrscheinlichkeit von 1% möglich ist.

603 Definition in Anlehnung an [Heg04], S. 7

604 Eigene Darstellung, in Anlehnung an die Ausführungen von [o.V.02] S. 8-12 und S. 16-20 und [Lud07] S. 52 bis 67

Anhang 17 – Methoden zur Berücksichtigung von Unsicherheiten

Verfahren	Erläuterung
Korrekturverfahren	Beim Korrekturverfahren werden einzelne, ursprünglich angenommene Schätzwerte risikobehafteter Größen durch pauschale Risikozuschläge oder Risikoabschläge verändert. Die dadurch modifizierte Investitionsrechnung liefert als Ergebnis lediglich einen Wert. Dies lässt jedoch keinerlei Aussagen über die Risikostruktur der betrachteten Investition oder den konkreten Einfluss einer Datenänderung bestimmter Variablen auf das zu erwartende Ergebnis zu. Die Risikozuschläge und -abschläge sind oftmals nicht analytisch ermittelt und unterliegen damit einer gewissen Subjektivität. Darüber hinaus besteht bei diesen Methoden die grundsätzliche Gefahr, ein Vorhaben durch undifferenziert kumulierte Risikozuschläge schlechtzurechnen.
Sensivitätsanalysen	Im Rahmen von Sensitivitätsanalysen[605] wird untersucht, wie belastbar eine vorteilhafte Investition bei Veränderungen der risikobehafteten Größen ist. Im Gegensatz zum Korrekturverfahren, das mit Pauschalwerten arbeitet, wird das Risiko durch Variation einzelner (oder mehrerer) ungewisser Eingangsgrößen unter sonst gleichen Bedingungen abgeschätzt (ceteris paribus-Bedingung). Eine Sensivitätsanalyse dient letztlich der Gefahreneingrenzung. Sie leitet keine Entscheidungsregel ab, sondern gibt Hinweise auf mögliche Risiken. *Verfahren kritischer Werte* Eine Methode der Sensitivitätsanalyse stellt die Ermittlung der kritischen Werte (auch als Break-even-Analyse bekannt) dar. Hierbei werden die zu untersuchenden Variablen sukzessive variiert, bis ein festgelegter Grenzwert erreicht wird (z.B. die jährlichen maximalen Ausgaben, um einen nicht negativen Kapitalwert zu erhalten.). Eine graphische Darstellung lässt sich mittels sog. Tornado-Diagramme darstellen. *Alternativberechnungen* Eine Erweiterung der Verfahren kritischer Werte stellt das Verfahren der Alternativberechnungen dar. Hierbei wird jedoch nicht auf einen Grenzwert (eben den kritischen Wert) abgestellt, sondern vielmehr versucht, der generelle Einfluss der zu analysierenden Variable auf die Stabilität des Ergebnisses aufzuzeigen. Hierzu wird die jeweilige Variable kontinuierlich um einen Wert variiert und die sich hieraus resultierende Veränderung der Ergebnisgröße festgehalten. *Drei-Werte-Verfahren (Szenarioanalyse)* Ein einfaches und schnelles Verfahren stellt das Drei-Werte-Verfahren dar. Parallel zu einer wahrscheinlichen Parameterkonstellation wird für die günstigste sowie die ungünstigste Parameterkonstellation[606] die jeweilige Zielgröße ermittelt. Die Differenz der Zielfunktionswerte, basierend auf den beiden Extremwerten, gibt in etwa das Ausmaß der Unsicherheit wieder. Ein generelles Problem der Sensitivitätsanalyse ist, dass funktionale Abhängigkeiten zwischen den Inputfaktoren vernachlässigt werden. Außerdem stellt das Verfahren im Ganzen ein ungeeignetes Analyseinstrumentarium dar, wenn für den Anwender eine konkrete Entscheidungshilfe für die Aus-

605 Auch Empfindlichkeitsanalysen oder Alternativenrechnung genannt.

606 Verschiedene Bezeichnungen sind gebräuchlich, z.B. auch worst-case, / mid-case / best-case.

	wahl der zu realisierenden Alternative erforderlich ist. Es ist jedoch geeignet, diejenigen Variablen zu identifizieren, die im Rahmen einer Risikoanalyse weiter zu untersuchen sind.
Risikoanalyse	Unter dem Begriff Risikoanalyse werden Verfahren verstanden, welche die Entscheidungskriterien auf Basis von Wahrscheinlichkeitsverteilungen festlegen. Die in die Berechnung eingehenden Variablen werden als zufallsabhängig angesehen und deren Wahrscheinlichkeitsverteilungen ermittelt oder geschätzt. Über die Kumulation der Wahrscheinlichkeiten der einzelnen Ergebnisse wird abschließend das Risikoprofil des betrachteten Investitionsvorhabens generiert. Problematisch ist jedoch häufig die Bestimmung stochastischer Abhängigkeiten und Wahrscheinlichkeitsverteilungen.
Entscheidungs-baumverfahren (Entscheidungs-baumanalyse)	Bei dem Entscheidungsbaumverfahren werden verschiedene mögliche zukünftige Parameterentwicklungen von vornherein mit in die Betrachtung einbezogen und Eventualentscheidungen dafür vorgesehen. Der Name resultiert aus der grafischen Darstellung – dem sog. Entscheidungsbaum. Hierbei gibt es zwei verschiedene Arten von Knoten, die als Entscheidungsknoten und Zustandsknoten (auch Ereignisknoten) bezeichnet werde. Die Zustandsknoten repräsentieren mögliche Umweltzustände, die Entscheidungsknoten sog. Entscheidungsereignisse. Das Verfahren eignet sich besonders für mehrstufige Entscheidungen. Alle Entscheidungsalternativen und möglichen Ereignissen werden grafisch dargestellt und allen Ereignissen eine Eintrittswahrscheinlichkeit zugeordnet. Das Verfahren ist deshalb nur für diskrete Alternativen geeignet. Als Schwachpunkt des Entscheidungsbaumverfahrens gilt, dass jede Entscheidungsereignisse ex ante festgelegt werden müssen und das Ergebnis sehr sensitiv auf die eingesetzten Wahrscheinlichkeiten reagiert. Diese Reagibilität kann in größeren Entscheidungsbäumen, die schnell unübersichtlich werden, leicht übersehen werden.
Optionspreis-theoretische Modelle[607]	Optionspreistheoretische Modelle werden hauptsächlich zur Bewertung von Finanzoptionen eingesetzt. Im Vordergrund steht dabei das Wahlrecht eine Option auszuüben oder nicht. Die Anwendungsvoraussetzungen sind in der Praxis grundsätzlich nicht oder eingeschränkt erfüllt.[608] Das Modell liefert keine wissenschaftlich fundierten Handlungsempfehlungen für Investitionsentscheidungen unter Unsicherheit[609] und wird deshalb an dieser Stelle nicht vertiefend dargestellt.
Unscharfe Programmierung	Das Konzept der unscharfen Programmierung basiert auf der Theorie der unscharfen Mengen oder Fuzzy Set Theorie[610]. Bei Anwendung des Verfahrens ist es möglich, die Parameter eines Optimierungsproblems durch unscharfe Werte auszudrücken. Nachteil des Verfahrens ist, dass es sich um ein aufwendiges und komplexes Verfahren handelt, das sowohl bei der Bereitstellung und Aufbereitung der Eingangsdaten als auch bei der Durchführung der Optimierungsläufe ein hohes Maß an Expertenwissen seitens des Modellanwenders voraussetzt.

Tab. 83: Methoden zur Berücksichtigung von Unsicherheiten[611]

607 Die Optionspreistheorie wurde 1973 von Black / Scholes zur Bewertung von Aktienoptionen entwickelt.

608 Zum Beispiel verlangt das Modell, dass das Prämissengerüst der Bewertungsansätze für Finanzoptionen auf Entscheidungen über Sachinvestitionen übertragbar ist. Hierzu zählen maßgebliche Annahmen wie z.B. die Existenz eines perfekten Marktes, an dem das betrachtete Investitionsobjekt ständig gehandelt wird, und die Möglichkeit, das Investitionsobjekt beliebig teilen zu können.

609 Vgl. [Blo06] S.228-229

610 Fuzzylogik (Ethymologie: engl. fuzzy „verschwommen“, fuzzy logic, fuzzy theory „verschwommene Logik“ bzw. „verschwommene Theorie“) ist eine Theorie, welche vor allem für die Modellierung von Unsicherheiten und Unschärfen von umgangssprachlichen Beschreibungen entwickelt wurde. Die Fuzzylogik basiert auf den Fuzzy-Mengen (Fuzzy-Sets) und sogenannten Zugehörigkeitsfunktionen, die Objekte auf Fuzzy-Mengen abbilden, sowie passenden logischen Operationen auf diesen Mengen und ihrer Inferenz.

611 Eigene Darstellung, in Anlehnung an die Ausführungen von [Rop06] Folie 290,300,301,312 ; [Bun07] S. 386 u. S. 389; [Sch86] S. 171, S. 172 u. S. 176; [Mai07] S. 282-283; [Blo06] S.229-270.

Anhang 18 – Ertragswertberechnung für Tornadodiagramm

	Gewerbe			Wohnen		EUR
Jahresrohertrag	0	EUR = 0,00%		405.000 EUR	= 100%	**405.000**
Bewirtschaftungskosten (jährlich)						
Mietausfallwagnis	0,00	%		3,00	%	
Instandhaltungskosten	0,00	EUR/m²		9,00	EUR/m²	
Verwaltungskosten	0,00	%		240	EUR/Einh.	
Einheiten	0	GE		50	WE	
Garage / Stellplätze (IH. + Verw.)	0	EUR/Stck.		0	EUR/Stck.	
Anzahl Einheiten Garage / Stellpl.	0	Stück		0	Stück	
Summe Bewirtschaftungskosten	0	EUR =	0,00%	57.900	EUR = 14,30%	
Bewirtschaftungskosten insgesamt	57.900	EUR =	14,30%			
nicht umlegbare Betriebskosten	0	EUR =	0,00%			
Insgesamt	57.900	EUR =	14,30%	entspricht	15,44 EUR/m²	57.900
Marktwertzins %	Gewerbe	0 %	min / max 0,00 / 0,00		gewählt 5,00 %	
(Liegenschaftszinssatz)	Wohnen	5,00 %	min / max 5,00 / 5,00			
Jahresreinertrag						347.100
Bodenwertverzinsung		5,00%	aus	3.000.000 EUR		150.000
Reinertrag der baulichen Anlagen						197.100
60 Jahre Restnutzungsdauer		5,00%	Zinssatz	18,9293	Vervielfältiger	
Gebäudeertragswert						3.730.963
Bodenwert						3.000.000
Abschlag wegen Instandhaltungsstau						250.000
Ertragswert für Marktwert						**6.480.963**

Abb. 68: Ertragswertberechnung der Musterimmobilie[612]

Bewertungsparameter	Größe	prozentuale Änderung -/+ 10%	nominaler Marktwert 6.480.963 €	STABW	Varianz
Fläche	3.750 m²				
Bodenwert	3.000.000 €	2.700 T€ / 3.300 T€	6.464.902 € / 6.497.024 €	22.714 €	0,35 %
Miete	9 €/m²	8,10 € / 9,90 €	5.737.326 € / 7.224.600 €	1.051.662 €	16,23 %
Bewirtschaftungskosten					
Instandhaltungskosten	9,00 €	8,10 € / 9,90 €	6.544.849 € / 6.417.077 €	90.348 €	1,39 %
Verwaltungskosten	240 €	216 € / 264 €	6.503.678 € / 6.458.248 €	32.124 €	0,50 %
Mietausfallwagnis	3,00 %	2,70 % / 3,30 %	6.503.962 € / 6.457.964 €	32.525 €	0,50 %
Restnutzungsdauer	60 Jahre	54 Jahre / 66 Jahre	6.409.190 € / 6.534.521 €	89.553 €	1,38 %
Liegenschaftszinssatz	5,00 %	4,50 % / 5,50 %	7.127.324 € / 5.927.618 €	850.866 €	13,13 %
Instandhaltungsstau	250.000 €	225 T€ / 275 T€	6.505.963 € / 6.455.963 €	35.355 €	0,55 %

Tab. 84: Werttreiber des Ertragswertverfahrens nach WertV[613]

612 Eigene Darstellung

613 Eigene Darstellung

Anhang 19 – Methodik zur Berechnung eines Overrents / Underrents

Bei der Berechnung des Overrents / Underrents wird der Barwert aus der Differenz zwischen Vertragsmiete und dem nachhaltigen Rohertrag über die Restlaufzeit des Mietvertrages bzw. der Mietbindung ermittelt.[614]

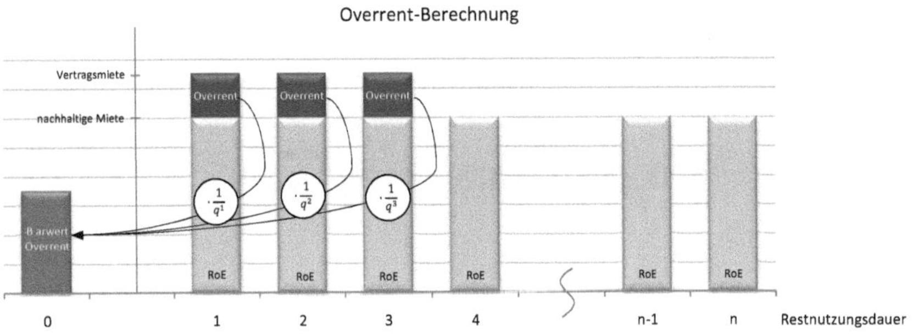

Abb. 69: Berechnung eines Overrent[615]

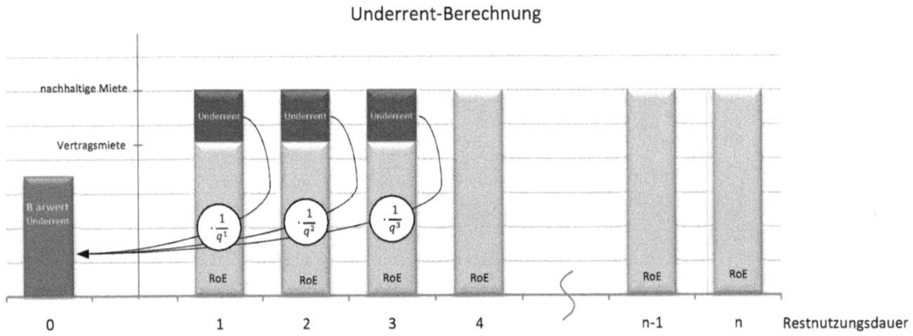

Abb. 70: Berechnung eines Underrent[616]

---

[614] Eine komplexere Berechnung wird bei Staffelmietverträgen mit mehreren Anpassungsstufen bzw. große Differenzen zwischen Vertragsmiete und nachhaltiger Mieten (da die Miete nur alle 3 Jahre um max. 20% angepasst werden kann, können mehrere Anpassungsstufen notwendig werden) erforderlich. Hierzu stehen drei Verfahren zur Verfügung – das Vervielfältigerdifferenzverfahren, das Auf- und Abschichtungsverfahren und das Säulenverfahren (partielle Diskontierung). Finanzmathematisch basieren diese auf die in Anhang 08 dargestellte Abdiskontierung. Auf eine Darstellung wird an dieser Stelle verzichtet und auf [Kle07], S. 1575-1581 verwiesen.

Bei einem Underrent wird bei der Diskontierung üblicherweise ein Zinssatz gewählt, welcher maximal dem Liegenschaftszinssatz entspricht oder 0,5 bis 2%-Punkte unterhalb liegt, da ein derartiger Zahlungsstrom als sehr sicher gilt. Der Diskontierungszins einer Overrentberechnug hingegen liegt oberhalb des Liegenschaftszinssatzes, mindestens in Höhe der Umlaufrendite risikoloser festverzinslicher Anleihen. Vom errechneten Barwert wird abhängig von der Mieterbonität und Restlaufzeit ein Abschlag vorgenommen – je schlechter die Bonität und je länger die Restlaufzeit, desto höher der Abschlag.

[615] Eigene Darstellung

[616] Eigene Darstellung

Anhang 20 – Einfluss der Wohnungsgröße auf die Miete

Für das Mietniveau ist auch die Wohnungsgröße entscheidend. Die in Maklerberichten etc. ausgewiesenen Miethöhen beziehen sich i.d.R. auf Wohnungsgrößen zwischen 70m² - 80m². Kleinere Wohnungen sind teurer, bei Großwohnungen muss ein Abschlag von der ausgewiesenen Miethöhe berücksichtigt werden.

Miethöhe in Abhängigkeit der Wohnfläche							
Wohnungsfläche	< 40m² [617]	> 40m² < 60m²	> 60m² < 80m²	rd. 80m² [618]	> 80m² < 100m²	> 100m² < 120m²	> 120m² [619]
Abschlag/ Zuschlag	+10%	+5%	+2,5%	-	-2,5%	-5%	-10%

Tab. 85: Miethöhe in Abhängigkeit der Wohnungsgröße[620]

Die angegebenen Zuschläge / Abschläge sind durchschnittliche Erfahrungswerte. Sie sind maßgeblich von der Makro- und Mikrolage und der Baualtersklasse abhängig. So weisen ältere Baujahrsklassen z.B. signifikantere Ausschläge bei größeren Wohnungen auf, da diese häufig über nicht mehr zeitgemäße Grundrisslösungen (Durchgangszimmer, breite Flure etc.) verfügen.

Vereinzelt veröffentlichen Gutachterausschüsse zu diesem Zweck Umrechnungskoeffizienten für das Verhältnis von Wohnfläche zur Miethöhe. Nachfolgend ein Beispiel des Gutachterausschusses Bonn für die anzusetzende Miethöhe für Neubauwohnungen in mittlerer Wohnlage mit mittlerer Ausstattung, bezogen auf eine Basisfläche von 75m²:

Umrechnungskoeffizient für das Verhältnis Wohnfläche zur Miethöhe																
Wohnfläche	25	30	35	40	50	60	70	75	80	90	100	110	120	130	140	150
Umrechnungs-koeffizient	1,47	1,38	1,31	1,25	1,15	1,08	1,02	1,0	0,98	0,94	0,90	0,87	0,85	0,82	0,80	0,78

Tab. 86: Abhängigkeit der Wohnraummiete von der Wohnfläche in Bonn[621]

617 Bei Wohnungen < 40m² handelt es sich meistens um ein Einzimmer-Apartment. In Großstädten werden Apartments sehr gut aufgrund des Anteils von Studenten, Singles und Wochenendpendlern nachgefragt, während sie in strukturschwachen Gegenden schwer vermarktbar sind.

618 Regelgröße von Mietangaben in Maklerberichten etc.

619 Wohnungsgrößen werden i.d.R. von Familien nachgefragt. Großwohnungen stehen in Konkurrenz zu Einfamilienhäusern und liegen deshalb unterhalb deren Mietniveau.

620 Eigene Darstellung

621 Eigene Darstellung; Quelle: Gutachterausschuss der Stadt Bonn.

Anhang 21 – Ausstattungsmerkmale von Gebäuden

Bau-und Gebäudeteil	Einfache Ausstattung	mittlere Ausstattung	Gute Ausstattung	Sehr gute Ausstattung	Aufwendige Ausstattung
1. Fassaden-ausführung	Schwemmsteine, Plattenwände, Hintermauersteine oder Kalksandsteine gefugt; einfacher glatter Putz, Holzfachwerk mit einfacher Ausstattung.	Einfacher Putz mit Fenster- und Türeinfassung; gefugte Vormauersteine, Holzfachwerk mit Klinkerausfachung.	Edelputz mit Fenster- und Türeinfassungen in Kunststein; Sockel mit Klinkerverblendung oder Waschputz. Holzfachwerk aus Lärche oder Eiche mit Klinkerausfachung.	Edelputz mit Fenster- und Türeinfassungen aus Naturstein; Keramikplatten; Kunststein- oder Glasverkleidung; Klinkerfassade aus holländischen o. bunten Klinkern.	Natursteinfassade; Spaltklinker oder Mosaik; Kupfer, Eloxal oder Ähnliches
2. Dachausführung	Flaches Pappdach; einfaches Ziegeldach (Giebel- oder Pultdach); Asbestzementeindeckung.	Kleines Walmdach; Giebeldach mit größeren Dachausbauten; leichtes Massivflachdach mit Pappeindeckung.	Größeres Walmdach mit Dachausbauten; Oberlichte besonderer Ausführung; schweres Massivflachdach mit Pappeindeckung.	Sattel- oder Walmdach mit besonderen Ausbauten; Schieferdachdeckung, Dächer mit bes. Wärmeisolierung.	Flachdach mit Kupfer oder Bleideckung und mit Wärmeisolierung.
3. Decken-behandlung	Einfacher Deckenputz; unverputzte Holzfaserplatten oder ähnliche Platten.	Decken, gerieben und gefilzt.	Deckenputz teilweise mit Stuck; Schall dämmende Platten.	Bessere Stuckdecken; Deckenvertäfelung in 1 o. 2 Räumen; Decken mit indirekter Beleuchtung.	Beste Stuckarbeiten; Vertäfelungen in mehreren Räumen.
4. Wand-behandlung	Kalk- oder Leimfarbenanstriche.	Ölfarbenanstriche; einfache Tapeten; Steinemaille; Wandplatten in geringerem Ausmaß.	Gute Tapeten; Wandplatten aus Naturstein in geringem Ausmaß; Keramikplatten in reicherem Ausmaß; Holzvertäfelung in einfachen Ausführungen.	Abwaschbare Tapeten; Vertäfelungen und Heizkörperverkleidungen aus Edelhölzern oder Rohrbespannungen, Stoffbespannungen.	Beste Tapeten (Seidentapeten, Ledertapeten); Vertäfelungen und Heizkörperverkleidungen aus ausländ. Edelhölzern (Mahagoni und Ähnl.); Wandbemalungen.
5. Fußböden	Dielen-, Stein-, Holz-, Asphalt-, Spachtel- oder ähnliche Böden.	Linoleum- und PVC-Böden einfacher Art und Ausführung; Kleinparkett in einem Raum; Buchenparkett.	Linoleum- und PVC Böden in besserer Qualität; teilweise Natur-steinplatten; Kleinparkett I. Wahl in mehreren Räumen; Bespannungen (Bouclé und Ähnl.)	Parkett in guter Ausführung, versiegelt; Veloursbespannungen in mehreren Räumen.	Parkett aus besten Hölzern, versiegelt; beste Bespannungen (Nylon, Perlon); Naturstein in mehreren Räumen.
6. Treppen	Einfache Treppen, Betontreppe mit PVC-Belag einfacher Art, einfache Geländer.	Massivtreppen mit Kunststeinbelag, Linoleumbelag oder gutem PVC-Belag; Hartholztreppen; einfache Geländer.	Massivtreppen mit Plattenbelag aus Qualitätskunststein oder Naturstein einfacher Qualität; besseres Geländer.	Massivtreppen mit Natursteinauflage und besserem Geländer (z.B. schmiedeeisernes oder geschnitztes Geländer).	Mamortreppen und wertvolle Treppen mit künstlerisch gestaltetem Geländer.
7. Fenster	Einfache Fenster aus Holz oder Stahl mit einfacher Verglasung und einfachen Beschlägen, Fensterbänke aus Asbestzement, Holz oder Beton.	Einfache Fenster aus Holz oder Stahl mit besseren Beschlägen; Rollläden oder Fensterläden; einfache Fensterbänke (Holz oder Kunststein).	Doppelfenster mit einfacher Verglasung und besseren Beschlägen; Blumenfenster mit besserer Verglasung; Fensterbänke aus Kunststein bzw. Klinker oder einfachem Naturstein; Rollläden.	Verbundfenster mit Spiegelglas, Isolierglas; besondere Beschläge; Schiebefenster und dgl.; Blumenfenster mit Bleiverglasung; Fensterbänke aus deutschem Marmor bzw. ähnlichem Naturstein; Rollläden.	Besondere große teure Fenster mit bester Verglasung; versenkbare Fenster; eingebaute Markisen und dgl.; beste Blumenfenster mit Marmorfensterbänken oder ähnliche Fenster.
8. Türen	Einfache glatte Türen oder Füllungstüren mit einfachen Beschlägen.	Bessere glatte Türen oder Füllungstüren mit besseren Beschlägen.	Türen mit Glasfüllungen und guten Beschlägen; Schleiflacktüren; Türen mit Edelholz in geringem Ausmaß; Eingangstüren Eiche oder ähnl.	Türen aus Edelhölzern; Schleiflacktüren mit besten Beschlägen und Ornamentglas, Schiebetüren; Doppeltüren; Metalleingangstüren.	Edelholztüren; Türen in künstlerischer Form; Metalleingangstür in Bronze oder ähnl. Ausführung.
9. Elektro-installation	Einfache Ausstattung, wenige Brennstellen, einfache Beleuchtungskörper.	Mehrere Brennstellen und Steckdosen; mittlere Beleuchtungskörper.	Mehrere Brennstellen, Lichtbänder und dgl.; gute Beleuchtungskörper.	Indirekte Beleuchtungskörper, Wandbeleuchtung und gute Beleuchtungskörper.	Aufwendige Ausstattung, beste Beleuchtungskörper.
10. Sanitäre Installation	Einfache und wenige sanitäre Einrichtungsgegenstände in Wasch- und Toilettenräumen.	Sanitäre Einrichtungsgegenstände in einfacher Ausführung, aber größere Anzahl.	Wie vor, jedoch in besserer Ausführung und außer in Toiletten auch in anderen Räumen.	Beste Ausführung in Waschräumen, Bädern und Toiletten; in anderen Räumen größere Objekte.	Besonders reiche Ausstattung in bester Qualität.
11. Boden- und Wandfließen	Geringfügig (Wand nur teilw.); Boden- und Wandplatten in einfacher Ausführung (Keramikplatten II.-III. Wahl)	Keramische Boden- und Wandplatten I. und II. Wahl in einigen Räumen.	Keramische Boden- und Wandplatten I. Wahl in mehreren Räumen; teilweise Naturstein-Bodenplatten.	In mehreren Räumen Mosaikbodenfliesen; Majolika-Wandplatten; inländische Natursteinplatten.	In mehreren Räumen japanisches Mosaik oder ausländische Natursteine (z.B. Mamor).
12. Heizung	Öfen.	Warmluftheizung.	Warmwasserheizung mit festen Brennstoffen und einfacher Regelung.	Warmwasserheizung mit flüssigen Brennstoffen o. Gas bzw. Fernheizung; Thermostatregelung.	Klimaanalage.
13. Anteil der besonderen Räume[622]	Keine.	Geringe Anzahl.	Mehrere kleinere Räume.	Kleinere und größere Räume in größerer Anzahl.	Anzahl.

Tab. 87: Merkmale für die Beurteilung der baulichen Ausstattung bei Gebäuden[623]

[622] Zum Beispiel Empfangsräume,, Direktionsräume, Sitzungszimmer, Gesellschaftszimmer und Ähnliches.

[623] Eigene Darstellung, Quelle: [Klei07], S. 921, 922, 923

Anhang 22 – Lagekriterien für Wohnimmobilien

Wohnlage	Kriterien
einfach	▪ Geschlossene Bebauung, wenig Grün ▪ Industrievorort ▪ Größere Entfernung zu öffentlichen Verkehrsmitteln ▪ Größere Entfernung zu komplexen Versorgungseinrichtungen ▪ überdurchschnittlich starke Besiedelung ▪ Beeinträchtigung durch Lärm, Industrie- oder Gewerbeemissionen ▪ ungünstige Licht- und Luftverhältnisse
mittel	▪ städtische Lagen mit einer i.d.R. dichten Bebauung ▪ mehr Grün ▪ zumutbare Entfernung zu öffentlichen Verkehrsmitteln ▪ ohne besondere Vor- und Nachteile ▪ ohne besondere Beeinträchtigungen
gut	▪ überwiegend aufgelockerte Bebauung ▪ mit Großgrün in Straßen und Vorgärten oder Parknähe ▪ geringer Durchgangsverkehr ▪ gute Erreichbarkeit komplexer Versorgungseinrichtungen ▪ gute Verkehrsverbindungen ▪ als gute Wohnlage anerkannt
sehr gut (bevorzugt)	▪ aufgelockerte Bebauung mit überwiegend 2-geschossiger Bauweise ▪ Höhenlagen, freistehenden Villen ▪ Verkehrsberuhigte Zone mit überwiegend Anliegerverkehr ▪ Durchgrünung des gesamten Wohngebietes ▪ als sehr gute Wohnlage anerkannt

Tab. 88: Lagekriterien für Wohnimmobilien[624]

[624] Eigene Darstellung; Quelle: Mietspiegel der Stadt Wiesbaden Stand 01.01.2006

Anhang 23 – Immobilienwirtschaftliche Standortanalyse

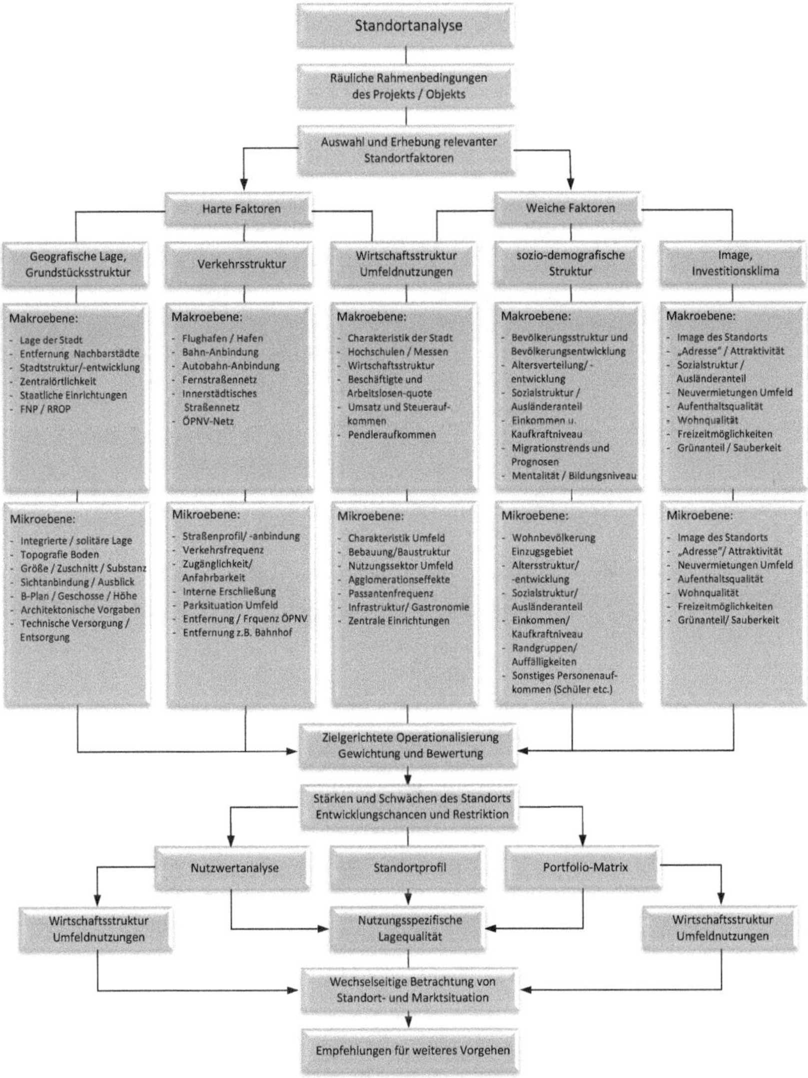

Abb. 71: Aufbau immobilienwirtschaftlicher Standortanalysen[625]

[625] Eigene Darstellung; Quelle: [Dzi07], S. 13

Anhang 24 – Verfahren nach Sommer/Kroll und Hausmann

Verfahren nach Sommer/Kroll

Ausgangsbasis stellt eine Starttabelle dar, welche je nach Nutzungsart die mögliche Bandbreite des LZ definiert.

Gebäudeart	Baujahrsgruppe / Zinssätze bis 1949	 1950 – 1974	 1975 bis heute
Mehrfamilienhäuser	4,0% – 4,5%	4,5% – 5,0%	5,0% – 5,5%

Tab. 89: Starttabelle „Verfahren Sommer/Kroll“[626]

Anhand weiterer Einflussfaktoren wird diese Bandbreite weiter eingegrenzt – der Marktsituation und ergänzend oder anstelle der Marktsituation die Miet- und Kaufpreisrelation:

Marktsituation	Miet- und Kaufpreisrelation	
Angebot < Nachfrage	niedriges Mietniveau bei hohen Kaufpreisen	Orientierung an der unteren Grenze der Bandbreite
ausgeglichenes Verhältnis zw. Angebot u. Nachfrage	durchschnittliches Mietniveau und durchschnittliche Preise	Orientierung in der Mitte der Bandbreite
Angebot > Nachfrage	hohes Mietniveau bei niedrigen Kaufpreisen	Orientierung an der oberen Grenze der Bandbreite

Tab. 90: Marktsituation und/oder Miet- und Kaufpreisrelation[627]

Verfahren nach Hausmann

Ausgangsbasis stellt eine Starttabelle dar, welche die mögliche Bandbreite des LZ definiert.

Nutzungsart	Min.	Im Regelfall anzuwenden Bandbreite	Max.
Mehrfamilienhäuser	2,5%	4,71% – 5,65%	8,3%

Tab. 91: Starttabelle „Verfahren Hausmann“[628]

---

626 Eigene Darstellung in Anlehnung an [Som95a], S. 290

627 Eigene Darstellung in Anlehnung an [Som95a], S. 291

628 Eigene Darstellung in Anlehnung an [Som95b], S. 187

Im nächsten Schritt konkretisieren spezielle Einflüsse die jeweiligen Ausgangsbandbreiten der Starttabelle. Bei Mehrfamilienhäusern finden als spezielle Einflüsse die Größe der Wohnungen und die Anzahl der Wohneinheiten in dem Haus Eingang in die erste Bandbreitenspezifizierung.

Wohnungsgröße	
bis ca. 60m² Wohnfläche	Orientierung in der unteren Hälfte der Bandbreite
ab ca. 60m² Wohnfläche	Orientierung in der oberen Hälfte der Bandbreite

Tab. 92: Spezieller Einfluss „Größe der Wohnung“[629]

Anzahl der Wohneinheiten im Gebäude	
bis zu 3 Wohneinheiten	Orientierung in der unteren Hälfte der Bandbreite
mehr als 3 Wohneinheiten	Orientierung in der oberen Hälfte der Bandbreite

Tab. 93: Spezieller Einfluss „Anzahl der Wohneinheiten im Gebäude“[630]

Drei weitere, generelle Einflüsse engen die auf Basis spezieller Einflüsse eingegrenzte Bandbreite weiter ein. Hierzu zählt das Gebäudealter[631], das Verhältnis zwischen Mietniveau und Kaufpreisen und den Zukunftserwartungen und Einschätzung des Investitionsrisikos.

Restnutzungsdauer (RND) bzw. Baujahr	
bei kurzer RND bzw. älterem Baujahr	Orientierung in der unteren Hälfte der Bandbreite
bei langer RND bzw. jüngerem Baujahr	Orientierung in der oberen Hälfte der Bandbreite

Tab. 94: Genereller Einfluss „Einfluss hinsichtlich Alters“[632]

Miet- und Kaufpreisrelation	
niedriges Mietniveau bei hohen Kaufpreisen	Orientierung in der unteren Hälfte der Bandbreite
hohes Mietniveau bei niedrigen Kaufpreisen	Orientierung in der oberen Hälfte der Bandbreite

Tab. 95: Genereller Einfluss „Miet- und Kaufpreisrelation“[633]

629 Eigene Darstellung in Anlehnung an [Som95b], S. 187

630 Eigene Darstellung in Anlehnung an [Som95b], S. 187

631 Dabei entspricht eine „lange“ Restnutzungsdauer mehr als 30 Jahre bei hohen LZ, bei eher niedrigen LZ beginnt eine „lange“ Restnutzungsauer bei rd. 50 Jahren

632 Eigene Darstellung in Anlehnung an [Som95b], S. 188

633 Eigene Darstellung in Anlehnung an [Som95b], S. 188

Markteinschätzung	
überwiegend positive Erwartungen bzw. niedriges Investitionsrisiko	Orientierung in der unteren Hälfte der Bandbreite
überwiegend negative Erwartungen bzw. hohes Investitionsrisiko	Orientierung in der oberen Hälfte der Bandbreite

Tab. 96: Genereller Einfluss „Markteinschätzung"[634]

Beispiel der Vorgehensweise beider Verfahren

Ein Mehrfamilienhaus Baujahr 1989 (RND 60 Jahre) mit 50 Wohnungen (durchschnittliche Größe ca. 80m²), ausgeglichenes Verhältnis von Angebot und Nachfrage, obwohl ein hohes Mietniveau bezogen auf die gezahlten Kaufpreise herrscht. Das Investitionsrisiko wird aufgrund des hohen Mietniveaus bezogen auf die gezahlten Kaufpreise als niedrig eingestuft.

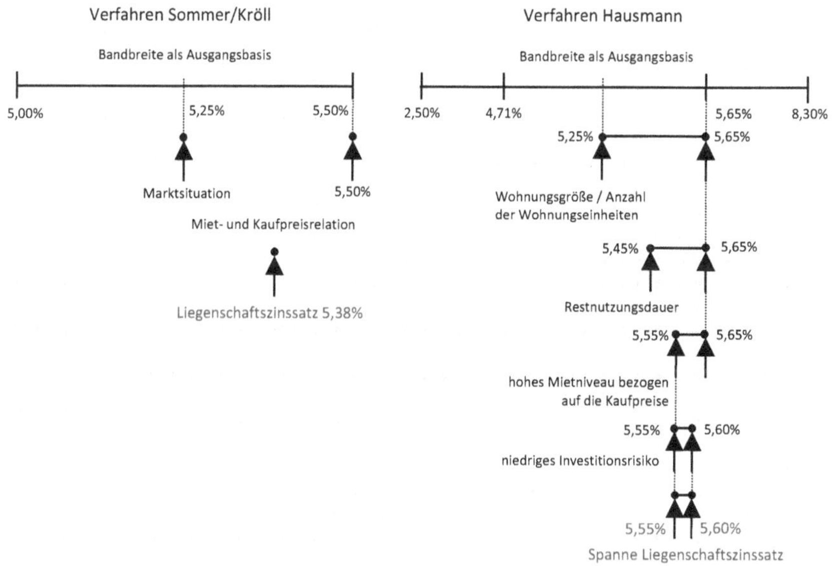

Abb. 72: Ermittlung des LZ nach Sommer/Kröll und Hausmann[635]

634 Eigene Darstellung in Anlehnung an [Som95b], S. 188

635 Eigene Darstellung

Anhang 25 – Ermittlung eines fiktiven Baujahrs

Die Ermittlung eines fiktiven Baujahrs kann anhand der nachfolgenden Darstellung nachvollzogen werden:

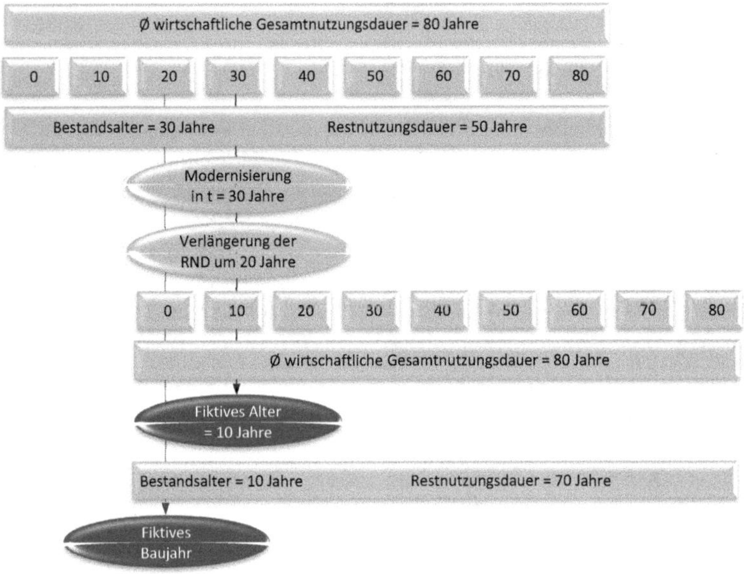

Abb. 73: Ermittlung eines fiktiven Baujahrs[636]

Für eine Abschätzung, wie lange die Restnutzungsdauer aufgrund einer erfolgten Modernisierung zu verlängern ist, werden in der Fachliteratur standardisierte Rechenmodelle vorgeschlagen.

Nachfolgend ist eine Methodik auf Basis eines Punkterasters zur Abschätzung der veränderten Restnutzungsdauer der Arbeitsgemeinschaft der Vorsitzenden der Gutachterausschüsse in Nordrhein-Westfalen (AGVGA-NRW) wiedergegeben:

[636] Eigene Darstellung in Anlehnung an [Til06], S. 130

Ermittlung des Modernisierungsgrades		
Modernisierungsgrad	Bezeichnung	Punkte
1	nicht modernisiert	0-1
2	kleinere Modernisierungen im Rahmen der Instandhaltung	2-5
3	mittlerer Modernisierungsgrad	6-10
4	überwiegend modernisiert	11-15
5	umfassend modernisiert	16-10

Modernisierungselemente mit Punktraster[637]		
Modernisierungselemente	Max. Punkte	Punkte
Dacherneuerung	3	....
Verbesserung der Fenster	2	....
Verbesserung der Leitungssysteme (Strom, Gas, Wasser, Abwasser)	2	....
Einbau einer Sammelheizung bzw. neuen Etagenheizung	2	....
Wärmedämmung der Außenwände	2	....
Modernisierung von Bädern	2	....
Einbau von Bädern	3	....
Modernisierung des Innenausbaus, z.B. Decke und Fußböden	3	....
Wesentliche Änderung und Verbesserung der Grundrissgestaltung	3	....
	Summe	....

Restnutzungsdauer in Abhängigkeit vom Modernisierungsgrad (GND = 80 Jahre)[638]					
Gebäudealter	0-1 Punkt	2-5 Punkte	6-10 Punkte	11-15 Punkte	16-20 Punkte
> 80 Jahre	8	16	24	32	40
70 Jahre	12	19	26	33	41
60 Jahre	20	23	29	35	42
50 Jahre	30	30	34	39	34
40 Jahre	40	40	40	43	48
30 Jahre	50	50	50	50	53
20 Jahre	60	60	60	60	60
10 Jahre	70	70	70	70	70
0 Jahre	80	80	80	80	80

Abb. 74: Abschätzung der veränderten Restnutzungsdauer[639]

637 Zu den relevanten Modernisierungen zählen lediglich Maßnahmen, welche innerhalb der letzten 20 Jahre durchgeführt wurden. Liegen die Maßnahmen länger als 20 Jahre zurück, kann ggf. ein geringerer Tabellenwert in Ansatz gebracht werden. Bei durchgreifend modernisierten Objekten in Verbindung mit besonders energetisch wirksamen Maßnahmen können hingegen auch höhere Tabellenwerte angesetzt werden. Bei kernsanierten Objekten kann die Restnutzungsdauer bis zu 90% der jeweiligen Gesamtnutzungsdauer betragen.

Es können maximal 20 Punkte vergeben werden.

638 Die Tabelle weist bereits die verlängerte Restnutzungsdauer aus. Bei Gebäuden mit abweichender maßgeblicher Gesamtnutzungsdauer sind die ausgewiesenen Tabellenwerte proportional umzurechnen.

Die Tabellenwerte basieren auf einem theoretischen Modellansatz. Dieser geht davon aus, dass die Restnutzungsdauer ab einem Gebäudealter von 30 Jahren, abgestuft nach dem Grad der Modernisierung, gegenüber dem Betrag Gesamtnutzungsdauer abzüglich Alter auf max. 50 Jahre gestreckt wird. Für die Streckung ist eine Kreisbogenfunktion unterstellt.

639 Eigene Darstellung. Quelle: [Arb08], Anlage 1 S. 14-17

Anhang 26 – Sonstige wertbeeinflussende Umstände

Nachfolgend werden die wesentlichen bewertungsrelevanten Einflüsse gemäß Kapitel 3.6 dargestellt, die unter dem Begriff „Sonderwert" subsumiert werden können.

Abgesehen von dem Instandhaltungsstau werden diese Einflüsse im Bewertungsmodell der Arbeit nicht erfasst – verdeutlichen aber, weshalb der Modellwert deutlich vom Marktwert abweichen kann.

Baurechtsreserve, Grundstückszuschnitt und Topographie

Die Grundstücksgeometrie beeinflusst neben den baurechtlichen Vorgaben die bauliche Nutzungsmöglichkeit sehr stark.[640] So ist z.B. die bauliche Grundstücksnutzung eines breiten Grundstückes mit geringer Tiefe bei geschlossener Bauweise erheblich größer als bei einem schmalen Grundstück mit größerer Tiefe bei gleicher Grundstücksgröße.

Aus diesem Grund werden tiefe Grundstücke bei der Wertermittlung in Vorder- und Hinterland aufgeteilt. Das definierte Hinterland, welches gar nicht oder nur mit Nebengebäuden bebaut werden kann, wird um 35% bis 45% des angesetzten Bodenwertes des Vorderlandes angesetzt, bis hin zum Wert von Gartenland oder Agrarland.

Falls ein großes Grundstück erhebliche unbebaute Flächen aufweist, wird die Möglichkeit einer Grundstücksteilung untersucht. Vorteilhaft ist, wenn für einer spätere Realteilung des Grundstücks bereits ein gesicherter Zugang zu diesem Grundstücksteil vorhanden ist. Hier handelt es sich um eine Grundstücksreserve, die je nach möglicher Bebauung mit einem ungeminderten Bodenwert angesetzt werden kann.

Topographische Einflüsse können sowohl positive als auch negative Einflüsse auf die Wertermittlung haben. Hier muss abgewogen werden, ob die freie Sicht im Verhältnis zu den deutlich höheren Baukosten[641] stehen. Dies ist regelmäßig nur in gefragten Wohnlagen größerer Städte gegeben.

---

[640] Als ideale Form wird ein Rechteck mit dem Verhältnis der Breite zur Länge mit ca. 1:2 gesehen. Unregelmäßige Grundstücksformen, Vielecke, Dreiecke mit spitzem Winkel sowie schmale und tief geschnittene führen zu deutlichen Wertabschlägen.

[641] Höhere Baukosten resultieren in diesem Fall insbesondere durch den hohen Aufwand für die Gründung einschließlich Sicherung der Böschung und Schutz des Gebäudes vor Hangwasser.

Außenanlagen

Unter Außenanlagen werden alle baulichen Anlagen und Versorgungseinrichtungen subsumiert, die sich auf einem Grundstück außerhalb von Gebäuden über oder unter der Erdoberfläche befinden.

Die häufigsten Außenanlagen stellen die Ver- und Entsorgungsleitungen und -anlagen vom Hausanschluss bis ans öffentliche Netz, Befestigungen für Wege und Stellplätze, Kinderspielplätze und Einfriedungen dar.

In der Bewertungspraxis werden diese Positionen durch den Bodenwert und einem Pauschalansatz für Außenanlagen berücksichtigt. Außergewöhnlich wertvolle Gartenanlagen und besondere Anlagen (z.B. Swimmingpool) werden als Zuschlag zum Gebäudewert berücksichtigt.

Baugrundverhältnisse und Kontaminierung (Altlasten)

Baugrundverhältnisse sind entscheidend für den Gründungsaufwand. Insbesondere die Tragfähigkeit[642] und die Wassersituation[643] sind hier die maßgebenden Kostentreiber und müssen bei der Bodenwertermittlung unbebauter Grundstücke berücksichtigt werden. Gründungsfehler sind nach der Bebauung nur mit erheblichem Aufwand zu beheben. Auch können Folgeschäden die Ertragssituation nachhaltig negativ beeinflussen.

Einen noch erheblicheren Einfluss auf den wirtschaftlichen Wert haben Kontaminierungen[644]. Unterschieden wird hierbei zwischen dem Kontaminierungsrisiko, dem noch nicht bestätigten Verdacht, und der Altlast, dem durch Untersuchungen nachgewiesenen Verseuchungstatbestand. Die materielle Entwertung besteht in beiden Fällen durch die eingeschränkte Verkäuflichkeit des Grundstücks, Nutzungseinschränkung, Sanierungsaufwand, aber auch durch die latente Gefahr, von Dritten in Anspruch genommen zu werden. Hierfür wird aus Gründen der Gefahrenabwehr der Grundstückseigentümer haftbar gemacht, das Verursacherprinzip greift hier faktisch nur selten. [645]

Das Altlastenkataster[646] gibt konkrete Hinweise auf kontaminierte Flächen, auch finden sich hier Hinweise auf Verdachtsflächen.

[642] Optimal ist ein kiesig-sandiger Baugrund, welcher die Gründung auf Streifenfundamente erlaubt. Bei weniger tragfähigen Böden ist in der Regel eine Plattengründung, Bodenaustausch oder Pfahlgründung notwendig.

[643] Steht Grundwasser dicht unter der Erdoberfläche, muss eine „weiße Wanne" oder „braune Wanne" ausgebildet werden, d.h. eine Stahlbetonwanne mit wasserdruckhaltender Dichtung. Bei Wannengründungen kann jedoch der Auftrieb so groß werden, dass bei fehlendem Baukörper als Gegengewicht die Wanne aufschwimmt, wie bei dem prominenten Beispiel, dem Schürmann-Bau in Bonn.

[644] Verseuchungen mit gesundheits- und umweltgefährdenden Stoffen. Verursacht im Allgemeinen durch Schadstoffeintragung in den Boden oder in das Grundwasser als Folge von Unfällen, gewerblicher Produktionen oder Bodenablagerungen.

[645] Vgl. [Pie07], S. 49

[646] Altlastenkataster wird bei den Kommunen, den Landkreisen oder den Umweltbehörden auf Grundlage der Landes-Umwelt-Gesetzgebung geführt.

Kontaminierungsprobleme können auch von der Bestandsbebauung ausgehen, falls gesundheitsschädliche Materialien verbaut wurden, deren schädigende Eigenschaften erst später bekannt wurden.

Die Asbestproblematik stellt aufgrund des Umfangs die gravierendste Gebäudekontaminierung dar.[647] Bei akuter Gesundheitsgefahr muss eine aufwendige Sanierung sofort erfolgen, bei geringerer Gefahr ist die Beseitigung im Rahmen von Sanierungen oder dem Abbruch mit hohen Auflagen verbunden.

Denkmalschutz

Der Denkmalschutz liegt im Verantwortungsbereich der Länder. [648] Die Bundesländer regeln die Denkmalschutzbelange durch landesrechtliche Denkmalschutzgesetzte sowie ergänzende Durchführungsverordnungen, welche die Rechte und Pflichten des Eigentümers an einem Denkmal[649] darlegt.[650]

Unter Denkmalschutz können sowohl Grundstücke (Bodendenkmäler) als auch Gebäude (Baudenkmäler) gestellt werden. Wird ein Objekt in der Denkmalliste[651] aufgeführt, resultiert hieraus, dass der Eigentümer die Auflagen des Denkmalschutzes einzuhalten hat. Dies kann sich auf Teilbereiche, wie z.B. die Fassade, beschränken, es kann aber auch das komplette Gebäude betroffen sein.

Gebäuden, welche unter Denkmalschutz stehen, wird vielfach per se eine mögliche Einschränkung der Nutzbarkeit und damit einhergehend eine Wertminderung unterstellt. Im Rahmen einer empirischen Studie wurde dies jedoch widerlegt – tatsächlich überwiegen bei denkmalgeschützten Gebäuden sogar hieraus resultierende Wertsteigerungen.[652] Ob sich der Einfluss der Unterschutzstellung in Bezug auf den Verkehrswert wertmindernd, werterhöhend oder wertneutral auswirkt, wird primär durch das Objekt selbst bestimmt und muss im Einzelfall beurteilt werden.

---

647 Zwischen 1965 und 1980 wurden in den alten Bundesländern jährlich rd. 170.000 Tonnen Asbest, in der DDR wurden in 30 Jahren 500 Mio. m^2 Asbestzementplatten verbaut. Quelle: [Pie07], S. 53

648 Auf die Bedeutung des Denkmalschutzes wird bereits in den grundlegenden Ausführungen des Städtebaurechts (§1 BauGB Abs. 5 Nr. 5) bezüglich der Aufstellung der Bauleitpläne hingewiesen: Zu berücksichtigen sind „die Belange der Baukultur, des Denkmalschutzes und der Denkmalpflege sowie die erhaltenswerten Ortsteile, Straßen und Plätze von geschichtlicher, künstlerischer oder städtebaulicher Bedeutung und die Gestaltung des Orts- und Landschaftsbildes".

649 Unter Denkmäler werden Sachen, Mehrheiten von Sachen und Teile von Sachen verstanden, an deren Erhaltung und Nutzung ein öffentliches Interesse besteht.

650 Vgl. [Til06], S. 76

651 Die Denkmalschutzliste steht jedermann zur Einsicht offen. In den meisten Bundesländern ist die Aufnahme in die jeweiligen Denkmallisten mit der Unterschutzstellung gleichbedeutend.

652 Vgl. [Lut88], S. 170 – 189

Die empirische Studie in mehreren Städten Deutschlands bezüglich dem Kauf- und Wertverhalten von Denkmälern einerseits und vergleichbaren Gebäuden ohne Denkmalschutz andererseits konnte eine deutliche Wertsteigerung (bis zu 32 %) im Anschluss an eine Unterschutzstellung nachweisen.

Tabelle 97 stellt die (Wert-) Vorteile und (Wert-) Nachteile, wie sie aus dem Denkmalschutz resultieren, gegenüber. Diese Vor- und Nachteile wirken sich personen- und nutzungsbezogen sehr unterschiedlich aus. Bei der Verkehrswertermittlung dürfen jedoch nur solche Aspekte berücksichtigt werden, wie sie sich für jeden beliebigen Erwerber ergeben.[653]

(Wert-) Vorteile	(Wert-) Nachteile
Steuervergünstigungen bei der Einkommenssteuer, Erbschaftssteuer/Schenkungssteuer, Grunderwerbssteuer, Grundsteuer, Umsatzsteuer, Vermögenssteuer.	Nutzungsbeschränkungen (Nichtausnutzung der ansonsten zulässigen Bebaubarkeit, Beibehaltung veralteter Bauweisen und Bauformen).
Sonderabschreibung der Herstellungskosten im Jahr der Herstellung sowie der Folgejahre.	Erhaltungs- und Unterhaltungsverpflichtungen.
Direkte, öffentliche Förderung bei baulichen Maßnahmen.	Verfügungsbeschränkungen (weitreichende Rechte des Beauftragten der Denkmalschutzbehörde, z.B. Betreten des Grundstücks)
„Prestigegewinn", welcher jedoch i.d.R. nicht monetär beziffert werden kann.	Veräußerungsanzeige, Vorkaufsrechte für die Gemeinde.
	Abrissverbot.
	Möglichkeit der Enteignung (z.B. wenn das Denkmal der Öffentlichkeit zugänglich gemacht werden soll).

Tab. 97: (Wert-) Vorteile und (Wert-) Nachteile aus Denkmalschutz[654]

Hinsichtlich der anzuwendenden Bewertungsmethodik ergeben sich grundsätzlich keine Abweichungen gegenüber anderen Bewertungsfällen, lediglich das Vergleichswertverfahren scheidet regelmäßig aufgrund mangelnder Vergleichsobjekte (keine statistische Repräsentanz) aus. Allerdings muss die Bemessung der Bewertungsparameter einen vorhandenen Denkmalschutz reflektieren.

Dies gilt insbesondere für die Bewirtschaftungskosten[655], die anzusetzende Restnutzungsdauer[656] und die sonstigen Einflüsse[657] als Zu- oder Abschlag zum rechnerischen Sach- oder Ertragswert.

---

653 §194 BauGB definiert die Abkopplung des Wertes von persönlichen Verhältnissen – es ist stets ein durchschnittlicher Erwerber „jedermann" bei der Wertfindung zu berücksichtigen.

654 Eigene Darstellung

655 Hinsichtlich des Instandhaltungskostenanteils der Bewirtschaftungskosten sind wesentlich höhere Ansätze zu wählen, da sowohl die Forderungen der Denkmalschutzbehörden hinsichtlich der Materialwahl als auch hinsichtlich der handwerklichen Materialverarbeitung zu beachten sind, die über übliche Instandhaltungskosten i.d.R. weit hinaus gehen.

656 Bei einem denkmalgeschützten Gebäude besteht zumindest am Ende seines Lebenszyklus der Zwang zur Totalsanierung, um es quasi „auf ewig" zu erhalten.

657 Berücksichtigung von meist nicht monetär fassbaren Einflüssen, wie z.B. die Wirkung aufgrund der Einschränkung der freien Verfügbarkeit oder dem Prestigegewinn aus der Nutzung eines Baudenkmals.

Soziale Wohnraumförderung

Gesetzliche bzw. förderungsrechtliche wohnungsrechtliche Bindungen beeinflussen den Marktwert einer Immobilie. Das Maß der Beeinflussung ergibt sich anhand der Vor- und Nachteile, die sich aus dem öffentlich geförderten Wohnungsbau (soziale Wohnraumförderung[658]) gegenüber einem vergleichbaren, freifinanzierten Objekt ergeben.[659]

Zur Berücksichtigung der sozialen Wohnraumförderung bietet die Fachliteratur verschiedene Verfahren an.[660] Bei dem einfachsten Verfahren wird der Ertragswert unter Berücksichtigung der nachhaltigen Miete eines vergleichbaren Objektes ohne Förderung ermittelt und die kapitalisierte Differenz zwischen dieser nachhaltigen Miete und der auf Grund der Sozialbindung niedrigeren Miete als Sonderwert abgezogen. Dies entspricht der Berechnung eines Over- oder Underrents.[661]

[658] Die soziale Wohnraumförderung erfolgt auf Grundlage des Wohnungsbauförderungsgesetztes. Dieses Gesetz aus dem Jahr 1994 unterscheidet nicht nach einzelnen Förderwegen (vorher 1., 2. und 3. Förderungsweg) sondern legt im Rahmen einer Förderzusage die Höhe, Dauer, Verzinsung und Tilgung der Fördermittel, die Mietereinkommensgrenzen, die Wohnungsgrößen und Belegungs- und Mietbindungen fest.

[659] Zu den Vorteilen gehört insbesondere die hohe Cashflow-Stabilität, da in der Regel die Mietzahlung direkt vom Sozialamt beglichen wird. Im Bewertungsansatz wird dies unter anderem in einem geringen Mietausfallwagnis berücksichtigt.

[660] Vgl. [Kle97], S. 1716-1724

[661] Siehe hierzu Anhang 19
Der Kapitalisierungszeitraum ist hierbei von dem Ende der öffentlichen Förderung und der etwaigen Nachwirkungsfrist abhängig.

Lasten und Beschränkungen

Lasten und Beschränkungen eines Grundstückes sind in der zweiten Abteilung des Grundbuchs verzeichnet. Nachfolgende Darstellung gibt einen Überblick der gängigsten Belastungen. Die jeweilige Wertbeeinträchtigung ist individuell sehr differenziert zu betrachten und wird hier nicht dargestellt. So hat z.B. ein Leitungsrecht auf dem unbebauten Grundstücksteil keine Wertrelevanz, während ein langfristiges Nießbrauchrecht[662], den Wert des Grundstücks gegen Null gehen lässt.

Zweite Abteilung des Grundbuchs – Lasten und Beschränkungen (Belastungen von Grundstücken nach BGB)				
Nutzungsrechte (Dienstbarkeiten)			Verfügungs-/ Erwerbsrechte	Leistungsbezugsrechte
Grunddienstbarkeiten	Beschränkte persönliche Dienstbarkeiten	Nießbrauch	Dingliches Vorkaufsrecht Vormerkung	Reallast
(§§ 1018 – 1029)	(§§ 1090 – 1093)	(§§ 1030 – 1089)	(§ 1094) (§ 883)	(§§ 1005 – 1112)
▪ Benutzungsdienstbarkeit: Wegerecht, Leitungsrecht	▪ Benutzungsdienstbarkeit: Wohnungsrecht, Abbau von Bodenschätzen			▪ Geldzahlung, z.B. Erbbauzins
▪ Verbotsdienstbarkeit: Bebauungsverbot, Gewerbeverbot	▪ Verbotsdienstbarkeit: Wohnungsbesetzungsrecht			▪ Lieferung von Energie, Wasser, Naturalien
▪ Ausschlussdienstbarkeit: Dulden von Immissionen, Bergschadensverzicht	▪ Ausschlussdienstbarkeit: Tankstellenbetriebsverbot			▪ Pflege-, Versogungsleistung

Tab. 98: Lasten und Beschränkungen in Abteilung II des Grundbuchs[663]

Neben den im Grundbuch verzeichneten Rechten und Belastungen können weitere Rechte und Belastungen für ein Grundstück existieren, die nicht auf das Privatrecht, sondern auf öffentlichem Recht beruhen.[664]

662 Der Nießbrauch berechtigt für die Bestandsdauer zum Besitz des belasteten Grundstücks. Der Nießbrauchberechtigte erhält somit alle Erlöse durch Vermietung oder Verpachtung.

663 In Anlehnung an [Pie07], S. 15

664 Hierzu gehören z.B. Belastungen aus dem BauGB, den Landesbauordnungen, den Naturschutzgesetzen, Umweltschutzgesetzen, Bundes- und Landesstraßengesetzen, Luftverkehrsgesetzen, Wasserhaushaltsgesetz, Gewerberecht, Abfallbeseitigungsrecht, Zivilschutzgesetz oder dem Denkmalschutzgesetz. Auch stellt das Vorkaufsrecht der Gemeinden nach BauGB oder die Baulasten, welche im Baulastenverzeichnis der Bauordnungsämter (mit Ausnahme Bayern und Brandenburg) geführt werden, einen Minderwert dar.

Erbbaurecht

Das Erbbaurecht selbst ist ein grundstücksgleiches Recht mit eigenständigen gesetzlichen Regelungen, welche in der Erbbaurechtsverordnung (ErbbauVO) verankert sind. Die rechtliche Konstruktion des Erbbaurechts sieht vor, dass der Grundstückseigentümer seine Nutzungsrechte am Grundstück zeitlich befristet dem Erbbauberechtigten gegen Zahlung eines Erbbauzinses überlässt. Geregelt wird dies im so genannten Erbbaurechtsvertrag.

Ein auf einem Erbbaurechtsgrundstück errichtetes Gebäude wird nicht wesentlicher Bestandteil des Grundstücks, sondern wesentlicher Bestandteil des Erbbaurechts. Der Erbbauberechtigte ist somit Eigentümer des Bauwerkes, das Grundstück wiederrum bleibt im Eigentum des Grundstückseigentümers.

Das Erbbaurecht erhält ein eigenes Grundbuch, das Erbbaugrundbuch, im Gegenzug wird das bestehende Grundbuch in Abteilung II mit dem Erbbaurecht belastet. Das Grundstück ist mit diesem eingetragenen Erbbaurecht faktisch nichts wert, da die gesamte Nutzung und fast die vollständige Verfügungsgewalt für einen sehr langen Zeitraum entzogen wird.

Das Erbbaurecht wiederum entspricht nicht dem Wert eines Volleigentums. Insbesondere drei Abschläge müssen im Rahmen einer Wertermittlung berücksichtigt werden:

1. Abschlag wegen zeitlicher Begrenzung des Erbbaurechts – Die Nutzung des Grundstücks steht dem Erbbauberechtigten nur zeitlich begrenzt zur Verfügung, bis zum Ablauf des Erbbaurechts.
2. Abschlag wegen eventuell fehlender Gebäudeentschädigung – Die ErbbauVO schreibt eine Entschädigung für das Bauwerk bei Zeitablauf lediglich für den sozialen Wohnungsbau vor. Ansonsten kann eine Entschädigungspflicht im Erbbaurechtsvertrag teilweise oder auch ganz ausgeschlossen werden.
3. Abschlag wegen allgemeinen Nachteilen – Im Vergleich zum Volleigentum ist das Erbbaurecht zusätzlich beeinträchtigt durch Einwirkungen, die im Erbbaurechtsvertrag individuell geregelt sind.[665] Zudem beeinflussen regionale Besonderheiten, die Nutzungsart, die alternative Verfügbarkeit von Volleigentum und dgl. das Marktgeschehen und somit den Wert des Erbbaurechts.

---

[665] Zum Beispiel Zustimmungsvorbehalte bei Belastungen, Verkauf und Umnutzung, Bauverpflichtungen, Unterhaltungsverpflichtungen etc.

Anhang 27 – Übersicht der Raumordnungsregionen

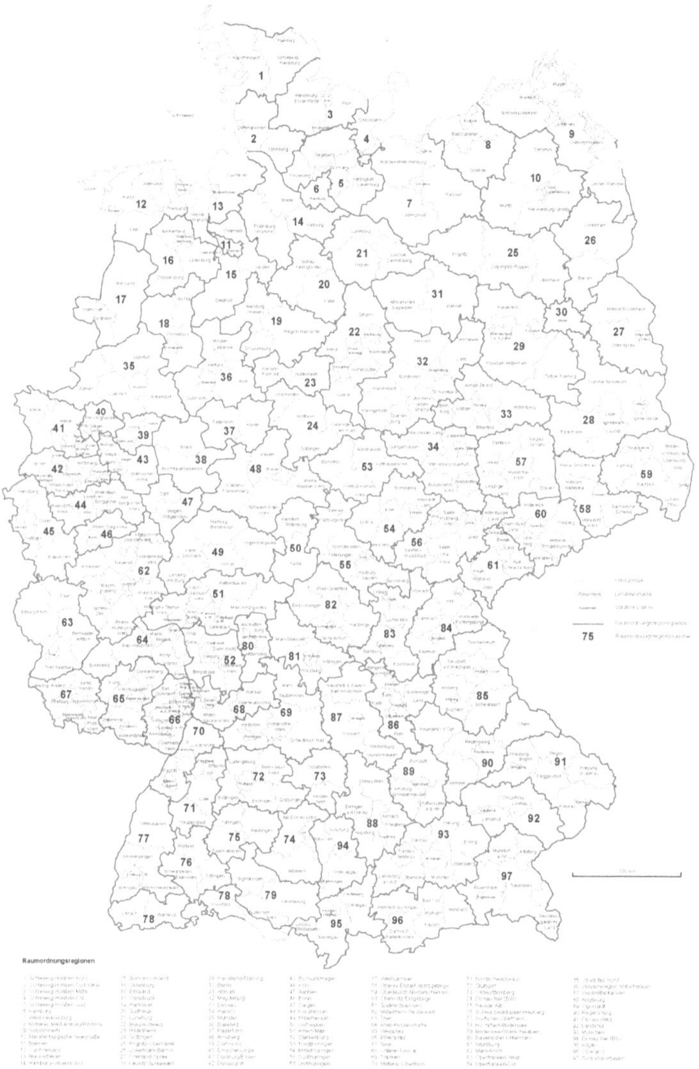

Abb. 75: Übersicht der Raumordnungsregionen[666]

[666] Quelle: BBR

Anhang 28 – Rohdaten-Matching

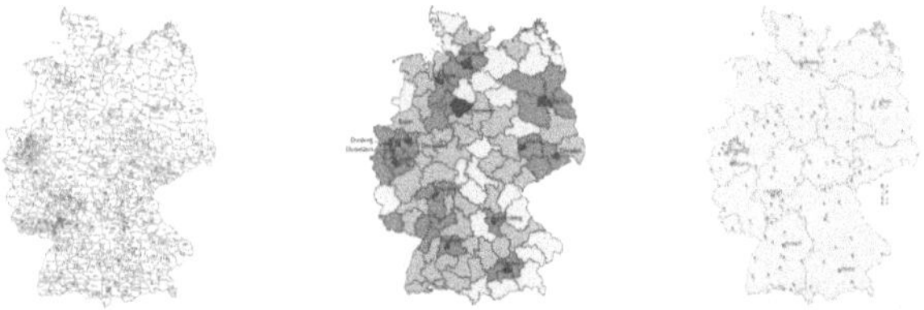

Bundesland	Raumordnungsregionen (ROR) (n=97)[667]		Perspektive Deutschland (PD) (n=117)		Marktstädte BulwienGesa AG (n=125)
Schleswig-Holstein	01	Schleswig-Holstein Nord	01	Schleswig-Holstein Nord-West	Flensburg
	02	Schleswig-Holstein Süd-West	02	Schleswig-Holstein Süd-West	
	03	Schleswig-Holstein Mitte	03	Schleswig-Holstein Mitte	Kiel, Neumünster
	04	Schleswig-Holstein Ost	04	Schleswig-Holstein Ost	Lübeck
	05	Schleswig-Holstein Süd	05	Schleswig-Holstein Süd	
Hamburg	06	Hamburg	06	Hamburg	Hamburg
Mecklenburg-Vorpommern	07	Westmecklenburg	07	Westmecklenburg	Schwerin
	08	Mittleres Mecklenburg/Rostock	08	Mittleres Mecklenburg/Rostock	Rostock
	09	Vorpommern	09	Vorpommern	Greifswald, Stralsund
	10	Mecklenburgische Seenplatte	10	Mecklenburgische Seenplatte	Neubrandenburg
Bremen	11	Bremen	11	Bremen	Bremen
Niedersachesen	12	Ost-Friesland	12	Ost-Friesland	Wilhelmshafen
	13	Bremerhaven[668]	13	Bremerhaven	Bremerhafen
	14	Hamburg Umland Süd	14	Hamburg Umland Süd	
	15	Bremen Umland	15	Bremen Umland	
	16	Oldenburg	16	Oldenburg	Oldenburg
	17	Emsland	17	Emsland	
	18	Osnabrück	18	Osnabrück	Osnabrück
	19	Hannover	19	Hannover	Hannover
			20	Schaumburg/Nienburg	
	20	Südheide	21	Südheide	
	21	Lüneburg	22	Lüneburg	Lüneburg
	22	Braunschweig	23	Braunschweig	Braunschweig, Salzgitter, Wolfsburg
	23	Hildesheim	24	Hildesheim	Hildesheim
	24	Göttingen	25	Göttingen	Göttingen (Stadt)
Brandenburg	25	Prignitz-Oberhavel	26	Prignitz-Oberhavel	
	26	Uckermark-Barnim	27	Uckermark-Barnim	
	27	Oderland-Spree	28	Oderland-Spree	Frankfurt (Oder)
	28	Lausitz-Spreewald	29	Lausitz-Spreewald	Cottbus
	29	Havelland-Fläming	30	Havelland-Fläming	Potsdam, Brandenburg (Havel)

[667] Seit dem 01.08.2008 hat sich die Anzahl durch die Vereinigung von Nr. 60 und 61 (Verbände Südwestsachsen und Chemnitz-Erzgebirge wurden aufgelöst und der Verband Südsachsen neu gebildet) auf 96 Raumordnungsregionen reduziert.

[668] Nicht länderscharf abgegrenzt.

Berlin	30	Berlin	31	Berlin West und Ost	Berlin
Sachsen-Anhalt	31	Altmark	32	Altmark	
	32	Magdeburg	33	Magdeburg	Magdeburg, Halberstadt (Stadt)
	33	Dessau	34	Dessau	
	34	Halle/Saale	35	Halle/Saale	Halle
Nordrhein-Westfalen	35	Münster	36	Münster	Münster
	36	Bielefeld	37	Bielefeld	Bielef., Detmold, Gütersloh Minden
	37	Paderborn	38	Paderborn	Paderborn (Stadt)
	38	Arnsberg	39	Arnsberg	
	39	Dortmund	40	Dortmund Stadt	Dortmund
			41	Hamm	Hamm
	40	Emscher-Lippe	42	Emscher-Lippe	Bottrop, Gelsenkirchen, Recklinghausen
	41	Duisburg/Essen	43	Duisburg Stadt	Duisburg
			44	Essen Stadt	Essen
			45	Oberhausen/Mühlheim	Mühlheim (Ruhr), Oberhausen
			46	Niederrhein	Moers
	42	Düsseldorf	47	Düsseldorf Stadt	D.ldorf, Ratingen, Remscheid, Solingen
			48	Krefeld/Neuss	Krefeld, Neuss (Stadt)
			49	Mönchengladbach/Viersen	Mönchengladbach
			50	Wuppertal	Wuppertal
	43	Bochum/Hagen	51	Bochum/Hagen	Boch., Hag., Herne, Lüdenscheid, Witten
	44	Köln	52	Köln Stadt	Köln
			53	Erftkreis	
			54	Leverkusen/Bergisches Land	Leverkusen, Bergisch Gladbach
	45	Aachen	55	Aachen	Aachen, Düren (Stadt)
	46	Bonn	56	Bonn	Bonn
	47	Siegen	57	Siegen	Siegen (Stadt)
Hessen	48	Nordhessen	58	Nordhessen	Kassel
	49	Mittelhessen	59	Mittelhessen	Gießen (Stadt), Marburg
	50	Osthessen	60	Osthessen	Fulda
	51	Rhein-Main	61	Frankfurt Stadt	Frankfurt am Main
			62	Offenbach/Hanau	Offenbach, Hanau
			63	Wiesbaden/Taunus	Wiesbaden
	52	Starkenburg	64	Starkenburg	Darmstadt
Thüringen	53	Nordthüringen	65	Nordthüringen	
	54	Mittelthüringen	66	Mittelthüringen	Erfurt, Weimar
	55	Südthüringen	67	Südthüringen	Eisenach, Suhl
	56	Ostthüringen	68	Ostthüringen	Gera, Jena
Sachsen	57	Westsachsen	69	Leipzig Stadt	Leipzig
			70	Westsachsen	
	58	Oberes Elbtal/Osterzgebirge	71	Dresden Stadt	Dresden
			72	Oberes Elbtal/Osterzgebirge	
	59	Oberlausitz-Niederschlesien	73	Oberlausitz-Niederschlesien	Görlitz
	60	Chemnitz-Erzgebirge	74	Chemnitz-Erzgebirge	Chemnitz
	61	Südwestsachsen	75	Südwestsachsen	Plauen, Zwickau

Rheinland-Pfalz	62	Mittelrhein-Westerwald	76	Mittelrhein-Westerwald	Koblenz
	63	Trier	77	Trier	Trier
	64	Rheinhessen-Nahe	78	Rheinhessen-Nahe	Mainz
	65	Westpfalz	79	Westpfalz	Kaiserslautern
	66	Rheinpfalz	80	Rheinpfalz	Ludwigshafen
Saarland	67	Saar	81	Saar	Saarbrücken
Baden-Württemberg	68	Rhein-Neckar	82	Unterer Neckar	Mannheim, Heidelberg
	69	Heilbronn-Franken	83	Franken	Heilbronn
	70	Mittlerer Oberrhein	84	Mittlerer Oberrhein	Karlsruhe
	71	Nordschwarzwald	85	Nordschwarzwald	Pforzheim
	72	Stuttgart	86	Stuttgart Stadt	Stuttgart
			87	Ludwigsburg/Böblingen	
			88	Stuttgart östliches Umland	
	73	Ostwürttemberg	89	Ostwürttemberg	
	74	Donau-Iller (BW)	90	Donau-Iller (BW)	Ulm
	75	Neckar-Alb	91	Neckar-Alb	Albstadt, Reutlingen, Tübingen
	76	Schwarzwald-Baar-Heuberg	92	Schwarzwald-Baar-Heuberg	Villingen-Schwenningen
	77	Südlicher Oberrhein	93	Südlicher Oberrhein	Freiburg, Offenburg
	78	Hochrhein-Bodensee	94	Hochrhein Bodensee	Konstanz (Stadt)
	79	Bodensee-Oberschwaben	95	Bodensee-Oberschwaben	Friedrichshaven, Ravensburg
Bayern	80	Bayerischer Untermain	96	Bayerischer Untermain	Aschaffenburg
	81	Würzburg	97	Würzburg	Würzburg
	82	Main-Rhön	98	Main-Rhön	
	83	Oberfranken-West	99	Oberfranken-West	Bamberg, Coburg
	84	Oberfranken-Ost	100	Oberfranken-Ost	
	85	Oberpfalz-Nord	101	Oberpfalz-Nord	
	86	Industrieregion Mittelfranken	102	Nürnberg	Nürnberg
			103	Industrieregion Mittelfranken	Erlangen, Fürth
	87	Westmittelfranken	104	Westmittelfranken	
	88	Augsburg	105	Augsburg	Augsburg
	89	Ingolstadt	106	Ingolstadt	Ingolstadt
	90	Regensburg	107	Regensburg	Regensburg
	91	Donau-Wald	108	Donau-Wald	Passau
	92	Landshut	109	Landshut	Landshut
	93	München	110	München Stadt	München
			111	Ebersberg/Erding/Freising	
			112	Starnberg/Landkreis München	
			113	München nordwestl. Umland	
	94	Donau-Iller (BY)	114	Donau-Iller (BY)	
	95	Allgäu	115	Allgäu	Kempten (Allgäu)
	96	Oberland	116	Oberland	
	97	Südostoberbayern	117	Südostoberbayern	Rosenheim

Tab. 99: Rohdaten-Matching[669]

[669] Eigene Darstellung und eigenes Matching-Verfahren.

Anhang 29 – Studie PERSPEKTIVE DEUTSCHLAND

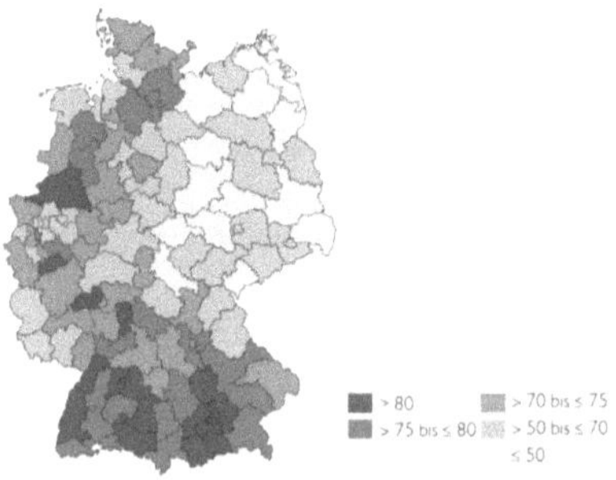

Abb. 76: Zufriedenheit am Wohnort[670]

Rang	Region	Zufriedenheit am Wohnort	Ranking 1-10
01	Bodensee-Oberschwaben	84	1
	Südlicher Oberrhein	84	1
	Oberland	84	1
04	Stuttgart Stadt	83	1
	Mittlerer Oberrhein	83	1
06	Münster	82	1
	München	82	1
	Bayerischer Untermain	82	1
	Ludwigsburg/Böblingen	82	1
	Starnberg/LK München	82	1
	Stuttgart östliches Umland	82	1
12	Bonn	81	1
	Wiesbaden/Taunus	81	1
	Ebersberg/Erding/Freising	81	1
	Ingolstadt	81	1
	Donau-Iller (BW)	81	1
	München nordwestl. Umland	81	1
18	Hamburg-Umland Süd	80	1
	Industrieregion Mittelfranken	80	1
	Südostoberbayern	80	1
	Regensburg	80	1
22	Neckar-Alb	79	2
	Schleswig-Holstein-Süd	79	2
	Oldenburg	79	2
	Allgäu	79	2
26	Osnabrück	78	2

Rang	Region	Zufriedenheit am Wohnort	Ranking 1-10
	Düsseldorf	78	2
	Nordschwarzwald	78	2
	Hamburg	78	2
	Unterer Neckar	78	2
	Donau-Iller (BY)	78	2
32	Würzburg	77	2
	Schwarzwald-Baar-Heuberg	77	2
	Hochrhein-Bodensee	77	2
	Landshut	77	2
36	Augsburg	76	2
	Leverkusen/Bergisches Land	76	2
38	Franken	75	2
	Frankfurt	75	2
	Köln	75	2
41	Schleswig-Holstein-Mitte	74	2
	Nürnberg	74	2
	Siegen	74	2
	Bielefeld	74	2
	Emsland	74	2
	Ostwürttemberg	74	2
	Rheinhessen-Nahe	74	2
	Paderborn	74	2
	Hannover	74	2
	Bremen-Umland	74	2
51	Schleswig-Holst.-Nord-West	73	3
	Rheinpfalz	73	3

[670] Quelle: [McK06], S. 109

	Schleswig-Holstein-Ost	73	3
	Niederrhein	73	3
	Starkenburg	73	3
56	Donau-Wald	72	3
	Arnsberg	72	3
	Westmittelfranken	72	3
59	Mittelrhein-Westerwald	71	3
	Oberfranken-West	71	3
	Offenbach/Hanau	71	3
	Osthessen	71	3
	Krefeld/Neuss	71	3
	Aachen	71	3
65	Hildesheim	70	3
	Mönchengladbach/Viersen	70	3
	Oberhausen/Mülheim	70	3
	Lüneburg	70	3
	Schaumburg/Nienburg	70	3
	Ostfriesland	70	3
	Dresden	70	3
72	Wuppertal	69	3
	Mittelhessen	69	3
	Südheide	69	3
	Main-Rhön	69	3
76	Schleswig-Holst.-Süd-West	68	4
	Erftkreis	68	4
	Bremen	68	4
	Trier	68	4
80	Essen	67	4
	Hamm	67	4
	Saar	67	4
83	Oberpfalz-Nord	66	4
	Braunschweig	66	4
85	Leipzig	65	4

86	Dortmund	64	4
87	Bochum/Hagen	63	4
88	Göttingen	61	5
	Nordhessen	61	5
	Berlin	61	5
91	Havelland-Fläming	60	5
92	Emscher-Lippe	57	6
	Oberes Elbtal/Osterzgebirge	57	6
	Westpfalz	57	6
	Oberfranken-Ost	57	6
96	Prignitz-Oberhavel	56	6
97	Westsachsen	55	6
	Bremerhaven	55	6
	Mittl. Mecklenburg/Rostock	55	6
	Duisburg	55	6
101	Mittelthüringen	54	6
102	Oderland-Spree	53	6
103	Ostthüringen	51	7
	Chemnitz-Erzgebirge	51	7
105	Westmecklenburg	50	7
106	Mecklenburg. Seenplatte	47	7
	Südwestsachsen	47	7
	Uckermark-Barnim	47	7
109	Südthüringen	46	8
110	Nordthüringen	45	8
	Magdeburg	45	8
112	Vorpommern	43	8
113	Oberlausitz-Niederschlesien	40	9
114	Lausitz-Spreewald	38	9
	Dessau	38	9
116	Halle/Saale	35	10
117	Altmark	30	10

Regionen PD	Zufriedenheit am Wohnort	Ranking
Minimum	30	10
Maximum	84	1
Arithmetische Mittel	68,39	3,50
Median	71	3
Standardabweichung	12,38	2,30

Regionen ROR[671]	Zufriedenheit am Wohnort	Ranking
Minimum	30	10
Maximum	84	1
Arithmetische Mittel	67,46	3,69
Median	72	3
Standardabweichung	12,87	2,37

Tab. 100: Rangliste und deskriptive Statistik der Zufriedenheit am Wohnort[672]

[671] Zufriedenheitswerte bzw. Ratingnoten von mehreren PD-Regionen wurden beim Matching der ROR-Region gleichwertig gewichtet.

[672] Eigene Darstellung. Quelle der Ergebniswerte: [McK06], S. 135; Eigenes Ranking.

Anhang 30 – Ökonomische Basis und Flächennachfrage

Indikator – Haushaltseinkommen

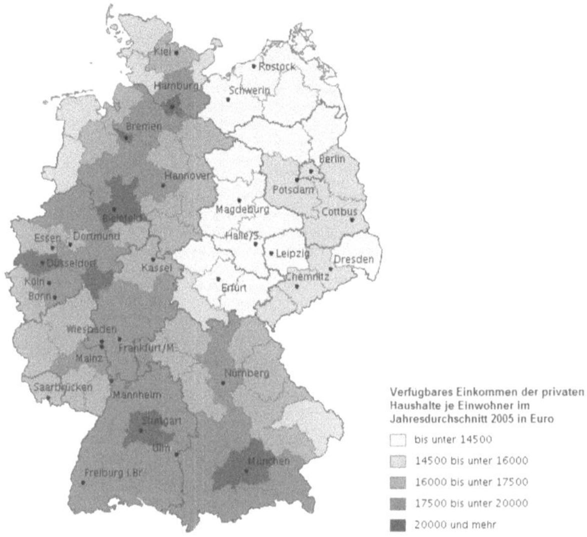

Abb. 77: Haushaltseinkommen innerhalb der Raumordnungsregion[673]

Berechnungsvorschrift:	*Verfügbares Einkommen der privaten Haushalte in EURO im Jahresdurchschnitt / Einwohner.*[674]
Dimension:	*EURO*

Private Haushalte erfahren einen sog. Reinvermögenszugang je Zeiteinheit aus verschiedenen Quellen. Hierzu zählen Erwerbseinkommen (Löhne, Gehälter, Einkommen aus Unternehmertätigkeit), Vermögenseinkommen (Mieten, Zinsen, Pachten), öffentliche Transferzahlungen ohne konkrete Gegenleistung und einmalige Einkommen durch Vermögenstransfer (Erbschaften, Geschenke) von anderen Haushalten. Nach Abzug der Steuern und Abgaben verbleibt das Netto- oder verfügbare Einkommen.

---

[673] Quelle: Bundesinstitut für Bau-, Stadt- und Raumforschung (BBSR); Datenbasis: Laufende Raumbeobachtung des BBR, Volkswirtschaftliche Gesamtrechnung der Länder. (http://78.46.82.146/raumbeobachtung, Stand 15.05.2009)

[674] Durchschnittseinkommen pro Kopf. Dies ermöglicht einen regionalen Vergleich, unterliegt jedoch einer strukturellen Verzerrung, da Haushalte regional unterschiedlich viele Mitglieder aufweisen.

Indikator – Arbeitslosenquote

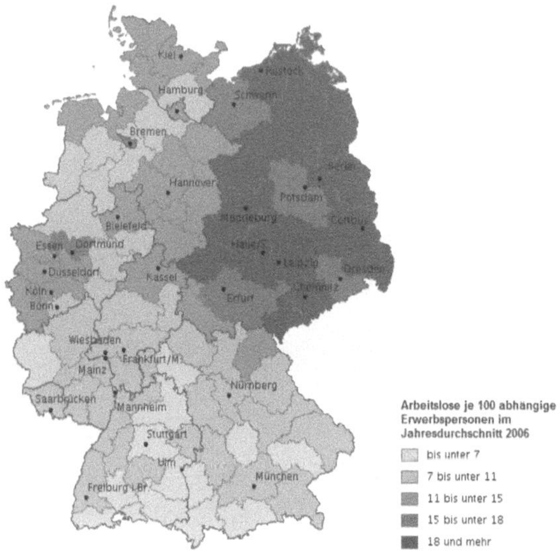

Abb. 78: Arbeitslosenquote innerhalb der Raumordnungsregion[675]

Berechnungsvorschrift:	*Arbeitslose / Erwerbspersonen * 100*
Dimension:	*Prozent*

Die Arbeitslosenquote misst den Anteil der Arbeitslosen an den abhängigen Erwerbspersonen[676]. Sie kann als ein Wohlstandsindikator angesehen werden, der die örtliche Wirtschaftskraft und somit die Marktattraktivität reflektiert.

Aus obiger Abbildung ist ersichtlich, dass die Arbeitsmarktlage in allen Regionen der Neuen Bundesländer problematisch ist. In den alten Bundesländern gilt nach wie vor das traditionelle Nord-Süd-Gefälle mit den niedrigsten Arbeitslosenquoten in den süddeutschen Regionen und den höchsten in den strukturschwachen Regionen Nordrhein-Westfalens und Norddeutschlands.

[675] Quelle: BBSR; Datenbasis: Laufende Raumbeobachtung des BBR, Arbeitslosenstatistik der Bundesanstalt für Arbeit. (http://78.46.82.146/raumbeobachtung/, Stand 15.05.2009)

[676] Die Erwerbspersonen umfassen Erwerbstätige (Arbeitnehmer und Selbständige) sowie auch die Arbeitslosen (Potenzial an Arbeitskräften, das dem Arbeitsmarkt zur Verfügung steht.

Indikator – Prognose der Haushalte

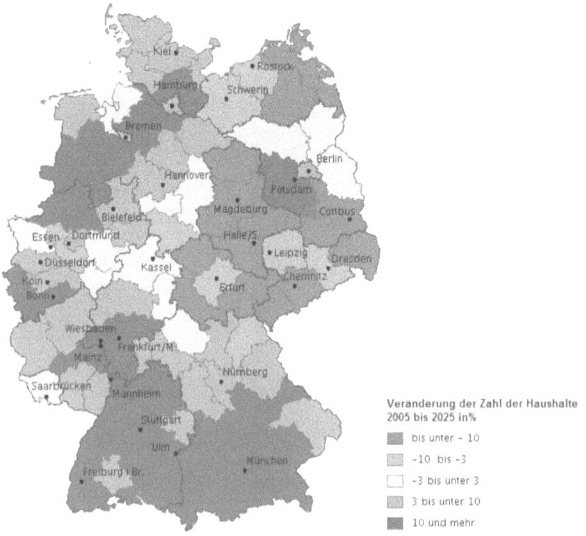

Abb. 79: Prognose der Haushalte innerhalb der Raumordnungsregion[677]

Berechnungsvorschrift:	*(Haushalte 31.12.2025 minus private Haushalte 31.12.2005) / (Haushalte 31.12.2005 * 100)*
Dimension:	*Prozent*

Die privaten Haushalte sind zwar eng mit der Bevölkerungsdynamik verknüpft, verfügen jedoch insbesondere durch die Berücksichtigung des Trends zur Haushaltsverkleinerung über eine größere Entwicklungsdynamik. Neben den verhaltensbedingten Ursachen (Kinderlosigkeit, Scheidungen etc.) fördern auch die alterstrukturellen Veränderungen die Tendenzen zu kleineren Haushalten. Generell werden kleinere Haushalte zunehmen und große Haushalte abnehmen.[678] Aus obiger Darstellung ist ersichtlich, dass insbesondere in den Neuen Bundesländern bedingt durch die massiven Geburtenrückgänge nach der Wiedervereinigung deutliche Spuren in den Familienstrukturen hinterlassen.

---

677 Quelle: BBSR; Datenbasis: BBR-Haushaltsprognose 2005-2025. (http://78.46.82.146/raumbeobachtung/, Stand 15.05.2009)

678 Quelle: BBSR; Erläuterung des Indikators „Raumprognose 2025". (http://www.bbsr.bund.de/nn_23744/BBSR/DE/Raumbeobachtung/GlossarIndikatoren/indikatoren__dyncatalog,lv2=104770,lv3=105376.html, Stand 15.05.2009)

Deskriptive Statistik und Scoring

Nr.	Raumordnungsregion	Anzahl der Haushalte	Score	Prognose der Haushalte [%]	Score	Haushalts-einkommen	Score	Arbeitslosen-quote [%]	Score
1	Schleswig-Holstein Nord	222.220	9	7,6	2	15.536	8	12,6	6
2	Schleswig-Holstein Süd-West	129.087	10	5,6	2	15.734	8	12,3	6
3	Schleswig-Holstein Mitte	365.902	8	5,2	2	16.209	7	12,2	6
4	Schleswig-Holstein Ost	216.206	9	4,1	2	15.913	8	14,1	7
5	Schleswig-Holstein Süd	450.409	7	13,6	1	18.874	5	8,6	3
6	Hamburg	979.217	2	5,4	2	22.908	1	12,6	6
7	Westmecklenburg	232.143	9	-7,2	4	14.273	9	17,5	9
8	Mittleres Mecklenburg/Rostock	210.290	9	-7,0	4	14.022	9	19,4	10
9	Vorpommern	227.626	9	-13,3	5	13.600	10	23,6	10
10	Mecklenburgische Seenplatte	136.555	10	-17,0	5	13.899	10	23,8	10
11	Bremen	295.494	9	7,7	2	20.294	3	15,0	7
12	Ost-Friesland	306.878	8	5,9	2	15.226	8	14,3	7
13	Bremerhaven	197.437	10	1,5	3	16.935	7	14,9	7
14	Hamburg Umland Süd	280.505	9	14,9	1	18.977	5	9,3	4
15	Bremen Umland	240.016	9	10,0	2	18.290	5	9,9	4
16	Oldenburg	253.707	9	13,7	1	16.663	7	10,9	5
17	Emsland	179.594	10	14,4	1	15.166	8	9,0	3
18	Osnabrück	293.106	9	10,8	2	17.570	6	9,2	4
19	Hannover	704.140	4	3,4	3	17.907	6	13,0	6
20	Südheide	151.409	10	6,9	2	16.774	7	12,2	6
21	Lüneburg	152.421	10	9,5	2	16.288	7	12,9	6
22	Braunschweig	562.118	6	-0,4	3	16.982	7	12,4	6
23	Hildesheim	219.606	9	-1,6	3	17.165	6	12,8	6
24	Göttingen	285.839	9	-3,5	3	16.777	7	13,7	7
25	Prignitz-Oberhavel	186.050	10	2,4	3	14.488	9	19,8	10
26	Uckermark-Barnim	144.524	10	1,7	3	14.200	9	21,6	10
27	Oderland-Spree	207.826	9	-0,4	3	14.643	9	19,0	10
28	Lausitz-Spreewald	309.665	8	-12,7	5	14.694	9	20,5	10
29	Havelland-Fläming	353.966	8	11,9	2	14.838	9	15,3	8
30	Berlin	1.902.085	1	4,6	2	14.797	9	20,1	10
31	Altmark	104.942	10	-11,4	4	13.786	10	21,4	10
32	Magdeburg	440.729	7	-11,9	4	13.986	10	19,0	10
33	Dessau	233.287	9	-18,7	5	14.005	9	19,8	10
34	Halle/Saale	387.326	8	-14,4	5	14.087	9	20,6	10
35	Münster	696.161	5	10,8	2	18.241	5	8,4	3
36	Bielefeld	750.072	4	3,8	3	20.197	3	11,1	5
37	Paderborn	194.898	10	9,0	2	16.961	7	10,9	5
38	Arnsberg	260.049	9	0,9	3	18.924	5	10,8	5
39	Dortmund	563.619	6	5,8	2	16.538	7	16,3	8
40	Emscher-Lippe	490.001	7	-3,3	3	16.621	7	16,6	9
41	Duisburg/Essen	1.066.164	1	0,3	3	17.484	6	14,6	7
42	Düsseldorf	1.455.956	1	3,7	3	20.460	3	12,6	6
43	Bochum/Hagen	737.906	4	-3,5	3	19.397	4	13,1	6

44	Köln	1.079.097	1	8,0	2	19.183	4	13,1	6
45	Aachen	611.231	5	10,6	2	17.194	6	13,1	6
46	Bonn	444.855	7	16,1	1	19.514	4	9,2	4
47	Siegen	183.908	10	1,9	3	20.418	3	9,2	4
48	Nordhessen	412.728	7	-1,9	3	17.150	6	12,1	6
49	Mittelhessen	478.568	7	5,6	2	17.538	6	10,5	4
50	Osthessen	144.868	10	2,5	3	17.538	6	8,7	3
51	Rhein-Main	1.369.206	1	11,7	2	19.790	4	10,0	4
52	Starkenburg	486.882	7	12,2	1	18.529	5	10,1	4
53	Nordthüringen	177.070	10	-10,6	4	13.503	10	19,5	10
54	Mittelthüringen	335.041	8	-6,2	4	13.840	10	17,6	9
55	Südthüringen	226.154	9	-11,9	4	14.977	9	14,3	7
56	Ostthüringen	347.520	8	-15,9	5	14.246	9	16,9	9
57	Westsachsen	549.384	6	-8,2	4	14.327	9	20,1	10
58	Oberes Elbtal/Osterzgebirge	522.609	6	-6,2	4	14.815	9	17,0	9
59	Oberlausitz-Niederschlesien	295.872	9	-15,9	5	14.303	9	20,6	10
60	Chemnitz-Erzgebirge	444.141	7	-13,9	5	14.832	9	18,1	10
61	Südwestsachsen	296.929	9	-14,4	5	14.676	9	19,0	10
62	Mittelrhein-Westerwald	572.657	6	7,7	2	17.090	6	8,8	3
63	Trier	243.599	9	6,9	2	16.537	7	6,9	2
64	Rheinhessen-Nahe	406.008	7	11,4	2	17.820	6	9,3	4
65	Westpfalz	254.366	9	3,5	3	16.170	7	10,7	5
66	Rheinpfalz	411.622	7	9,9	2	17.333	6	8,8	3
67	Saar	508.160	6	-0,8	3	17.138	6	10,8	5
68	Rhein-Neckar	567.346	6	12,1	1	18.444	5	8,7	3
69	Heilbronn-Franken	390.551	8	13,0	1	18.418	5	6,9	2
70	Mittlerer Oberrhein	495.233	7	11,3	2	19.152	4	7,4	2
71	Nordschwarzwald	276.312	9	12,9	1	19.973	4	7,5	2
72	Stuttgart	1.288.126	1	13,6	1	20.707	3	6,9	2
73	Ostwürttemberg	193.536	10	8,0	2	18.316	5	7,4	2
74	Donau-Iller (BW)	222.407	9	14,3	1	19.188	4	6,0	1
75	Neckar-Alb	314.220	8	10,6	2	19.599	4	7,0	2
76	Schwarzwald-Baar-Heuberg	218.822	9	9,1	2	19.812	4	6,3	2
77	Südlicher Oberrhein	506.963	6	18,0	1	17.973	6	7,1	2
78	Hochrhein-Bodensee	322.646	8	15,0	1	18.168	5	6,8	2
79	Bodensee-Oberschwaben	273.916	9	14,0	1	18.482	5	5,8	1
80	Bayerischer Untermain	162.831	10	7,9	2	18.741	5	7,6	3
81	Würzburg	244.041	9	5,0	2	17.458	6	6,6	2
82	Main-Rhön	189.331	10	1,1	3	16.813	7	8,3	3
83	Oberfranken-West	266.058	9	4,0	3	18.129	5	9,4	4
84	Oberfranken-Ost	225.850	9	-5,1	4	17.324	6	11,0	5
85	Oberpfalz-Nord	224.492	9	3,6	3	16.690	7	9,5	4
86	Industrieregion Mittelfranken	647.051	5	8,6	2	19.579	4	9,6	4
87	Westmittelfranken	177.932	10	7,9	2	17.123	6	7,3	2
88	Augsburg	394.983	8	14,3	1	18.211	5	8,2	3
89	Ingolstadt	193.517	10	18,5	1	17.556	6	5,5	1

90	Regensburg	312.657	8	12,7	1	17.310	6	7,3	2
91	Donau-Wald	289.459	9	9,0	2	15.990	8	9,1	4
92	Landshut	181.341	10	18,4	1	17.255	6	6,4	2
93	München	1.382.168	1	16,6	1	22.126	1	7,0	2
94	Donau-Iller (BY)	201.315	9	13,8	1	18.440	5	6,6	2
95	Allgäu	218.749	9	10,2	2	18.075	5	6,5	2
96	Oberland	210.055	9	15,3	1	19.926	4	6,6	2
97	Südostoberbayern	361.757	8	15,9	1	18.060	5	7,2	2

	Anzahl der Haushalte	Score	Prognose der Haushalte [%]	Score	Haushalts-einkommen	Score	Arbeitslosen-quote [%]	Score
Minimum	104.942	10	-18,7	5	13.503	1	5,5	1
Maximum	1.902.085	1	18,5	1	22.908	10	23,8	10
Arithmetische Mittel	407.560	7,66	4,1	2,48	17.132	6,38	12,1	5,38
Median	295.494	9	5,8	2	17.194	6	10,9	5
Standardabweichung	321.325	2,49	9,5	1,22	2.089	2,11	4,8	2,93

Tab. 101: Ökonomische Basis und Flächennachfrage[679]

Graphische Darstellung der Indikatoren

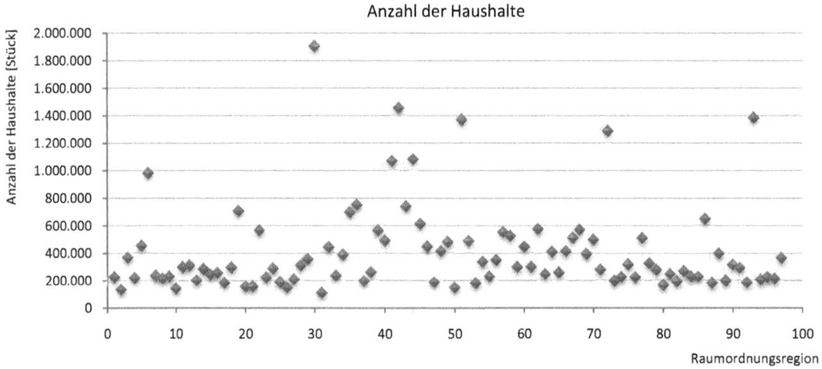

679 Eigene Auswertung und Darstellung; Datenquelle: BBSR (http://78.46.82.146/raumbeobachtung/, Stand 15.05.2009)

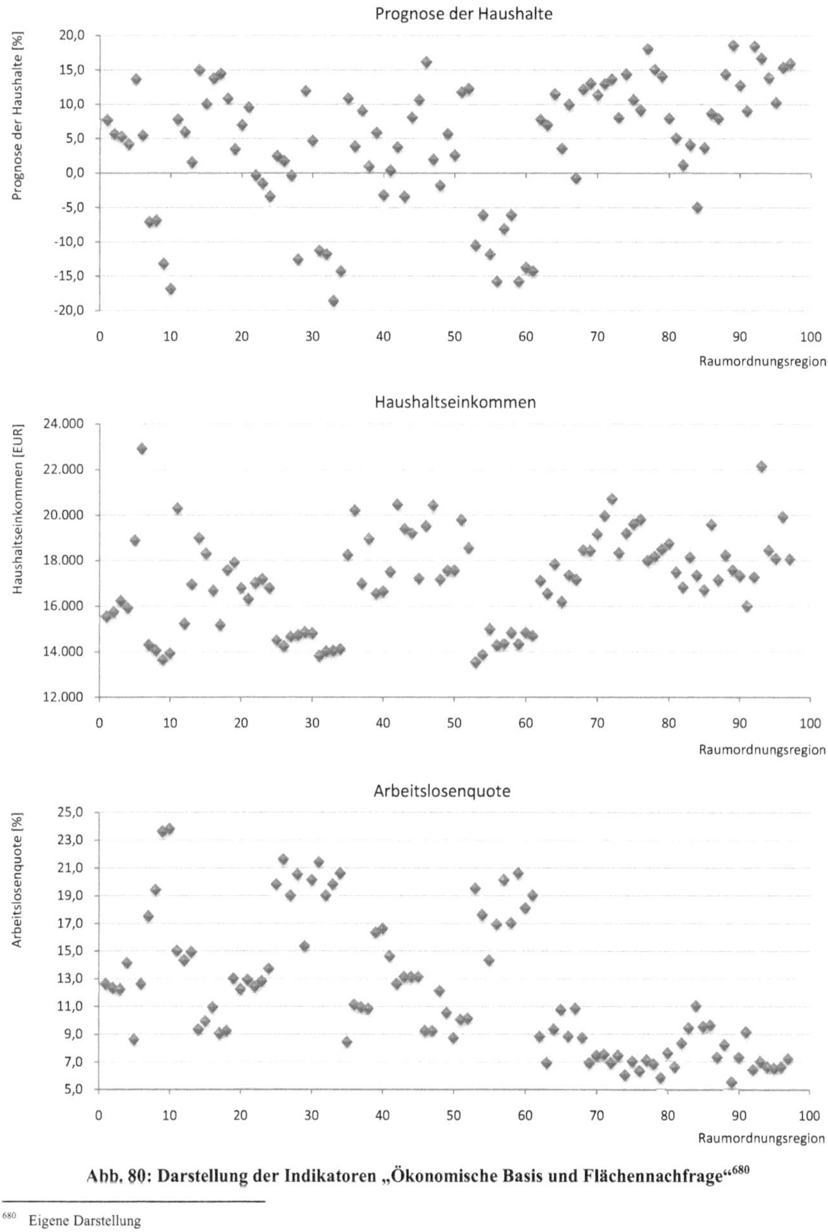

Abb. 80: Darstellung der Indikatoren „Ökonomische Basis und Flächennachfrage"[680]

[680] Eigene Darstellung

Anhang 31 – Investitions- und Flächenmarkt

Indikator – Miete bei Neubau- und Wiedervermietung

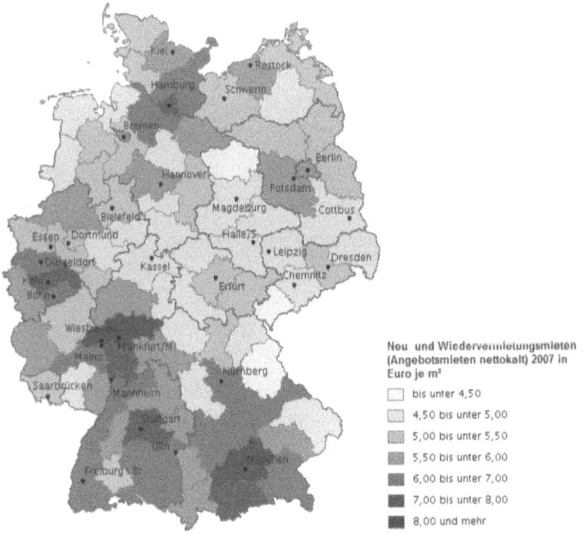

Abb. 81: Miete bei Neubau- und Wiedervermietung innerhalb der Raumordnungsregion[681]

Berechnungsvorschrift:	*Summe der erfassten Neu- und Wiedervermietungsmieten / Anzahl der erfassten Neu- und Wiedervermietungsmieten*
Dimension:	*Euro / m²-Wohnfläche*

Die Nettokaltmiete spiegelt die Marktsituation der lokalen oder regionalen Wohnungsmärkte wider. Angebot und Nachfrage regeln das Preisniveau.

Aus obiger Abbildung ist ersichtlich, dass alle Regionen der Neuen Bundesländer über ein niedriges Preisniveau verfügen, gefolgt von den strukturschwachen Regionen Nordrhein-Westfalens und Norddeutschlands. Über das höchste Preisniveau verfügen die süddeutschen Regionen.

---

681 Quelle: BBSR; Datenbasis: BBR-Wohnungsmarktbeobachtungssystem, IDN Immodaten GmbH. (http://78.46.82.146/raumbeobachtung, Stand 15.05.2009)

Indikator – Bautätigkeit von Wohnungen in Mehrfamilienhäusern

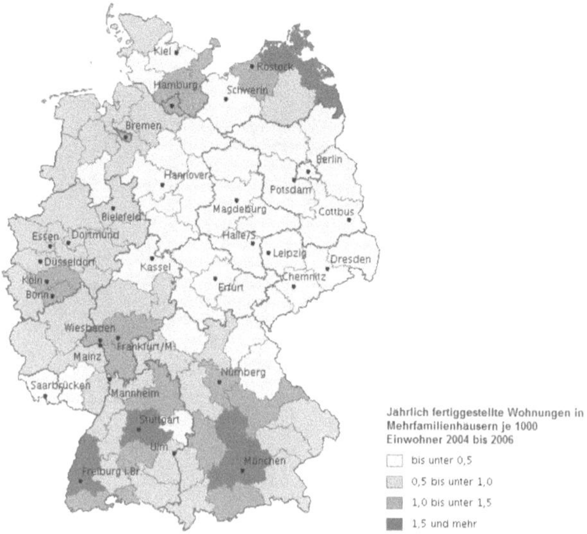

Abb. 82: Bautätigkeit von Wohnungen in Mehrfamilienhäusern[682]

Berechnungsvorschrift:	*fertiggestellte Wohnungen / Bevölkerung * 100*
Dimension:	*Wohnungen je 1.000 Einwohner*

Die Wohnungsbautätigkeit kann als Indikator für die Attraktivität einer Region gesehen werden.

Die Abbildung zeigt, dass die regionale Schwerpunkte der Baufertigstellungen vor allem in Regionen liegen, welche sich durch landschaftliche Attraktivität bzw. Fremdenverkehr (Nordseeraum, Ostseeraum, Schwarzwald Bayern) auszeichnen.

[682] Quelle: BBSR; Datenbasis: BBR-Wohnungsmarktbeobachtungssystem, Statistik der Baufertigstellungen des Bundes und der Länder. (http://78.46.82.146/raumbeobachtung, Stand 15.05.2009)

Indikator – Nachfrageprognose Neubau Mehrfamilienhäusern

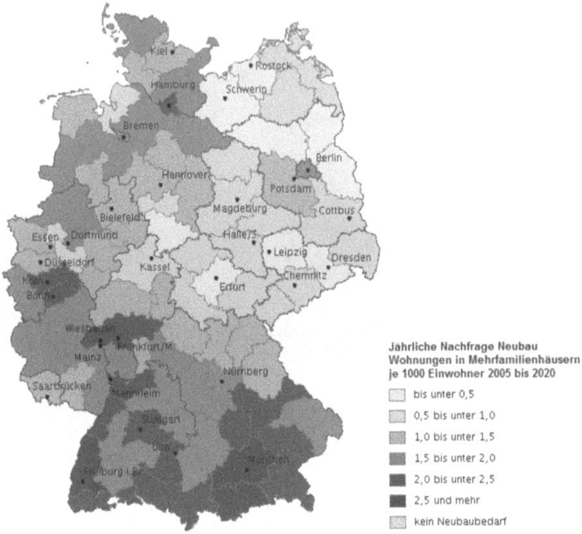

Abb. 83: Prognose der Nachfrage an Neubau von Mehrfamilienhäusern[683]

Berechnungsvorschrift:	*(Summe prognostizierter Neubauwohneinheiten in Mehrfamilienhäusern) / (Summe prognostizierter Einwohner) * 1000*
Dimension:	*Wohnungen je 1.000 Einwohner*

Der zu erwartende Neubau von Wohnungen in Mehrfamilienhäusern reflektiert in erster Linie die Ergebnisse der Prognosen der Haushaltszahl und deren Struktur und deren Mieterquoten.

683 Quelle: BBSR; Datenbasis: BBR-Wohnungsmarktprognose 2020. (http://78.46.82.146/raumbeobachtung, Stand 15.05.2009)

Indikator – Prognose des Wohnungsleerstandsrisikos

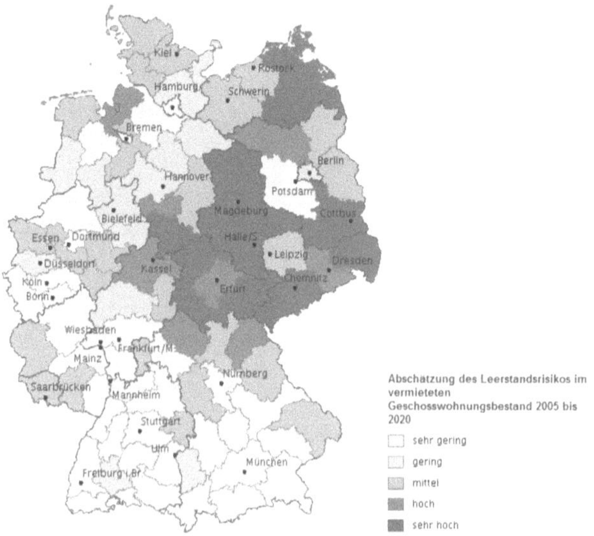

Abb. 84: Prognose des Wohnungsleerstandsrisikos[684]

Berechnungsvorschrift:	*qualitative Bewertung der zukünftigen Nachfrageentwicklung im vermieteten Geschosswohnungsbestand bis 2020*
Dimension:	*sehr gering bis sehr hoch*

Die Leerstandsentwicklung kann als ein deutliches Zeichen des Wandels der Wohnungsmärkte gesehen werden. Insbesondere in den Neuen Bundesländern hat sich dieser Wandel zu einem für die Wohnungswirtschaft und Stadtentwicklung negativem Faktor entwickelt.[685]

Interpretieren lässt sich das Risiko als Maß zurückgehender Nachfrage an Wohnungen und der Präferenz der Haushalte nach Wohneigentum zu Lasten der Mietwohnungen. Das Risiko ist demnach umso geringer, je höher die Haushaltszahlen steigen bzw. je höher das Kaufpreisniveau bei Eigenheimen ist (hohes Kaufpreisniveau für viele Haushalte alternativlos).

[684] Quelle: BBSR; Datenbasis: BBR-Wohnungsmarktprognose 2020. (http://78.46.82.146/raumbeobachtung, Stand 15.05.2009)
Die Abschätzung des Leerstandsrisikos wurde aus der Entwicklung der Flächennachfrage im vermieteten Geschosswohnungsbestand 2005 bis 2020 abgeleitet.

[685] Quelle; BBSR; Erläuterung des Indikators „Prognose Wohnungsleerstandsrisiko". (http://www.bbsr.bund.de/cln_007/nn_23744/BBSR/DE/Raumbeobachtung/Komponenten/WohnungsImmobilienmarktbeobachtung/Leerstandsrisiko__2020/Indikatorenblatt-Leerstandsrisiko.html, Stand 15.05.2009)

Deskriptive Statistik und Scoring

Nr.	Raumordnungsregion	Mietniveau [€/m² Wohnfl.]	Score	Bautätigkeit MFH	Score	Prognose Nachfrage MFH	Score	Prognose Leerstand	Score
1	Schleswig-Holstein Nord	5,2	8	0,7	6	1,9	2	mittel	3
2	Schleswig-Holstein Süd-West	5,1	8	0,3	10	1,4	3	mittel	3
3	Schleswig-Holstein Mitte	5,5	7	0,4	9	1,4	3	mittel	3
4	Schleswig-Holstein Ost	6,1	5	1,2	1	1,6	3	gering	2
5	Schleswig-Holstein Süd	6,7	4	1,1	2	1,8	2	gering	2
6	Hamburg	7,6	1	1,1	2	2,0	2	sehr gering	1
7	Westmecklenburg	5,2	8	0,4	9	0,4	4	mittel	3
8	Mittleres Mecklenburg/Rostock	5,8	6	1,0	3	0,2	4	mittel	3
9	Vorpommern	5,4	7	1,7	1	0,0	5	sehr hoch	5
10	Mecklenburgische Seenplatte	4,9	9	0,5	8	0,0	5	sehr hoch	5
11	Bremen	5,8	6	1,1	2	1,7	3	sehr gering	1
12	Ost-Friesland	4,6	9	0,5	8	1,4	3	mittel	3
13	Bremerhaven	4,6	9	0,7	6	0,9	3	hoch	4
14	Hamburg Umland Süd	6,1	5	0,6	7	1,7	3	sehr gering	1
15	Bremen Umland	5,2	8	0,6	7	1,6	3	mittel	3
16	Oldenburg	5,3	8	0,6	7	1,8	2	sehr gering	1
17	Emsland	4,5	10	0,6	7	1,7	3	gering	2
18	Osnabrück	5,0	8	0,4	9	1,4	3	gering	2
19	Hannover	5,5	7	0,4	9	1,4	3	gering	2
20	Südheide	4,9	9	0,2	10	1,3	3	gering	2
21	Lüneburg	5,5	7	0,4	9	1,6	3	gering	2
22	Braunschweig	5,0	8	0,4	9	1,0	3	mittel	3
23	Hildesheim	4,7	9	0,3	10	0,9	3	hoch	4
24	Göttingen	4,9	9	0,2	10	0,2	4	sehr hoch	5
25	Prignitz-Oberhavel	5,0	8	0,2	10	0,1	4	hoch	4
26	Uckermark-Barnim	5,3	8	0,4	9	0,2	4	mittel	3
27	Oderland-Spree	5,2	8	0,4	9	0,4	4	mittel	3
28	Lausitz-Spreewald	4,9	9	0,4	9	0,0	5	sehr hoch	5
29	Havelland-Fläming	5,9	6	0,4	9	1,1	3	sehr gering	1
30	Berlin	5,5	7	0,2	10	1,7	3	gering	2
31	Altmark	4,4	10	0,1	10	0,0	5	sehr hoch	5
32	Magdeburg	4,7	9	0,2	10	0,0	5	sehr hoch	5
33	Dessau	4,7	9	0,1	10	0,0	5	sehr hoch	5
34	Halle/Saale	4,9	9	0,2	10	0,0	5	sehr hoch	5
35	Münster	5,7	6	0,9	4	1,6	3	sehr gering	1
36	Bielefeld	5,1	8	0,8	5	1,4	3	gering	2
37	Paderborn	4,9	9	0,9	4	1,4	3	gering	2
38	Arnsberg	4,7	9	0,6	7	1,2	3	mittel	3
39	Dortmund	5,2	8	0,7	6	1,8	2	sehr gering	1
40	Emscher-Lippe	5,1	8	0,7	6	0,6	4	mittel	3
41	Duisburg/Essen	5,3	8	0,7	6	1,0	3	mittel	3
42	Düsseldorf	6,3	5	0,8	5	1,4	3	gering	2

43	Bochum/Hagen	5,1	8	0,6	7	0,9	3	mittel	3
44	Köln	7,4	2	1,3	1	2,1	2	sehr gering	1
45	Aachen	5,5	7	0,6	7	1,9	2	sehr gering	1
46	Bonn	6,8	4	1,0	3	2,2	2	sehr gering	1
47	Siegen	5,3	8	0,5	8	1,1	3	mittel	3
48	Nordhessen	4,6	9	0,3	10	0,8	3	hoch	4
49	Mittelhessen	5,6	7	0,5	8	1,3	3	gering	2
50	Osthessen	4,6	9	0,5	8	1,1	3	mittel	3
51	Rhein-Main	8,1	1	1,3	1	2,0	2	sehr gering	1
52	Starkenburg	7,1	3	1,1	2	1,7	3	sehr gering	1
53	Nordthüringen	4,6	9	0,1	10	0,0	5	sehr hoch	5
54	Mittelthüringen	5,2	8	0,3	10	0,1	4	hoch	4
55	Südthüringen	4,8	9	0,1	10	0,0	5	sehr hoch	5
56	Ostthüringen	5,1	8	0,4	9	0,0	5	sehr hoch	5
57	Westsachsen	4,9	9	0,2	10	0,3	4	mittel	3
58	Oberes Elbtal/Osterzgebirge	5,3	8	0,2	10	0,3	4	hoch	4
59	Oberlausitz-Niederschlesien	4,5	10	0,1	10	0,0	5	sehr hoch	5
60	Chemnitz-Erzgebirge	4,7	9	0,2	10	0,0	5	sehr hoch	5
61	Südwestsachsen	4,4	10	0,2	10	0,0	5	sehr hoch	5
62	Mittelrhein-Westerwald	5,1	8	0,6	7	1,5	3	sehr gering	1
63	Trier	5,6	7	0,5	8	1,6	3	mittel	3
64	Rheinhessen-Nahe	6,6	4	0,8	5	1,9	2	sehr gering	1
65	Westpfalz	4,9	9	0,4	9	1,0	3	mittel	3
66	Rheinpfalz	5,8	6	0,8	5	1,5	3	sehr gering	1
67	Saar	5,1	8	0,4	9	1,1	3	mittel	3
68	Rhein-Neckar	6,8	4	0,7	6	2,2	2	sehr gering	1
69	Heilbronn-Franken	5,7	6	1,0	3	1,8	2	sehr gering	1
70	Mittlerer Oberrhein	6,6	4	0,8	5	2,1	2	sehr gering	1
71	Nordschwarzwald	5,7	6	0,5	8	1,7	3	sehr gering	1
72	Stuttgart	7,6	1	1,6	1	2,1	2	sehr gering	1
73	Ostwürttemberg	5,5	7	0,4	9	1,5	3	mittel	3
74	Donau-Iller (BW)	6,3	5	0,6	7	1,5	3	sehr gering	1
75	Neckar-Alb	6,8	4	1,1	2	1,9	2	sehr gering	1
76	Schwarzwald-Baar-Heuberg	5,4	7	0,8	5	1,7	3	gering	2
77	Südlicher Oberrhein	6,8	4	1,6	1	2,5	1	sehr gering	1
78	Hochrhein-Bodensee	6,7	4	1,3	1	2,4	2	sehr gering	1
79	Bodensee-Oberschwaben	6,4	5	0,9	4	2,1	2	sehr gering	1
80	Bayerischer Untermain	5,8	6	0,7	6	1,4	3	mittel	3
81	Würzburg	5,6	7	0,6	7	1,6	3	sehr gering	1
82	Main-Rhön	4,7	9	0,4	9	1,1	3	hoch	4
83	Oberfranken-West	5,1	8	0,5	8	1,3	3	mittel	3
84	Oberfranken-Ost	4,6	9	0,2	10	1,0	3	hoch	4
85	Oberpfalz-Nord	4,4	10	0,4	9	1,3	3	mittel	3
86	Industrieregion Mittelfranken	6,3	5	1,2	1	1,9	2	sehr gering	1
87	Westmittelfranken	4,7	9	0,6	7	1,6	3	mittel	3
88	Augsburg	6,1	5	1,1	2	1,9	2	sehr gering	1

89	Ingolstadt	6,4	5	1,6	1	2,1	2	sehr gering	1
90	Regensburg	6,7	4	1,2	1	2,0	2	sehr gering	1
91	Donau-Wald	4,8	9	0,8	5	1,9	2	mittel	3
92	Landshut	5,5	7	0,8	5	2,0	2	sehr gering	1
93	München	10,3	1	4,0	1	3,1	1	sehr gering	1
94	Donau-Iller (BY)	5,6	7	0,6	7	1,5	3	gering	2
95	Allgäu	5,8	6	0,9	4	2,2	2	sehr gering	1
96	Oberland	7,7	1	1,4	1	2,5	1	sehr gering	1
97	Südostoberbayern	6,1	5	0,8	5	2,2	2	sehr gering	1

	Mietniveau	Score	Bautätigkeit MFH	Score	Prognose Nachfrage MFH	Score	Prognose Leerstand	Score
Minimum	4,4	10	0,1	10	0	5	sehr gering	1
Maximum	10,3	1	4	1	3,1	1	sehr hoch	5
Arithmetische Mittel	5,58	6,90	0,68	6,47	1,28	3,05		2,51
Median	5,3	8	0,6	7	1,4	3	gering	2
Standardabweichung	0,97	2,29	0,51	3,12	0,76	1,01		1,42

Tab. 102: Investitions- und Flächenmarkt[686]

Graphische Darstellung der Indikatoren

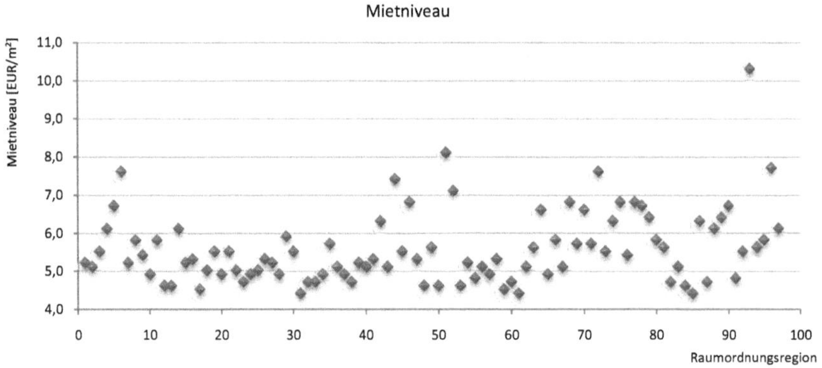

686 Eigene Auswertung und Darstellung; Quelle: BBSR. (http://78.46.82.146/raumbeobachtung/, Stand 15.05.2009)

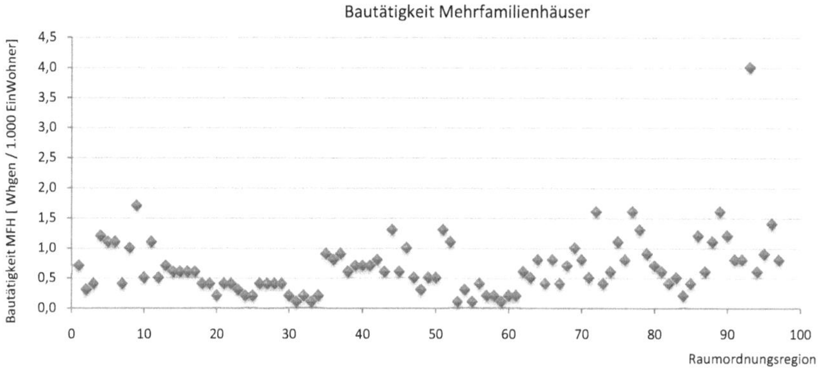

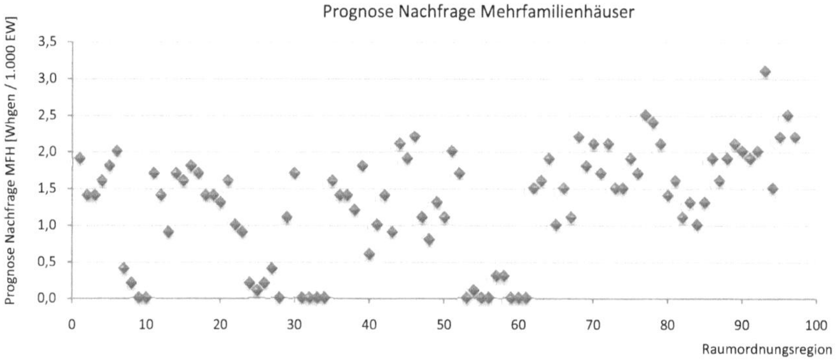

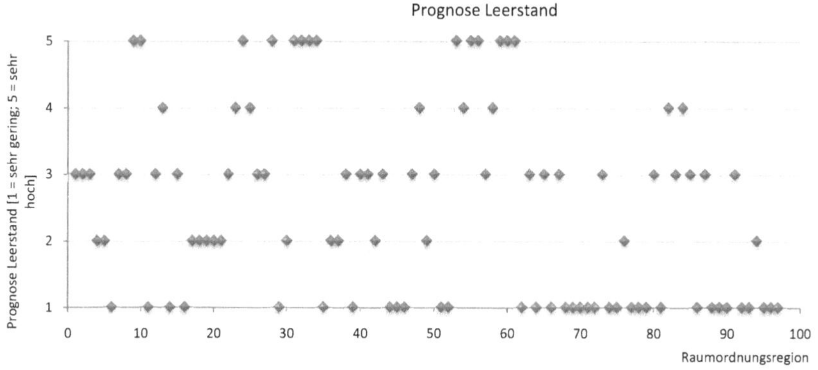

Abb. 85: Darstellung der Indikatoren „Investitions- und Flächenmarkt"[687]

[687] Eigene Darstellung

Anhang 32 – Korrelationsmatrix

	Zufriedenheit Wohnort	Anzahl der Haushalte	Prognose Haushalte	Haushaltsein-kommen	Arbeits-losen-quote	Miet-niveau	Bautätigkeit MFH	Prognose Nach-frage	Prognose Leerstand
Zufriedenheit am Wohnort	1,0000								
Anzahl der Haushalte	0,1808	1,0000							
Prognose Haushalte	0,8959	0,1321	1,0000						
Haushalts-einkommen	0,7789	0,3680	0,6650	1,0000					
Arbeitslosen-quote	-0,8794	0,0023	-0,8202	-0,7376	1,0000				
Mietniveau	0,5699	0,5006	0,5825	0,6454	-0,4387	1,0000			
Bautätigkeit MFH	0,5003	0,3679	0,5149	0,5575	-0,4061	0,8234	1,0000		
Prognose Nachfrage	0,8973	0,2854	0,9166	0,7498	-0,8167	0,6786	0,6339	1,0000	
Prognose Leerstand	-0,8304	-0,2937	-0,8910	-0,6810	0,6917	-0,6670	-0,5399	-0,8793	1,0000

Tab. 103: Korrelationsmatrix[688]

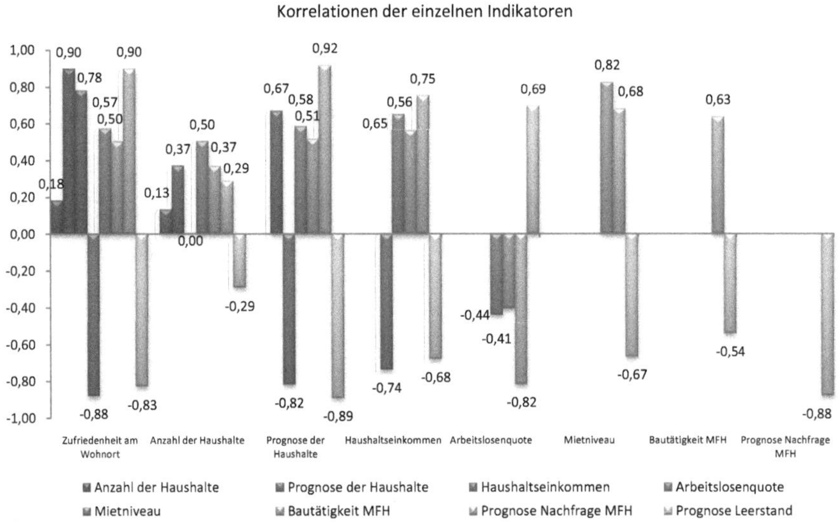

Abb. 86: Korrelationen der einzelnen Indikatoren[689]

[688] Eigene Berechnungen und Darstellung

[689] Eigene Darstellung

Anhang 33 – Ergebnisse des ROR-Ratings

Nr.	Raumordnungsregion	Rating
1	Schleswig-Holstein Nord	6,67
2	Schleswig-Holstein Süd-West	8,89
3	Schleswig-Holstein Mitte	5,97
4	Schleswig-Holstein Ost	5,12
5	Schleswig-Holstein Süd	3,15
6	Hamburg	0,61
7	Westmecklenburg	9,08
8	Mittleres Mecklenburg/Rostock	8,36
9	Vorpommern	8,55
10	Mecklenburgische Seenplatte	10,43
11	Bremen	5,84
12	Ost-Friesland	7,15
13	Bremerhaven	9,43
14	Hamburg Umland Süd	3,61
15	Bremen Umland	6,42
16	Oldenburg	5,56
17	Emsland	7,69
18	Osnabrück	6,27
19	Hannover	5,39
20	Südheide	8,12
21	Lüneburg	7,67
22	Braunschweig	6,76
23	Hildesheim	8,44
24	Göttingen	9,06
25	Prignitz-Oberhavel	9,79
26	Uckermark-Barnim	9,24
27	Oderland-Spree	8,58
28	Lausitz-Spreewald	9,89
29	Havelland-Fläming	7,06
30	Berlin	4,34
31	Altmark	11,00
32	Magdeburg	10,01
33	Dessau	10,22
34	Halle/Saale	10,41
35	Münster	2,22
36	Bielefeld	4,14
37	Paderborn	7,19
38	Arnsberg	7,37
39	Dortmund	5,31
40	Emscher-Lippe	7,17
41	Duisburg/Essen	3,08
42	Düsseldorf	2,20
43	Bochum/Hagen	5,45
44	Köln	0,67
45	Aachen	4,00
46	Bonn	1,75
47	Siegen	7,34
48	Nordhessen	8,47
49	Mittelhessen	5,14
50	Osthessen	8,19
51	Rhein-Main	0,31
52	Starkenburg	2,94
53	Nordthüringen	10,59
54	Mittelthüringen	9,14
55	Südthüringen	9,97
56	Ostthüringen	9,23
57	Westsachsen	8,82
58	Oberes Elbtal/Osterzgebirge	8,24
59	Oberlausitz-Niederschlesien	10,46
60	Chemnitz-Erzgebirge	9,74
61	Südwestsachsen	10,34
62	Mittelrhein-Westerwald	4,98
63	Trier	7,26
64	Rheinhessen-Nahe	3,16
65	Westpfalz	8,39
66	Rheinpfalz	4,50
67	Saar	6,64
68	Rhein-Neckar	2,86
69	Heilbronn-Franken	3,63
70	Mittlerer Oberrhein	1,78
71	Nordschwarzwald	4,97
72	Stuttgart	0,11
73	Ostwürttemberg	7,38
74	Donau-Iller (BW)	3,28
75	Neckar-Alb	3,13
76	Schwarzwald-Baar-Heuberg	5,36
77	Südlicher Oberrhein	1,29
78	Hochrhein-Bodensee	2,71
79	Bodensee-Oberschwaben	3,19
80	Bayerischer Untermain	5,80
81	Würzburg	5,59
82	Main-Rhön	8,82
83	Oberfranken-West	7,06
84	Oberfranken-Ost	9,09
85	Oberpfalz-Nord	8,59
86	Industrieregion Mittelfranken	1,90
87	Westmittelfranken	8,05
88	Augsburg	3,41
89	Ingolstadt	3,90
90	Regensburg	1,93
91	Donau-Wald	6,92
92	Landshut	6,14
93	München	0,03
94	Donau-Iller (BY)	5,53
95	Allgäu	4,74
96	Oberland	2,03
97	Südostoberbayern	2,49

Minimum	**0,03**
Maximum	**11,00**
Arithmetische Mittel	**6,09**
Median	**6,42**
Standardabweichung	**2,93**

Tab. 104: ROR-Ratingergebnisse[690]

[690] Eigene Auswertung und Darstellung

Anhang 34 – Objektdaten des Beispiel-Portfolios

Nr.	ROR	Stadt	Anzahl Wohnungen	Anzahl Gewerbe	Wohnfläche [m²]	Nutzfläche [m²]	Anzahl Stellplätze	Anzahl Garagen	Baujahr
01	1	Flensburg	114	0	6.730	0	80	0	1967
02	1	Flensburg	14	0	797	0	14	0	1968
03	1	Harrislee	120	0	6.642	0	0	0	1967
04	1	Harrislee	32	0	1.594	0	0	0	1968
05	3	Kiel	27	0	1.257	0	14	0	1943
06	3	Kiel	78	0	3.989	0	37	0	1952
07	3	Kiel	20	0	1.140	0	0	0	1957
08	3	Kiel	70	0	2.752	0	0	0	1952
09	3	Neumünster	15	0	949	0	0	0	1960
10	3	Neumünster	81	0	3.937	0	0	0	1952
11	3	Neumünster	40	0	2.014	0	0	20	1953
12	3	Neumünster	98	0	5.342	0	13	12	1955
13	6	Hamburg	64	0	5.160	0	35	0	1958
14	6	Hamburg	43	0	2.936	0	43	0	1963
15	6	Hamburg	13	0	1.270	0	0	12	1969
16	6	Hamburg	11	0	1.401	0	0	0	1912
17	6	Hamburg	266	0	19.565	0	220	0	1987
18	6	Hamburg	60	0	3.610	0	49	0	1988
19	6	Hamburg	59	0	3.451	0	0	55	1985
20	12	Lüneburg	708	0	51.076	0	617	0	1972
21	12	Wilhelmshafen	195	0	12.936	0	176	0	1972
22	12	Wittmund	100	0	5.622	0	0	0	1968
23	12	Aurich	425	0	28.006	0	21	0	1961
24	12	Aurich	29	0	1.525	0	0	0	1973
25	12	Aurich	20	0	747	0	0	0	1970
26	12	Emden	120	0	7.938	0	0	0	1970
27	12	Leer	224	0	13.963	0	1	0	1970
28	12	Leer	208	0	12.265	0	12	0	1960
29	12	Leer	53	0	4.117	0	0	0	1975
30	13	Cuxhaven	70	0	3.580	0	0	0	1958
31	13	Bremerhaven	88	0	4.765	0	0	25	1955
32	13	Bremerhaven	87	0	5.130	0	0	34	1956
33	13	Bremerhaven	15	0	1.213	0	0	10	1994
34	13	Bremerhaven	25	0	1.717	0	0	0	1990
35	15	Delmenhorst	634	0	32.778	0	7	0	1968
36	15	Delmenhorst	36	0	1.930	0	9	0	1959
37	15	Delmenhorst	566	0	34.045	0	17	0	1968
38	15	Delmenhorst	171	0	9.261	0	45	0	1975
39	15	Delmenhorst	16	0	957	0	11	10	1951
40	18	Osnabrück	19	0	1.321	0	0	0	1928
41	18	Osnabrück	230	0	13.792	0	0	26	1954
42	18	Osnabrück	108	0	6.180	0	5	37	1954
43	18	Osnabrück	110	0	7.453	0	0	6	1974

44	19	Hannover	45	0	2.931	0	48	0	1991
45	19	Hannover	22	0	1.616	0	0	0	1994
46	19	Hannover	57	0	3.728	0	47	0	1991
47	19	Hannover	212	0	14.322	0	213	0	1985
48	19	Hannover	161	0	10.347	0	103	0	1999
49	19	Hannover	59	0	3.479	0	59	0	1984
50	19	Hannover	29	0	1.804	0	34	5	1990
51	19	Hannover	200	1	13.190	54	111	0	1987
52	19	Garbsen	16	0	1.116	0	0	4	1992
53	22	Braunschweig	45	0	2.861	0	0	0	1941
54	22	Braunschweig	52	0	3.625	0	0	0	1996
55	22	Braunschweig	35	0	2.491	0	0	0	1965
56	22	Braunschweig	72	0	4.353	0	0	0	1963
57	22	Braunschweig	72	0	4.411	0	20	24	1949
58	22	Braunschweig	30	0	1.645	0	0	0	1953
59	22	Braunschweig	66	0	4.077	0	0	0	1960
60	22	Braunschweig	120	0	6.945	0	14	0	1957
61	22	Braunschweig	74	0	3.933	0	0	0	1953
62	22	Goslar	18	0	1.018	0	0	0	1954
63	22	Goslar	18	0	1.081	0	4	0	1958
64	22	Goslar	16	0	1.066	0	12	0	1963
65	24	Göttingen	138	0	8.958	0	11	20	1962
66	24	Göttingen	72	0	4.418	0	16	0	1955
67	24	Göttingen	96	0	5.860	0	26	0	1957
68	24	Göttingen	13	0	863	0	0	0	1962
69	29	Potsdam	85	0	5.657	0	88	0	1994
70	30	Berlin	10	0	582	0	0	0	1960
71	30	Berlin	10	0	519	0	0	0	1957
72	30	Berlin	145	0	8.352	0	0	0	1958
73	30	Berlin	40	0	1.947	0	0	0	1951
74	30	Berlin	19	1	1.174	102	0	0	1918
75	30	Berlin	52	0	2.695	0	0	0	1956
76	30	Berlin	18	1	1.069	126	0	0	1918
77	30	Berlin	21	1	1.240	115	0	0	1918
78	30	Berlin	25	4	1.740	373	0	0	1918
79	30	Berlin	24	0	1.394	0	0	0	1957
80	30	Berlin	26	1	1.542	114	0	0	1918
81	30	Berlin	228	0	13.732	0	0	0	1930
82	30	Berlin	24	0	2.365	0	0	0	1901
83	30	Berlin	58	0	3.094	0	0	0	1950
84	30	Berlin	105	0	8.163	0	0	70	1988
85	30	Berlin	23	0	1.116	0	0	0	1962
86	30	Berlin	166	0	8.199	0	42	0	1962
87	30	Berlin	90	0	7.463	0	0	1	1925
88	30	Berlin	185	1	12.593	149	0	0	1930
89	30	Berlin	56	0	3.198	0	14	0	1959
90	30	Berlin	128	0	6.565	0	28	12	1959
91	30	Berlin	131	0	9.521	0	75	0	1964
92	30	Berlin	18	0	1.257	0	0	0	1985
93	30	Berlin	10	2	675	100	0	0	1876

94	30	Berlin	12	0	789	0	0	0	1918
95	30	Berlin	25	2	2.567	389	0	0	1882
96	30	Berlin	22	2	2.056	261	0	0	1880
97	30	Berlin	16	2	1.474	171	0	0	1886
98	30	Berlin	18	1	1.383	52	0	0	1918
99	30	Berlin	11	0	661	0	0	0	1918
100	30	Berlin	18	0	1.372	0	0	0	1869
101	30	Berlin	7	0	800	0	0	0	1918
102	30	Berlin	11	0	805	0	0	0	1864
103	30	Berlin	161	2	9.359	165	0	0	1964
104	30	Berlin	10	0	861	0	0	0	1862
105	30	Berlin	15	1	1.242	101	0	0	1862
106	30	Berlin	104	0	7.485	0	0	0	1925
107	30	Berlin	369	4	18.363	281	58	0	1958
108	30	Berlin	251	1	13.291	19	91	0	1959
109	30	Berlin	142	7	7.303	448	8	0	1960
110	30	Berlin	102	0	8.545	0	57	45	1975
111	30	Berlin	12	0	983	0	0	0	1992
112	30	Berlin	24	0	1.800	0	3	0	1954
113	30	Berlin	103	0	7.848	0	0	0	1925
114	30	Berlin	79	0	6.847	0	44	34	1973
115	30	Berlin	24	0	1.311	0	0	0	1998
116	30	Berlin	148	0	8.848	0	38	10	1962
117	30	Berlin	32	0	2.336	0	20	0	1971
118	30	Berlin	18	0	1.513	0	0	0	1972
119	30	Berlin	118	0	7.634	0	0	2	1932
120	30	Berlin	382	0	22.785	0	0	0	1930
121	30	Berlin	60	0	4.410	0	0	0	1927
122	30	Berlin	76	0	4.607	0	15	0	1930
123	30	Berlin	76	2	6.060	256	0	0	1926
124	30	Berlin	37	0	2.473	0	10	28	1971
125	30	Berlin	14	0	854	0	0	0	1930
126	30	Berlin	60	0	4.326	0	0	0	1928
127	30	Berlin	189	0	12.128	0	0	0	1930
128	30	Berlin	74	0	5.363	0	0	37	1994
129	30	Berlin	502	4	24.241	354	58	0	1962
130	30	Berlin	577	1	35.532	58	101	0	1964
131	30	Berlin	312	0	21.083	0	196	17	1966
132	30	Berlin	393	1	27.698	209	40	15	1929
133	30	Berlin	45	1	2.610	72	0	0	1926
134	30	Berlin	26	0	1.683	0	20	0	1926
135	30	Berlin	42	0	3.620	0	20	30	1976
136	30	Berlin	15	0	1.190	0	0	0	1930
137	30	Berlin	24	0	2.224	0	0	0	1954
138	30	Berlin	12	0	1.139	0	0	0	1956
139	30	Berlin	36	0	1.775	0	0	0	1953
140	30	Berlin	24	0	1.872	0	0	0	1953
141	30	Berlin	16	0	1.884	0	0	0	1953
142	30	Berlin	22	0	2.344	0	20	0	1975
143	30	Berlin	36	0	1.795	0	0	0	1955

144	30	Berlin	28	0	3.268	0	0	0	1967
145	30	Berlin	36	0	1.750	0	0	0	1955
146	30	Berlin	24	0	2.495	0	0	0	1959
147	30	Berlin	24	0	2.239	0	0	0	1954
148	30	Berlin	24	0	2.240	0	0	0	1954
149	30	Berlin	30	0	2.802	0	0	0	1965
150	30	Berlin	24	0	2.222	0	0	0	1959
151	30	Berlin	24	0	2.461	0	0	0	1959
152	30	Berlin	24	0	2.225	0	0	0	1954
153	30	Berlin	16	1	1.364	2.459	0	0	1939
154	36	Gütersloh	18	0	1.173	0	3	0	1959
155	36	Gütersloh	36	0	2.227	0	7	10	1957
156	36	Bielefeld	48	0	2.720	0	0	0	1952
157	36	Bielefeld	5	0	379	0	0	0	1920
158	36	Bielefeld	6	0	338	0	0	0	1953
159	36	Bielefeld	66	0	4.355	0	33	8	1960
160	36	Bielefeld	9	0	517	0	0	0	1955
161	36	Bielefeld	39	0	3.061	0	27	12	1967
162	36	Bielefeld	24	0	1.424	0	0	0	1957
163	36	Bielefeld	12	0	712	0	0	0	1957
164	36	Bielefeld	14	0	739	0	0	0	1955
165	36	Bielefeld	24	0	1.438	0	6	0	1962
166	36	Bielefeld	40	0	2.521	0	17	0	1963
167	36	Bielefeld	112	0	9.688	0	43	91	1983
168	39	Dortmund	244	0	18.743	0	0	0	1970
169	39	Dortmund	394	0	25.013	0	0	0	1961
170	39	Dortmund	768	0	47.573	0	325	0	1961
171	41	Essen	22	0	1.653	0	0	18	1965
172	41	Essen	105	0	5.823	0	0	0	1937
173	41	Duisburg	26	1	1.744	103	0	0	1959
174	41	Duisburg	90	0	6.609	0	78	0	1972
175	41	Duisburg	27	0	1.315	0	2	0	1950
176	41	Duisburg	24	0	1.030	0	0	0	1954
177	41	Duisburg	17	0	863	0	0	0	1954
178	42	Düsseldorf	61	0	5.228	0	0	61	1990
179	42	Düsseldorf	245	0	14.687	0	0	303	1987
180	42	Düsseldorf	48	0	3.791	0	48	0	1984
181	42	Meerbusch	28	0	2.456	0	63	0	1995
182	42	Hilden	126	0	11.431	0	0	200	1994
183	42	Ratingen	140	0	11.080	0	0	140	1973
184	44	Köln	44	0	1.249	0	0	9	1963
185	44	Köln	109	1	6.509	139	0	71	2002
186	44	Köln	164	0	12.605	0	0	214	1974
187	44	Köln	353	0	23.365	0	257	0	1962
188	44	Köln	38	0	3.505	0	0	0	1928
189	44	Köln	147	0	10.245	0	0	48	1961
190	45	Aachen	56	0	3.527	0	53	0	1986
191	46	Bonn	93	0	7.360	0	0	98	1990
192	46	Bonn	97	0	7.734	0	0	97	1984
193	46	Bonn	66	0	5.551	0	0	66	1985

194	46	Bonn	90	0	7.765	0	96	0	1980
195	46	Sankt Augustin	79	0	6.468	0	84	0	1981
196	49	Marburg	50	1	2.225	260	32	0	1970
197	51	Frankfurt a. M.	119	0	8.091	0	0	118	1992
198	51	Frankfurt a. M.	71	1	5.176	155	0	71	1992
199	51	Frankfurt a. M.	100	0	6.749	0	0	113	1999
200	51	Offenbach	356	0	19.896	0	0	263	1969
201	51	Neu-Isenburg	125	0	9.036	0	0	92	1969
202	51	Wiesbaden	79	0	6.604	0	0	79	1981
203	51	Wiesbaden	272	0	19.353	0	267	0	1972
204	58	Gorbitz	152	0	10.284	0	0	149	1997
205	58	Dresden	98	4	7.474	263	32	75	1997
206	59	Großröhrsdorf	23	1	1.487	34	24	0	1997
207	60	Freiberg	108	0	5.909	0	0	0	1984
208	65	Kaiserslautern	98	0	7.019	0	0	95	1985
209	68	Mannheim	141	0	9.706	0	0	68	1966
210	69	Heilbronn	38	0	2.521	0	0	0	1955
211	69	Heilbronn	26	0	1.657	0	0	0	1951
212	69	Heilbronn	43	0	2.347	0	0	0	1935
213	69	Heilbronn	13	0	918	0	0	12	1984
214	69	Heilbronn	16	0	1.434	0	0	0	1935
215	70	Rastatt	30	0	2.098	0	0	35	1998
216	72	Stuttgart	96	0	7.146	0	0	122	1986
217	72	Ludwigsburg	54	0	3.667	0	22	0	1961
218	72	Ludwigsburg	18	0	1.533	0	0	5	1958
219	79	Überlingen	30	0	2.171	0	0	33	1986
220	88	Augsburg	69	0	4.194	0	69	0	1998
221	90	Regensburg	117	0	8.020	0	0	117	1992
222	90	Regensburg	135	0	8.743	0	0	133	1993
223	90	Regensburg	110	0	8.914	0	0	111	1992
224	93	München	40	0	3.470	0	44	0	1983
225	93	München	22	0	2.003	0	0	25	1980
226	93	München	23	0	2.708	0	0	27	1948
227	93	München	16	0	3.040	0	0	0	1895
228	93	München	15	0	1.264	174	0	0	1906
229	93	München	44	0	5.011	0	0	0	1906
230	93	München	15	0	1.190	0	0	0	1952
231	93	München	53	1	6.676	249	13	0	1892
232	93	München	84	0	7.161	0	0	32	1906
233	93	München	154	1	12.595	682	0	199	1977
234	93	München	186	0	13.621	0	0	230	1992
235	93	München	88	0	6.469	0	0	40	1954
236	93	München	18	0	1.221	0	0	11	1954
237	93	München	14	0	2.023	0	0	0	1913
238	93	München	29	0	2.904	0	0	0	1951
239	93	München	43	1	3.359	307	0	20	1962
240	93	München	74	0	5.074	0	0	0	1935
241	93	München	7	1	1.642	54	0	0	1911
242	93	München	24	0	1.276	0	6	0	1958
243	93	München	112	3	8.692	602	150	0	1985

244	93	München	26	1	2.205	77	2	0	1902
245	93	München	152	1	13.410	158	69	0	1927
246	93	München	32	0	3.335	0	0	0	1926
247	93	München	88	3	6.985	334	0	67	1964
248	93	München	27	1	2.122	130	0	6	1935
249	93	München	225	0	17.294	0	0	223	1991
250	93	München	322	0	23.829	0	0	311	1985
251	93	München	64	0	5.204	0	0	42	1972
252	93	München	23	0	1.532	0	10	0	1963
253	93	München	46	0	3.351	0	0	47	1994
254	93	München	74	0	6.357	0	0	74	1981
255	93	München	36	0	2.181	0	0	31	1968
256	93	München	188	0	12.460	0	188	0	1986
257	93	München	50	0	2.737	0	0	18	1936
258	93	München	132	0	13.479	0	0	135	1980
259	93	München	48	1	2.259	97	10	0	1958
260	93	München	37	0	2.505	0	0	37	1992
261	93	München	196	0	14.586	0	0	199	1991
262	93	München	177	0	12.921	0	0	223	1992
263	93	München	178	0	17.079	0	0	178	1993
264	93	München	9	1	1.144	25	0	0	1910
265	93	München	26	1	2.438	70	0	6	1928
266	93	München	22	1	1.621	89	0	14	1937
267	93	München	158	0	14.344	0	0	163	1983
268	93	München	19	0	1.489	0	21	0	1984
269	93	München	98	4	8.413	353	0	123	1990
270	93	Unterhaching	115	0	8.425	0	0	115	1988
271	93	Unterhaching	104	0	7.657	0	0	104	1987
272	93	Deisenhofen	115	6	10.408	861	0	169	1985
273	93	Neuried	208	0	18.607	0	0	220	1980
274	93	Neuried	184	5	17.151	884	0	208	1983
275	93	Gauting	271	5	19.574	784	0	164	1971
276	93	Starnberg	35	0	2.198	0	0	7	1954
277	93	Starnberg	16	0	1.194	0	0	2	1956
278	93	Unterschleißheim	211	0	16.194	0	0	210	1986
279	94	Ulm	84	0	6.118	0	0	103	1985
280	94	Ulm	66	0	4.885	0	0	55	1986

Aggregierte Darstellung								
34[691]		25.737	90	1.746.756	13.310	5.291	7.576	1959[692]

Tab. 105: Daten des Praxisbeispiels zur Risikoanalyse[693]

691 Anzahl verschiedener Raumordnungsregionen

692 Arithmetische Durchschnittswert

693 Eigene Darstellung

Anhang 35 – Abweichungsanalyse Erwartungs- / Marktwert

Nr.	Lagequalität ROR	Miettoleranz ± 10%	angesetzte RND	Bodenwert	LZ	Sonderwert	Erwartungswert Marktwert	Abweichung Gutachterwert
01	MG	innerhalb	59 Jahre	981.594 €	6,10%	252.375 €	4.536.141 €	6,06%
02	MG	innerhalb	60 Jahre	120.460 €	5,70%	29.888 €	555.081 €	2,58%
03	MG	innerhalb	59 Jahre	859.151 €	6,50%	249.075 €	3.962.945 €	5,36%
04	MG	innerhalb	60 Jahre	208.517 €	6,25%	59.775 €	960.838 €	1,53%
05	M	unterhalb	40 Jahre	165.249 €	5,55%	37.710 €	712.474 €	-8,30%
06	M	unterhalb	34 Jahre	546.517 €	5,75%	149.588 €	2.256.754 €	-10,37%
07	M	unterhalb	39 Jahre	164.133 €	5,55%	42.750 €	698.171 €	-11,02%
08	M	innerhalb	44 Jahre	432.501 €	5,75%	103.200 €	1.911.751 €	3,40%
09	M	unterhalb	37 Jahre	117.259 €	5,55%	35.588 €	487.231 €	-1,92%
10	M	unterhalb	34 Jahre	497.049 €	5,75%	147.638 €	2.040.895 €	-4,36%
11	M	unterhalb	35 Jahre	278.558 €	5,65%	75.525 €	1.154.734 €	-10,07%
12	M	innerhalb	47 Jahre	858.147 €	5,75%	200.325 €	3.842.880 €	-5,40%
13	SG	unterhalb	40 Jahre	1.383.620 €	4,52%	193.500 €	5.778.993 €	-3,96%
14	SG	unterhalb	40 Jahre	831.172 €	4,47%	110.100 €	3.466.736 €	-0,44%
15	SG	oberhalb	61 Jahre	1.164.263 €	4,67%	76.200 €	2.724.141 €	4,64%
16	SG	oberhalb	60 Jahre	951.884 €	4,47%	42.030 €	2.503.783 €	1,65%
17	SG	innerhalb	59 Jahre	11.717.033 €	4,87%	293.475 €	34.579.200 €	2,64%
18	SG	innerhalb	60 Jahre	1.416.540 €	4,82%	54.150 €	5.239.772 €	-2,37%
19	SG	innerhalb	57 Jahre	1.747.033 €	4,82%	51.765 €	5.757.133 €	2,54%
20	MG	innerhalb	49 Jahre	6.315.867 €	6,74%	1.532.280 €	29.011.250 €	7,48%
21	MG	innerhalb	49 Jahre	1.511.183 €	6,49%	291.060 €	6.986.842 €	13,78%
22	MG	unterhalb	50 Jahre	493.158 €	7,74%	252.990 €	1.747.618 €	-8,22%
23	MG	unterhalb	43 Jahre	2.456.667 €	7,84%	1.260.270 €	9.366.730 €	-3,02%
24	MG	innerhalb	50 Jahre	196.762 €	6,24%	34.313 €	911.265 €	-12,08%
25	MG	innerhalb	47 Jahre	96.971 €	6,19%	16.808 €	444.950 €	-5,56%
26	MG	unterhalb	45 Jahre	687.273 €	7,34%	238.140 €	2.887.958 €	-2,22%
27	MG	unterhalb	45 Jahre	1.208.918 €	7,34%	418.890 €	5.353.472 €	-1,92%
28	MG	innerhalb	52 Jahre	1.299.982 €	6,59%	459.938 €	5.851.344 €	7,57%
29	MG	unterhalb	50 Jahre	386.521 €	6,89%	92.633 €	1.784.609 €	-0,40%
30	S	innerhalb	50 Jahre	381.568 €	6,83%	134.250 €	1.717.444 €	-6,59%
31	S	unterhalb	37 Jahre	475.789 €	6,83%	178.688 €	2.035.024 €	-15,40%
32	S	unterhalb	38 Jahre	515.557 €	6,83%	192.375 €	2.217.811 €	-16,28%
33	S	unterhalb	66 Jahre	146.520 €	6,33%	18.195 €	704.193 €	-7,86%
34	S	unterhalb	62 Jahre	156.565 €	7,43%	64.388 €	711.070 €	-17,56%
35	MG	innerhalb	60 Jahre	4.010.281 €	6,56%	1.229.175 €	18.467.171 €	6,54%
36	MG	innerhalb	51 Jahre	255.519 €	6,21%	72.375 €	1.157.833 €	-11,91%
37	MG	innerhalb	60 Jahre	4.324.363 €	6,56%	1.276.688 €	19.962.259 €	10,08%
38	MG	unterhalb	50 Jahre	1.020.581 €	7,21%	277.830 €	4.699.258 €	0,59%
39	MG	unterhalb	33 Jahre	114.315 €	6,66%	35.888 €	481.173 €	-12,05%
40	MG	unterhalb	30 Jahre	147.113 €	6,07%	39.630 €	595.388 €	-16,76%
41	MG	innerhalb	46 Jahre	1.869.430 €	5,97%	517.200 €	8.309.927 €	-0,97%
42	MG	unterhalb	36 Jahre	742.423 €	6,47%	231.750 €	3.169.158 €	-14,96%
43	MG	innerhalb	51 Jahre	1.115.186 €	5,87%	167.693 €	5.164.608 €	-13,76%
44	M	innerhalb	63 Jahre	645.714 €	5,45%	43.965 €	3.093.112 €	-2,28%

45	M	innerhalb	66 Jahre	308.999 €	5,45%	24.240 €	1.483.410 €	-4,61%
46	M	innerhalb	63 Jahre	759.928 €	5,55%	55.920 €	3.642.286 €	-5,77%
47	M	oberhalb	57 Jahre	4.439.534 €	5,40%	537.075 €	17.368.842 €	-5,53%
48	M	innerhalb	71 Jahre	1.938.003 €	5,65%	155.205 €	9.377.755 €	-6,18%
49	M	innerhalb	56 Jahre	701.611 €	5,55%	52.185 €	3.319.228 €	-4,06%
50	M	innerhalb	62 Jahre	365.530 €	5,55%	27.060 €	1.749.095 €	-4,91%
51	M	oberhalb	59 Jahre	3.136.368 €	5,40%	296.775 €	14.821.050 €	-0,15%
52	M	unterhalb	64 Jahre	172.340 €	5,85%	16.740 €	826.785 €	-12,48%
53	MG	unterhalb	38 Jahre	324.571 €	6,24%	85.821 €	1.406.696 €	-16,91%
54	MG	innerhalb	68 Jahre	585.562 €	5,79%	54.369 €	2.822.322 €	-7,27%
55	MG	innerhalb	57 Jahre	383.727 €	5,84%	93.413 €	1.764.683 €	-8,37%
56	MG	innerhalb	55 Jahre	630.903 €	5,99%	163.238 €	2.888.145 €	-10,23%
57	MG	innerhalb	41 Jahre	658.832 €	5,99%	165.413 €	2.885.708 €	-11,04%
58	MG	unterhalb	35 Jahre	170.132 €	6,34%	61.699 €	709.699 €	-18,12%
59	MG	innerhalb	52 Jahre	569.826 €	5,99%	152.884 €	2.585.348 €	-4,33%
60	MG	innerhalb	49 Jahre	932.748 €	6,09%	260.438 €	4.196.945 €	-9,24%
61	MG	innerhalb	45 Jahre	501.805 €	5,99%	147.499 €	2.214.822 €	-5,52%
62	MG	unterhalb	36 Jahre	103.295 €	6,79%	38.175 €	439.427 €	-19,41%
63	MG	unterhalb	40 Jahre	106.815 €	6,79%	40.538 €	462.622 €	-20,43%
64	MG	unterhalb	45 Jahre	111.381 €	6,79%	39.975 €	493.715 €	-12,96%
65	S	innerhalb	54 Jahre	1.204.179 €	6,43%	335.925 €	5.518.444 €	-8,84%
66	S	innerhalb	47 Jahre	513.287 €	6,33%	165.675 €	2.286.008 €	-13,37%
67	S	innerhalb	49 Jahre	690.929 €	6,33%	219.750 €	3.098.269 €	-13,80%
68	S	unterhalb	44 Jahre	86.525 €	6,53%	32.363 €	378.855 €	-22,64%
69	MG	oberhalb	66 Jahre	1.611.625 €	5,55%	127.283 €	7.748.430 €	0,15%
70	M	unterhalb	37 Jahre	54.503 €	5,52%	21.825 €	220.793 €	-9,84%
71	M	unterhalb	34 Jahre	45.791 €	5,52%	19.463 €	179.982 €	-3,76%
72	M	unterhalb	35 Jahre	1.001.604 €	5,82%	313.200 €	4.140.935 €	-14,40%
73	M	innerhalb	43 Jahre	338.886 €	5,62%	73.013 €	1.492.090 €	-8,30%
74	M	unterhalb	30 Jahre	116.530 €	5,32%	26.415 €	399.873 €	-19,67%
75	M	unterhalb	33 Jahre	270.494 €	5,72%	101.063 €	1.078.613 €	-21,20%
76	M	unterhalb	45 Jahre	162.753 €	5,32%	24.053 €	726.417 €	-8,54%
77	M	unterhalb	30 Jahre	123.744 €	5,42%	27.900 €	433.016 €	-21,16%
78	M	unterhalb	30 Jahre	230.553 €	5,42%	39.150 €	940.219 €	-19,61%
79	M	innerhalb	49 Jahre	277.127 €	5,62%	52.275 €	1.257.163 €	-3,83%
80	M	innerhalb	60 Jahre	258.315 €	5,42%	34.695 €	1.214.583 €	-0,57%
81	M	unterhalb	30 Jahre	1.600.923 €	5,72%	411.956 €	6.384.360 €	-14,43%
82	M	innerhalb	60 Jahre	390.869 €	5,52%	53.213 €	1.838.769 €	-2,56%
83	M	unterhalb	32 Jahre	429.269 €	5,72%	116.025 €	1.740.419 €	-13,47%
84	M	oberhalb	60 Jahre	4.638.407 €	5,37%	612.225 €	12.485.593 €	-6,77%
85	M	innerhalb	54 Jahre	180.713 €	5,72%	41.850 €	825.790 €	-7,15%
86	M	innerhalb	54 Jahre	1.429.936 €	5,82%	307.463 €	6.572.107 €	-10,74%
87	M	unterhalb	30 Jahre	1.074.390 €	5,62%	223.894 €	4.313.806 €	-18,23%
88	M	unterhalb	30 Jahre	1.565.940 €	5,72%	377.780 €	6.279.841 €	-17,73%
89	M	unterhalb	36 Jahre	374.392 €	5,72%	119.931 €	1.549.596 €	-18,08%
90	M	unterhalb	41 Jahre	858.805 €	5,82%	246.169 €	3.709.556 €	-12,57%
91	M	unterhalb	41 Jahre	1.019.417 €	5,82%	357.056 €	4.338.459 €	-16,03%
92	M	innerhalb	57 Jahre	234.544 €	5,32%	18.862 €	1.104.877 €	-8,10%
93	M	unterhalb	30 Jahre	71.775 €	5,22%	15.191 €	180.218 €	-31,57%
94	M	unterhalb	30 Jahre	72.094 €	5,32%	17.762 €	268.779 €	-29,08%

95	M	unterhalb	30 Jahre	388.468 €	5,32%	57.758 €	1.581.098 €	-14,91%
96	M	unterhalb	30 Jahre	273.314 €	5,32%	46.266 €	1.102.597 €	-18,97%
97	M	unterhalb	30 Jahre	235.000 €	5,22%	33.168 €	952.466 €	-15,47%
98	M	unterhalb	30 Jahre	157.347 €	5,32%	31.119 €	625.604 €	-21,23%
99	M	unterhalb	30 Jahre	74.499 €	5,32%	14.866 €	294.631 €	-23,36%
100	M	unterhalb	30 Jahre	130.506 €	5,22%	30.859 €	508.116 €	-27,09%
101	M	unterhalb	30 Jahre	80.737 €	5,32%	18.000 €	317.409 €	-24,86%
102	M	unterhalb	30 Jahre	95.122 €	5,22%	18.123 €	374.718 €	-24,86%
103	M	unterhalb	46 Jahre	1.229.028 €	5,82%	350.963 €	5.433.851 €	-11,97%
104	M	unterhalb	30 Jahre	79.730 €	5,22%	19.374 €	284.491 €	-26,53%
105	M	unterhalb	30 Jahre	124.372 €	5,22%	27.956 €	481.968 €	-29,34%
106	M	unterhalb	30 Jahre	894.278 €	5,82%	224.552 €	3.590.756 €	-14,97%
107	M	unterhalb	35 Jahre	2.120.060 €	5,82%	688.613 €	8.758.134 €	-10,23%
108	M	unterhalb	41 Jahre	1.785.872 €	5,82%	498.413 €	7.727.518 €	-1,63%
109	M	unterhalb	42 Jahre	1.088.727 €	5,82%	273.863 €	4.790.715 €	1,38%
110	M	innerhalb	52 Jahre	1.601.000 €	5,72%	192.262 €	7.457.044 €	-2,02%
111	M	innerhalb	64 Jahre	173.413 €	5,32%	14.743 €	827.123 €	1,13%
112	M	unterhalb	31 Jahre	234.168 €	5,62%	67.500 €	931.180 €	-11,54%
113	M	unterhalb	30 Jahre	1.086.833 €	5,72%	235.433 €	4.378.442 €	-19,72%
114	M	innerhalb	50 Jahre	1.233.797 €	5,62%	154.062 €	5.693.733 €	-3,44%
115	M	innerhalb	70 Jahre	223.633 €	5,42%	19.659 €	1.076.218 €	0,28%
116	M	unterhalb	39 Jahre	962.008 €	5,82%	331.799 €	4.053.924 €	-15,29%
117	M	unterhalb	46 Jahre	364.761 €	5,52%	52.564 €	1.647.823 €	-4,88%
118	M	innerhalb	49 Jahre	258.921 €	5,42%	34.043 €	1.182.447 €	0,30%
119	M	unterhalb	30 Jahre	919.646 €	5,72%	229.007 €	3.675.121 €	-11,25%
120	M	unterhalb	30 Jahre	2.916.388 €	5,72%	683.551 €	11.697.242 €	-19,63%
121	M	unterhalb	30 Jahre	602.995 €	5,62%	132.288 €	2.414.471 €	-18,57%
122	M	unterhalb	30 Jahre	598.267 €	5,62%	138.223 €	2.388.565 €	-17,94%
123	M	unterhalb	30 Jahre	741.839 €	5,62%	181.813 €	2.961.373 €	-17,05%
124	M	innerhalb	48 Jahre	481.645 €	5,62%	55.639 €	2.212.722 €	-0,52%
125	M	unterhalb	30 Jahre	112.430 €	5,42%	25.621 €	444.120 €	-13,15%
126	M	unterhalb	30 Jahre	428.265 €	5,62%	129.778 €	1.679.007 €	-18,28%
127	M	unterhalb	30 Jahre	1.541.164 €	5,72%	363.842 €	6.178.782 €	-17,74%
128	M	innerhalb	66 Jahre	1.090.450 €	5,52%	80.444 €	5.245.746 €	-12,90%
129	M	unterhalb	39 Jahre	2.157.456 €	5,82%	909.038 €	7.664.388 €	-11,28%
130	M	unterhalb	41 Jahre	3.121.930 €	5,82%	1.332.450 €	11.314.307 €	-14,25%
131	M	unterhalb	43 Jahre	2.066.872 €	5,82%	790.613 €	8.816.609 €	-19,26%
132	M	unterhalb	30 Jahre	3.858.170 €	5,72%	830.927 €	15.555.169 €	-15,48%
133	M	innerhalb	35 Jahre	429.282 €	5,52%	78.294 €	1.810.468 €	-17,21%
134	M	unterhalb	30 Jahre	235.168 €	5,52%	50.495 €	937.477 €	-19,59%
135	M	innerhalb	53 Jahre	722.875 €	5,52%	81.459 €	3.364.962 €	-13,53%
136	M	unterhalb	30 Jahre	174.827 €	5,42%	35.685 €	694.757 €	-22,61%
137	M	unterhalb	36 Jahre	310.802 €	5,62%	83.389 €	1.296.749 €	-17,03%
138	M	unterhalb	33 Jahre	146.636 €	5,62%	42.709 €	593.827 €	-18,09%
139	M	unterhalb	35 Jahre	230.516 €	5,62%	66.548 €	949.831 €	-14,09%
140	M	unterhalb	30 Jahre	238.287 €	5,62%	70.204 €	936.205 €	-19,30%
141	M	unterhalb	35 Jahre	289.802 €	5,62%	70.665 €	1.207.114 €	-12,15%
142	M	oberhalb	52 Jahre	1.176.577 €	5,27%	158.220 €	3.348.166 €	-12,84%
143	M	unterhalb	37 Jahre	247.066 €	5,62%	67.328 €	1.037.134 €	-13,26%
144	M	innerhalb	59 Jahre	641.056 €	5,62%	122.539 €	2.980.687 €	-6,94%

145	M	unterhalb	37 Jahre	239.960 €	5,62%	65.618 €	1.007.081 €	-13,43%
146	M	unterhalb	36 Jahre	218.860 €	5,62%	93.563 €	815.413 €	-15,35%
147	M	innerhalb	46 Jahre	385.359 €	5,62%	83.948 €	1.718.022 €	-7,84%
148	M	unterhalb	36 Jahre	315.096 €	5,72%	84.000 €	1.321.110 €	-14,40%
149	M	unterhalb	47 Jahre	372.416 €	5,72%	105.083 €	1.647.747 €	-12,52%
150	M	unterhalb	41 Jahre	322.568 €	5,62%	83.321 €	1.392.203 €	-15,07%
151	M	innerhalb	51 Jahre	503.630 €	5,62%	92.269 €	2.301.745 €	-7,84%
152	M	innerhalb	46 Jahre	412.531 €	5,62%	83.434 €	1.845.595 €	-7,62%
153	M	unterhalb	36 Jahre	578.391 €	5,42%	40.920 €	2.576.833 €	2,19%
154	M	unterhalb	36 Jahre	137.771 €	5,36%	43.988 €	560.652 €	-11,71%
155	M	unterhalb	34 Jahre	274.765 €	5,46%	83.513 €	1.109.797 €	-12,01%
156	M	unterhalb	34 Jahre	377.958 €	5,46%	102.000 €	1.539.483 €	-14,76%
157	M	unterhalb	30 Jahre	42.324 €	5,26%	11.370 €	163.845 €	-18,47%
158	M	innerhalb	45 Jahre	57.098 €	5,36%	12.675 €	250.992 €	-4,23%
159	M	unterhalb	42 Jahre	570.262 €	5,56%	163.313 €	2.452.634 €	-11,02%
160	M	unterhalb	37 Jahre	69.407 €	5,36%	19.388 €	287.377 €	-9,61%
161	M	unterhalb	49 Jahre	447.022 €	5,46%	114.788 €	1.987.957 €	-14,07%
162	M	unterhalb	39 Jahre	179.958 €	5,46%	53.397 €	755.746 €	-1,24%
163	M	unterhalb	39 Jahre	91.283 €	5,36%	26.700 €	382.002 €	1,28%
164	M	unterhalb	37 Jahre	100.681 €	5,46%	27.713 €	419.291 €	8,60%
165	M	unterhalb	39 Jahre	142.840 €	5,46%	53.925 €	588.323 €	0,60%
166	M	unterhalb	40 Jahre	221.140 €	5,46%	94.538 €	676.276 €	-8,77%
167	M	oberhalb	55 Jahre	2.161.681 €	5,21%	217.980 €	10.060.176 €	7,05%
168	M	unterhalb	42 Jahre	1.997.577 €	5,79%	421.718 €	8.815.307 €	4,50%
169	M	unterhalb	38 Jahre	2.194.123 €	5,89%	1.125.585 €	7.946.458 €	-1,81%
170	M	unterhalb	38 Jahre	4.173.070 €	5,79%	1.783.988 €	16.771.506 €	2,92%
171	G	oberhalb	57 Jahre	392.547 €	5,22%	74.385 €	1.801.789 €	7,16%
172	G	unterhalb	30 Jahre	517.600 €	4,92%	174.690 €	1.179.520 €	-4,34%
173	G	unterhalb	41 Jahre	258.628 €	4,87%	65.400 €	1.082.956 €	5,16%
174	G	unterhalb	47 Jahre	1.097.083 €	4,82%	148.703 €	4.855.618 €	9,32%
175	G	unterhalb	32 Jahre	183.355 €	4,87%	49.313 €	707.113 €	-9,56%
176	G	unterhalb	36 Jahre	147.587 €	4,87%	38.625 €	592.581 €	-4,22%
177	G	unterhalb	36 Jahre	129.636 €	4,82%	32.363 €	520.445 €	-2,83%
178	G	oberhalb	62 Jahre	3.947.216 €	4,84%	392.100 €	10.409.979 €	-5,52%
179	G	oberhalb	59 Jahre	6.555.364 €	4,94%	330.458 €	23.490.641 €	0,83%
180	G	oberhalb	56 Jahre	1.413.841 €	4,79%	85.298 €	5.519.667 €	6,30%
181	G	oberhalb	67 Jahre	1.442.890 €	5,39%	147.360 €	4.192.455 €	5,64%
182	G	innerhalb	66 Jahre	3.105.055 €	5,69%	171.465 €	14.360.887 €	-4,44%
183	G	innerhalb	50 Jahre	2.634.237 €	5,29%	249.300 €	12.121.898 €	6,92%
184	SG	oberhalb	55 Jahre	793.079 €	4,73%	56.205 €	2.031.871 €	6,60%
185	SG	oberhalb	74 Jahre	5.561.201 €	4,53%	341.723 €	15.321.072 €	9,89%
186	SG	unterhalb	49 Jahre	3.563.303 €	4,48%	283.613 €	15.683.022 €	11,74%
187	SG	innerhalb	54 Jahre	8.515.247 €	5,08%	876.188 €	30.693.392 €	1,97%
188	SG	innerhalb	35 Jahre	1.254.590 €	4,88%	105.150 €	4.053.750 €	-3,74%
189	SG	unterhalb	43 Jahre	3.034.182 €	4,68%	384.188 €	12.375.727 €	3,74%
190	G	oberhalb	58 Jahre	939.721 €	5,00%	79.358 €	4.397.112 €	-0,43%
191	SG	innerhalb	62 Jahre	2.283.077 €	5,00%	110.400 €	10.195.966 €	-2,80%
192	SG	innerhalb	56 Jahre	2.178.722 €	4,90%	116.010 €	10.180.312 €	2,12%
193	SG	innerhalb	57 Jahre	1.484.404 €	4,90%	83.265 €	6.950.832 €	1,22%
194	SG	innerhalb	52 Jahre	2.243.680 €	4,90%	116.475 €	10.357.039 €	4,04%

195	SG	unterhalb	53 Jahre	1.590.315 €	5,00%	97.020 €	7.376.041 €	9,47%
196	M	oberhalb	47 Jahre	793.675 €	5,22%	100.125 €	2.987.065 €	1,20%
197	SG	unterhalb	64 Jahre	3.250.679 €	4,34%	121.365 €	13.779.452 €	10,94%
198	SG	unterhalb	64 Jahre	1.892.536 €	4,29%	77.640 €	8.807.419 €	10,84%
199	SG	oberhalb	71 Jahre	6.572.214 €	4,54%	253.088 €	17.660.855 €	8,35%
200	SG	unterhalb	51 Jahre	6.974.615 €	5,29%	895.320 €	23.375.814 €	8,73%
201	SG	unterhalb	46 Jahre	2.066.462 €	5,39%	406.620 €	9.186.149 €	5,10%
202	SG	innerhalb	53 Jahre	4.261.955 €	4,79%	99.060 €	12.204.746 €	2,23%
203	SG	unterhalb	47 Jahre	5.956.778 €	4,44%	435.443 €	26.252.524 €	9,50%
204	S	oberhalb	69 Jahre	2.148.526 €	6,41%	231.390 €	9.901.617 €	-4,92%
205	S	oberhalb	69 Jahre	1.710.664 €	5,91%	168.165 €	8.257.767 €	-7,77%
206	S	innerhalb	69 Jahre	188.797 €	6,59%	22.305 €	912.669 €	-14,21%
207	S	unterhalb	56 Jahre	548.387 €	7,32%	88.635 €	2.611.432 €	-1,30%
208	S	innerhalb	57 Jahre	1.176.483 €	6,39%	157.928 €	5.586.749 €	-0,46%
209	G	unterhalb	43 Jahre	1.904.410 €	4,90%	363.975 €	8.183.451 €	-1,26%
210	G	innerhalb	47 Jahre	457.140 €	5,29%	94.538 €	2.029.331 €	-7,47%
211	G	innerhalb	43 Jahre	303.916 €	5,29%	62.138 €	1.325.195 €	1,48%
212	G	innerhalb	42 Jahre	415.045 €	5,19%	70.410 €	1.806.905 €	-6,87%
213	G	innerhalb	56 Jahre	187.090 €	5,04%	13.770 €	874.120 €	0,99%
214	G	innerhalb	42 Jahre	279.709 €	5,14%	43.020 €	1.219.461 €	-8,93%
215	SG	unterhalb	70 Jahre	529.703 €	4,86%	31.470 €	2.540.626 €	8,94%
216	SG	innerhalb	58 Jahre	4.186.653 €	4,76%	107.190 €	13.873.011 €	6,34%
217	SG	unterhalb	38 Jahre	822.927 €	4,96%	137.513 €	3.454.028 €	-5,68%
218	SG	unterhalb	35 Jahre	330.270 €	4,86%	57.488 €	1.342.879 €	-9,96%
219	G	innerhalb	58 Jahre	495.184 €	5,52%	32.565 €	2.355.619 €	-6,23%
220	G	innerhalb	70 Jahre	1.177.166 €	5,11%	62.910 €	5.679.264 €	-10,72%
221	SG	innerhalb	64 Jahre	2.443.300 €	4,95%	120.300 €	11.208.070 €	-2,85%
222	SG	unterhalb	65 Jahre	2.466.836 €	4,45%	131.145 €	11.619.804 €	10,53%
223	SG	unterhalb	64 Jahre	2.414.562 €	4,45%	133.710 €	11.342.839 €	10,36%
224	SG	innerhalb	55 Jahre	3.301.344 €	4,70%	52.050 €	8.124.764 €	4,02%
225	SG	innerhalb	52 Jahre	1.729.920 €	4,70%	30.045 €	4.424.809 €	1,27%
226	SG	innerhalb	55 Jahre	2.413.211 €	4,80%	81.240 €	5.749.881 €	-5,28%
227	SG	unterhalb	45 Jahre	2.449.036 €	4,05%	68.400 €	5.996.074 €	-0,19%
228	SG	unterhalb	30 Jahre	917.100 €	4,15%	28.440 €	2.239.713 €	0,19%
229	SG	unterhalb	30 Jahre	2.723.839 €	4,20%	112.748 €	7.029.900 €	-8,61%
230	SG	unterhalb	30 Jahre	329.878 €	4,35%	44.625 €	1.236.942 €	-13,66%
231	SG	unterhalb	45 Jahre	5.287.090 €	4,15%	150.210 €	13.085.316 €	6,54%
232	SG	unterhalb	45 Jahre	5.389.872 €	4,25%	161.123 €	13.545.905 €	6,68%
233	SG	innerhalb	54 Jahre	12.671.420 €	4,90%	283.388 €	29.647.719 €	3,57%
234	SG	innerhalb	64 Jahre	13.506.539 €	4,80%	204.315 €	32.852.560 €	-4,60%
235	SG	innerhalb	46 Jahre	5.281.702 €	4,95%	242.588 €	11.931.920 €	9,15%
236	SG	unterhalb	36 Jahre	807.778 €	4,35%	45.788 €	2.145.298 €	-7,31%
237	SG	innerhalb	60 Jahre	2.030.206 €	4,65%	45.518 €	4.322.655 €	-11,30%
238	SG	unterhalb	30 Jahre	821.374 €	4,40%	108.900 €	3.095.186 €	7,59%
239	SG	innerhalb	54 Jahre	3.110.978 €	5,00%	125.963 €	7.105.480 €	0,77%
240	SG	unterhalb	32 Jahre	3.734.368 €	4,35%	152.220 €	8.439.156 €	-2,19%
241	SG	unterhalb	45 Jahre	1.226.607 €	4,15%	36.945 €	3.178.463 €	6,42%
242	SG	unterhalb	40 Jahre	1.026.152 €	4,40%	47.850 €	2.429.478 €	5,24%
243	SG	innerhalb	57 Jahre	8.786.476 €	4,80%	130.380 €	19.731.023 €	3,67%
244	SG	unterhalb	45 Jahre	1.813.646 €	4,20%	49.613 €	4.425.673 €	6,06%

245	SG	unterhalb	30 Jahre	9.094.096 €	4,40%	402.300 €	21.895.480 €	-3,87%
246	SG	unterhalb	30 Jahre	2.618.454 €	4,30%	100.050 €	5.763.995 €	-5,54%
247	SG	unterhalb	46 Jahre	4.750.056 €	4,45%	261.938 €	12.891.225 €	11,91%
248	SG	unterhalb	32 Jahre	1.412.576 €	4,30%	63.660 €	3.539.799 €	2,97%
249	SG	innerhalb	63 Jahre	18.654.260 €	4,80%	259.410 €	42.970.419 €	4,13%
250	SG	innerhalb	57 Jahre	21.551.587 €	4,80%	357.435 €	53.182.917 €	3,58%
251	SG	unterhalb	47 Jahre	3.553.258 €	4,35%	117.090 €	9.895.916 €	16,55%
252	SG	unterhalb	45 Jahre	1.102.949 €	4,40%	57.450 €	2.824.124 €	4,82%
253	SG	innerhalb	66 Jahre	3.741.384 €	4,70%	50.265 €	8.652.101 €	0,35%
254	SG	innerhalb	53 Jahre	5.589.210 €	4,75%	95.355 €	13.848.371 €	1,09%
255	SG	innerhalb	60 Jahre	1.802.973 €	4,90%	81.788 €	4.265.109 €	8,27%
256	SG	innerhalb	58 Jahre	10.195.070 €	4,80%	186.900 €	26.828.641 €	5,73%
257	SG	unterhalb	33 Jahre	1.868.328 €	4,30%	82.110 €	4.548.982 €	8,01%
258	SG	innerhalb	52 Jahre	12.415.849 €	4,80%	202.185 €	30.005.255 €	-1,79%
259	SG	innerhalb	50 Jahre	2.248.627 €	4,90%	84.713 €	4.632.200 €	12,58%
260	SG	unterhalb	64 Jahre	1.932.660 €	4,20%	37.575 €	5.816.858 €	8,53%
261	SG	innerhalb	63 Jahre	11.394.888 €	4,80%	218.790 €	30.424.619 €	1,54%
262	SG	innerhalb	64 Jahre	10.423.649 €	4,80%	193.815 €	27.828.915 €	1,65%
263	SG	innerhalb	65 Jahre	13.527.181 €	4,80%	256.185 €	35.731.782 €	0,67%
264	SG	oberhalb	60 Jahre	1.767.058 €	4,40%	51.502 €	3.350.603 €	4,83%
265	SG	innerhalb	35 Jahre	2.588.210 €	4,80%	73.140 €	5.006.555 €	3,18%
266	SG	unterhalb	34 Jahre	1.411.844 €	4,30%	48.630 €	3.259.855 €	5,12%
267	SG	unterhalb	55 Jahre	10.071.534 €	4,30%	215.160 €	29.950.531 €	8,05%
268	SG	innerhalb	56 Jahre	1.286.077 €	4,75%	22.335 €	3.256.268 €	4,67%
269	SG	innerhalb	62 Jahre	7.954.724 €	4,75%	126.195 €	20.056.285 €	0,61%
270	SG	unterhalb	60 Jahre	5.585.519 €	4,80%	126.375 €	16.091.816 €	7,16%
271	SG	unterhalb	59 Jahre	5.323.314 €	4,80%	114.855 €	14.914.906 €	9,55%
272	SG	unterhalb	57 Jahre	8.133.886 €	4,80%	156.120 €	22.627.129 €	6,31%
273	SG	unterhalb	52 Jahre	11.925.628 €	4,80%	279.105 €	34.000.677 €	5,46%
274	SG	unterhalb	55 Jahre	11.284.748 €	4,80%	257.265 €	32.540.048 €	3,49%
275	SG	unterhalb	46 Jahre	12.874.285 €	4,90%	440.415 €	33.460.203 €	3,44%
276	SG	unterhalb	31 Jahre	1.296.845 €	5,00%	82.425 €	2.978.770 €	4,51%
277	SG	unterhalb	38 Jahre	749.557 €	4,85%	44.775 €	1.806.416 €	-3,94%
278	SG	unterhalb	58 Jahre	8.176.521 €	4,80%	242.910 €	26.830.672 €	-0,22%
279	M	oberhalb	57 Jahre	1.619.200 €	5,20%	137.655 €	7.598.422 €	0,71%
280	M	oberhalb	58 Jahre	1.290.785 €	5,20%	109.913 €	6.071.276 €	1,39%

Aggregierte Darstellung

			52 Jahre[694]	571.606.483 €	5,14 %[695]	50.587.994 €	1.843.951.736 €	-0,17 %

Tab. 106: Abweichungsanalyse Erwartungswert / Marktwert[696]

694 Gewichtet nach den Erwartungswerten

695 Gewichtet nach den Erwartungswerten

696 Eigene Darstellung

SPRINGER NATURE

GPSR Compliance

The European Union's (EU) General Product Safety Regulation (GPSR) is a set of rules that requires consumer products to be safe and our obligations to ensure this.

If you have any concerns about our products, you can contact us on ProductSafety@springernature.com

In case Publisher is established outside the EU, the EU authorized representative is:

Springer Nature Customer Service Center GmbH
Europaplatz 3
69115 Heidelberg, Germany

Kolibri 360 GmbH
Ferdinand-Jühlke-Straße 7
99095 Erfurt, Deutschland
produktsicherheit@kolibri360.de